首都经济贸易大学法学院财税法学科建设系列

财税法治探思录：

首经贸法学院财税法论文集

张世君／主编

CAI SHUI FA ZHI TAN SI LU

Shou Jing Mao Fa Xue Yuan Cai Shui Fa Lun Wen Ji

法律出版社
LAW PRESS · CHINA
北京

图书在版编目（CIP）数据

财税法治探思录：首经贸法学院财税法论文集 / 张世君主编. -- 北京：法律出版社，2022

ISBN 978 -7 -5197 -7003 -7

Ⅰ. ①财… Ⅱ. ①张… Ⅲ. ①财政法－中国－文集②税法－中国－文集 Ⅳ. ①D922.204 -53

中国版本图书馆 CIP 数据核字（2022）第 152323 号

财税法治探思录：
首经贸法学院财税法论文集
CAISHUI FAZHI TANSILU:
SHOUJINGMAO FAXUEYUAN CAISHUIFA LUNWENJI

张世君 主编

责任编辑 韩梦超
装帧设计 汪奇峰

出版发行 法律出版社
编辑统筹 司法实务出版分社
责任校对 王 丰
责任印制 胡晓雅
经　　销 新华书店

开本 710 毫米×1000 毫米 1/16
印张 20.75 **字数** 400 千
版本 2022 年 10 月第 1 版
印次 2022 年 10 月第 1 次印刷
印刷 唐山玺诚印务有限公司

地址：北京市丰台区莲花池西里 7 号（100073）
网址：www.lawpress.com.cn
投稿邮箱：info@lawpress.com.cn
举报盗版邮箱：jbwq@lawpress.com.cn

销售电话：010 - 83938349
客服电话：010 - 83938350
咨询电话：010 - 63939796

书号：ISBN 978 -7 -5197 -7003 -7
定价：78.00 元

凡购买本社图书，如有印装错误，我社负责退换。电话：010 - 83938349

“首都经济贸易大学财税法学科建设系列”总序

多年来，把财税法学科建设好，是首都经济贸易大学法学院的夙愿。1984 年，首都经济贸易大学在全国财经类高校中首批获准设立经济法专业，同年设立财税法方向学科。经济法学发展为北京市重点建设学科，财税法方向始终作为学科建设的重点方向之一，获得学校和法学院长期重点支持。2013 年，组建专门的财税法团队。2019 年，财税法研究中心正式挂牌，成为首都经济贸易大学为发挥财经高校特色和比较优势学科重点建设的学术平台。

财税法研究中心（以下简称中心）由首都经济贸易大学法学院多位专职教师组成核心学术团队，同时聘请本院、其他高校和实务部门兼职研究人员 20 余名。中心聘请中国法学会财税法学研究会会长、长江学者刘剑文教授担任顾问。中心名誉主任周序中教授任中国法学会财税法学研究会秘书长；中心主任何锦前教授为法学院经济法学科带头人、博士生导师，中国法学会优秀青年人才；中心副主任贺燕副教授为硕士生导师、中青年骨干教师；胡翔、褚睿刚、孙天承、陈汇臻等任中心项目主任。中心成员勠力同心，秉持开放包容、积极进取精神，团结法学院各学科教师研析财税法问题，实现资源共享，助推法学院学科建设。中心携手各界同人，共同为中国财税法学研究和财税法治建设贡献力量。近年来，中心已在省部级以上课题、重要期刊论文、专著、决策咨询报告等方面取得了丰硕成果，思政教育、立德树人成效显著，学术交流广泛深入，持续举办“税务司法理论与实践高端论坛”等品牌活动，影响日隆。

回顾近 40 年的历程，筚路蓝缕，栉风沐雨，首经贸法学人齐心协力，迎接挑战，克服困难，矢志不渝，在学校大力支持、全国各界同人鼎力襄助下,在财税法学科建设上取得了阶段性成果。这既是首经贸法学人不忘初心的反映,也是我国财税法学科发展的一个缩影。当此之际,我们组织出版"首都经济贸易大学财税法学科建设系列"丛书,既是对首经贸法学人奋斗历程的总结,也是对各界同人朋友与我们携手前行的致谢。因此,这套丛书并不局限于向关心支持我们的朋友汇报首经贸财税法学科建设的成果,事实上,我们希望这套丛书成为管窥我国财税法学科发展和财税法治建设的一个窗口——一个独特的"首经贸"窗口。就此而言,这套丛书具有超越一时一地的历史意义。

展望未来,财税法领域仍有诸多问题待解,以问题为导向,学科建设永远在路上。我们将以这套丛书为新的起点,与诸君一道,继续奋力前行。

是为序。

首都经济贸易大学法学院

2022 年 7 月 19 日

序

Preface

财政是“国家治理的基础和重要支柱”，也是经世济民的重要途径。从这个角度不难理解，财税领域的法治建设何以成为党和国家的工作重点，并将持续跻身法学界的研究热点。但财税法治建设是一项宏大的综合工程，并非某一个专业、某一个群体凭一时之力所能成就，需要各相关领域和学科的专家、学者以不乏理想主义的使命感，坚守社会主义法治信念，脚踏实地、持之以恒地努力。

首都经济贸易大学是一所财经院校，在财经领域有较为深厚的积累。或因得到时代的感召，兼受财经院校比较优势的启发，首经贸法学院的师生向来关注财税法治问题。在过去的三十余年里，几代首经贸法律人胸怀校训“经世济民”的使命感，立足各自的专业领域，从不同的法律视角，对财税法律问题展开了较为广泛和深入的研究，取得了一系列成果。这些研究成果不仅为我国法律制度的完善和法学理论的构建做出了一定的贡献，也充分表明财税法有很强的综合属性，财税法律秩序的建立和完善离不开各相关法学专业的协同合作、共同贡献。

首经贸法学院在梳理院史、学科史时，一并整理了师生近年来已发表的财税法相关论文，编选其中的代表性成果结集成书，记录过往、鼓舞未来，进一步发挥相关论文的学术价值。

本书所选编的论文概可归入“财政法研究”“税收思想和税法理论研究”“税法综合研究”“税种法研究”“税收程序法研究”等板块，作者专业领域分布于经济法、民商法、环境法、宪法与行政法、法理学、国际法学等，内容丰富，视角广阔。论文成果中，既有纳税人权利保护立法、资源税立法等立法问题研究，也有关于财政自主权、财政责任归责原则的理论研究,既不乏财税思想史上的探幽,也有对碳交易、BEPS 等国际学术前沿问题的探索。

这本论文集既是首经贸法律人对财税法治进行探索的记录,更是全国法律人为财税法治建设不倦努力的缩影,故名之为“财税法治探思录”。适逢党的二十大胜利召开之际,新的华章即将开启,冀望首经贸法律人与海内外同道携手继续前行,同勉共促。

首都经济贸易大学法学院院长　张世君

目　录

Contents

财政法研究

税收思想与税法理论研究

税法综合研究

税种法研究

税收程序法研究

财政法研究

地方财政自主权的边界分析*

何锦前**

摘要：由于事权财权不匹配等原因，加强地方财政自主权已成必然之势。不过，地方财权的制度建构应建基于中国自身的政治经济社会条件，充分考虑到中国国家治理、宪制框架以及财税法自身的功能特性，还应注意制度协调和地方利益平衡等因素，这些方面均会不同程度形成对地方财政自主权的约束。考察这些约束条件，有助于从反方向明晰地方财政自主权的边界，避免制度建构中的教条主义倾向。

关键词：国家治理基本权利财政法定　地方保护地区合作

"在经济工作和文教工作中产生了教条主义……害得我三年不能吃鸡蛋，不能喝鸡汤……"

——毛泽东[1]

一、引言

地方财政自主权并非一个新鲜话题，自1949年以来，它就始终在中央与地方关系调整变化中被各方关注，只不过，分税制改革后，随着事权

---

* 本文原载于《法学评论》2016年第3期。

** 首都经济贸易大学法学院教授，法学博士，博士生导师，财税法研究中心主任。

〔1〕《毛泽东文集》（第7卷），人民出版社1999年版，第368页。

财权不匹配等问题的显性化、严重化,对地方财政自主权的关注度进一步升温,相关问题迅速成为各方热议的焦点与核心。从基本观点上,本文也赞同许多人所坚持的扩大地方财政自主权的主张,不过,基于以下考虑,我认为有必要从另一个视角来讨论这个问题。

一直以来,经济学界、政治学界和法学界都有人从传统理论和西方经验出发,提出关于扩张地方财政自主权的一些主张。正如苏力早就看到的,其中一些主张"大致强调中国的改革就应当是'小政府、大社会',要弱化中央的权力,甚至有人明确主张采取联邦制。这种批评也有道理……但是,这一点同样不能变成一种口号,变成一种意识形态,一种教义。"〔1〕不过,这些年来,一些关于地方扩权的主张在不同程度上有某种令人担忧的倾向,特别是,以美国为范式或底本的财政联邦主义理论在给予我们诸多启发的同时,也在一定程度上被口号化、教义化甚至意识形态化,即便一些看似已经"中国化"了的财政联邦主义理论,都或多或少有一些用理论"套"中国实际的倾向,更不要说一些完全无视中国经验和现实从而钻了牛角尖的所谓理论了。〔2〕更令人担忧的是,我们往往局限于地方自主权问题就事论事,重视"地方还需要些什么权力"的问题,而有意无意忽略了经济、社会、司法等方面的地方保护主义顽疾。〔3〕由此来看,苏力当年的话似乎一语成谶,他的担忧与批评似乎还没有给我们以足够的警醒。或许,可以聊以自慰的是,这可能是一个普世现象?因为,在更早以前,美国人也犯着同样的毛病,也被这样批评过——"关于分权的宪法讨论太过于就法律原理谈法律原理,脱离开孕育滋养法律的历史、社会和政治条件,从而忽略了宪制安排所服务的利益。"〔4〕但我们似乎更应吸取别人的教训:"我们必须注意构成宪制安排根基的政治、社会、经济诸方面的利益和影响,如此方可全面地理解分权。"〔5〕就中国的财政

〔1〕 苏力:《当代中国的中央与地方分权——重读毛泽东〈论十大关系〉第五节》,载《中国社会科学》2004年第2期。

〔2〕 比如,有一种比较极端化的看法是中国经济发展的根本原因是地方分权(财政联邦制)所产生的竞争,这当然是一个非常重要的原因,但不应过分夸大,要看到,改革开放以来最平稳而快速的经济增长,恰恰发生在由过度分权向中央逐步收权的分税制改革之后。

〔3〕 分税制改革后,经济方面的地方保护主义逐渐减少但并未消失,社会方面的地方保护主义则依托户籍管制等机制仍然表现得非常顽固,司法方面的地方保护主义能否在当前司法财政改革过程中得到有效抑制,则尚待检验。

〔4〕 Jules Lobel, *The Political Tilt of Separation of Powers*, in David Kairys, ed., The Politics of Law: A Progressive Critique, 3rd ed., Basic Books, 1998, p. 591.

〔5〕 Ibid.

分权特别是地方财政自主权而言，我们不是要拒绝财政联邦主义等西方引进的理论，而是说，我们既要考虑经典理论、西方经验，也要考虑本土资源和国情语境，切勿“食洋不化”，变成教条主义。

因此，针对一些或明或暗的教条主义倾向，我们有必要充分认识到地方财政自主权在中国语境和制度结构下的约束条件——这应当成为我们探索地方财政扩权之路的前提和基础。无论从共和国的政治史还是经济史来看，“中央和地方的关系也是一个矛盾。”[1]在财权分配问题上，必须在中央与地方之间保持平衡，而这种平衡要符合中国特定时期的具体经济社会条件，这是必须加以考虑的基本因素。而且，在任何国家，中央权力对于国家治理、民族整合、市场统一的重要性都不容忽视，[2]在中国语境下，可能更不宜忽视地方财政自主权与中央权力的协调。就中国而言，以往我们所提出的中央财权过大的问题是存在的，要纠正该问题的意见也是正确的，但我们不能在解决矛盾的时候从一个极端走向另一个极端，以防引发新的更大的问题。

正是基于上述考虑，本文将着重讨论地方财政自主权的边界问题。需要说明的是，为集中主题，本文只讨论一般性的地方财政自主权问题，民族自治地方和特别行政区等特殊范畴不在分析之列，同时，本文不拟讨论中央与地方层面普遍存在的边界约束问题，如财政权力要受到财产权限制等，也不会泛泛讨论地方财权问题，而只讨论与地方财政自主权的边界直接相关的问题。相关分析将指向一点：地方财政有必要扩权，但应当是有分寸的结构性调整，因为其必然存在结构性的边界。

二、国家治理模式对地方财政自主权的限定

正如世界上不存在完全相同的两片树叶，每个国家均有不同的治理模式。我国也有自身特色的治理模式，它是在长期的国家建设实践中逐渐形成的，甚至执政党在革命时期的诸多经验也转化成了当前治理模式的有机组成部分。法治无疑是国家治理的核心要素，但除此之外，其实还有很多机制也是国家治理的重要元素，例如，中国共产党的领导机制、群团组织的桥梁纽带机制等，这些也是当下中国治理模式中较有特色的部分。和每个国家的财政制度总是其治理模式的一个组成部分一样，中国的财政制度也是国家治理模式的一个组成部分，尽管财政制度对国家治理有积极的能

〔1〕 参见《毛泽东文集》(第7卷)，人民出版社1999年版，第31页。

〔2〕 See Stephen Holmes & Cass R. Sunstein, *The Cost of Rights: Why Liberty Depends on Taxation*, W. W. Norton & Co., 1999, p. 57 – 58.

动作用,但总体上是从属于国家治理模式、无法超越更不能颠覆国家治理模式的。因此,任何时候考察地方财政自主权的问题,都无法脱离开国家治理模式这一基本国情和时代语境。自1949年迄今,我们可以发现,“执政党主导和组织化调控是新中国国家治理体系的本质特征”,改革开放以来国家治理模式有了新的调整,但本质上“依然延续了执政党主导的组织化调控模式,并进一步使之精致化”〔1〕。鉴于此,我们应以此为背景来思考地方财政自主权的体制边界问题。

就国家治理主体而言,应朝着多元化的方向逐步发展,中央与地方均应作为重要的治理主体发挥各自的作用,但无论如何我们必须看到,中央一直是国家治理的“主发动机”。“地方服从中央”,这恐怕是向地方赋权时无法突破的最重要的“红线”。这就意味着,要确保维护好中央与地方两个主体在当前国家治理模式之下的关系,地方财政自主权至少要受到两个方面的限制。一是中央仍然处于掌控财政权力和财政利益的主导优势和最终决策地位,二是地方财政自主权的加强是以整个国家治理能力的提升和治理体系的现代化为目标的。在这一点上,改革开放初期的深刻教训恐怕不会从中央决策层的记忆中淡化,当时,正是对地方过度“放权让利”,结果很快导致中央财政匮乏,甚至要向地方借钱度日,严重损害中央权威。邓小平指出,“关于集中财力,这是大事情,这是明明白白的事情,中央手上没有钱,就办不成大事,钱在地方手里,他就不一定听你的。”〔2〕

就国家治理机制而言,非常关键的一点是中央的领导机制,即中央“提出指导方针,制定工作规划,事情要靠地方办,要由地方去处理”,〔3〕它从实质上构成了地方财政自主权的体制边界。我们以往一般关注中央要求地方具体承担的某些事务对地方财政自主权的影响问题,而几乎不曾关注中央制定的路线、方针、政策对地方财政自主权的影响。但事实上,我们可以发现,诸如“一带一路”倡议、“大众创业、万众创新”、“推进互联网+”以及“稳增长、促改革、调结构、惠民生”等方面,诸多大政方针由中央统一决策,地方进行组织、发动和落实,中央予以监督考评,从而实现“全国一盘棋”的效果。这些大政方针往往比较宏观抽象,甚至是探索性的、存在很大不确定性的——需要发挥地方能动性“摸着石头过河”,中央其实也未必非常清楚各地具体应当做些什么——地区差异、信息成本和决策效率也决定了其不可能性,因而,这些

〔1〕 唐皇凤:《新中国60年国家治理体系的变迁及理性审视》,载《经济社会体制比较》2009年第5期。

〔2〕 中央文献研究室编:《邓小平年谱(1975—1997)》,中央文献出版社2004年版,第949页。

〔3〕 《毛泽东文集》(第7卷),人民出版社1999年版,第32页。

大政方针所涉事务大多不是具体地方性事务，地方有较大的自主权。例如，中央原则性地规定，“鼓励构建以企业为主导，产学研用合作的‘互联网+’产业创新网络或产业技术创新联盟。支持以龙头企业为主体，建设跨界交叉领域的创新平台，并逐步形成创新网络。”[1]对此，地方在如何进行财政上的“鼓励”和“支持”方面具有很大的自主权。但显然，地方不能违背大的原则、大的方向，如不能在“互联网+”方面无所作为，甚至与中央的政策方向背道而驰。因而，地方财政自主权也是有限的、相对的。

就国家治理方式而言，“组织化调控”是执政党自革命时期开始逐步成型的重要治理方式，它也构成了地方财政自主权的限定条件。“组织化调控”的治理方式在改革开放后也变得更加“精致化”，以往政治运动化、意识形态化甚至宫廷政治化、军事强制化的色彩淡化或消失，而经济激励化的色彩逐步加强。[2]“项目制”就是“组织化调控”在新的历史背景下的体现。几乎所有从事教学科研的人都对项目申报深有体会，这实际上是“项目制”在学术与教育领域的反映。不只如此，“项目制”构成了国家治理诸多领域普遍适用的重要策略。“项目制”在中央与地方关系层面上的基本运作方式是：中央决定项目清单，提供财政转移支付等支持，地方申报项目、获得中央财政支持并落实项目，中央对项目过程和绩效予以监督考评。在一定程度上，“国家财政若不以转移支付的形式来配置资源，就无法通过规模投资拉动经济增长，各种公共事业也无法得到有效投入和全面覆盖；地方政府若不抓项目、跑项目，便无法利用专项资金弥补财政缺口，无法运行公共事务。”[3]“项目制”对地方财政自主权的影响至少有两个方面：一是地方财政很大程度上依赖于中央转移支付，二是地方往往要对项目进行资金配套，限制了其对自有资金的使用权。毫无疑问，这种治理方式应当在推进国家治理现代化的进程中不断加以改革，但是，作为当前国家治理模式的重要组成部分，“项目制”是能够充分体现中央治理意图、直接实施“组织化调控”的重要运

---

〔1〕《国务院关于积极推进互联网+行动的指导意见》（国发〔2015〕40号）。

〔2〕参见苏力：《当代中国的中央与地方分权——重读毛泽东〈论十大关系〉第五节》，载《中国社会科学》2004年第2期。

〔3〕渠敬东：《项目制：一种新的国家治理体制》，载《中国社会科学》2012年第5期。

作方式,难以找到替代物,因此,未来“项目制”即便经过改革,[1]也仍然会构成对地方财政自主权的约束。

三、宪法对地方财政自主权的约束

在任何现代国家,财政都是其宪法的重要内容,地方财政自主权必然受到宪法的规范与约束。我国宪法在政权组织原则和公民基本权利方面的规定构成了地方财政自主权的两条宪法边界。

从政权组织原则来看,现行宪法体现了民主集中制原则。民主集中制是中国共产党长期以来在革命、建设和改革中坚持的基本组织原则。毛泽东曾在《论十大关系》中提出,“为了建设一个强大的社会主义国家,必须有中央的强有力的统一领导,必须有全国的统一计划和统一纪律,破坏这种必要的统一,是不允许的。”[2]但同时,“我们的国家这样大,人口这样多,情况这样复杂,有中央和地方两个积极性,比只有一个积极性好得多。”[3]“两个积极性”的提法与中国共产党长期以来主张的民主集中制原则是高度契合的,这也体现在现行宪法之中。《宪法》第3条规定,“中华人民共和国的国家机构实行民主集中制的原则。中央和地方的国家机构职权的划分,遵循在中央的统一领导下,充分发挥地方的主动性、积极性的原则。”可见,地方的主动性、积极性均是以“统一”为前提的,故此,我们可以把这一条规定视为民主集中制的宪法原则。[4]

民主集中制还体现在有关具体规定上。关于地方的自主权,最直接的两大依据是《宪法》第99条和第107条。第99条规定,地方各级人民代表大会有权在法定范围内通过和发布决议,审查和决定地方的经济建设、文化建设和公共事业建设的计划,但前提是必须在本行政区域内保证宪法、法律、行政法规的遵守和执行。第107条规定,县级以上地方各级人民政府有权管理本行政区域内的经济、教育、科学、文化、卫生、体育事业、城乡建设事业和财政、民政、公安、民族事务、司法行政、监察、计

---

[1] 《中共中央关于全面深化改革若干重大问题的决定》要求,中央出台增支政策形成的地方财力缺口,原则上通过一般性转移支付调节。清理、整合、规范专项转移支付项目,逐步取消竞争性领域专项和地方资金配套,严格控制引导类、救济类、应急类专项,对保留专项进行甄别,属地方事务的划入一般性转移支付。就此来看,项目制也只会逐步改革而非取消。

[2] 《毛泽东文集》(第7卷),人民出版社1999年版,第32页。

[3] 同上书,第31页。

[4] 参见蔡定剑:《宪法精解》,法律出版社2006年版,第407页。

划生育等行政工作,但其前提是不得超越法律规定的权限范围。如果按照凯尔森的分类规则,法律效力及于全国范围的是中央规范(central norms),及于地方的是地方规范(local norms),[1]则地方自主权的效力局限于地方规范层面,从属于中央规范。容易看出,这两条规定都明确体现了民主集中制原则。

民主集中制的政权组织原则决定了中国无法采用美国式的财政联邦主义。尽管一直以来有声音认为中国改革开放的巨大成就得益于事实上的联邦主义分权制度,也有不少人鼓吹中国应采用美国式的财政联邦主义,但是,如果不把“联邦主义”(federalism)这个有特定含义的概念等同于“分权”(decentralization)的话,我们不难认识到,联邦主义分权制度仅仅是诸多可行的分权制度中的一种,[2]中国的成就得益于分权而非联邦主义,未来也未必可以照搬联邦主义。

可以想见,民主集中制的宪法原则仍将成为未来地方财政制度建设的指导原则。事实上,当前财税法律制度已多处体现了该原则。例如,《预算法》第3条规定,我国实行五级财政五级预算,地方具有相应的财政自主权;同时,《预算法》第20条规定,全国人民代表大会有权审查地方预算草案和地方预算执行情况的报告,全国人民代表大会常务委员会有权监督地方预算的执行,有权撤销省、自治区、直辖市人民代表大会及其常务委员会制定的同宪法、法律和行政法规相抵触的关于预算、决算的地方性法规和决议。这些具体规定或许有值得进一步完善之处,但民主集中制仍是具体制度建构必须遵循的宪法原则,因而地方财政自主权的质和量均将受限。

从公民基本权利来看,地方财政自主权也不宜看作是绝对的、完全的权力。普遍意义上的公民的生命权、财产权等基本权利当然会对地方财政自主权构成约束,但本文不准备从这个层面讨论问题,而是希望从“外地人”——非本地公民的基本权利这个层面来剖析地方财政自主权的边界。这是一个很少被财税法学界关注、但对民众福祉而言极其重要的领域。

就财政支出而言,地方财政自主权主要是一定行政区域范围内的居民可自主决定其财政支出的权力,从而地方财政的受益范围也可自主划定为本地居民。这一点已被经典的地方性公共产品理论所揭示。[3] 但这是否意味着,地方财政并不负有对

---

[1] See Hans Kelsen, *General Theory of Law and State*, translated by Anders Wedberg, Harvard University Press, 1945, p. 304.

[2] Id. at 316 - 317.

[3] See Richard Abel Musgrave & Peggy B. Musgrave, *Public Finance in Theory and Practice*, McGraw Hill Inc., 1989, p. 445 - 456.

外地人的义务？答案是否定的。

首先，一个各方都会认同的看法是，地方政府应分担“夜警国家”意义上的国家义务。即外地人进入本地辖区后，地方政府应为其生命财产安全提供最基本的公共保障。《宪法》第33条规定，中国公民在法律面前一律平等，国家尊重和保障人权；第13条规定，公民的合法的私有财产不受侵犯。这些规定有助于“进一步加强对公民基本权利的保护”。[1] 地方政府也应履行宪法义务，这就意味着，地方财政的受益者也就部分地扩展到了非本地公民。因此，如果发生钱财被盗、交通事故等，外地人应同样获得地方政府的帮助。多年以前，一些地方，特别是少数大城市，对外地人比较歧视，未能尽到平等保护公民的义务，如今，各地基本上能在公民生命财产保护上履行其法定义务。当然，对于那些交通枢纽、贸易中心或旅游景点所在地，其在“夜警国家”意义上的财政负担难免要比其他地方更大一些，因此，这些地方目前还存在某些公共产品供给上的不足，仍然需要进一步加强财政支持，而不能借口地方财政自主权而推卸责任。

其次，一个必然导致地方保护主义者和地方既得利益者强烈反对、从而激发巨大争议的主张是，地方政府对外地人也应分担“福利国家”意义上的国家义务。《宪法》第42条至第47条明确了公民在劳动就业、休息、退休、社会保障、社会保险、优抚、教育和科学文化等方面的基本权利。相应地，国家承担保障公民上述权利得以实现的公共义务。《宪法》第14条规定，“国家合理安排积累和消费，兼顾国家、集体和个人的利益，在发展生产的基础上，逐步改善人民的物质生活和文化生活。国家建立健全同经济发展水平相适应的社会保障制度。”此外，《宪法》第19条至第26条、第42条至第47条均规定了国家的具体义务。国家义务必然由中央与地方分担，地方不可避免地要承担对其辖区内的公民的保障义务。这就意味着，地方财政的受益主体也会超出其本地居民范围而扩展到外地人。而相当长一段时期以来，一些地方政府的做法恰恰是相反的——它们设置了种种甄别机制来区分本地居民和外地人，以确保上学、就医、养老等本地公共福利仅由本地居民享有——尽管相当多外地人也承担了纳税等公民义务。[2] 可以说，未来地方财政自主权的加强，应格外注意防范“我的城市我做主”的所谓地方自主理念。[3]

---

〔1〕 参见蔡定剑：《宪法精解》，法律出版社2006年版，第244页。

〔2〕 See Cheng Tiejun & Mark Selden, *The Origins and Social Consequences of China's Hukou System*, The China Quarterly, Vol. 139, Sept. 1994, p. 644 - 668.

〔3〕 关于这方面的详细论述，可参见何锦前：《城市公共服务平权化机制的法律重构》（未刊稿）。

四、地方财政自主权的财税法内在限制

地方财政自主权的制度建构最终要靠具体的财税立法来实现，而财税立法的一些特性和功能均会影响地方财政自主权的范围大小和权能结构。这是一种内生性限制因素，且不同的财税立法对地方财政自主权的限制程度与方式各异。

传统的财税法理论已经揭示了部分限制性因素。财政法定主义理论已表明，基于财税法与公民财产权等基本权利的密切关联性、税法对财产权的侵益性、财税法在整个法律制度中的重要性等考虑，财政立法权应配置给中央层面的立法机关，或至少应由其主导。[1] 换言之，地方不宜掌握基本财税制度的立法权，或至少不应主导此类立法权。《宪法》第62条和《立法法》第8条均对此作出了规定。而财政自主权的完整权能应当包括立法权、收益权、征管权等内容，可见，地方财政立法权是严格受限的——尽管本文也认为应在一定程度上赋予地方财政立法权，但无疑其扩权空间极为有限——因而，未来地方财政自主权的重点应当是收益权和征管权。事实上，在税收优惠等方面，存在的问题主要是地方实际立法权过大的问题，中央立法权遭到了蚕食，由此引发的税收竞争在可能产生经济增长动力的同时也损害了国家法治权威和整体经济发展。因此，将来地方财政自主权的调整必然是结构性的，地方财权结构性调整之路必不平坦。

传统财政分权理论则表明，效率、受益范围等是划分中央与地方财权的基本考量要素。[2] 例如，房产税由地方政府征管更加便利，成本更低，因此其在很多国家都属于地方税，而许多流转税往往因其税基流转性等带来的征管复杂性和高成本问题而更适合划归于中央税。这些特性是内在于相关财税立法的，从而也会内在地影响财权在中央与地方间的分配，进而影响地方财政自主权的制度备选范围。

财税法功能理论表明，与传统财税制度相比，自20世纪初以来，财税法逐渐具有了更多元化的功能或目标，其中汲取财政收入、实施经济社会调控和收入再分配功

---

〔1〕 在财政法定主义对地方财政自主权的影响以及协调两者关系的制度建构方面，同为单一制国家、文化和制度与中国存在某些渊源的日本是值得关注的研究对象。参见何锦前：《日本财政分权的法定主义》，载北京大学现代日本研究中心主编：《未名日本论丛》（第6辑），中国世纪出版集团有限公司、中国社会科学文献出版社2013年版，第114～128页。

〔2〕 See Richard Abel Musgrave & Peggy B. Musgrave, *Public Finance in Theory and Practice*, McGraw Hill Inc., 1989, p. 445－456.

能——所谓的“3R 功能”(Revenue - Regulation - Redistribution)[1]——是最重要的三大功能。而其中的分配功能和调控功能对地方财政自主权的影响较大,因为中央层级的财税法往往能更有效地发挥这方面的作用,因此,在很多国家所得税一般被划归中央税。从这些方面同样可以看出,未来地方财政自主权的调整应当是结构性的——有增有减、有进有退,地方财权的扩充要受到相关财税立法基本功能的约束。

可见,由于具体财税法律制度的功能存在较大的差异,因此,需要分别来考虑它们对地方财政自主权的影响。如果说所得税税权配置问题在以往的研究中还得到了较多的考虑,那么,一些新的财税法律制度中的权力配置问题尚需引起学界更多的关注。环境税法问题就是一例。近年来,关于环境税法的研究渐成学界热点,基于当前地方事权财权不匹配的现状考虑,许多学者建议将环境税定位为地方税。这当然是很有道理的。不过,相关建议往往只是笼统地说环境税应划归地方,而尚未清晰地分辨环境税划为地方税后税权存在何种结构性冲突,这一点不认识清楚,既不利于地方财政扩权,也不利于环境税立法。这里所说的结构性冲突,主要是指如果不区分环境税的具体权能而统一划归地方,则其立法权、收益权配置与环境税功能必将产生内在冲突。因为,依据“环境联邦化”理论,环境税最好由中央立法,以避免地方的短视、投机和竞次现象。[2] 事实上,我国的实证研究也表明,向地方分权会“导致地方政府关注区域性公共品,而对于全局性公共品采取‘公地悲剧’或‘搭便车’的态度”,从而导致环境污染加剧。[3] 因此,基于增强地方财力的考虑将环境税划归地方的建议与实现环境税的环境保护功能之间存在较大的矛盾,不区分环境税的具体权能则无法解决该矛盾,所以,一个现实的考虑应当是,将环境税收益权配置给地方以实现充实地方财源之目的,同时,将立法权配置给中央或由中央主导以实现环境保护之目的。[4] 与此类似,在许多具体的财税法律制度中,究竟如何划分中央与地方间的权力,恐怕不存在一个普遍适用的“黄金分割点”,无法“一把尺子量到底”,而要区分具体领域、具体权能的情况作具体分析,从而,我们原来设想的地方财政自主权可能要作更精细的考虑,未来新增的地方财权就可能并不具备完整的权能,要受到中央的某些约束。

---

[1] See Reuven S. Avi - Yonah, *The Three Goals of Taxation*, Tax Law Review, 2006, 60 (1), p. 1 - 28.

[2] 斯图尔特(《美国行政法的重构》的作者)曾深入讨论环境联邦化问题。See Richard B. Stewart, *Pyramids of Sacrifice Problems of Federalism in Mandating State Implementation of National Environmental Policy*, Yale Law Journal, 1977, Vol. 86(6), p. 1196 - 1272.

[3] 参见闫文娟、钟茂初:《中国式财政分权会增加环境污染吗》,载《财经论丛》2012 年第 3 期。

[4] 对环境税税权配置的详细分析,可参见何锦前:《论环境税之税权配置》(未刊稿)。

前面较多地讨论了财政收入制度,事实上,财政支出制度也内在地约束着地方财政自主权。首先,中央财政投资制度对地方财政自主权有影响。我们以往一般关注中央投资对民间投资的挤出效应(crowding out effect),但实际上,中央投资在很多时候也会对地方投资产生挤出效应,从而在经济效果上会压缩地方财政自主空间。尽管中央可通过完善相关制度、谨慎选择投资方式来减少挤出效应的发生,[1]但毕竟难以完全避免。其次,转移支付制度也对地方财政自主权有影响。如前所述,转移支付往往承载着实现中央治理意图的使命,对承受相关转移支付资金的地方政府而言,其财政自主权是受到不同程度限制的——具体限制程度因一般性转移支付、专项转移支付以及地方配套等不同情况而有所差异。未来转移支付制度的改革方向当然是应当减少转移支付而增加地方自主财源、减少专项转移支付而提高一般性转移支付比重,但对保留下来的转移支付而言,既然其不同于地方自主财源,既然其是"项目制"国家治理方式的重要载体,那么,其必然仍会构成对地方财政自主权的内在约束。

五、制度协调与利益平衡对财政自主权的边界要求

从制度经济学角度来看,法律制度就是对产权(利益)的界定与分配,因而均有其外部性(externality)。[2] 地方财政自主权也并非完全意义上的"地方性"问题,而是会涉及相关主体利益平衡、相关制度协调的问题。这些利益平衡、制度协调均对地方财政自主权提出边界要求,相关制度建设就必须考虑这些外部性问题。

首先,地方财政自主权与整个国家的经济制度密切相关,因而会受到后者的制约。在任何以市场经济为导向的法治国家中,建立和维护统一、公平、有序的市场是经济法律制度的基本使命,地方财政自主权的制度构建过程也必须在这一前提之下加以推进。分税制改革虽然存在很多问题,但在解决前述地方经济保护问题上起到了很好的作用。吃一堑长一智,任何时候都不宜对此掉以轻心,而应进一步破除地方保护、促进市场统一。《中共中央关于全面深化改革若干重大问题的决定》指出,"建设统一开放、竞争有序的市场体系,是使市场在资源配置中起决定性作用的基础。必

[1] 例如,《国家发展改革委财政部关于印发紧急落实新增1000亿元中央投资工作方案的通知》(发改投资〔2008〕3127号)明确要求,要防止中央投资对地方投资的挤出效应,防止政府投资对民间投资的挤出效应。

[2] See Harold Demsetz, *Toward a Theory of Property Rights*, American Economic Review, 1967, Vol. 57, No. 2, p. 347–356.

须加快形成企业自主经营、公平竞争,消费者自由选择、自主消费,商品和要素自由流动、平等交换的现代市场体系,着力清除市场壁垒,提高资源配置效率和公平性。”基于此,地方财政自主权必须与宏观调控制度、市场规制制度等经济法律制度相协调,避免因地方财权的强化而导致市场分割、限制竞争等消极后果。未来,在向地方赋权的同时,还应严格规范地方在税率设置、税收优惠、投资等方面的权力;而当前比较迫切的是清理整顿地方过多过滥的税收优惠,一些近期将出台的法律,也应着重考虑地方财权的规范问题,例如,《环境保护税法(征求意见稿)》对地方税权的规范问题就考虑不周,应充分听取专家意见,作大幅修改完善。

其次,地方财政自主权不仅仅是“地方”问题或“央地关系”问题,也是“地方关系”问题,地区之间的相互关系也会构成对地方财权的限制。特别是在我国这样的政体单一制国家,实行“执政党主导的组织化调控”治理模式,地区之间经济社会差别有很大,就更要注意这一点。一方面,从地区平衡角度考虑,地方财政自主权需要一定的限度。中国改革开放的一大政策是一部分地区、一部分人可以先富起来,带动和帮助其他地区、其他的人,逐步达到共同富裕,因此,在改革开放已推进近五十年的今天,地区贫富差距问题应逐步在制度构建中得到更多的重视。以往,我们一般采用财力宽裕地区向财力不足地区对口支援的制度来平衡地区财力,今后,应构建更加公平、合理、规范的横向转移支付等地区财政平衡制度,加强地区财力再分配,促进地区共同富裕。另一方面,从地区合作机制考虑,日益频繁的地区合作会同时产生两种效果:一是中央向地区及跨区域机构赋权,二是地方财政等方面的自主权往往同时受到地区间协议和上级行政指令的影响。〔1〕当下,京津冀城市圈、武汉城市圈、环长株潭城市群、环鄱阳湖城市群、成渝城乡综合试验区、江淮城市群均是地区合作机制的产物,经验和制度表明,相关地方的财政自主权应当受到契约化因素、行政指令因素等多元因素的影响,其中以契约化因素为主。〔2〕

最后,还有其他诸多领域的法律制度均会不同程度地形成对地方财政自主权的

〔1〕 关于地区合作问题的分析可参见何锦前:《从区域合作发展看宏观调控权配置》,载《牡丹江大学学报》2009年第4期。

〔2〕 例如,财政部、国家税务总局《京津冀协同发展产业转移对接企业税收收入分享办法》(财预〔2015〕92号)并不强制要求遵循该办法,相反,其明确规定,已经达成税收分享协议或已有明确分享办法的,继续按原有分享协议和办法的规定办理。共建产业园区的税收分享,按京津冀三地政府协商意见执行。同时值得注意的是,我国地区合作中的财政机制问题是值得我们认真研究、甚至可能有助于世界财税法理论发展的问题。

限制。例如,中央层面制定的农业、教育、科学、文化、卫生等诸多方面的法律均设定了对财政支出的硬性要求,[1]此即"法定支出"制度,这一制度与《预算法》等财政制度存在较大抵牾,因而必须加以改革,但在可见的未来,作为中央规范(central norms)[2]的"法定支出"制度恐怕仍然会存在,因此会继续影响地方财政自主权。而有些领域的法律制度虽然并未明确规定财政支出要求,但实质上会构成财政支出的限制,如社会保障制度设定的最低保障标准等,就意味着,地方财政支出要达到一定程度方可确保地方公共服务符合该标准。此外,某些领域的财政政策不得不考虑该领域的特殊性,如文化产业方面的财政政策就必须慎重考虑所涉及的意识形态、道德伦理等因素以及这些因素与国家治理和中央意图的密切关联,因而要妥善协调与《非物质文化遗产法》等文化法[3]以及它们所内涵的公共利益、国家意志和中央意图的关系。可以想见,诸多相关制度均会在与财政制度发生交集的过程中对地方财政自主权产生约束效应。

六、结论

综上所述,地方财政自主权因国家治理模式等诸多方面的影响而必然存在诸多限制和约束。第一,不同于其他国家,中国国家治理方面的"执政党主导的组织化调控"模式决定了地方财政自主权是有限的,财政主导权仍将主要维持在中央手中。第二,《宪法》所确立的民主集中制的政权组织原则赋予了地方自主权空间,但同时也为其设定了宪法边界,而公民基本权利的相关规定也表明,地方政府也应分担"夜警国家"和"福利国家"意义上的宪法义务,相应地,地方财政的受益范围应适度扩展至非本地公民,由此构成对地方财政自主权的基本权利约束。第三,20世纪初以来财政法律制度不断发展的调控、分配等多元功能也使得许多财政权力宜于配置给中央,环境税、转移支付等本身所具有的某些制度特性也决定了它们对地方财权存在一定的限制作用。第四,市场经济要求经济法律制度的统一有序,地区贫富分化和地区经济合作要求构建地区财政平衡与协调机制,教科文卫等相关领域的法律制度往往也对国家财政提出了某些诉求甚或是硬性要求,这些方面均意味着,基于利益平衡和制度协调考虑,地方财政自主权要受到诸多限制。

---

[1] 例如,《农业法》第38条,《教育法》第54条和第55条,《科学技术进步法》第59条。

[2] See Hans Kelsen, *General Theory of Law and State*, translated by Anders Wedberg, Harvard University Press, 1945, p. 304.

[3] 这方面还应包括即将出台的《电影法》《文化产业促进法》等法律。

总体来说，国家治理模式和宪法框架主要形成地方财政自主权的质与量的大体边界，财政法律制度则从内部限制了地方财政自主权可资利用的制度备选项，如同零星分布的岛屿使得洋面无法形成一个完全的平面整体，其他相关领域的制度则从外部进一步勾勒了地方财政自主权的细微边界。在这些因素共同作用之下，中国地方财政自主权必然是有限的，且必然呈现差序性的结构特征。

当然，仍然需要强调，上面这些分析，并不意味着笔者反对地方财政扩权，更不是漠视当前地方事权财权不匹配的问题，相反，笔者赞成通过财权配置和财力调整尽快矫正两权不匹配的结构性问题。因此，本文的分析，更应当被看作一个善意的提醒，当众人的目光都集中于如何使地方扩权的时候，有人提一提扩权的边界问题，或许是有必要的，至少不应当被看作是添乱。而且，本文的分析还可以当作是地方财政自主权的“负面清单”，从与常规视角相向而行的另一种角度，同样致力于厘清地方财政自主权的范围。就如同在危险密布的森林中，有人借助指南针探寻方向当然很重要，但如果有人提醒“前面有老虎”“再过去是悬崖”之类的，也同样重要。因此，如果有必要，我愿意重申自己的立场：在中国这样的一个大国，既要扩大地方的财政权力，充分激发地方的能动性和创造性，也要维护中央的必要的权威，任何学理分析和制度设计，都不应脱离开中国的现实，在推动制度变革的路途中，要注意辨明路的边界，确保走稳走好。

日本财政分权的法定主义*

何锦前**

一、问题的提出

财政乃庶政之母。政权自有上下高低之分，财权当有分合集散之别。或分或合，集权分权，是一个亘古弥新的话题，家计财政下的政权总会多少有所顾忌，公共财政下的政权更要慎重抉择。[1] 现今中国的财政难题之一即在于此。分税制，当然是改革进程中的一大步，然而，改革的渐进性也注定了改革的不彻底，诸如事权财权不明晰、地方收支不均衡、转移支付不规范等问题也招致种种批评。如同中国最近60多年内的大多数制度变革，中央政府仍然是采取步步为营的稳健方式逐渐推进财税改革的，例如，试点"省管县"，推进预算公开，莫不与此有关。但是，财税改革不宜小打小闹，时不我待，我们应该通盘考虑制度革新。更为彻底的财政体制改革，其关键的突破口应该在于财政法定主义的坚决落实。

世界各国提供了各种模式可以借鉴。无须远眺，近邻即可。中国与日本一衣带水，同属单一制国家，社会文化等方面有诸多相似之处，此等便利条件，恰好有助于我们研究借鉴。尤其是日本财政分权的法定主义路径与特色，在其财政体制安排和分权改革过程中发挥了积极作用。他

---

* 本文原载于《未名日本论丛》（第6辑）。

** 首都经济贸易大学法学院教授，法学博士，博士生导师，财税法研究中心主任。

〔1〕 有学者指出："如何在中央与地方之间对财权，特别是税权作出适当的划分，是非常重要的。"参见张守文：《财税法疏议》，北京大学出版社2005年版，第66页。

山之石,可以攻玉,我们可以积极研究日本财政制度方面的经验和教训,大力推进中国的财税法制进程,加快经济建设步伐,提升现代法治水平。

对于日本财政分权体制中的利弊得失,近年来中国学者们关注较多,相关研究也不少,财政部等政府部门甚至多次赴日本考察取经。[1] 不过,总的来说,日本财政体制下的中央与地方各自权力的大小和多少、地方财权与事权是否匹配、税收种类和项目如何分配以及转移支付的方式和途径等具体要素问题研究得更多一些,而日本财政分权的法定性特征和内容则相对关注的较少。而事实上,在任何一个法治国家,财政法定原则贯彻落实得怎么样,将直接决定其财政制度的具体要素是否具有正当性,也决定了这些要素能否在中央与地方权力和利益博弈中保持稳定,甚至很大程度上影响了纳税人权利和民众福利的实现。而日本财政体制中所体现的法定主义,恰恰是日本在处理中央与地方财政分权问题上能取得较大成功的一个重要原因。就是在这个意义上,本文试图着重探讨日本财政分权的法定主义,以期对中国的改革能有所裨益。首先,在对财政分权和财税法定主义进行基本界定的基础上,简要分析日本财政分权体制所遵循的法定主义;其次,论文将进一步讨论日本财税分权法定主义在具体制度安排中的体现,尤其是法定主义对分权明确和分权刚性的维护和保障。此外,仅仅明确权利和利益的分割与配置是远远不够的,日本财政分权体制下的救济制度安排是非常重要因而不能忽视的关键环节,这一制度安排可以规范和保障地方财政权力与利益,也是纳税人权益得到有效救济和保护的重要制度;日本财政分权法定主义的许多经验,对中国目前和今后的财政改革也有较大的参考价值,因此,在上述分析的基础上,本文也将简要指出我国财政体制改革实现法定主义的必要性和可能性。

二、财政分权与分权法定

从理论上讲,财税权可以有多重含义。从宏观上来看,可以分为国际法上的财税权和国内法上的财税权。在国际法上,独立权、平等权、自保权和管辖权往往被视为国家不可或缺的四项基本权利,这是国家主权的具体体现。其中,所谓国家的管辖权。统言之,就是国家对其领域内的一切人和物进行管理统辖的主权,[2] 管辖权的

---

〔1〕 例如,财政部有关人员曾在日本国际协力机构(JICA)资助下于2009年赴日考察日本财税法制情况,其考察报告指出,日本"以法律形式明确了中央与地方各级政府间的事权,做到了各级政府间事权和支出责任清晰明确"。参见《日本财税及相关经济制度研修报告》,载 http://www.mof.gov.cn/pub/tfs/zhengwuxinxi/faguixinxifanying/200910/t20091028_224505.html,2011年11月10日访问。

〔2〕 参见王铁崖:《国际法》,法律出版社1981年版,第92~94页。

范围非常广泛，其中就包括财税管辖权，各国的财税权属于主权的范畴，不受其他国家或组织的干涉。[1] 在国内法层面，财税权是指国家的财政税收立法权、管理权、收益权和处分权。[2] 人们常说的财政分权，就是相对国内法意义上的财税权而言的。

进而言之，国家财税权的分配，是指国家财税权在相关国家机关之间的分割与配置。财税权的分配，包括纵向分配和横向分配。财税权的横向分配，是指财税权在相同级次的不同国家机关之间的分配，横向分配可分为独享模式和共享模式两种。例如，中央层级的财税管理权如果完全集中在财政部，则是独享式的，如果分散于财政部、税务局等多个政府部门，则是共享式的。财税权的纵向分配是指财税权在不同级次的同类国家机关之间的分配，可分为集权模式和分权模式。例如，中央政府垄断了所有的或绝大部分的财税权力和利益，则是集权模式，对此，还可以进一步分析，看看财税立法权、管理权、收益权和处分权具体是如何在中央政府和地方政府间分配的。根据上述标准，当今各国，采用集权模式的主要有英国、法国等国家，采用分权模式的主要有美国、德国等国家。[3]

需要指出的是，确如凯尔森所言，集权与分权只能是相对而言的，在法治国家中，总要有一个集权的下限和分权的上限，国家才不致瓦解分裂。[4] 对于财政分权来说，也是如此，“无论是强调集权的国家，还是强调分权的国家，其集权与分权都是相对的。集权模式也只能说是偏重于集权的模式，分权模式也只能说是偏重于分权的模式”。[5]

至于日本的财政体制是集权模式还是分权模式，的确存在一定的争议。不同的人分别将日本财政体制定性为“收支集权制”“集权分散型”“分权制”等不同的类型。[6] 对于日本财政体制模式的界定，恐怕需要从两个方面来进行综合考量。

一方面，财政体制是国家政治体制的组成部分，政治体制往往决定了财政体制的形态。“一个国家的财政结构是分散的或集中的，要视其政体是联邦制或单一制而

---

〔1〕 参见张守文：《税法原理》，北京大学出版社2009年版，第62页。

〔2〕 同上书，第64页。

〔3〕 参见前引张守文：《税法原理》，第66页。

〔4〕 参见［奥］凯尔森：《法律与国家》，雷崧生译，台湾，正中书局1976年版，第378页。

〔5〕 参见前引张守文：《财税法疏议》，第72～73页。

〔6〕 例如，有人认为日本实行的是“集权分散型财政体制”，参见李琳：《日本地方财税管理体制探析及借鉴》，载《涉外税务》2007年第9期；有人认为“总体上来说，日本仍然是实行收支集权制的国家”，参见李淑霞、苗翡：《日本财政分权与经济增长》，载《现代日本经济》2007年第4期；有人认为“日本实行分税制的财政体制”，参见倪志良、王红涛：《日本财政分权实践对化解我国县乡财政困难的启示》，载《经济问题探索》2008年第7期。

定,而不是相反。"[1]就日本来说,基本上还是属于单一制政治体制,第二次世界大战以后不断推进的地方自治逐渐软化了单一制的中央集权性,不过,即便如此,在日本法学界看来,地方自治行政基本上都被定位为国家行政的一个部分,而不是一个特殊的独立范畴。[2] 日本战后的地方自治制度,"与明治地方自治制度相比具有分权式特点,"但是,日本国内的学者大多承认,这种分权只是相对的,"战后中央地方关系依然是集权型的"。[3] 就此而言,在单一制集权型政治体制下,日本的财政体制是不可能达到联邦制国家的财政联邦模式那种分权程度的。如果仅仅以财政联邦制为财政分权模式的唯一标准,那么,几乎所有的单一制国家都很难说可以有分权的财政体制。而这种极端的界定方法显然是与前述的集权分权相对论截然对立,因此也是不能被接受的。

另一方面,如果我们承认财政集权分权的相对性,进而承认单一制国家也需要、事实上也存在相对分权的财政体制的话,那么,对日本的财政体制模式的界定就应该建立在更细致地考察其财政制度的基础之上。根据日本地方财政制度的相关规定,地方政府的财政收入按收入来源标准可以分为自主财源和依存财源,按支出自主性标准则可以分为一般财源和特定财源。[4] 所谓自主财源,就是地方政府可以自主组织的财政收入,而依存财源则主要是指依靠中央政策转移支付的财政收入;一般财源是对支出方式和用途限制较少、体现地方政府财政支配和处分自主权较充分的财政收入,特定财源则往往有较为严格的限定。日本地方政府自主组织的财政收入即自主财源在整个国家财政总收入中所占的比重并不大,一般只占三成或四成,而地方政府承担了大量的公共事务,在财政支出上往往占到国家财政总支出的七成左右,因此,地方财政很大程度上不得不高度依赖于中央政府的补助金、地方交付税等依存财源。其中,国家给予地方的补助金,往往附加各种条件,或指定用途,或要求地方政府配套资金,由此往往诱导地方政府"优先发展带有补助金的项目,扭曲了自治体的政策顺序",也导致地方政府倾向于迎合中央政府,而不是顺应民意,"加剧了陈情政治、

〔1〕 [美]理查德·A.马斯格雷夫:《比较财政分析》,董勤发译,上海三联书店、上海人民出版社1996年版,第325页。

〔2〕 原田尚彦:『行政法要論』学陽書房2000年59頁。

〔3〕 [日]礒崎初仁、金井利之、伊藤正次:《日本地方自治》,张青松译,社会科学文献出版社2010年版,第25页。

〔4〕 参见前引[日]礒崎初仁、金井利之、伊藤正次:《日本地方自治》,第201页。

利益诱导政治”。[1] 又如，地方交付税制度作为财政调整制度的一种，其主导权也相当程度上控制在中央政府手中。这些问题，都反映出财政体制上中央对地方的管理和控制的确比较多。对此，日本一直以来有一个形象的术语来界定其财政分权的特征，即“三成自治论”。从这个意义上来说，日本的财政分权程度是不高的，仅有三成。也有学者认为，既然“自治体的自主性只有三成”，那么，日本的财政体制也可以被认为是“集权性”的。[2]

不过，按照前述的财政分权判定标准，仅仅以税收收入占三成来认定日本财政体制的集权性是过于简单了。从日本地方政府所享有的财政税收立法权来看，地方立法权是充分的而且得到宪法和法律有效保障的。日本《宪法》以及《地方税法》等法律均对地方政府的课税权、财政运营立法权进行了规定，与许多单一制国家相比，日本地方政府的财税立法权更大。从地方政府的收益权来看，尽管自主性税收收入占比不高，但通过中央政府的补助金和地方交付税等转移支付途径，地方政府最终可支配的财政收入往往达到七成左右，与其承担的事权基本相称。更需指出的是，近年来，日本地方自治的程度不断加大，尤其是2000年4月《地方分权一览法》实施以来，许多财政制度也朝着更有利于地方自治的方向进行调整和改革，例如，补助金等依存财源限制条件过多的状况已逐步得到改变，地方财政自主性进一步加大。因此，总的来说，在单一制国家中，日本的财政体制还是体现了鲜明的分权特征。大多数日本学者也认同分权财政体制的界定，[3] 他们关于财政制度的论述，很多就直接建立在分权前提条件之下。[4] 这种分权财政体制，很大程度上又是在法定主义路径上得以发展和完善的。

所谓财政分权的法定主义，是指财政权力的分割、财政权益的分配均由立法机关通过法律予以明晰和确定，财政分权事项的调整和变更均应按照法律规定，遵循一定的法律程序进行。财税分权法定主义是财税法定主义在财政分权制度上的体现。财税法定主义是财税法上的首要原则，这一原则的产生与资产阶级革命时期民众对抗君主恣意征税的运动密切相关，英国“无代表不纳税”（No taxation without representa-

---

〔1〕［日］礒崎初仁、金井利之、伊藤正次：《日本地方自治》，张青松译，社会科学文献出版社2010年版，第202～203页。

〔2〕同上书，第201～202页。

〔3〕参见持田信樹：『地方分権の財政学』東京大学出版会2004年。

〔4〕参见西川雅史、林正義：「政府間財政関係の実証分析」、『フィナンシャル・レビュー』(82)2006年197、222頁。

tion)的纳税人权利宣言、法国"法律保留"或"议会保留"原则[1]在其中发挥了尤为重要的积极作用。这一原则在具体的财税制度上在体现为财政分权法定主义、税收法定主义、[2]财政法定主义、预算法定主义,等等。

财政分权法定主义在财税分权制度中具有根本的指导意义。财政税收与国民权益息息相关,必须经过人民自己的同意。税收是国家从纳税人手中强制获取财产的行为,直接影响公民的财产权、生存权等基本权利,因此也被视为国家公权力对私权的侵犯。财政支出也直接决定了民众的社会保障、国家的公共设施建设等公共产品的提供,直接影响民众的安全、健康、教育、福利等方面的权益。中央和地方在财政权力和利益上的分割配置,同样影响整个国家和地方民众的权益,不同的分权安排对民众权益的影响是不同的。为了防止国家财税权力的过度膨胀、有效保障私人权益,并妥善平衡全体国民和地方民众的利益,就要保证财政税收务必经过全体纳税人的同意,在现代民主国家,普遍实行代议制,纳税人表达同意的主要方式就是通过立法机关制定法律,明确财政税收的具体要素。财政税收权力是"事关毁灭的权力",[3]立法权必须牢牢地掌握在立法机关手中,而不能随意地交给政府处置,这就是"法律保留"原则[4]对行政权的警惕和防范。法律保留是极为重要的宪法工具,[5]其传统上的意义"指的是对国民权利、自由的限制,不允许由行政权来进行,而必须保留给立法权(法律)",当然,随着法治理念的不断发展,这一原则的含义也可能被表述为:"只要基于法律,对自由权利的限制和侵害就成为可能"。[6] 恰恰也是基于法律保留,对自由权利的限制和侵害也才具有了某种程度的正当性。在所有实行法律保留的立法事项上,除了刑罚以外,恐怕财政税收是最为受人关注的。可以说,要评价一个国家的法治水平,财政税收是否实行法律保留,因而是否严格遵循财税法定主义是不可或

---

[1] 法国《人权宣言》第4条规定:"自由就是指有权从事一切无害于他人的行为。因此,各人的自然权利的行使,只以保证社会上其他成员能享有同样的权利为限制。此等限制仅得由法律规定之。"

[2] 税收法定主义也称为租税法律主义,是税收法律制度的首要原则。参见金子宏:『租税法(第十五版)』弘文堂2010年68頁。

[3] 美国大法官约翰·马歇尔(John Marshall)曾在Mcculloch v. Maryland一案中指出,"税权是事关毁灭的权力"。See McCulloch v. Maryland, 17 U. S. 316 (1819).

[4] "法律保留"这一术语最初是由奥托·迈耶(Otto Mayer, 1846~1924年)提出的。参见[德]奥托·迈耶:《德国行政法》,刘飞译,商务印书馆2002年版,第67页以下。

[5] 参见[德]哈特穆特·毛雷尔:《行政法学总论》,高家伟译,法律出版社2000年版,第109页。

[6] [日]芦部信喜、高桥和之:《宪法》(第3版),林来梵、凌维慈、龙绚丽译,北京大学出版社2006年版,第18页。

缺的重要考察标准。不论是联邦制还是单一制国家，也不论是英美法系还是大陆法系国家，只要这个国家实行法治，就很少不遵循财税法定主义的。从日本的财税分权制度来看，财税法定主义得到了较为充分的体现。

许多国家尤其是大陆法系国家，往往在宪法中对财政税收权力和纳税人权利等事项予以规定。日本《宪法》第七章专门规定财政事项，其中，第 83 条规定，国家财政权限须根据国会决议行使。由此可见，中央和地方如何进行财政权的划分，必须由最高立法机关来决定。这是财政分权法定主义原则在根本大法上的明确，它也被认为是"财政民主主义"的体现。[1] 第 84 条规定，租税开征或变更，必须依照法律或法律规定之条件。这一规定则被普遍视为租税法律主义的宪法渊源。实际上，不唯租税，其余所有国家凭借公权力获取资财的方式，也应一准乎法。例如，《财政法》第 3 条就明确规定，除租税以外，中央政府基于国家权力而征收的课征费，以及在法律上或事实上属于国家垄断事业的专卖价格或事业费等，全部必须由法律或国会决议加以规定。

同时，在地方财政自治权方面，日本也严格实行财税法定主义。例如，日本《宪法》第 92 条规定，关于地方公共团体的组织及运营事项，根据地方自治的宗旨由法律规定。第 94 条规定，地方公共团体有管理其财产、处理事务及执行行政的权能，得在法律范围内制定条例。可见，地方财政税收固然具有较大程度的自治性，但其前提是必须在法律规定的范围内行使财税自治权。除了根本法以外，从其他相关的财政税收法律也可看出法定主义的体现。例如，《地方税法》第 2 条（地方团体的课税权）明确规定，地方团体根据本法律的规定可对地方税行以赋课征收。[2]

上述财政法定主义在日本根本法和法律上的具体体现，构成了日本财政分权的制度基础和条件，无论分权的程度如何，分权体制如何变更，遵循法定主义原则都是中央与地方必须谨守的底线，也是中央与地方博弈过程中始终不得突破的边界。当然，财政分权法定主义也远不是如此抽象的，它还通过对中央与地方分权规则的进一步明确加以落实，充分保障日本财政分权的正当性与合法性。

三、法定主义下的财政权确定性

基于宪法确认和维护的财税法定主义原则，相应的财政税收制度得以保持一种

---

〔1〕 参见前引[日]芦部信喜、高桥和之:《宪法》(第 3 版)，第 314 页。

〔2〕 本条文参照了吴炳昌的《地方税法》译本，参见《日本地方税法》，吴炳昌译，安树敏校，张富珍主审，经济科学出版社 1990 年版，第 3 页。

融贯的法治精神。日本的许多财政税收立法,在构建具体制度时均严格遵循并充分体现这一法治原则。对于中央与地方财政权的制度安排,也清晰体现出法定主义的思路。

日本的财政收入大部分集中在中央,由中央政府进行再分配,这就势必形成了中央政府在财政上的主导优势。为避免中央对地方财政自主权的压制和侵害,《财政法》《地方财政法》《地方税法》等相关法律均对中央与地方财政关系进行了明确规定。《财政法》第10条规定,中央政府将其特定事务所需经费的全部或一部分,转嫁给地方政府、其他机构、团体或人员负担时,必须有法律依据。[1]《地方财政法》第1条规定,地方财政法的目的是,通过制定与地方政府财政运行及中央财政与地方财政关系等相关的基本原则,确保地方财政的稳健性,促进地方自治的发展。第2条规定,地方政府必须致力于稳健的财政运营,不得违反中央政策,不得采取有损于中央财政或其他地方政府财政的措施;中央政府必须努力促进地方财政的自主且稳健运行,不得采取有损地方财政自律性的,或者向地方政府转嫁负担的措施。第4条之5规定,中央政府,包括中央政府的地方行政机构及《法院法》第2条规定的下级法院,不得对地方政府及其居民直接或间接地强制分摊捐税;地方政府不得向其他地方政府及其居民直接或间接地强制分摊捐税。[2]《地方税法》第669条(市町村法定外普通税的设置与变更)规定,市町村在设置或变更法定外普通税时,事先必须经自治大臣许可。[3] 由此可见,相关法律均明确,中央政府应充分尊重地方的财政自治权,而地方财政自治权的行使也应符合国家的整体利益和中央的统筹规划,中央与地方的财政权与财政利益均应得到相互理解与尊重,双方负有克制谦抑的法律义务。

总体来看,相关法律确立了一些基本原则和具体规则,对中央的财政权予以一定程度的限制,以保障和推进地方自治。例如,《地方交付税法》就明确了地方交付税立法的自治原则、能力原则和均衡原则。该法第1条规定,地方交付税法的目的是,在不损害地方政府自主管理其财产、处理其事务、行使其行政职能的前提下谋求地方之间财源均衡化,以及通过设定地方交付税交付标准等保障地方行政有计划运营,以此促进地方自治宗旨的实现,并强化地方政府的独立性。第3条规定,总务大臣必须致力于准确把握各地方政府的财政状况,根据本法规定,将地方交付税交付给财政支出

---

〔1〕 本条文参照了王朝才的译本,参见王朝才编译:《日本财政法》,经济科学出版社2007年版,第19页。

〔2〕 同上书,第148页。

〔3〕 相关条文参照了吴炳昌的《地方税法》译本,参见《日本地方税法》,吴炳昌译,第707~708页。

额超过财政收入额的地方政府，以达到均衡地填补各地方政府财力不足的目的。中央政府必须尊重地方自治的宗旨，在交付税的交付上不得附加条件或限定用途。而地方政府则必须努力将其行政维持在合理、妥当的水平上，各地方行政至少必须达到法律或依法颁布的政令所规定的作为义务的规模与内容。[1]

同时，相关法律还通过非常明确的语言、非常精细的条文对地方财政自治权进行了确认，以此进一步保障地方自治权，防范中央政府对地方财政的侵蚀。例如，《地方税法》第3条（地方课税规定的形式）规定，地方团体，规定本地方税的税目、课税客体、课税标准、税率及其他赋课征收，制定为该地方团体的条例。地方团体之长官，为实施地方团体课税条例，制定规则以明确相关手续及实施该条例的其他必要事项。第4条（由道府县课征的税目）规定，道府县税分为普通税与目的税。道府县所课征的普通税包括：道府县民税、事业税、不动产取得税、道府县卷烟消费税、娱乐设施利用税、餐馆饮食等消费税、汽车税、矿区税、狩猎者注册税，除了所列税目之外，另外征收普通税时则另设税目。道府县所课征的目的税也被明确规定为汽车取得税、轻油获取税、狩猎税和水利地益税。第5条（由市町村课征的税目）规定，市町村税分为普通税与目的税。市町村所课征的普通税包括：市町村民税、固定资产税、轻型汽车税、市町村卷烟消费税、电税、煤气税、矿产税、木材获取税和特别土地保有税，除了所列税目之外，另外征收普通税时则另设税目。第6条（免税与差别课税）规定，地方公共团体由于公益或其他事由而不宜征税，则可不征税；地方公共团体由于公益或其他事由，在必要时可差别课税。第7条（差别课税与部分课税）规定，地方公共团体对一部分有特殊利益者，可差别课税，或实行部分课税。[2] 基于这些细致的规定，各个自治地方所拥有的财政税收权力非常清晰具体，这就相当于从财政税收权力的“大蛋糕”里面事先完整地切出来一块交给地方，中央基本上无法干涉。

当然，作为单一制国家，日本的地方财政很大程度上仍然要依靠中央的转移支付来实现基本的收支平衡，转移支付所涉及的财政权力和利益就不是像上文所述那种“切蛋糕”的方法，这个部分既包含了中央的财权和收益，也包括地方的财权和收益，而主导“切割这块蛋糕”的是中央政府。鉴于此，相关法律明确了自治地方的收益比例，保障了地方的财政收益分配权。其中，地方交付税制度中的交付比例法定原则发挥了非常积极的作用。所谓地方交付税，就是中央政府必须将“法定五税”的一定比

---

〔1〕 参见前引王朝才编译：《日本财政法》，第91~92页。

〔2〕 相关条文参照了吴炳昌的《地方税法》译本，参见《日本地方税法》，吴炳昌译，第3~6页。

例交付给地方政府。[1] "法定五税"是指所得税、酒税、消费税、烟税和法人税。根据《地方交付税法》第6条的规定,所得税和酒税收入的32%、消费税收入的29.5%、烟税收入的25%和法人税收入的32%(2003年至今由于补贴恒久性减税的减收,调整为35.8%[2])作为交付税。每年度应交付的交付税总额为该年度所得税、法人税和酒税预计收入额的各32%、消费税预计收入额的24%以及烟税预计收入额的25%的合计金额,加上以前尚未交付的交付税金额,或减去以前年度超额交付的交付税金额。该法第6条第2项规定,交付税分为普通交付税和特别交付税;每年度应交付的普通交付税总额,为按第6条第2项规定计算出的总额的94%的金额;每年度应交付的特别交付税总额,为按第6条第2项规定计算出的总额的6%的金额。[3]

中央与地方财政分权不仅仅是财政收入的分配问题,还涉及财政支出如何分担的问题。相关法律也明确了中央和地方政府的财政负担义务。根据《地方财政法》的相关规定,除了部分广域联盟事务和市町村事务等事务外,地方政府原则上应全额承担其各项事务所需的经费,不过,由于地方政府承担的大量事务往往并不是严格意义上的地方公共产品,还直接关系到一国国民的权利保障等问题,地方政府处理的这些事务严格来说就不是地方性事务,而具有全国性公共品的性质。鉴于此,《地方财政法》也详细列举了42项必须由中央政府负担全部或部分经费的地方事务,这些事务大体可以分为三类:一类是地方政府依法令规定必须处理且存在中央政府与地方政府利害关系的事务,具体包括义务教育职员的工资经费、各类义务教育学校的房屋建设经费、妊产妇和婴幼儿体检经费、传染病预防经费、残疾人救助经费、养老院经费、殡葬经费和原子弹受害者介护津贴经费等27项事务所需的经费由中央承担全部或一部分;第二类是地方政府根据国家编制的综合发展计划而必须实施的,且由法律或政令规定的建设项目,具体包括交通、水利、林地、土壤改良、公营住宅等6项事务所需的经费由中央全额或部分负担;第三类是由法律和政令规定的、地方政府必须实施的与灾害相关的事务中,根据《地方税法》和《地方交付税法》规定难以获得与其财政支出相应的财源的事务,具体包括灾害救助经费、灾害吊唁与受灾者慰问经费、交通水利灾后重建经费、灾害城市规划经费、公营住宅和学校重建经费等9项灾害事务所需经费,由中央部分负担。对于中央与地方经费如何分摊的问题,无论是分摊比例、

[1] 参见前引[日]礒崎初仁、金井利之、伊藤正次:《日本地方自治》,第205页。

[2] 同上。

[3] 参见前引王朝才编译:《日本财政法》,第94页。

经费种类还是计算标准，都必须由法律或政令规定，不得由中央政府随意划定。同时，法律还通过排除性规范来进一步明确地方政府在财政支出上的义务范围。一方面，地方政府在处理只与中央政府有利害关系的有关事务时，法律排除了地方政府对所需经费的负担义务，例如，国会议员选举经费、最高法院法官国民信任投票经费、中央统计调查经费、国民养老金和雇佣者保险等经费均不得课以地方政府财政义务，也就是中央政府必须全额承担此类事务经费；另一方面，对于海上保安厅、司法及行刑、防卫厅和警察厅等地方政府所处理，但其不具有权限的事务所需经费，除法律和政令另有规定外，中央不得强制地方负担，也就是原则上中央政府必须全额负担此类事务经费。[1] 这样，中央政府与地方政府在事权与财权上的匹配性就更加趋于合理，充分保障了完成相关事务所需的资金，提高了财政资金的使用效率，也有效调动了地方政府的积极性。

法律还明确了地方政府的知情权或信息权。由于中央政府负责了较多的财政税收管理事务，因此也相应地掌握了更多的财政税收方面的信息，赋予地方政府一定的知情权，可以保障其及时充分地获取中央政府所掌握的这些信息，有利于地方政府更准确地了解相关财政情况，为切实有效地落实分权体制下的地方财源自治原则奠定了坚实的基础。例如，《地方交付税法》第 17 条之 2 规定，都道府县知事在计算对市町村应交付的交付税时，为了计算与市町村相关的第 14 条规定的标准财政收入额，向中央政府部门申请阅览或记录作为标准财政收入额计算基础的、与国税课税基础相关的所得额及课税额等相关文件时，中央政府部门应允许都道府县知事或其指定人员进行阅览或记录。这样，明确了地方政府的知情权或信息权，相应地也是对中央政府课以提供信息的法定义务，弱化了中央政府的信息垄断，以釜底抽薪的方式，在一定程度上减少了中央政府在与地方政府进行财政博弈时威权独断的可能性。

在宪法和法律中大量地规定实体性规则以规范对中央与地方的财政权分配，是非常必要的，同时，也应注意，分配的程序规则如何设计也直接影响上述实体性分配规则的实现。正如罗尔斯那个著名的“切分蛋糕理论”所强调的，程序正义对分配正义的实现具有决定性意义。[2] 日本的财税制度也特别重视分权的程序设计，相关法律明确了财政权分立的许多程序性规则，由此限制了中央政府的权力滥用。例如，根

---

〔1〕 这些规定主要包括《地方财政法》第 9 条到第 18 条的相关规定，参见前引王朝才编译：《日本财政法》，第 154 页以下。

〔2〕 参见［美］约翰·罗尔斯：《正义论》（修订版），何怀宏等译，中国社会科学出版社 2009 年版，第 66 页。

据《地方交付税法》第20条的规定,总务大臣依据该法相关规定作出某些决定,在必要时可征询相关地方政府的意见,如果说这样的规定还是柔性较多刚性不足的话,那么,该条后面紧接着的几项规定则相应地明确了总务大臣行政决定的程序性规范——地方政府对总务大臣作出的决定或处分不服而提出有欠公平或公正的异议者,总务大臣必须举行公开听证,经听证确认地方政府的申诉成立的话,总务大臣就必须取消或变更决定,这就使得中央政府的决定必须经受得起公众的审视。〔1〕诸如此类的一些程序性规则,就极大地压缩了中央政府的自由裁量空间,限制了中央政府及其官员行政行为的恣意性,同时,通过公众参与等方式增强了政府财政行为的正当性。〔2〕

上述实体法和程序法规则,为日本中央与地方财政分权划定了清晰的边界,各自的利益因此而得到充分尊重和有效保障。规则的明确也大幅降低了中央与地方在财政税收事务上反复博弈的必要性,由此避免了大量的无谓成本,也确保了日本财政分权能在保持基本稳定的情况下不断推进地方自治。应当说,财政分权法定主义实现了法的明确性和安定性,也在最终意义上保障了纳税人权利和国民福利。

四、财政分权救济制度

如前所述,财政分权法定主义带来了权力与利益分割配置的明确性,但这显然还不是全部,更值得注意的是,财政分权中难以避免的矛盾、冲突和其他种种争议,均有相应的救济制度予以解决。法律的定分止争功能,其实不仅限于私权争议,在处理中央与地方关系上具有同样的积极意义。

对于财政分权事务上发生的争议,日本法提供了多种救济工具,既有司法救济,也有行政救济。司法救济包括公民(法人)对行政机关的诉讼、行政机关之间的诉讼以及违宪审查诉讼,行政救济则主要是通过行政系统开展的申诉、控告或复议等方式。下面将结合日本的有关典型案例,分别展开讨论。

(一)司法救济

日本的违宪审查制度是在第二次世界大战后引进的,日本《宪法》第81条规定,最高法院是拥有决定一切法律、命令、规则或处分是否符合宪法之权限的终审法院,

〔1〕参见王朝才编译:《日本财政法》,第130~131页。

〔2〕关于行政决策正当性与公众参与的关系,学界已有许多论述,例如,王锡锌:《行政决策正当性要素的个案解读》,载《行政法学研究》2009年第1期。

由此“承认了普通法院有违宪审查权”。[1] 当然,总体来说,60多年来的实践表明,日本最高法院对做出违宪判决比较消极,而倾向于作出合宪判决。[2] 不过,在理论上,如果有关法律或政府制定的政策有违日本宪法中所规定的财政分权原则和地方自治原则,则当然可以通过违宪审查来否决之。在其他单一制国家,通过违宪审查来否定违宪的税法或税收政策倒是并不鲜见,法国宪法法院就曾多次否定有关税法的合宪性,其理由包括“议会不能将确定法律生效日期的决定权委托给行政机关行使”“设定税率的权利不能委托他人行使”“法律侵犯了公民受程序保护的权利”,等等。[3] 日本的违宪审查制度业已建立多年,并已成功判决了多个备受瞩目的典型案例,如果有这样类似的契机,它是完全可以在财政税收事务上发挥积极作用的。

公民(纳税人)对政府提起的行政诉讼,有效地规制了政府课税权,因此也在一定意义上发挥了维护财政分权法定原则的作用。这一方面的案例中,人们常常提起的是“东京都银行外形标准课税案”。所谓外形标准课税,就是根据企业法人的毛收入课征事业税,即便企业经营亏损而没有纯利润,也要缴纳该事业税。2000年4月1日,石原慎太郎主政时的东京都政府通过了对银行业等纳税人以外形标准课征事业税的条例。根据该条例,东京将自条例实施之日起5年内对所有资本金额在5万亿日元以上的银行业等企业法人征收事业税,计税依据为纳税年度内的企业毛收入,适用税率3%。出台这样的条例,其主要背景是日本经济的不景气。长期以来,低迷徘徊的经济导致企业收入连年减少,法人税因税基萎缩而持续减收,政府就可能通过改变税法规定而增加财政收入。事实上,1999年,日本税制调查会地方法人课税分会就曾讨论过外形标准课税的问题。日本政府也有意在全国就企业事业税问题进行相应的调整或改革。东京都抢在中央政府之前实施这一政策,实际上打乱了中央政府的全盘计划,不利于中央财政政策的统筹规划。当然,最直接的影响是,这样的规定进一步加大了相关企业的财务压力。对此,大型银行怨声载道,其中,21家大型银行以东京都政府为被告向东京地方法院提起诉讼,请求法院确认政府条例无效,返还已纳税款及其利息,并赔偿该条例导致的营业损失。东京地方法院的判决基本上支持了原告方的请求,东京都政府就此向东京高等法院提起上诉。2003年1月30日,二审

---

〔1〕 参见前引[日]芦部信喜、高桥和之:《宪法》(第3版),第330页。

〔2〕 赵立新:《日本违宪审查制度》,中国法制出版社2008年版,第262页。

〔3〕 [美]维克多·瑟仁伊:《比较税法》,丁一译,北京大学出版社2006年版,第67页。

维持原判。[1]

根据该案终审前的《地方税法》第72条之12（法人事业税的课税标准）的规定，对于法人经营的事业，课征事业税的课税标准是：供电业、供煤气业、人寿保险事业、损失保险事业，依据各事业年度的收入金额，其他事业依据各事业年度的所得与清算所得。[2] 第72条之19（事业税课税标准的特例）规定，对于法人经营供电业、供煤气业、人寿保险事业、损失保险事业以外的事业，法人或个人经营者，其事业税的课税标准，不按地方税法有关事业税的纳税义务者、法人事业税课税标准、个人事业税课税标准，而按事业情况的不同，按其资本金额、销售金额、房屋面积或价格、土地面积或价格、从业员人数等作为课税标准，或按所得和清算所得，与以上所述课税标准一并使用。第72条之22（事业税的标准税率等）规定，对法人经营的事业，课征事业税的标准税率，按以下各号所示区别，各按该各号的规定。该条详细列举了各种不同类型的法人所适用的税率，例如，经营供电业、供煤气业、人寿保险事业、损失保险事业的法人，按收入金额的1.5%；经营其他事业的法人，特别法人根据其收入额的不同而分别适用6%或8%的税率，其他法人则分别适用6%、9%或12%的税率；等等。同时，值得特别留意的是，该条第8项还规定，道府县，按超过本条第1项、第2项、第6项规定的标准税率课征事业税时，对于本条第1项按所列区别规定的税率，第2项规定的特别法人的税率和其他法人的税率，以及第6项各号所定税率，道府县课征事业税时不得超过相应常规税率的1.1倍。[3]

由此可见，一方面，外形标准课税并不是可以由政府随意使用的工具，而是有严格的限定，往往只是适用于那些因会计资料不完整等原因而无法计算或难以计算利润和应税所得的纳税人；另一方面，法律也严格限定了地方政府按有关标准课征事业税的最高税率，即《地方税法》所定常规税率的1.1倍，这是地方政府自由裁量空间的上限。东京都政府的税收政策，已经超越了其法定的自治权边界，损害了纳税人的权利，通过相应的诉讼，可以确保其维持在财政分权框架下的法定权利范围之内。

事实上，东京都政府的税收政策也扰乱了中央政府的税收规划，由于税源可能一致，其过高的税率设置，也很可能在实质上损害中央政府的税收利益。这是有前车之鉴的，1974年东京曾提高法人事业税的适用税率，固然增加了东京都政府的财政收

〔1〕 高橋滋：「東京都銀行税訴訟事件」、水野忠恒、中里実、佐藤英明、増井良啓編：『租税判例百選（第4版）』有斐閣2005年18頁。

〔2〕 本条文参照了吴炳昌的《地方税法》译本，参见《日本地方税法》，吴炳昌译，第182页。

〔3〕 同上书，第197页以下。

入,但中央政府的法人税却减少了,相应地,其他自治地方实际可得的地方交付税也有所减少,中央和各地方的财政利益因东京一地的税制调整而受损。[1] 因此,有学者评价说,石原慎太郎推行的银行外形标准课税表面上看起来是银行与东京都的“税制战争”,但其实也是中央与地方之间的税源分配和税制之争。[2]

地方政府对中央政府提出的诉讼,则更为直接地触及财政分权的利益纠葛。大牟田市电气税诉讼案是非常有名的一个案例。日本《地方税法》第五节明确了电气税的纳税人、课税标准特例、税率和免税条件与范围等规定,据此,煤矿经营者的直接业务用电不征税。在作为煤炭生产重镇的日本福冈县大牟田市看来,税法上电气税免税规定不合理,其税收收入因此受到了严重影响。1980 年,大牟田市以日本国会和内阁为被告,向福冈地方法院提起诉讼,要求对其因此而遭受的税收损失给予国家赔偿。法院判决原告败诉。[3] 法院认为,宪法仅仅赋予了地方抽象的课税权,而非具体的课税权,地方政府不能以法定的免税规定导致损害为由请求国家赔偿。换言之,宪法虽然保障地方政府应有的财税权,但宪法并不能保证地方政府拥有哪些具体的税收或税收项目。

如前所述,日本《宪法》第 83 条、第 84 条是财税法定主义原则的宪法渊源,而第 92 条则规定了地方自治法定主义原则。更进一步地,第 94 条规定,地方公共团体有管理其财产、处理事务及执行行政的权能,得在法律范围内制定条例。这一条可以被视为地方事权财权法定主义原则。对于上述诸原则,《地方税法》进行了贯彻落实。该法第 5 条(由市町村课征的税目)规定,市町村税分为普通税与目的税。市町村所课征的普通税包括:市町村民税、固定资产税、轻型汽车税、市町村卷烟消费税、电税、煤气税、矿产税、木材获取税和特别土地保有税,除了所列税目之外,另外征收普通税时则另设税目。[4]

基于上述原则和具体规定,在财政分权框架下,自治地方所拥有的课税权是法定的,法定以外的课税事项并不当然地属于地方自治的范畴。换言之,超出法定范围的地方财政权是不被认可的。这一倾向似乎隐含着对地方财政自治的限制,不过,反过

---

〔1〕 福家俊朗:「自治体の課税権」、北野弘久編:『判例研究日本税法体系(第 1 巻・税法の原理)』学陽書房 1978 年 215 頁。

〔2〕 参见前引[日]礒崎初仁、金井利之、伊藤正次:《日本地方自治》,第 215 页。

〔3〕 橋本博之:「地方団体の課税権:大牟田市電気税訴訟」、水野忠恒、中里実、佐藤英明、増井良啓編:『租税判例百選(第 4 版)』有斐閣 2005 年 19 頁。

〔4〕 本条文参照了吴炳昌的《地方税法》译本,参见《日本地方税法》,吴炳昌译,第 5 页。

来想,在单一制国家中,如果任凭自治地方依据宪法的地方自治原则或地方财政自治原则拓展其财政权力,而且得不到及时和有效地规制的话,那么,很可能危及单一制国家本身的政治体制。

(二)行政救济

通过行政系统对财政分权事项上的争议进行裁决,也是非常重要的救济途径,日本专门设立了国家与地方争议处理委员会解决有关的争议。这方面比较典型的案例是“横滨市马券税案”。2000 年 12 月 14 日,横滨市议会通过条例拟对赛马彩券交易开征马券税,根据地方税法的规定,马券税为法定外普通税,横滨市开征此税须征得总务大臣的同意。总务大臣在接到横滨市提出的征税申请后,于翌年 3 月 30 日做出了不同意开征马券税的决定。对此,横滨市向国家与地方争议处理委员会提出审查请求,要求对总务大臣的决定进行审查并劝告其改变决定。国家与地方争议处理委员会审查后,认可了横滨市的请求,劝告总务大臣改变前项决定。总务大臣接受了委员会的劝告,取消了原来的决定,同意横滨市开征马券税。[1]

根据日本《地方税法》第 669 条(市町村法定外普通税的设置与变更)的规定,市町村在新设或变更法定外普通税时,必须事先经总务大臣许可。第 670 条规定,对前述事项,总务大臣必须通知财务大臣,财务大臣收到通知后,如对申请的许可有异议,应对总务大臣表明异议。第 671 条(总务大臣的许可)规定,总务大臣依据第 669 条的规定受理法定外普通税开征申请,如经确认提出申请的市町村存在足以保证该税的税源、且该税收收入对该市町村的财政需求确有必要时,则必须许可该申请,但如有下列情形,则不能许可:(1)与国税或其他地方税的课税标准相同,而且居民负担显著过重者;(2)严重阻碍地方团体间物资流通者;(3)以上两者之外,对照国家的经济政策不适当者。总务大臣也可对市町村提出的课税申请,就符合该申请宗旨的范围,列出条件,并加以变更后许可之。[2]

市町村开征法定外普通税,必须经过中央政府许可的制度设计,从本质上说是国家对地方财政事务的法定干预。对此,《地方自治法》第 245 条之 2 明确了“干预法定主义原则”,即普通地方公共团体关于其事务处理,若没有法律或依法律制定的政令

〔1〕 岡村忠生:「自主財源主義:横浜市勝馬投票券発売税事件」、水野忠恒、中里実、佐藤英明、増井良啓編:『租税判例百選(第 4 版)』有斐閣 2005 年 16 - 17 頁。

〔2〕 相关条文参照了吴炳昌的《地方税法》译本,参见《日本地方税法》,吴炳昌译,第 707 ~ 708 页。

为依据，则无须接受或被要求国家或都道府县对普通地方公共团体的干预。[1] 如果地方政府对国家干预不服，可以向国家地方争议处理委员会提出申诉。该委员会设在总务省，共有委员 5 人，由总务大臣选定并经参众两院同意后任命，有权对普通地方公共团体的国家干预进行审查。《地方自治法》第 250 条之 13（对国家干预的审查请求）规定，普通地方公共团体的行政首长以及执行机关就其所承担事务中的国家干预，对属于要求纠正、拒绝许可和其他处分以及属于公共权力行使的事项存在异议，除该条明定所列事项以外，可将进行国家干预的该国家行政厅作为对象，向国家地方争议处理委员会以书面形式提起审查请求。根据《地方自治法》第 250 条之 14（审查及劝告）第 1 项的规定，国家地方争议处理委员会在处理与自治事务有关的国家干预争议事项时，如有根据第 250 条之 13 第 1 项的规定而提起的审查申请，应予审查，当作为审查对象的国家行政厅实施的国家干预没有违法，且从尊重普通地方公共团体的自主性以及自立性的角度来看没有不当之处，则应将国家干预不违法的决定以及作出该决定的理由，向提出该审查申请的普通地方公共团体行政首长以及执行机关和被诉国家行政厅发出通知，同时，应公布该决定和理由。如果该国家行政厅实施的国家干预确有违法，且基于尊重普通地方公共团体的自主性及自立性考虑确有不当之处时，国家地方争议处理委员会应要求该国家行政厅限期改正，并告知其理由和依据，并将该劝告要求的内容通知该普通地方公共团体行政首长或执行机关，同时将其予以公布。[2] 可见，国家地方争议处理制度可以减少中央对地方的不当干预，维护地方财政自治，在财政分权中发挥着积极作用。

不过，从制度设计上来说，国家地方争议处理委员会终究是总务省的下设机构，仍然是中央政府这个机器中的一个部分，恐怕难以超脱其所处中央层级的利益和视野，行政诉讼等司法救济仍然是不可或缺的。如果地方政府对国家地方争议处理委员会的处理不服，则还可以向法院提起国家干预诉讼。根据《地方自治法》第 251 条之 5（关于国家干预诉讼的提起）第 1 项的规定，向国家地方争议处理委员会提出国家干预审查申请的普通地方公共团体行政首长及其执行机关，凡符合相关规定者，即可以作为该审查申请对象的国家行政厅为被告，向高等法院提出国家干预诉讼，要求取消与该审查申请相关的违法的国家干预，或者要求确认与该审查申请相关的国家

〔1〕 本条文参照了杨剑的《地方自治法》译本，参见万鹏飞、白智立主编：《日本地方政府法选编》，北京大学出版社 2009 年版，第 106 页。

〔2〕 参见前引万鹏飞、白智立主编：《日本地方政府法选编》，第 117 页以下。

不作为的违法性。该规定第1项第1号所列举的情形即为依据第250条之14第1项至第3项规定,对委员会的审查结果及劝告不服的情况。[1] 当然,此处的国家干预诉讼,则和前文所述的行政诉讼不太一样,[2]至少,国家干预诉讼不能直接提起,国家地方争议处理是其前置程序。

由可见此,违宪审查、行政诉讼、国家地方争议处理等制度安排都是日本财政分权法定主义的重要组成部分,对于预防和限制中央政府对地方财政事务的干预和侵害、规范和保障地方财政自治、维护纳税人权益,发挥了极为重要的作用。完整的财政分权法律制度,不能忽视、更不能缺失这些重要的救济制度。

五、结论及启示

通过上文的讨论,可以认为,日本的财政分权制度契合了法定主义或法定原则。从法律渊源来看,无论是最高层级的根本法,还是财税法和自治法等各项法律,均对财政分权事项保持着足够的警醒,一以贯之地宣示法律保留的重要性。从法律规则来看,《财政法》《地方自治法》《地方税法》《地方财政法》《地方交付税法》等诸多法律均以十分精细乃至被人称为繁复的条文对中央与地方的财政权力配置与利益分配进行详细规定,[3]条分缕析,财政分权事务方面绝大部分重要的内容都可以从中找到明确的规则。从法律刚性来看,相关法律明确了违宪审查、普通行政诉讼和国家干预诉讼等司法救济程序以及国家地方争议处理等行政救济程序,由此,财政分权的法律规则就不仅仅是纸上的宣言,还可以得到充分的实际运用,相关权力和利益在受到妨害或贬损时可以在明晰的制度框架内得到救济。这些方面,无不反映出法定主义路径在财政分权上的突出优势。

不仅仅是日本,法定主义路径的优势,已经在许多国家的财政分权实践中得到体现,法国、德国、美国等国家,不论其是偏重于集权下的分权,还是倾向于分权下的适当集权,法定主义已成为这些国家维护和发展其财政权分配体制的基本原则。我国近年来一直在探索一条适合自身特色的财政分权之路,如何更加适合国情,如何更加符合经济社会发展趋势,这些问题固然是极其迫切也极为重要的,但是,与这些问题

---

[1] 参见万鹏飞、白智立主编:《日本地方政府法选编》,北京大学出版社2009年版,第124页。

[2] 国家干预诉讼与一般的行政诉讼存在很大差别,不过,其类别归属可能更靠近行政诉讼。总体而言,该诉讼在制度设计上应当是与违宪审查相区别的,而在民事、刑事和行政诉讼等三大传统诉讼类型中,该诉讼更贴近行政诉讼的属性。

[3] 例如,《地方税法》共计760条,加上附则,其字数之多,几乎超出常人的想象。

相比并不显得更不重要的是,应进一步强化我国财政分权的法定主义。

我国财政分权在法定性方面尚不完善。例如,根据我国《宪法》和《地方各级人民代表大会和地方各级人民政府组织法》的相关规定,中央政府拥有18项职权,县级以上地方政府拥有10项职权,不过,仔细比较中央和地方各级政府的职权可以发现,包括财政权在内的这些权限划分是比较模糊的。同时,《宪法》也并没有明确财税法定原则,与财税法定主义可能相关的规定是第56条,该条规定,“中华人民共和国公民有依照法律纳税的义务”,大多数学者认为,这一条规定很难说是税收法定原则,或者很难说其明确确立了税收法定原则。又如,关于我国中央与地方财政分权的最直接的依据往往被认为是《国务院关于实行分税制财政管理体制的决定》(1993年12月15日),但是,这一决定是国务院制定的规范性文件,严格来说尚未构成行政法规,当然更非最高立法机关制定的法律。当然,可喜的是,近年来中央高度重视贯彻落实税收法定原则,许多税种法也由原来的行政法规上升到了法律。虽然税收法定原则落实任务尚未完成,但从趋势来看,与许多国家通行的一税一法的立法方式是一致的,差距也在缩小。而且,我国税种法的建设在未来应当也会从形式法定迈向实质法定,实现税收领域的良法善治。

不过,财政和税收领域的发展似乎并不均衡。相对来说,近年来我国财政分权的改革举措不少,也起到了非常好的效果,但是,与税收法定原则贯彻落实的高效高速相比,财政分权的法定性不足问题仍然较大程度地存在,导致我国财政分权的规则不明确,分权主导权掌握于中央政府之手,分权自由裁量空间大,因此既不利于财政分权制度的稳定和完善,不利于纳税人权益的保护,也不利于财政资源的优化配置。鉴于此,我国有必要充分重视财政分权法定主义,尽快明确财政法定原则,提升相关财政立法的层级,细化财政分权的具体规则,强化财政分权程序正义理念,完善财政分权的救济制度,如此,才能在法治轨道上将财政体制推至更具合理性和正当性的方向,才能更好地实现财政治理乃至国家治理的现代化。

PPP模式下公用事业政府监管的挑战及应对*

尹少成**

摘要:PPP模式有力推动了我国公用事业的快速发展,但也暴露出诸多问题,并对传统政府监管提出了挑战。现代政府监管应当从监管理念、目标、方式和法律救济等方面进行适当转型。在监管理念上,传统严格监管的理念已经不符合PPP模式的本质要求,应引入市场竞争机制,逐步打破行业垄断。在监管目标上,核心是如何正确处理好公共利益和私人利益的关系,应更加注重对私人利益的保护,以提高私人部门参与的积极性。在监管方式上,应打破主要倚重行政许可等事前监管手段的传统,充分发挥事中、事后监管的优势。在法律救济上,应重新审视传统救济途径所存在的不足,处理好民事诉讼与行政诉讼之间的关系,并努力将仲裁打造成PPP纠纷解决的主渠道。

关键词:PPP模式　公用事业　政府监管　监管转型

近年来,在国务院及财政部、国家发改委等相关部委的推动下,PPP模式以国家战略的姿态呈现在公众面前。相关政策法规的出台,让人目不暇接。但是,在这繁荣的背后,却潜藏着诸多隐忧。[1] 尤其值得注意的是,目前许多PPP项目均集中在公用事业领域,直接或间接涉及国计民生和社会公共利益。如何有效应对此类隐忧,成为一个必须直面的问

---

* 本文原载于《行政法学研究》2017年第6期。

** 首都经济贸易大学法学院副院长,副教授,法学博士。

〔1〕 参见新静:《PPP模式存四大隐忧》,载《建筑时报》2015年3月16日,第6版;吴健、李学乐:《PPP狂飙隐忧》,载《董事会》2016年第4期。

题。既然当前PPP模式由政府主导,政府也应当承担起相应的监管义务和职责。问题在于,PPP模式下公用事业政府监管,将在很大程度上打破传统监管的理念、目标、方式等,对传统政府监管提出了新的挑战。如何有效应对PPP模式带来的新挑战,既影响着PPP模式在我国的发展和推进,也影响着公用事业产品和服务的提供,因而是一个亟须重点关注的课题。

一、PPP模式的兴起及其对政府监管的挑战

尽管PPP模式在国外有非常悠久的历史,但直到19世纪,PPP才开始广泛运用。在我国,则始于20世纪80年代,但直到2013年,PPP模式才开始提速,对政府监管的挑战方才逐步显现。

(一)PPP模式的内涵及其兴起

1. PPP模式的内涵

理论上,对PPP的概念并未达成共识,不同机构或学者基于不同角度存在不同理解,[1]有广义和狭义两种理解。广义上的PPP泛指公共部门与私人部门为提供公共产品或服务而建立的各种合作关系。[2] 狭义上PPP的典型模式是"设计—建造—融资—运营"(DBFO)。在该模式下,政府制定公共服务的标准,私人部门据此设计、建造相应的设施来提供服务,并负责融资和运营。[3]

国外对PPP的研究主要从广义角度展开,而国内文献主要从狭义上理解PPP。事实上,关于PPP的内涵,我国学界正在经历激烈争论。国家发改委主要从狭义上理解PPP,将其对象主要限于基础设施和公用事业,方式局限于特许经营。而财政部则是从广义角度理解PPP,认为PPP是指"政府和社会资本以合作协议的方式提供公共产品和服务的行为。"[4]

笔者赞同从广义上理解PPP,理由在于:PPP作为公共部门和私人部门合作的过程,形式可以多种多样,不应局限于某一种或几种常见的模式,而应鼓励公共部门和私人部门不断创新,结合特定的合作领域,构建更加科学、更加符合双方利益需求的合作模式,进而激发私人部门参与公共产品或服务提供的积极性和创造性,提高公共

[1] 贾康、孙洁:《公私伙伴关系(PPP)的概念、起源、特征与功能》,载《财政研究》2009年第10期。

[2] 王灏:《PPP的定义和分类研究》,载《都市快轨交通》2004年第5期。

[3] 刘晓凯、张明:《全球视野下的PPP:内涵、模式、实践与问题》,载《国际经济评论》2015年第4期。

[4] 参见《政府和社会资本合作法(征求意见稿)》第3条。

产品或服务供给的效率。据此,可以把 PPP 定义为公共部门和私人部门之间就公共产品或服务的提供,所达成的利益共享、风险共担的长期合作伙伴关系。

2. PPP 模式的兴起

PPP 模式的历史久远,最早可追溯到古罗马时代。20 世纪七八十年代,英美等国率先掀起了民营化浪潮。作为打破政府垄断的一次有益尝试,它为政府治理模式的变革、市场多元主体参与协同治理提供了新愿景。

民营化在当代政府改革中的地位毋庸置疑,某种程度上说,PPP 是快刀斩乱麻式的民营化改革的理性反思。[1] 随着 PPP 模式的深入发展,其合作方式远超人们的想象,适用范围也极大拓展。根据各国的实践,PPP 模式已经运用到道路、桥梁、机场、医院、学校、监狱和城市改造等“硬经济”和“硬社会”设施,甚至涵盖了研究开发、技术转移、社区福利、安全保障和环境规划领域等“软经济”和“软社会”设施。[2]

在我国 20 世纪 80 年代,在基础设施、公用事业领域就已经出现一些 PPP 项目,其作为一种管理模式登上改革历史舞台,与我国城镇化、市场化、国际化步伐的加快密不可分。[3] 在此过程中,PPP 模式经历了实践探索、小型试点、大力推广、停滞反复和全面推广五个阶段。[4] 特别是自 2013 年以来,PPP 相关政策和法规密集出台,鼓励社会资本进入铁路、能源、城市基础设施等领域。根据财政部的信息披露,截至 2016 年 2 月 29 日,全国各地共有 7110 个 PPP 项目纳入 PPP 综合信息平台,项目总投资约 8.3 万亿元。[5] PPP 模式的发展呈现燎原之势。

(二)PPP 模式对公用事业政府监管的挑战

1. PPP 模式与公用事业的关系

按照《韦氏英文大辞典》的释义,“公用事业”是指“提供某种基本的公共服务并且接受政府管制的行业。”[6] 在我国,一般认为,“公用事业是指通过基础设施向个人

---

〔1〕 [美]唐纳德·凯特尔:《权力共享:公共治理与私人市场》,孙迎春译,北京大学出版社 2009 年版,第 9 页。

〔2〕 [英]达霖·格里姆赛、[澳]莫文·K. 刘易斯:《公私合作伙伴关系:基础设施供给和项目融资的全球革命》,济邦咨询公司译,中国人民大学出版社 2008 年版,第 79 页。

〔3〕 刘薇:《PPP 模式理论阐释及其现实例证》,载《改革》2015 年第 1 期。

〔4〕 参见黄静雯、刘小平:《以史为鉴——国内 PPP 发展历程及未来展望》,载《联合资信评估有限公司研究报告》2016 年 9 月 21 日,http://bond.hexun.com/upload/117.pdf。

〔5〕 张璐晶:《财政部“全国 PPP 综合信息平台”首次披露大数据》,载《中国经济周刊》2016 年 3 月 7 日。

〔6〕 Webster's Unabridged Dictionary, Random House, 1998, p. 1563.

和组织提供普遍必需品和服务的产业”。[1]

从上述“公用事业”的概念中，我们不难看出PPP模式与公用事业之间的密切关系。二者在公共产品和服务的提供上有着惊人的相似。尽管广义上的PPP模式有着极广的适用范围，但是，至少在当下中国，PPP模式的主要适用领域仍然是公用事业。而且，从我国PPP模式相关立法和政策，也不难捕捉到此种立法倾向。[2] 这就决定了PPP模式的主要试验场必然首先在公用事业领域。

2. PPP模式对公用事业政府监管的挑战

公用事业作为关系国计民生，并兼具较强的自然垄断、普遍服务功能的特殊领域，本身具有较强的公共利益色彩。而PPP模式中的社会资本有着天然的逐利性，如何实现PPP模式中公共利益和私人利益的平衡，将在很大程度上决定PPP项目的成败。政府作为PPP协议中的一方主体，身份极为特殊，既可以以平等主体的身份与私人主体一方就PPP协议中的权利、义务、责任等展开自愿、平等的磋商，又可以以监管者的身份就PPP项目运营过程中公共利益的保护进行监管。

如何平衡两种身份之间的冲突，给政府监管提出了新的挑战。这种挑战既表现在传统政府严格监管理念的式微，又表现在现代监管中公共利益的适度让位，还表现在传统监管方式的滞后所带来的监管实效的不足。传统公用事业监管中，监管理念上的严格监管，监管目标上高度重视公共利益保护，监管方式上过分倚重事前的、刚性的监管手段，救济手段的公正性和权威性欠缺，等等，都必须进行适当转型，以适应PPP模式的要求，更好地促进PPP模式和公用事业的协同发展。

二、理念革新：从严格监管到充分引入市场机制

（一）传统公用事业监管理念：严格监管

传统上，一般将公用事业特别是其中的普遍服务视为政府的一种政治性承诺。[3] 因而，政府是公用事业的当然提供者。在“自然垄断”理论的影响下，以及公用事业直接涉及社会的基本产品或服务，政府对公用事业实行严格监管。即便是在英美等西方国家，对公用事业的监管也经历了一个跌宕起伏的过程，历经“不监管—监管—放松或解除监管—再监管”的反复，公用事业运行在市场竞争与政府监管中徘

---

〔1〕 刘戒骄等：《公用事业：竞争、民营与监管》，经济管理出版社2007年版，第1页。

〔2〕 如2015年颁布的第一部PPP部门规章，即取名《基础设施和公用事业特许经营管理办法》。

〔3〕 余晖：《管制与自律》，浙江大学出版社2008年版，第108页。

徊与纠结。[1]

在我国,因受计划经济、公有制体制等因素影响,公用事业严格监管理念更加突出。从十一届三中全会提出改革开放,到十四大提出建立社会主义市场经济,再到十八届三中全会提出使市场在资源配置中起决定性作用,我国公用事业监管虽然在逐步放开,但是这种放松监管仍然是小范围和有限度的。

(二)传统监管理念的弊端分析

公用事业政府监管历史表明,传统严格监管理念虽然有其特定的历史背景,但是,随着市场经济的不断发展和成熟,人民生活水平的提高,社会公众对公共产品和服务的要求也逐步提高,严格监管的理念已经不能适应公众的现实需求。

其一,传统严格监管的理念将公用事业的提供者严格限定为政府,不利于公用事业的快速发展。由于政府肩负多重使命,在财力、技术、管理等方面都有自身的局限性,完全依靠政府提供各种公共服务和产品,因缺乏市场竞争,不仅效率低下,甚至质量也堪忧。

其二,传统严格监管的理念会导致垄断,阻碍公用事业领域的创新和发展。严格监管通常以内部垄断为特征,拒绝市场竞争,容易滋生腐败,形成利益同盟,使公用事业提供者丧失创新和发展的动力。

其三,传统严格监管的理念阻碍社会资本进入公用事业领域,不利于提升社会经济的健康发展。公用事业在我国具有非常丰富的外延,基本由政府垄断经营,严重挤压了民营资本的发展空间。导致实践中数额巨大的民间资金没有投资出路。

(三)从严格监管到充分引入市场机制

严格监管理念指导下的公用事业领域,主要采取“高门槛”的市场准入机制,维持垄断状态。PPP 模式的引入,可以视为政府打破这种垄断模式的有益尝试。但是,PPP 模式下仍需要平衡公共利益和私人利益,离不开政府的有效监管。只是政府监管理念必须转型,即从严格管理理念向积极引入市场机制理念转变,按照十八届三中全会决定的要求,充分发挥市场在资源配置中的决定性作用。

问题在于,如何贯彻上述理念?笔者认为,首先,应降低公用事业领域市场准入门槛,让社会资本能够有机会进入,从而形成市场竞争的可能;其次,加强对进入公用事业领域私人主体合法权益的保护,避免给私人主体方造成“瓮中捉鳖”的感受;最后,按照市场机制的要求,遵循正当法律程序,做好事中事后监管。

---

〔1〕 周林军:《公用事业管制要论》,人民法院出版社 2004 年版,第 1、11 页。

三、目标重构：凸显对私人利益保护立场

（一）传统监管目标：维护公共利益

传统政府监管理论认为：市场存在失灵现象，因此产生了政府监管的必要，其目标是通过解决市场失灵问题维护公共利益。这即政府监管理论中典型的公共利益理论。该理论在很长时期里以正统理论在管制经济学中居于支配地位。[1]

公共利益理论作为政府监管的合法性基础，既坚持以市场效率为导向的经济目标，又坚持以公民权利和社会正义为导向的非经济目标。具体到公用事业领域，因其具有自然垄断属性的特征。在经济目标方面，需要努力实现资源有效配置、提高企业内部效率和保证企业的可持续发展；[2]在非经济目标方面，既要确保公共必须产品和服务供给的稳定性和公平性，又要保护社会公众的安全、健康和卫生。前者可以称为经济性公共利益，后者可以称为社会性公共利益。

长期以来，由于历史传统和政治体制等方面的原因，我国对公用事业采取较为严格的监管理念和模式。加之政府作为单一供给者和内部竞争的缺失，落实到监管目标上，通常表现为经济性公共利益目标落后于社会性公共利益目标。换言之，政府在监管过程中较之经济效益，更加注重社会公平、正义和稳定。在某种意义上，传统政府监管是以牺牲经济效益为代价，来实现社会公平和稳定的。

（二）如何更好地维护和保障公共利益？

不可否认，社会公平和稳定是最大的公共利益，没有公平和稳定的社会环境，社会主体的一切利益都可能受损。但是，公平、稳定等仅仅是公共利益的一部分，与公共利益相对应的还有经济效益。这种经济效益，就社会公众而言，包括降低价格、提高质量等；对企业而言，主要是提高利润。事实上，社会公众和作为生产者的企业的上述双重目标，是完全符合市场规律要求的。然而，作为“市场失灵”补救的“政府监管”却可能出现“矫枉过正”的问题，既未降低价格、提高质量，又未提高企业利润。

那么，到底应当如何更好的维护和保障公共利益？笔者认为，应当重新认识公共利益。特别是重新认识其中经济性公共利益和社会性公共利益之间的关系，打破传统上社会性公共利益凌驾于经济性经济利益之上的现状。如果我们以消费者的需求

---

〔1〕 马英娟：《政府监管机构研究》，北京大学出版社2007年版，第136～137页。

〔2〕 ［日］植草益：《微观规制经济学》，朱绍文等译，中国发展出版社1992年版，第58～60页。

为公共利益的出发点的话,那么,降低价格和提高质量就更加符合其要求。而事实上,这种经济性公共利益和社会性公共利益本质上是一致的,因为如果降低价格和提高质量都得以实现的话,公平、稳定和健康似乎都是自然而然的事情。但是,这种价格和服务的保障必须以适当的竞争为基础,并保障公共产品或服务提供者的私人利益,否则,企业如何有动力去改进管理和技术,降低价格和提高质量。从这个角度而言,维护和保障公共利益,还需要平衡好公共利益和私人利益之间的关系。

(三)更加凸显对私人利益的保护立场

基于资本的天然逐利性特征,PPP 模式下公用事业的政府监管就不能简单地坚持以公共利益为中心了,也必须适度兼顾私人部门的合法权益,否则,公用事业领域将失去对社会资本的吸引力。因此,PPP 模式下公用事业政府监管应更加凸显对私人利益的保护立场。具体而言:

第一,公共利益仍然是公用事业政府监管的底线。任何私人部门或社会资本的引入,都不能以牺牲公共利益,即社会公众的合法权益为代价。既不能中断公共产品或服务的供给,又不能以高价低质的方式提供公共产品或服务。

第二,私人部门的正当与合法权益也应当给予更加积极、有效地保护。私人部门和社会资本参与公用事业领域,并非出于"公益"的目标,而是基于"私利"的驱动。但只要其获利方式是正当的、合法的,不损害公共利益,政府作为监管者就不应当干预,相反,应当尽可能提供各种保护。

第三,PPP 模式下公共利益与私人利益本质上是可以和谐共存的。PPP 模式通过引入市场机制和社会资本,可以提高公用事业领域的经济效益。而有序的市场竞争,可以降低公共产品或服务的价格,并提高其质量,最终有益于社会公众。可见,对私人利益的保护,实际上可以反过来助推公共利益的实现。

四、方式选择:从事前监管的弱化到事中、事后监管的加强

监管方式的选择是实现监管目标的前提和关键。长期以来,我国公用事业监管较为重视以市场准入为主的事前监管,而忽视价格监管、信息监管、反垄断等事中事后监管手段,这不符合 PPP 模式下公用事业政府监管的要求。

(一)传统方式:主要倚重行政许可等事前监管手段

长期以来,行政许可都是我国政府进行社会管理的重要手段,并在公用事业监管中扮演重要角色。公用事业作为传统的自然垄断行业,在监管方式上,长期以来均实行较为严格的市场准入制度。自 20 世纪 90 年代初开始兴起的公用事业特许经营制

度，虽然为打破公用事业政府垄断提供了制度基础，但仍然问题重重且推进缓慢。[1]公用事业市场准入门槛并未因此而降低，竞争机制和市场化力量并未真正引入至公用事业领域。

同时，作为与事前监管的特许经营制度相配套的合同监管，也是事前监管的重要手段。如何科学合理界定合同双方的权利义务，并明确各自的法律责任和救济方式，将是未来特许经营合同能否得到切实履行的关键，也是当前合同监管手段运用过程中存在的"短板"。

（二）事前监管面临的困境及其消解

事前监管特别是其中的市场准入作为公用事业政府监管的起点，具有重要的意义。但是，过分倚重以行政许可为主的事前监管，具有明显的严格监管色彩，不符合现代公用事业的发展趋势。因此，应适当降低市场准入的门槛，通过引入更多市场主体来增强市场竞争。[2] 制定科学的标准和严格的操作程序，把好市场准入关。具体而言：首先，在市场准入方式上，应首选招标这种公开性、公平性较强的方式，同时，辅之以招募和竞争性谈判两种可操作性和灵活性较强的方式。其次，在市场准入条件上，由于PPP项目通常金额巨大、项目复杂，因而需要对合作主体、财务实力、专业能力、相关业绩和社会信誉等进行全面考察。最后，在市场准入程序上，应建立规范、透明的程序。[3]

此外，PPP模式下，作为兼具事前和事中性质的合同监管将扮演更加重要的角色。正如学者所言："在一个混合行政的时代，在一个对公权力和私权力的创造性互相作用及其依赖的时代，合同乃行政法之核心。"[4]因为PPP模式下，政府扮演双重角色，并拥有行政职权，如何防止政府滥用行政权侵害私人部门的合法权益。这是私人部门在参与PPP项目中最为关心和顾虑的问题，也在很大程度上影响着当前PPP项目的实际签约率。[5] 因此，如何科学设计特许经营合同的内容，明确双方之间的权利义务和责任至关重要。

---

〔1〕 参见章志远：《公用事业特许经营及其政府规制——兼论公私合作背景下行政法学研究之转变》，载《法商研究》2007年第2期。

〔2〕 参见周其仁：《竞争、垄断与管制——"反垄断"政策的背景报告》，载http://zhouqiren.org/archives/56.html。

〔3〕 参见李明超：《公用事业特许监管的制度性风险及其制度体系之构建》，载《行政与法》2015年第10期。

〔4〕 [英]卡罗尔·哈洛、理查德·罗林斯：《法律与行政》，杨伟东等译，商务印书馆2004年版，第554页。

〔5〕 左永刚：《PPP项目披露如火如荼真实签约率不足两成》，载《证券日报》2015年6月15日，第A1版。

（三）事中、事后监管手段的优势与运用

1. 事中监管

事中监管体现出政府监管的过程性、常态化，在放松监管的历史背景下，加强事中监管具有重要意义。事中监管手段主要包括价格监管、信息监管、安全监管、环境监管等。由于价格监管直接关涉消费者和被监管企业的利益分配，因而是事中监管的核心。科学的价格监管，既可以保护消费者的权益，实现公共利益目标，又可以有效激励被监管企业不断改革和创新，保护私人主体的利益。但是，由于监管者与被监管企业之间信息的不对称，如何监管成为一个难题。

对此，发达国家设计了两种主要监管方式：成本加成法和价格上限法。〔1〕自20世纪90年代以来，价格上限法被包括美国在内的世界上许多国家陆续采用。结合我国《价格法》所确立的三种定价方式：市场调节价、政府指导价和政府定价。笔者比较赞同价格上限法，因为其具有更强的激励性质，有利于被监管企业改进管理、创新技术，以获得更高的利润。

此外，信息对称也是监管者科学监管的重要前提，当前信息不对称将严重影响监管者作出科学监管决策。因此，建立制度化、法治化的信息披露制度，可以有效提高政府监管的科学性。最后，安全监管、环境监管等方式也应当贯穿公用事业监管始终，并发挥越来越重要的作用。

2. 事后监管

事后监管在政府监管体系中占据非常重要的地位。鉴于PPP本身是市场经济的产物，笔者认为应重点发挥最能体现市场经济特征的反垄断和反不正当竞争等事后监管手段的作用。

PPP模式本质上是通过引入市场竞争，提升公用事业的效率，提高公共产品和服务的质量。因此，市场机制是PPP模式的必然选择。而反垄断和反不正当竞争监管，是公认的最符合市场经济要求的事后监管手段。反垄断法被视为现代市场经济的守护神，旨在促进自由竞争、维护公平竞争。〔2〕反不正当竞争旨在保护竞争对手、消费者和其他市场参与者的集体利益以及公众的利益。〔3〕比较而言，反垄断法重在保障

---

〔1〕参见马英娟：《政府监管机构研究》，北京大学出版社2007年版，第160～161页。

〔2〕参见史际春：《〈反垄断法〉与社会主义市场经济》，载《法学家》2008年第1期。

〔3〕参见［德］沃尔夫冈·黑费梅尔：《通过司法和学说使〈反不正当竞争法〉的一般条款具体化》，郑友德译，载《经济法论丛》（第2卷），中国方正出版社2000年版，第319页。

市场竞争之自由,使市场上存在足够"数量"的竞争;反不正当竞争法重在维护市场竞争之公平,防止市场自由竞争过度而导致不公平。[1]

因此,PPP 模式下公用事业事后监管应更多采取反垄断和反不正当竞争手段。第一,降低市场准入门槛,引入足够数量的市场主体,同时,防范部分市场占有率较高的市场主体垄断市场而限制自由竞争,侵害其他市场主体、消费者等的利益。第二,足够数量市场主体的引入,必然引发激烈的市场竞争,监管者应当通过制定科学的政策法规,引导市场主体在法治的框架内合法、正当竞争,防止过度竞争甚至恶意竞争引发不公,扰乱市场秩序。

五、救济途径:诉讼形式的选择和仲裁功能的发挥

PPP 项目通常金额巨大、周期较长,一旦发生纠纷,如何保护以及能否有效保护私人主体的合法权益,将直接决定社会资本参与积极性。事实上,由于当前立法和司法对 PPP 纠纷法律保护的冲突与不足,客观上已经影响了社会资本参与 PPP 项目的积极性。

(一)传统救济途径之审视

围绕公共部门和私人部门之间的 PPP 协议,存在诸多其他利益相关者,包括公共产品或服务的消费者(社会公众)、PPP 项目的建设者、运营者以及为 PPP 项目提供投融资的主体,等等。因此,任何一个 PPP 项目都包含非常复杂的法律关系(见图 1)。

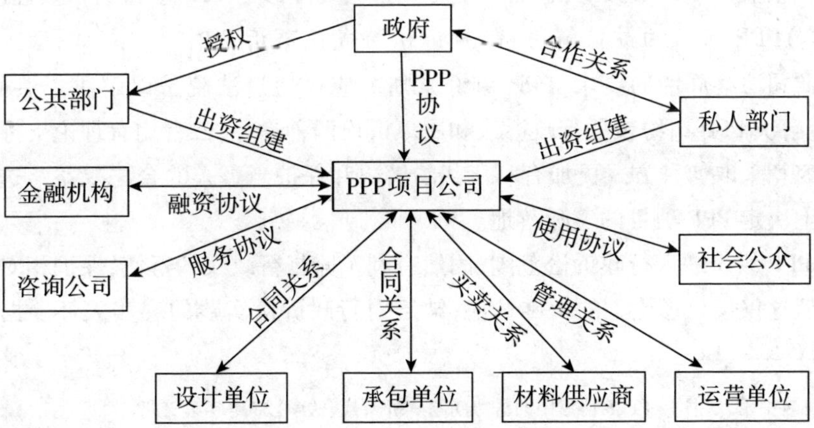

图 1　PPP 项目中的主要法律关系

[1] 参见郑友德、伍春艳:《我国反不正当竞争法修订十问》,载《法学》2009 年第 1 期。

通过图1不难看出，PPP模式的法律关系实际上是以PPP协议为核心和基础的合同群。既包含民事合同，也包含行政合同。基于此，当PPP项目运行过程中发生纠纷时，理论上可以采取以下救济途径。

1. 民事救济

PPP项目虽然涉及行政权行使，但主要法律关系仍是民事属性。按照民事纠纷解决的一般原理，当事人可以采取调解、和解、仲裁、诉讼等途径。但是，由于PPP纠纷通常涉及利益巨大，调解与和解的难度较大。仲裁与诉讼因程序公开、透明，较能被当事人双方所接受，得到了立法的明确规定。因PPP的专业性、综合性、复杂性以及具有较强的社会敏感性，比较而言，仲裁或许能够更加专业、高效、公正解决纠纷。

2. 行政救济

由于PPP协议的签订、履行和解除等都可能涉及行政权的行使，理论上认为该协议兼具行政合同性质。[1] 按此理论，当事人可以对PPP协议纠纷提起行政复议和行政诉讼。2014年11月1日修改后的《行政诉讼法》对此予以了确认，2015年4月25日颁布的《基础设施和公用事业特许经营管理办法》再次加以明确。

综上可见，关于PPP协议的救济途径，由于理论上对PPP协议性质仍存在较大争议。[2] 立法上，关于PPP协议纠纷的救济途径也存在明显的矛盾与冲突。集中表现在，如果当事人提起诉讼，到底是民事诉讼还是行政诉讼。新法与旧法、特别法与一般法之间存在明显冲突。基于我国当前司法体制的复杂性，不同的诉讼救济途径将对当事人权益产生重大影响，进而可能影响社会资本参与PPP项目的积极性。

（二）PPP纠纷的最佳解决：行政诉讼抑或民事诉讼？

按照司法终局性的要求，PPP纠纷原则上应当通过法院予以解决。然而，在我国，法院解决PPP纠纷包括行政诉讼和民事诉讼两种途径，二者均有理论支撑和立法规定。究竟采取何种方式更加有利于纠纷解决和保护当事人的合法权益？这将在一定程度上决定PPP项目的实际落地。

将PPP纠纷纳入行政诉讼范围，固然有利于监督行政权的行使，保护相对人合法权益。但这仅仅是理论上的一厢情愿，缺乏对行政诉讼实践的现实关怀。据最高人

---

〔1〕 参见湛中乐、刘书燃：《PPP协议中的法律问题辨析》，载《法学》2007年第3期。

〔2〕 参见陈阵香、陈乃新：《PPP特许经营协议的法律性质》，载《法学》2015年第11期；邢鸿飞：《政府特许经营协议的行政性》，载《中国法学》2004年第7期；邓敏贞：《公用事业公私合作合同的法律属性与规制路径——基于经济法视野的考察》，载《现代法学》2012年第3期；李霞：《论特许经营合同的法律性质——以公私合作为背景》，载《行政法学研究》2015年第1期。

民法院行政庭副庭长王振宇介绍，我国行政诉讼有个特点就是原告的胜诉率低。10年前被告败诉率占30%左右，近年来下降到10%以下，有一些省份甚至只有2%。〔1〕而且，如果对PPP协议提起行政诉讼，一般只能在基层法院或中院，被告则为县级以上政府，原告胜诉的难度可想而知。这让社会资本顾虑重重，担心一旦政府违约，打赢官司的希望渺茫。〔2〕但是，如果进行民事诉讼，因PPP项目金额平均在5亿元以上，一般都可以到高院诉讼。〔3〕考虑到PPP当地政府不少是三、四线城市，按照我国司法实践，高级别法院相对能够更好地排除地方政府的干预，社会资本可以获得相对公平的裁判。

因此，在现行司法体制下，从社会资本的现实心理出发，民事诉讼或许是一种较优选择。但由于现行立法上的冲突，民事诉讼模式还有待于新的立法明确。

（三）制度创新：将仲裁打造成PPP纠纷解决的主渠道

综上可见，无论是民事诉讼还是行政诉讼，在当前的司法体制和国情下，似乎都很难完全摆脱政府的行政干预。比较而言，仲裁这种纠纷解决方式或许是一种较为折中和适当的选择。理由如下：

首先，仲裁的公正、高效特点符合PPP纠纷解决的现实需要。公正性是仲裁所追求的基本价值目标，也是仲裁作为一种民间性质的法律冲突救助机制赖以存在的基础和生命力所在。当事人选择仲裁，往往看重的是其公正和高效。PPP纠纷涉及金额巨大，马拉松式的诉讼，往往会造成两败俱伤的结果，甚至损害消费者为代表的公共利益，而仲裁的公正、高效特点，契合PPP纠纷解决的内在要求。

其次，PPP纠纷的专业性、复杂性适合仲裁方式。PPP涉及领域广泛、市场主体繁多、法律关系复杂，这决定了PPP纠纷本身的专业性与复杂性。而仲裁员通常都是各个领域的专家，专业性较强。更重要的是，当事人和仲裁机构可以根据不同类型的PPP纠纷，选择相应领域仲裁员，保障仲裁员的专业性。这在诉讼中，往往难以实现。

再次，PPP纠纷中常常具有较强的社会敏感性或保密性内容。因诉讼以公开为原则，不易实现保密目标。而仲裁坚持以不公开为原则，可以较好地实现当事人之间对社会稳定、商业机密等要求。

〔1〕参见张渝：《中国民告官案原告胜诉率从10年前30%降至10%以下》，载人民网2016年11月21日，http://politics.people.com.cn/n/2014/1105/c1001－25976290.html。

〔2〕参见汪金敏：《政府违反PPP协议能告赢吗》，载《施工企业管理》2015年第8期。

〔3〕参见《最高人民法院关于调整高级人民法院和中级人民法院管辖第一审民商事案件标准的通知》（法发〔2015〕7号）。

最后,将仲裁作为 PPP 纠纷解决的主渠道也是国外的常见模式。例如,在英国,行政合同纠纷通常由当事人与政府通过非正式谈判或仲裁解决。[1] 在美国,PPP 项目一般采用仲裁作为纠纷解决的基本方式。[2]

接下来的问题是,在政府特许经营协议纠纷被纳入行政诉讼受案范围后,当事人是否还可以继续约定仲裁等司法外解决途径?对此,有两种不同的理解:第一种观点认为,行政诉讼不应排斥仲裁;第二种观点认为,行政诉讼完全排斥仲裁等途径,因为政府特许经营协议作为行政合同的性质已经由行政诉讼法所确定,此类纠纷亦属于行政纠纷,应通过行政途径解决,以防公法遁入私法,其中涉及的民事问题,可由人民法院行政庭适用民事法律规范处理。[3]

上述两种观点虽然均有一定道理,但是仍然不能从根本上解决当前立法上存在的冲突,根据《立法法》第 8 条、第 9 条的规定,较为可取的选择有两个:(1)修改《仲裁法》时增加第 2 条第 2 款——基础设施特许经营协议争议,可以仲裁。根据新法优于旧法的法律适用一般原则,仲裁机构有权受理基础设施特许经营协议争议案件。[4] (2)制定 PPP 专门立法时,明确规定 PPP 协议纠纷可以适用仲裁。

六、结语:以良好监管助推 PPP 进程

PPP 模式在我国的快速发展暴露出诸多问题。短期而言,影响着 PPP 项目的签约率和落地率;长期而言,可能加剧 PPP 项目的运行风险,甚至导致项目中期流产与失败。作为政府主导的一项国家战略,政府监管在我国 PPP 模式运行过程中发挥着极其重要的作用。但是,这种政府强力主导的 PPP 模式,既可以助推 PPP 的高速发展,也可能为 PPP 模式带来潜在的巨大风险甚至“灾难”。因此,良好监管对于 PPP 模式在我国的有效运行意义重大。作为监管者,必须革新传统的监管理念、重构监管目标、转变监管方式、科学设计救济途径,如此才能保障 PPP 模式在我国的持续、健康发展。

---

〔1〕 参见余凌云:《行政诉讼法讲义》,清华大学出版社 2011 年版,第 266 页。

〔2〕 参见付宏宇:《美国 PPP 法律问题研究——对赴美投资的影响以及我国的立法借鉴》,载《财政研究》2015 年第 12 期。

〔3〕 高俊杰:《政府特许经营项目运行中的行政纠纷及其解决机制——一种框架性分析》,载《当代法学》2016 年第 2 期。

〔4〕 何春丽:《“基础设施特许经营协议”仲裁的可行性》,载《中国律师》2016 年第 1 期。

美国地方政府债务重整制度述评*

张世君**

摘要：美国地方政府财务重整制度，又称地方政府破产制度，其本质是在保留政府公共服务职能基础上，进行债务清偿和财政再建的破产重整法律程序，目的在于保护地方政府及其债权人，稳定社会经济秩序。中国可以借鉴国外地方政府债务重整的法律制度，构筑处理地方债务危机的法治化途径。应当从理念、规则、体制三个层面入手研究解决相应的制度设计。

关键词：政府　财政　重整

一、引言

美国地方政府债务重整制度，亦可称地方政府破产制度，是指因地方政府客观上无力偿还到期债务而采取的法律处置措施，其本质是保留地方政府公共服务职能基础上的破产重整制度。破产重整法律制度源远流长，虽然各国的具体规范千差万别，但均以债务人出现财务危机时所适用的偿债和再建程序为核心。而现代市场经济背景下，债务人既包括自然人、企业法人，也可能包括政府。当政府财政丧失偿债能力，客观上就已陷于濒临破产的境地。有文献表明，自公元 1800 年以来，世界范围内的政府破产或债务危机就已频频发生，21 世纪初全球范围内的金

---

* 本文原载于《财政研究》2015 年第 9 期。

** 首都经济贸易大学法学院院长，教授，博士生导师。

融危机,更将西班牙、希腊、意大利、冰岛等国家推上破产边缘。[1]

即使在政府经济管理水平较高的美国、日本等国,地方政府陷入债务危机的案例也屡见不鲜。如美国加州南部的橘县曾于1994年12月宣告破产;2013年7月,美国著名的汽车城——底特律市因财政危机而申请破产,如果该案能够顺利审结,将成为美国历史上最大的一起地方政府债务重整案。而经济发达的日本也有过多个地方政府宣告破产的历史,例如,日本北海道的小镇夕张于2007年申请破产,其镇政府年度财政收入只有9.4亿日元,而负债高达360亿日元。[2]

其实,政府在职能范围内举债是正常合理的行为,但既然是市场中出现的正常现象,就应按市场规律的要求来进入偿债的法律程序,这是法治环境下处理问题的最佳方式。只是由于政府的特殊性,我们需要对地方政府不能偿债的问题进行专门的法律规制,以使各方当事人合法权益得以保障,社会经济秩序得以维持,政府信誉得到保护,这是化解政府债务危机的有效手段。基于此,以美国破产法为代表的地方政府债务重整制度有着较高的价值。本文拟对其产生、本质、结构和内容进行一番简要述评,并指出其对中国的借鉴意义。

二、美国地方政府债务重整制度的产生

美国地方政府债务重整制度的英文表达译为中文是“市政当局的债务调整”,并规定于美国《破产法》第9章(Chapter 9 of Bankruptcy Act:Adjustment of Debts of a Municipality),是美国破产法律制度的重要组成部分。虽然重整与和解、清算同为现代破产程序的重要组成部分,但是,与债务人的清算程序相比,重整程序却有着显著不同。重整的本质特点,是在债务人无力偿债的情况下,依照法律规定的程序保护其继续存在,实现债务调整和整理,使之摆脱困境,走向复兴的再建型债务清理制度。[3]

历史上的破产制度原本仅指破产清算,其发端于中世纪地中海沿岸商业城市,是一种对债务人的财产加以分配的概括执行程序,无力偿债者将任由债权人瓜分其资产,最终丧失经营资格并退出市场。[4] 但伴随法治文明程度的提高,破产制度的理

---

〔1〕 参见刘振华:《700年政府破产史》,载博客2015年1月18日,http://blog.163.com/zhenhua_liu1/blog/static/171806318201122835 529909/。

〔2〕 参见孙悦:《地方政府破产与财政重建研究——以日本北海道夕张市为个案》,载《公共行政评论》2011年第1期。

〔3〕 参见王卫国:《论重整制度》,载《法学研究》1996年第1期。

〔4〕 See Janette J. Anderson, *Bankruptcy for Paralegals*, Prentice Hall Inc., 1997, p. 8.

念出现了由债权人本位，到债务人与债权人利益平衡本位，再到社会利益与债权人、债务人利益并重的发展过程。破产制度的功能也经历了从破产清算的单一功能，到破产清算和破产淘汰的双重功能，再到破产清算、破产淘汰和破产再建的多重功能的发展过程。[1] 今天的破产制度已经成为包含破产清算、债务和解、财务重整在内的系统性法律制度，清算已不是破产的唯一目的，拯救与再建债务人成了破产制度的重要目标。这一立法目标的转变，使重整制度的诞生成了历史的必然。

现代意义上的破产重整制度产生于美国。19 世纪中后期是美国经济高速增长的时期，而该时期一些铁路倒闭所引发的经济恐慌成了重整制度诞生的直接原因。国外有学者考证说："在 19 世纪的美国，铁路作为全国第一家巨型公司而出现了。铁路的早期发展伴随着大量的问题，由于扩张过快和一系列的产业衰退，大约全国铁路总里程的 20% 是由那些欠缺清偿能力的铁路公司所拥有的。并没有求助于国会，铁路公司及其债权人诉诸州和联邦的法院来保护自己的利益。在 19 世纪末期，法院系统发展出了一种司法上的重整技巧(reorganization technique)，被称为临时接管制度(equity receivership)，是这种司法技术而不是 1898 年的破产法奠定了现代重整的基础。"[2]尽管这种制度是法院的临时性措施，解决不了更大更多的问题，但是拯救债务人的观念开始萌发，破产法不再被看作债务清偿和惩罚债务人的工具，而是越发被视为修复经济的一种政策性制度安排。[3]但遗憾的是，在 1898 年的美国《破产法》中，只是规定了一种解决简单债务案件的和解协议，重整制度诞生的历史条件还在酝酿之中。

随着 20 世纪的到来，新的问题也到来了。在 1929 ~ 1933 年的经济危机中，大量企业面临倒闭，美国失业增加、资源损失巨大、社会经济急剧衰退，临时接管制度已经力不从心。随着罗斯福总统推行新政，其间立法者建议对《破产法》进行重大修改以挽救本国企业和经济状况。为了能够将新政的政策以法律形式加以稳定和固定，1938 年的《钱得勒法案》(Chandler Act)出台，该法对《破产法》进行了全面的改进，尝试探索构建重整制度，从此，让债务人能够重新开始、复兴和再建的观念由理念变为现实。[4] 但立法的发展并非一蹴而就，"在后来的 40 年中，从 1938 年的钱德勒法案

[1] 参见付翠英：《从破产到破产预防：一个必然的逻辑演绎》，载《法学杂志》2003 年第 1 期。

[2] David A. Skeel, *Debt's Dominion: A History of Bankruptcy Law in American*, Princeton University Press, 2001, p. 4.

[3] See Kevin J. Delaney, *Strategic Bankruptcy*, University of California Press, 1992, p. 22.

[4] Ibid.

到1978年破产法的全面修改一直是美国破产法的黑暗时期",此时期,美国《破产法》没有太多改进和发展,重整制度也是如此,并没有得到系统化和完备化。[1]

为纠正该局面,1970年美国国会组织了一个破产法改革委员会并指示其本着"技术、金融、发展的理念"对破产法进行"研究、分析、评估和建议"。[2] 1973年该委员会的报告得以发表,同时提出了新《破产法》的草案。1977年,美国第95届第1次会议通过了第95—595号国会报告,其中包括了对《破产法》改进的详细建议。1978年,集先前立法与司法经验之大成的《破产改革法》出台了,卡特总统颁布《破产改革法》(Bankruptcy Reform Act of 1978),该法吸取了1989年《破产法》和1938年《钱德勒法案》中的相关规定,对重整制度进行了系统而又完备的规定,其第九章专门规定了地方政府的债务重整问题。20世纪90年代,该制度历经数次修订之后,成了相关立法的一个范本,称其为破产制度领域内最重要的发展之一也许并不为过。由于美国地方政府债务重整制度施行的结果并非让地方政府倒台,而在于对政府及其债权人的法律保护。因此,通过该法律程序,不仅可迫使政府对自己负责,规范政府财政行为,提升政府管理水平,还可在维护债权人利益的基础上保证政府继续提供公共服务,避免社会秩序混乱。[3] 由此,该制度也被开始其他一些国家所效仿,如日本颁布"地方财政再建促进特别措置法",采取特别制度和制度处置本国政府债务危机,亦产生了良好的社会效果。

三、美国地方债务重整制度的构造和内容

美国地方债务重整制度共计20个条文,虽然条文数量不是很多,但基本上全面规定了当美国地方政府陷入债务危机后,如何在《破产法》的效力之下进行处置的程序和实体法律规范。从立法技术上看,美国地方债务重整制度规定于《破产法》第9章,因此,它是美国《破产法》的一个有机组成。美国《破产法》的其他章节中,有些是可以明确适用于地方债务重整制度的条文,这些条文在第9章的总则部分进行了明确的列举。同时,总则还对地方债务重整制度中的专有名词进行了解释。除了这些技术性条款,从结构上看,美国《破产法》第9章的所有条文大体可以分成两个部分。

[1] See David A. Skeel, *Debt's Dominion: A History of Bankruptcy Law in American*, Princeton University Press, 2001, p. 4

[2] Ibid., p. 25.

[3] 徐阳光、刘良:《美国地方政府破产制度及其对中国的启示》,载《破产法论坛》(第7辑),法律出版社2012年版,第466页。

第一部分内容是对债务人和法院权力的规范，明确规定了美国破产法院作为管辖法院，只享有司法程序上的控制力，而不能在实体上对债务人的财政收入和支出进行监管。也就是说，第9章所规定的地方政府债务重整制度并没有剥夺作为债务人的地方政府的公共行政权力，这其实也表明了该制度是比较偏重于保护地方政府的，它只是提供了一种法治框架下的债权债务调整机制而已。第二部分内容主要规定了美国地方政府债务调整的具体制度，包括破产的申请、自动保护、破产程序的开始、破产宣告、债权人的登记以及债权的行使等。另外，该部分还对债务调整计划书进行了较为详细的规定，内容涉及计划书的提出、批准、效力、执行等方面。限于篇幅，本文对其中比较重要的制度规范述评如下：

（一）地方政府债务重整的申请

1. 确立债务人的范围

任何债务重整程序的开始都将始于重整的申请。美国《破产法》第9章明确规定，只有地方的市政部门在州政府的特别授权下才可以自愿申请该法所规定的地方债务重整制度。根据美国《破产法》，这里的市政部门是指地方政府和州的公共设施，不仅包括市、县、镇等地方政府，还包括学校校区和公共设施，甚至还包括一些由使用者付费维持运营的主体，如桥梁、高速公路等。[1] 因此，在美国《破产法》中，地方债务重整制度采取自愿申请，而不能由债权人强制申请；也只有各类公用事业组织和基层的地方政府机构可以申请，而州政府不是合格的债务人，不能适用地方债务重整制度。

2. 规定债务重整的原因

美国《破产法》所规定的地方政府可以申请进入债务重整制度的原因有两个：一是债务人已经无法支付到期债务，二是债务人无法支付将到期债务，丧失债务清偿能力。前一个原因强调债务已到期，债权人提出清偿要求后仍不能偿还，而且这种不能清偿已经构成一种持续、客观和概括的状态。另外，仅对单个债务人的不能清偿并不足以发动重整制度，不能清偿必须是对全体债务人的一种概括状态。[2] 第二个原因是一种推定，也即债务未届清偿期，但债务人出现了不能偿还债务的危险，可以推定其丧失偿债能力。例如，某些公用设施单位经营欠佳，亏损增加，流动资金周转不灵，

---

〔1〕 参见贺丹：《美国地方政府债务重组法律机制研究》，载李曙光、郑志斌主编：《公司重整法律评论》（第3卷），法律出版社2013年版，第492页。

〔2〕 参见李永军：《破产重整制度研究》，中国人民公安大学出版社1999年版，第31页。

必须暂时停止营业加以整顿才有机会恢复正常情况下盈利水平,如果不加紧进行相应的调整,债务到期后必然会出现破产。也就是说,此种危险虽然是将来发生的,但却是现存的、真实的、客观的。当然,由于是推定原因,因此,这是审查的关键点,法院很有可能经过判断后认定债务人尚具有还债能力,从而驳回债务人的重整申请。

(二)法院对地方政府债务重整申请的审查

1. 审查债务人是否得到明确授权

美国《破产法》1994 年修订案 109 条(C)项对于地方政府申请进入债务重整制度,要求其必须得到本州立法的明确许可,或者是州政府机构基于法律所给予的明确许可。这种许可不能是模糊的,或者仅是一般意义上的许可,必须要准确、清晰地说明何种地方政府可以适用第 9 章所规定的债务调整机制。之所以出现这种情况,在于美国作为联邦制国家,非常注重对各州立法权的维护,除了宪法所规定的授予国家(联邦政府)的权力,以及明确禁止各州行使的权力外,其他权力均由各州保留。虽然美国的《破产法》采用联邦立法而非各州立法,但是对于哪些地方政府可以申请适用第 9 章进行财政债务重整,却由各州立法自行规定。因此,美国破产法院必须审查债务人是否有法定的明确授权。

2. 审查债务人是否经过前置程序

重整制度的意义在于拯救债务人,只有债务人和债权人通力合作,友好协商,充分谈判,重整才有可能得以成功,也才有可能实现破产重整制度的价值最大化。否则,无效率的重整只能是对资源的浪费,使债权人利益再次遭受损害。这是因为重整制度的适用耗力费时,国外的吉尔逊 · 约翰 · 朗(Gilson John Lang)研究证明,一个普通企业重整的平均时间是 20 个月,而支出的费用将占到公司总资产的 2.8% ~ 7.5% 不等,[1] 更遑论地方政府的债务重整了。因此,美国《破产法》要求债务人在没有开始重整程序之前,应先与债权进行私下协商,并且从受损害的债权人那里征集到一定的赞同票。在向法院正式申请重整之际,债务人就已和大部分债权人进行了充分的协商与谈判,重整的成功率也更高。第 9 章 109 条(C)项亦明确规定了地方政府在申请重整前应与债权人协商,并要求其必须满足以下四类情况中的任何一个,即每一个债权人小组过半数同意,或者证明自己的申请为完全的善意和诚恳,或双方协商一致确实困难,或债权人有优先权,否则其债务重整申请将被法院不予接受。

---

〔1〕 See Jagdeep S. Bhandari & Lawrence A. Weiss, *Corporate Bankruptcy—Economic and Legal Perspective*, Cambridge University Press, 1996, p. 311 - 314.

(三)地方政府债务重整的开始

1. 重整开始的效力

根据美国《破产法》,债务人申请重整成功后,将无须法院的同意而进入自动中止(Automatic Stay)。自动中止制度集中规定在美国《破产法》第 362 条,从法律条文本身来看,它并没有给出清晰的定义,只是规定了自动中止的效力范围,[1]但同样适用于地方政府的债务重整。自动中止制度的特点就在于效力的宽泛性,包括自然人、公司法人、各种商业组织、政府机构与部门,几乎所有的主体都成了效力所及范围内的义务主体,禁止他们从事各类追债行为。自动中止是典型的"对事对不对人",无论是针对债务人的财产,还是针对债务人的诉讼;无论是司法行政行为,还是债权人的个人行动,均在禁止之列。对于这一点,有美国学者无奈但又不无幽默地指出:"破产申请提交之后,债权人可以呼吸、可以吃饭、睡觉,也可以'梦熟黄粱',但对债务人的财产只能望而却步。"[2]对于作为债务人的地方政府而言,更是起到了阻止债权人的追偿行为,较好地保存了债务人的财产,成为财政再建和复兴的有力工具。

2. 重整机构的产生

重整机构在美国被称为"占有中的债务人"(debtor in possession)。[3] 美国《破产法》规定了债务人在案件申请后自动取得占有中债务人的法律地位,类似于破产管理人,有权继续经营管理。[4]但是,由债务人自动担任重整机构是一项基本的原则,前提是法院没有另外委托重整受托人,因此,债务人还必须要通过法院的审查和同意。根据此原则性规定,美国《破产法》第 9 章第 903、904 条规定地方政府债务重整机构(破产管理人)一般由地方政府自己担任,只有在地方政府出现隐匿、转移财产,破产逃债、欺诈等不法行为时,才改由法院指派。换言之,进入债务重整后,法院除了必要的程序控制之外,不得实施其他干涉,地方政府将享有更多的自治权以完成重整。如果不由地方政府自行重整,而是由法院选任合格的重整人,不仅法院要分散过多的人力、财力,即使选任出合格的重整人后,新的机构也要花费相当的时间和费用去了解地方政府的财政情况,这是一种极大的浪费。有学者甚至从心理的角度分析

---

〔1〕 See U. S. C (2000 Edition), Title 11, Section 362(a).

〔2〕 [美]大卫·G. 爱泼斯坦、史蒂夫·H. 尼克勒斯、詹姆斯·J. 怀特:《美国破产法》,韩长印等译,中国政法大学出版社 2003 年版,第 62 页。

〔3〕 See U. S. C (2000 edition), Title 11, Section 1101.

〔4〕 See U. S. C (2000 edition), Title 11, Section 1107, Section 1108.

认为:由债务人续任重整机构,既有压力又有动力,并含有“戴罪立功,一展身手”的意蕴。[1]

3. 重整机构的职权

正式进入重整后,地方政府将可以继续控制和支配本地财政,以便进一步清产核资,决定如何偿还债务和财政再建。另外,地方政府作为债务人,在重整期间会必然根据实际状况进行人事以及雇员的调整(人力费用也是地方政府陷入财政困境的主要原因),经常出现的情况是人员的辞退与裁减。从拯救地方经济,复兴债务人的角度看,类似措施十分有意义;但是从被裁员者来看,则实属于重大的不利益和损害,一旦失业,个人乃至其家庭的生活都将成为问题,甚至影响当地社会的稳定。因此美国《破产法》第9章虽然赋予地方政府在重整期间内裁减人员的合法性,但又要求以法院的同意为前提。同时,第9章还明确规定地方政府解除雇佣合同后,给对方造成的损害应作为普通债权进行清偿,这也在很大程度上减轻了地方政府的偿债压力。因为在普通的破产案件中,企业雇员工资和各类劳动保障费用是往往能够得到优先偿还的,而在美国地方政府财务重整制度中,这种优先性消失了。

(四)地方政府的债务重整计划

1. 重整计划的提出

在地方政府的债务重整全程之中,重整计划起着无比重要的、核心的、枢纽性质的作用。重整的顺利进行必须依据一个制定良好的重整计划来实施。可以说重整计划是一个承前启后的环节,它不仅是债务人实施重整行为的依据,而且是重整程序渐趋深入的方针,其合理性与可行性关系着重整程序的成败,也关系着其他利害关系人的切身利益。[2] 以美国为代表的破产立法规定在法院作出重整裁定后的120日内,如果没有指定受托人,也只有债务人可以提出重整计划。但是如果债务人在120日内的法定期限内没有提出重整计划,那么任何利害关系人都可以提出重整计划草案。[3]这一规定同样适用于地方政府的债务重整,作为债务人的地方政府是拟定债务重整计划的核心机构。相比于其他利害关系人,由地方政府主导债务重整计划的起草也有助于提高计划的质量。同时,美国《破产法》还提出了重整计划必须要满足

[1] 参见黄川卫:《公司重整之研究》,载《台湾铭传学报》第25期。转引自汤维建:《破产重整程序研究》,载梁慧星主编:《民商法论丛》(第5卷),法律出版社1996年版,第186页。

[2] 参见汤维建:《破产重整程序研究》,载梁慧星主编:《民商法论丛》(第5卷),法律出版社1996年版,第192页。

[3] See U. S. C (2000 edition), Title 11, Section 1121.

的一系列经济与法律的目标,而其中经济效益的要求有着格外重要的意义。[1]

2. 重整计划的内容

重整计划的内容十分丰富,但主要是对债权债务关系的处理,这是利害关系人最为关心的问题。具体而言,包括:(1)债务偿还的方式和条件。偿还的方式包括地方政府可以通过举借新债来支持市政运营,可以从上级政府获得财政援助,可以减少本地的行政管理费用(包括精减雇员、压缩公共支出等)。但是同类债权要同等对待,清偿条件要一致,在不同性质和不同种类的债权之间可以有所不同。(2)债务清偿的期限,一旦进入重整程序后,所有的债务都必须按照重整计划的规定来进行清偿,若债务人不按照计划清偿债务的,构成对计划的违反,债权人可以向法院请求强制执行。(3)债务履行的担保。这里所指的担保,并非指以债务人的特定财产为债权人所设定的担保,而是指其他第三人为债务人履行所提供担保的情况。在此情况下,重整计划应该明确规定提供担保的人以及担保权的内容。在没有担保的情况下,重整计划应该明确清偿资金的来源。[2]

3. 重整计划的表决

重整制度对于重整计划的表决采用独特的分组表决机制,即把债权人等利害关系人分成几个不同的小组,再以各小组为基本单位进行表决,然后按照各组的表决结果计算最终的表决结果。采用分组表决机制是考虑了利害关系人之间不同的利益诉求,每一组利益基本相同,就会有基本相同的共同利益,便于减少谈判成本,使重整计划可以较为顺利通过。当各债权人小组通过后,报法院批准同意,即可生效执行。若有个别小组没有通过,但是重整计划符合美国《破产法》第 9 章的规定,则法院可以强制批准通过。至于强制批准的标准,美国《破产法》也只是进行了原则规定,只要重整计划必须对那些没有接受计划的债权人人给予公平和充分的保护,并且保障重整计划是切实可行的即可。至于如何进行强制批准,却交给了法院自由裁量,由法院在个案裁判的过程中,依照法律的精神和立法目的,针对社会的情形和需要进行具体化裁量,从而实现法律所保护的公平与正义。

4. 重整计划的执行

重整计划通过后,对债务人而言,主要是免去其在重整计划规定的或法律承认的

---

〔1〕 See Martin J. Bienenstock, *Bankruptcy Reorganization*, *Practicing Law Institute*, New York City, 1987, p. 581.

〔2〕 参见李永军:《破产重整制度研究》,中国人民公安大学出版社 1999 年版,第 296 页。

其他债务之外的清偿责任;对债权人而言将发生权利的变动,其权利仅以重整计划认可的为限,计划中没有载明的权利不得向债务人请求。破产法院将监督重整计划的初期执行,因为大部分的改组措施都会在此阶段后完成;之后,法院将宣布法院程序的终结,由地方政府独立地按照债务调整计划进行整顿,直至破产的消除。[1]

四、美国地方债务重整制度对我国的启示

在当今中国,地方政府的债务规模较大是经济发展中不争的事实。近几年,审计部门披露的报告已经揭开了地方债务问题的冰山一角。从 2014 年 1 月起,除了西藏和港奥台地区外,其他各省市、直辖市、自治区陆续公布了本地区的《政府性债务审计结果》。从审计署的官方数字看,全国政府负债为 20.7 万亿元的实有债务(政府负责偿还的债务)以及 9.6 万亿元的或有债务(政府负有担保和一定救助义务的债务),合计 30.3 万亿元,其中地方政府负债大约占据 60%,为 17.9 万亿元。[2] 这些地方政府债务大部分是通过地方的融资平台公司产生,其投资回收周期长、负债率高、收益率低,且由于还债能力不足,部分融资平台只能通过"借新债还旧债"来偿还本息,资金链容易出现流动性问题,催生财政金融风险,已成亟待解决的重大问题。[3]

我国没有专门的地方政府破产法律制度,2007 年修订的《企业破产法》仅适用于企业,并不适用于其他类型债务人,而某些地方财政丧失偿债能力的客观现实,却已成为中国构建和谐社会的重要隐患。对此,我国学界多从经济、财政、社会层面给出对策。例如,众多研究都认为应当建立一个以市政债市场为基础的,能够自我约束的地方政府债务融资体制,并通过增加透明度、加强地方人大监督、建立债务风险预警体系等改革来硬化地方政府的预算约束。应当说,这些观点颇富启迪,很有价值。[4] 但美国的实践启示我们:应对和化解地方政府债务危机,除必要的日常监管和早期风险干预机制外,还可以考虑构建以债务重整程序为核心的地方政府债务处置法律制度。今后,我国更应当依据十八届四中全会所提出的法治精神和法治要求,在逐步总结经验的基础上,推动相关立法的修改完善,构建地方政府债务重整制度,使法制建

---

[1] 参见陈晨:《加州政府破产危机解析及对中国的启示》,载《江苏警官学院学报》2010 年第 2 期。

[2] 参见《地方政府违规举债"白皮书"》,载《南方周末》2014 年 6 月 12 日,第 19 版。

[3] 参见李高高、刘炼:《我国地方债务风险表现形式及对策研究》,载全球政务网 2015 年 2 月 5 日,http://www.govinfo.so/news_info.php? id =38410。

[4] 财政部课题组:《约束地方的财政责任法综述》《中低收入国家的地方债务监管框架》,载《经济研究参考》2009 年第 3 期。

设和更多领域的改革再进一步,最终有助于我国经济社会发展中深层次矛盾的解决。

虽然在我国现有的破产法理论研究中,相当数量的学者还不太认可地方政府具备破产能力,无法适用破产法律程序,但国外实践却已经证明,地方政府借用破产程序处理债务问题是完全可能的。我们应坦然接受地方政府可以适用破产程序的法治观念,建立起地方政府债务重整并不可怕的观念。通过对美国地方政府债务重整制度的分析可以看出,它不是传统意义上的破产清算制度,只是借用了破产制度进行的地方政府债务调整程序,通过在保护地方政府现有资产的基础上制定出切实可行的债务重整计划,使地方政府可以合法调整债务,采取延期偿还乃至减免债务的手段,避免债务危机进一步扩大,以获得财政恢复重建的宝贵时间,最终能够解决政府债务危机,实现地方政府财政的再建和复苏。

至于具体的制度设计,则应从以下三方面重点研究解决:第一,对于构建中国地方政府债务调整制度的观念性阻力,如何运用相关理论加以证成;第二,对于在我国目前的法律体系内,设计政府债务调整程序规则和实体制度所遇到的技术性困难,如何成功地借鉴、援引国外的破产法律规则加以克服;第三,对于构建政府债务调整程序将遇到中国现有政治、经济体制所造成的制度性障碍,如何提出切实可行的科学化建议加以应对。当然,地方政府债务重整制度是系统工程,其是否能够发生预期的法律效力,尚需众多配套制度的建立健全,特别是在当下的中国,相关配套制度不可或缺,包括人大的预算和审计监督制度、地方财政收支的公开制度、完善的财政转移支付制度、中央和地方事权财权的合理划分制度、政府问责制度、社会信用制度,等等。

五、结语

国外地方政府举债实践已经证明,地方政府因无力偿债而进入法律程序并实施债务重整并不是让政府倒台,其本质是一个法院、政府、债权人等多方主体参与的债务重组制度,是应对地方政府财政危机的法治化途径。其通过规范的法律程序在维护债权人利益和保证政府公共服务能力之间取得平衡,进而实现化解政府债务危机,规范政府财政行为,避免社会秩序混乱的目的。若我国能够成功地构建起地方政府的债务重整制度,必将有助于改善政府的执政理念,扭转政府片面追求 GDP 而过多举债以致不良负债的现实;还可维护政府信誉,最终实现建设责任政府与法治政府的美好愿景。

税收思想与税法理论研究

马克斯·韦伯论税收*

陈　皓**

蒋氏大戚,汪然出涕曰:"君将哀而生之乎?则吾斯役之不幸,未若复吾赋不幸之甚也。"

——(唐)柳宗元《捕蛇者说》

对于韦伯来说,税的问题并不是一个专门的问题——除了在《儒教和道教》中,韦伯对传统中国的税收制度和改革进行了相当篇幅的考察——税收,是作为社会秩序诸种因素的一种,贯穿在他的支配社会学、西方经济史学、甚至宗教社会学理论中。

本文在阅读韦伯整个理论的基础上,力图对韦伯有关税收的论述做出尽可能完整并准确的重述,并将此重述以韦伯式的思路展开:第一,税收本身的问题;第二,税收如何影响其他人类活动;第三,税收如何受到其他人类活动的制约。〔1〕具体来说,第一个问题讨论韦伯对历史中存

* 本文原载于《政治法学研究》2016年第1卷。

** 首都经济贸易大学法学院副教授,法学博士。

〔1〕 参考弗洛伊德对韦伯研究方法的总结。弗洛伊德以经济为例,从三类问题分析韦伯的论述,其一,特属经济本身的问题;其二,关系到经济如何受其他人类活动的制约;其三,经济如何反过来制约其他各类活动。弗洛伊德认为,对于韦伯有关其他一切人类活动的分析都可以从这三方面考虑。参见[德]马克斯·韦伯:《韦伯作品集Ⅰ·学术与政治》,钱永祥等译,广西师范大学出版社2004年版,第71页。

在的税收类型的划分。第二个问题讨论西方中古时期的税收和资本主义的关系、政治权力之间的关系，论述的重点是西方中古城市的税收如何影响了以市场为导向的资本主义的产生，以及通过税收导致的多元权力的博弈。第三个问题讨论的税收和支配结构的关系，论述的重点是传统型的支配结构对税收类型的影响，特别以韦伯论述的传统中国的税收制度和11世纪的税制改革为例。本文的最后，试图回答这样两个问题：其一，韦伯是在一个什么样的角度看待税收这样一种社会现象的，他的独特之处在什么地方？其二，韦伯的政治倾向与他的税收论述存在何种关联？

一、韦伯对税的分类

韦伯研究经济问题的起点是各类社会团体。以是否追求纯粹经济的结果为标准，韦伯将诸社会团体分为两类，其一称为“经济团体”，其二称为“有经济作用的团体”。[1] 其中，政治团体是“有经济作用的团体”的重要形态。政治团体需要财货或劳务以供运作，韦伯将满足需要的方式分为几种类型。相似的论述重复过两次。一次称为“满足需求的类型”（见表1），另一次称为“财政行为的类型”（见表2），论述内容差别不大，财政行为的论述更为细致，可以涵盖第一种分类。

表1　第一种分类：政治团体满足需求的类型

类型	征收目的、对象、内容	实例
庄宅型	为了满足君主餐桌或军事当局的需要，向全体成员征收。征收内容包括个人劳力，如征调兵役或征调工匠，或固定配额的实物供纳	古埃及
市场导向的供纳	团体为了购置设备、雇佣工人、官员和佣兵，向特定成员缴纳强制税、定期规费、某种场合的规费或者入会时的贡献	通过领地时的人及货物的费用
营利经济型	由企业向所属团体缴纳企业销售其产品与服务所得的利润	普鲁士的“海外贸易公司”“大酒厂”

〔1〕［德］马克斯·韦伯：《韦伯作品集Ⅱ·经济与历史》，康乐等译，广西师范大学出版社2004年版，第31页。另外，韦伯将以经济取向的团体依其与经济的关系又分为：（1）从事经济行动的团体：以非经济领域为取向，亦包含经济考虑在内，例如国家、教会。（2）经济团体，主要是一定种类的自主性经济行动，例如公司、卡特尔、工场共同体等。（3）经济规制团体自主性的经济活动他律地以团体规章为取向，如工会、行会、中世纪的城市自治体、村落。（4）秩序团体，仅在形式上以规则规范团体成员的自主性与自律性的经济行为，并保障因此而获得的机会，如法治国家。

续表

类型	征收目的、对象、内容	实例
赞助型	成员或非成员(对此团体抱有物质或理想的利益,并有能力负担捐助的人)向该团体提供宗教或政治献金	托钵修道会集早期历史上对王侯的"乐捐"
特权化的负担分配	为优势特权的负担分配。被赋予了具体经济、政治权力、垄断权的某人或某团体提供捐献或劳务。此种税收方式曾经是王权与新兴市民阶级斗争过程中的主要问题之一。①王权为了从议会手中争取财政的独立,将独占权多给予外国人或朝臣,遭到了当时逐渐成长的小企业者阶级所属的行会势力的反对	领主庄园、税捐优惠、行会或某些身份团体的特别捐献
	劣势特权的负担分配(赋役制)。又分为两种,一是阶级赋役制:经济上巨大的义务紧紧联系于某种水准的财产上,而财产所有者不拥有任何独占的特权。 二是身份赋役制:经济上的巨大义务紧紧联系于某一独占团体,个人无法单方面退出	阶级赋役制:古雅典的 trierarchoi② 身份赋役制:古罗马的"城镇议员"

资料来源:参见[德]马克斯·韦伯:《韦伯作品集Ⅱ·经济与历史》,康乐等译,广西师范大学出版社2004年版,第41~44页。

①[德]马克斯·韦伯:《韦伯作品集Ⅲ·支配社会学》,康乐等译,广西师范大学出版社2004年版,第245页。

②古代雅典人为了建立海军创造的一种制度。为建造三成桨的战舰,雅典人每年从富裕市民中挑选若干,责成他们建造战舰,招募桨手,负担此战舰的一切开销,出钱人称为此战舰的"司令官"。类似的还有choregia(雅典人为了酒神祭典的娱乐节目推行的制度)。

表2 第二种分类:财政行为的类型

类型	组织形态及内容
不定型征收	或基于自愿。 1.赞助性的。大规模的对慈善的、学术的和其他非以经济或政治为目的团体的赠予或捐献。 2.乞讨。如印度的乞食种姓。 3.形式上自愿的赠予。对象是在政治上或社会上被承认为上位者的首领、王侯、护主、人身领主、庄园领主等。随机而行,在特定的节日,家族或政治有事时。由于习惯性而实质上接近供纳的性格(也可能奠基于强制性的效用上)
	或基于强制。 如南意大利的卡摩拉、西西里的黑手党,形式上是不合法的,所以是不定型的,但事实上可以相对地换取某些机会效用,特别是安全保证

续表

类型	组织形态及内容	
定型征收	A 没有经济型的自家经营	【税收形式】 贡纳和个人劳务。 纯粹实物经济的供纳，多为中古时期常见的方式； 纯粹货币经济的供纳基本作为近代国家的租税秩序
		【征收方式】 (1)经由自己的行政征收 (2)发包出去 (3)出让或抵押
		【供纳基础】 (1)一切所有、一切的收入，仅限于一定种类的生产手段的所有，或一定种类的营利经营 (2)规费　因准许使用或利用团体设施，团体所有或团体效用而取得的效用 (3)特别税　包括特殊种类的使用或消耗，或特殊种类的交易行为
	B 通过经济性的自家经营(当然这种方式不存在税收问题)	1. 家计的 如埃及，或者近代的国家军用品工厂和军服制造局
		2. 营利经济的 或是自由的，即与其他的营利经济相互竞争，如海外贸易公司。 或者是独占性的。此种情形贯穿所有历史时期，尤其在西欧 16 ~ 18 世纪
	C 赋役式的并与特权关联 优势特权或劣势特权或交互作用：将被特定化的独占和被明细化的劳务或供输义务的课征连接起来	1. 身份性的 即将团体成员强制性地编整为以财产或职业为根据的、世袭且封闭的赋役制团体。 古代中国，即以赋役组织来负担实物赋役的任务，赋役制通常带有以职业身份来编排组织的意味
		2. 资本主义的 即行会或卡特尔，赋予独占权及连带课以缴纳货币税赋的义务。 近代的公共需求在遭遇财政困难的情况下，可能采用的方式

资料来源：参见[德]马克斯·韦伯：《韦伯作品集Ⅳ·经济行动与社会团体》，康乐等译，广西师范大学出版社 2005 年版，第 176 ~ 182 页。

二、税收与资本主义

在韦伯的论述中，税收和资本主义的关系首先可以看作税收和自由的关系。如果我们把资本主义限定在以市场为方向的资本主义，税收和自由的关系就要相应限定在税收和经济自由的关系上。在韦伯看来,理性的资本主义是以自由的市场为方向的,而西方中古城市的税收方式是产生市场自治和自由氛围的一个重要因子。尽管起初税收只是作为君主获得财源的手段,然而随着市场的发展,城市租税的自主性产生了与君主初衷相偏离的结果,间接地导致了市场聚落的存在、城市共同体的出现、市民权观念的产生,中古的城市成为一项经营的事业,中古的市民成为经济人,因而创造了西方以市场为方向的资本主义得以生长的自由氛围。

根据韦伯的论证逻辑,这个过程这样展开。城市在本质上是一个市场聚落,而市场得以存在,经常是基于领主或君侯的让步及保护。一方面是由于政治因素,但主要因为城市是其主要财政资源之一。城市对于君主不仅意味着远商市场所能经常提供的外地商品、工业产品,而且也意味着从市场中可以收到厘金、护送费、其他的保护费、市场税与诉讼规费,以及从居住在此一聚落所带来的地租收益。[1]

君主对城市的税收方式大致有两种:一种是透过自然经济的方式,利用劳役、实物贡租等加诸当地附属工匠与商人赋役的方式;另一种是通过市场交易,君主成为当地市场最为重要的主顾。而第二种方式愈显著,城市的市场机能就愈居领导地位。以此,城市就不再是君侯家计的附属物,而转变成一个不再依赖大家计支撑的市场城市,成为一种营利事业。[2]

正是通过税收,西方的城市,特别是中古的城市,不仅仅只是经济上的工商业所在地、政治上的要塞或镇戍、行政上的法庭所在地,而且成为誓约共同体的兄弟盟约。誓约共同体一个方面的职能在于团结当地的土地所有者,和平解决内部争端,确保司法当局配合当地市民的利益。另一方面在于垄断城市提供的经济机会,确保誓约共同体成员的身份成为参与城市的商业经营的唯一资格。以及限制共同体对城市领主负有的义务,确定一个总额固定地支付领主的税收。[3] 也正是税收直接地产生了市民的概念,并决定了市民的法律地位。韦伯指出,在法律上所谓的市民,是指那些共同分摊了对国王的市民义务的人,包括军事义务。司法义务和纳税义务。"任何无法参与分摊市民团集体税捐负担而采取非定期缴纳王室租税的人,都被排除在积极的市民阶层外"。[4]

---

〔1〕 类似表述也可见[德]马克斯·韦伯:《韦伯作品集Ⅵ·非正当性的支配——城市的类型学》,康乐等译,广西师范大学出版社2005年版,第4页。

〔2〕 见前引。

〔3〕 见前引。

〔4〕 见前引。

西方城市共同体的自由有赖于它的自治性（这也是与东方城市相区别的重要特征）。自治的其中一个方面是租税的自主性。[1] 这个自主性包括两个方面：一是城市对市民的课税能力，二是城市免于对外的贡租与税赋。韦伯认为，就前者而言，实现的程度有相当大的差异。城市领主的统治权发挥出各种强弱不同的效力。对于后者而言，这种自治性的情况出现在，由城市承揽租税义务，然后以全额付清的方式，满足城市领主，因而得以在城市本身之内自行料理国王租税问题。以英国为例，英国城市的纳税义务起初是通过包税者实现的，包税者除了有钱的市民，即为较富裕得王室官吏，后来市民逐渐成功地排除掉竞争者，以一个概括的总额从国王手中取得了征收自己税捐的权利，并还透过对国王特别的捐赠与礼物，获得了一些政治特权。[2]

在韦伯看来，这种租税的自主性对于经济的自由和自由资本主义的发展是至关重要的。他对比了受到政治变动和频繁战事影响的古代城市，认为国有化的赋税制度制约了古代资本主义的发展。他解释说，私人利益的获得来自城邦帝国主义的政治政府。随着官僚机构的逐渐熟练，统治者越来越觉得没有道理让私人利用国库谋求个人利益，因此他们逐渐国有化税收制度。“罗马皇帝的第一项成就就是税收制度的规则化，于是包税者专断的权力就被遏制”。与此同时，“国家专卖制度、国家工场、强制性行会组织、市政议员的连坐法（负担赋税），以及所有其他公共义务，像网一样把个人紧紧束缚在社会岗位上。”“在戴克里先建立的赋税制国家制度下，整个趋向是排除资本以保藏财富，官僚制度摧毁了经济及政治动机，因为获利的机会不存在了，资本主义找不到可以生根发展的据点”。[3]

同样，在韦伯看来，重商主义的税收政策也不可能产生合理的资本主义。重商主义者深知纳税能力才是国富的基础，所以他们尽可能开发国内可以获得货币的资源，千方百计把货币保留在国内，通过中央权力扩大人民负担租税能力以增加君侯收入。相对于合理的资本主义——以商人自动找寻有销售服务利润的市场机会为目标的资本主义，以国库财政、殖民机会、国家垄断为目标的重商主义是非理性的资本主义。[4] 事实上，所有官僚制倾向干涉经济事务都将导致同样的结果。韦伯认为这个结论同样适用于现代德国的官僚制。“德国资产阶级现在努力的目标是秩序，德国社

---

〔1〕［德］马克斯·韦伯：《韦伯作品集Ⅵ·非正当性的支配——城市的类型学》，康乐等译，广西师范大学出版社2005年版，第4页。

〔2〕见前引。

〔3〕见前引。

〔4〕见前引。

会官僚化的过程极有可能有一天会扼杀资本主义制度。”[1]因此,在韦伯看来,以市场为方向的资本主义是自由经济的产物,同时它的发展也必须存在一个自由的空间,税收方式对于这个空间的自由度是存在影响力的。

以独占性的营利经济的财政行为(或公营企业满足需求的方式),可能刺激但最终会妨碍私人资本的形成。因为特权的释出和不合市场理性的货币营利机会的制造阻挡市场营利机会。包税制的货币供纳国家会助长政治取向的资本主义而不是市场取向的营利经济,因为贡纳的出让和俸禄化,会产生既得利益,导致经济的定型化和传统化,妨碍资本主义的产生发展。他举例说,中古及近代早期,贸易和殖民的垄断最初是有助于资本主义的兴起,因为在当时的条件下,只有垄断可以提供给资本主义企业足够的利润幅度,但是到17世纪,垄断妨碍了资本家的利益。[2]

此外,自由经济的产生与这一时期货币租税的方式密切相关,中古的租税方式不仅涉及城市租税的自主性,还包括纯粹的货币税收方式。韦伯认为,只有通过纯粹的货币税收方式,资本主义才能够发展起来。[3]

相反,实物的赋税形式,不仅缺乏税赋的可估量性(实物计算的方式,在实际上不外乎依循传统或者凭相当粗略的估算,而且只有在同质性的财货范围内才有可能),[4]而且,以实物满足需求越增长,越导向赋役制,[5]而赋役制无论对于个体的自由还是市场的自由都是一种禁锢。对于支配者而言,赋役式的供应意指他设定一些负责的团体,确保对其义务的充分履行。这些团体同时负担起对君主的个人义务的连带责任。氏族可以说是最早的负责团体,担保成员对支配者的服从义务。同样,村落也担负着类似的责任。隶属于这个团体的成员,如农民、农场的匠人、各式各样的劳务义务负担者,必须负担徭役,提供实物地租。[6] 为了确保最彻底的赋役式供

[1] [德]马克斯·韦伯:《韦伯作品集Ⅵ·非正当性的支配——城市的类型学》,康乐等译,广西师范大学出版社2005年版,第4页。

[2] [德]马克斯·韦伯:《韦伯作品集Ⅱ·经济与历史》,康乐等译,广西师范大学出版社2004年版,第45页。

[3] [德]马克斯·韦伯:《韦伯作品集Ⅳ·经济行动与社会团体》,康乐等译,广西师范大学出版社2005年版,第182页。

[4] 见前引。

[5] [德]马克斯·韦伯:《韦伯作品集Ⅱ·经济与历史》,康乐等译,广西师范大学出版社2004年版,第47页。

[6] [德]马克斯·韦伯:《韦伯作品集Ⅳ·经济行动与社会团体》,康乐等译,广西师范大学出版社2005年版,第90页。

应,支配者会将这种束缚方式扩大到其他职业团体。为了补偿,支配者会赋予他们对该行业的独占权。在这种支配下,子民的存在就是为了满足支配者的需求。韦伯认为,赋役制方式满足需求会导致两种非常不同的社会结构:一种导向具有强烈独立性的,地方望族的行政;另一种导向子民总体的、人身的隶属关系。每个子民被暴露在支配者纯然恣意的诛求下,支配者仅在乎子民是否有能力负担对他的义务。[1]

而在西方中古时期,货币租税不仅发生在城市,而且同样发生在庄园。韦伯认为,在城市发展影响的庄园地区,实物支付只占到部分,王公诸侯都极有兴趣从事贸易。政治领主与庄园领主的收入,越来越以在市场上出售农民的产物与各种实物贡租的方式获得,而不再是利用隶属民的赋役义务来获得。领主与隶属民也越来越以货币经济的方式应付他们大部分的生活所需。[2] 因此,通过纯粹的货币供纳自行征税,且征调个人劳务,给理性的市场取向的资本主义带来了最佳的机会。在受城市发展影响较大的农村地区,货币租税的方式反过来也使农民获得法律上或事实上更为广泛的经济自由。

三、税收与政治权力

税收权力始终是各种权力斗争的重要内容。随着政治权力的统一以及有效的官僚制度的建立,税收权力得到了统一,稳定的租税制度得以建立。

第一,通过税收引起的王权和教权的变化。韦伯指出,城市所享有的经济权力和政治权力(包括市场独占权、强制互市权、工商业的特权与禁制权、参加城市法庭以及服兵役与赋税的特殊待遇)可能并非来自君主。如在日耳曼最早的例子里,这些权利是由国王赋予主教的。此即所谓"奥托诸帝的教会政策",萨克森王朝大大地授予教会与修道院特权,使教会与修道院的势力比世俗贵族来得大。而教会与修道院的支持,也巩固了王权的实力。[3]

第二,通过税收行会获得政治权力的提升。韦伯指出,西方中古城市最重要的特

---

〔1〕[德]马克斯·韦伯:《韦伯作品集Ⅲ·支配社会学》,康乐等译,广西师范大学出版社2004年版,第119页。

〔2〕[德]马克斯·韦伯:《韦伯作品集Ⅱ·经济与历史》,康乐等译,广西师范大学出版社2004年版,第243页。韦伯指出,在城市发展影响的庄园地区,实物支付只占到部分,王公诸侯都极有兴趣从事贸易。

〔3〕[德]马克斯·韦伯:《韦伯作品集Ⅵ·非正当性的支配——城市的类型学》,康乐等译,广西师范大学出版社2005年版,第57页。

质就是存在于行会与贵族之间的斗争以及特殊行会城市的建立。[1] 西方的行会拥有强大权力地位,几乎完全是奠基在政治特权上。[2] 例如,英国行会由于取得为国王征税的职务,因此拥有强大的权力。通过缴税认定会员资格,英国行会掌握了管理市民的权力,并逐渐力量强大到可以在国会中立法并对国王的任意课税计划提供一个集体性的保障。之所以如此,正因为国王在财政方面极端依赖这个阶层。[3]

第三,税收利益引起的贵族的权力和王权的博弈。[4] 为了取得货币的收入,在一定的社会条件下(包括考虑到定居当地的政治与领主制的从属者的利益,他们的付税与提供服务的能力,以及支配团体的政治—军事结构)君侯可能亲自垄断贸易,当然也会有这样的可能,就是定居当地的武士、贵族、大家族等对于从贸易获取收益的兴趣增加,这些社会力量的参与自然会妨碍到城堡领主或君侯的独占权,这种情况一旦发生,君侯的地位通常会被削弱为"同侪间的第一人",最后可能降至地位完全平等的城市门阀一员。

例如,威尼斯共和国时期总督制的演变。威尼斯的总督支配具有家产式城市君主制的属性,他既是个大庄园领主,又是个大商人,垄断邮政、奴隶贸易,可以任免大主教、修院院长、神父和法官。总督会比任何个别的门阀更为强大有力,甚至可以与大多数的门阀相抗衡,然而,他却无法对抗他们全体。一旦总督对门阀提出了财政上的要求,门阀之间这样一种团结就会出现。这些事件的出现使得威尼斯城市门阀采取了较为民主的形式。总督与共同体协议分摊权力,他的地位被降低至"同侪间的第一人"。在此之后,由市民选举产生的"贤者会议"崛起,总督必须向其宣誓。在威尼斯以外的意大利其他城市,由于大门阀家族间的争斗和深刻的不信任感,使得这些城市无从建立一个类似威尼斯那样理性的行政体系。互相竞争的城市之间利益的冲突,或者城市之内,地区间有组织的贵族团体利益的冲突,使地区间利益团体得以形成。在这样的情况下,各共同体为了加强内部的团结和财政负担能力,产生了podesta的制度,这是一种贵族的职业官吏制度,该贵族官吏聘自另一个共同体,任期短,拥有最高的司法权力,固定薪水,以巡回的方式在辖区内执行业务。

第四,王权与庄园领主之间的财税关系。西方中古时期的封建关系是通过特别

---

〔1〕［德］马克斯·韦伯:《韦伯作品集Ⅱ·经济与历史》,康乐等译,广西师范大学出版社2004年版,第234页。

〔2〕见前引,第138页。

〔3〕［德］马克斯·韦伯:《韦伯作品集Ⅵ·非正当性的支配——城市的类型学》,康乐等译,广西师范大学出版社2005年版,第101页。韦伯指出,只有行会的崛起才意味着市民阶级实际掌握了支配权。

〔4〕见前引,第81~94页。

的税收方式联系起来的,即采邑制度。采邑事实上是一种税的关系,这种关系规定和限制了支配者和封臣之间的权力,可以确定达成的包括:军事服务;固定每年应负担的期限;在封主有急需时,封臣有提供财政援助的义务。[1] 然而这种权力关系并非因此而固定下来:支配者希望能将这些援助义务转变成一种具有广泛内涵的征税权,而封臣则努力将这些义务转变成明确限定的临时性贡纳。在历史现实中,封臣通常可以成功。面对封臣的力量,韦伯认为,书记和会计制度越是发达,中央权力就越强大;反之,薄弱的政治控制力,无从产生一种合理的租税制度,作为集权化的家产制官僚行政的基础。[2]

此外,地方庄园领主和王权还存在另一个关系。[3] 对于庄园领主来说,他们希望君主尽量少地干预领主对其属民所拥有的权力,而对于君主来说,他更希望能保持直接向这些子民课税和军事动员的权力。在西方中古时期,即使君主的权力地位强化,还是会考虑地方上的力量。例如,中世纪末的英国,如果没有地方贵族的协助,君主根本无法推动地方行政;而早期设立治安长官的职务,以收取规费和薪俸,正是因为君主希望将乡绅纳入自己的阵营,与地方上的大家产制支配者相抗衡。

在这些权力的博弈中,课税权力的统一最终成为王权获胜的一个标志,王权一举掌握生产与消费,实际也几乎完全夺取了城市本身的课税权力。通过城市租税及Akzise(在13世纪起用以指租税,特别是城市的消费税,15世纪以来成为地方领主所征收的租税,到十七八世纪,变成包含消费税、土地税、工业水等城市租税的总称),在法国自马扎然时代,国王即夺取城市自由租税的半数为己有,城市的一切财政事务与内部课税,落入国家的监控之下。在中欧,城市当局在这方面也往往转变成几乎纯粹的国家征税机关。[4] 近代国家,租税和国营企业越来越重要,于是借着国家本身的财务或者借着以国家预算来经营的财务(两者统称为统治的财务)国家成为最大的社会支付收受者,同时也是最大的支付承担者。[5]

---

〔1〕［德］马克斯·韦伯:《韦伯作品集Ⅲ·支配社会学》,康乐等译,广西师范大学出版社2004年版,第223~224页。

〔2〕见前引,第231~232页。

〔3〕见前引,第173~185页。

〔4〕［德］马克斯·韦伯:《韦伯作品集Ⅵ·非正当性的支配——城市的类型学》,康乐等译,广西师范大学出版社2005年版,第167页。

〔5〕［德］马克斯·韦伯:《韦伯作品集Ⅶ·经济行动与社会团体》,康乐等译,广西师范大学出版社2005年版,第149页。

四、支配结构与税收

在韦伯看来,税收与支配结构之间并不是决定性的因果关系。首先,税收可以作为支配结构的原因。韦伯认为,税收是权力的一种来源。(韦伯称为领主处分权)。[1] 不同的租税制度导致国家的政治与社会组织呈现不同的形态。一种情况如埃及和巴比伦,灌溉农业具有主导性,水利及其管理以有组织的计划农业为前提,国王于是拥有管理水利的权力,地方人口于是沦为君侯的隶属民。由于拥有统一的税权,得以产生以君侯为中心政治组织形式。另一种情况,国家缺乏可靠的行政机构,无法用自己的官吏来征税,租税征收交到私人手中:或包给投机者、官吏,如印度、中国;或在国家财政破产,君侯无法发饷时委让于军队;或委托于庄园领主,大土地所有者成为支配阶级,自治城市与封建地区并存,庄园领主为封建地区的首长,负责替国家收税及征兵。不过,韦伯更多的论述是有关支配结构对税收的影响。

(一)法制型支配的税收问题

纯粹的法制型支配是一个严格的官职层级制。韦伯对这种类型下的税收问题涉及不多。可以做出合理推论的是,在韦伯看来,租税制度的稳定性有赖于一个稳定的货币制度和理性的官僚体制。这两个条件在法制性的支配结构中是可以实现的。虽然租税制度的稳定在一个维度上有利于资本主义,但是绝对的稳定的租税制度,或者说由一个组织严密的国家官僚体制控制的税收制度,会扼杀资本主义。在之前的论述中也引述过韦伯对戴克里先和韦伯时代的德国官僚制度的论述。[2] 然而单从税收的角度,韦伯对于法制型的税收问题并没有进一步的展开。

(二)卡里斯玛支配的税收问题

韦伯认为,卡里斯玛的支配可能像圣方济那样有意识地避忌拥有及赚取钱财,也可能类似一个天才的海盗追求战利品,然而对于有计划的、理性的赢取钱财,包括一

---

〔1〕 来自传统(如氏族对世袭荣位的敬仰表现在赠礼以及耕作及建筑时助役)、军事战争(没有战斗力的人被强制或自动地向上层阶级提供服务或供纳)、封建土地拓垦、卡里斯玛、贸易,以及以国家的租税与徭役制度作为财政的根源,或通过君侯集权的个人经营,或尚有封臣、包税者及官员的经营并行。[德]马克斯·韦伯:《韦伯作品集Ⅱ·经济与历史》,康乐等译,广西师范大学出版社2004年版,第65~69页。

〔2〕 [德]马克斯·韦伯:《韦伯作品集Ⅱ·经济与历史》,康乐等译,广西师范大学出版社2004年版,第166页。

切理性的经济，都会觉得有损于品格而加以拒斥。[1]

卡里斯玛满足其需求的方式包括表达敬意的赠品、掠夺品、捐献。他们依靠权威主义的方式加以管理，分享接收到的财货，分享的方式既无计算也无契约。[2] 但是最终，纯正的卡里斯玛支配无法抵挡家庭的建立和经济营利的潮流，从狂热的、感情性的、无经济关怀的生活，在物质关注的重压下慢慢窒息。[3]

教权制支配，是卡里斯玛支配的一种类型，它的特点是卡里斯玛与人分离，而与制度特别是与官职相合。教会是官职卡里斯玛的保有者、管理者。教权制发展了自己的租税体系（什一税）及为确保教会之土地所有的一套法律形式。其满足其需求的方式并非通过工商业的经营，而是由近代诸国的宗教预算或捐献、租税与规费。教会试图通过大量的捐献，特别是土地捐献，确保经济的自主性。由于它所注重的不是迅速的利润赚取，而在于长期的、确实的收入，并且降低与其属民之间的摩擦。因此教会会对农民采取一种保守的、维护的政策。[4]

此外，韦伯认为，为教权制地位带来很大变化的西方信仰的分裂也存在税收因素的作用。其中，市民阶层直接的经济关怀最主要的是与修道院工业的竞争，而农民之所以对新的教理感兴趣是因为他们可以从非以圣经为根据的种种贡租义务中解放出来。[5]

（三）传统型的支配（作为典型形态的家产制支配）

韦伯认为，基于实物给付实物贡租的共同体经济是满足家产制政治结构需求的最主要形态。在家产制国家里，被支配者的最根本义务在于满足支配者纯物质性的需求；支配者与其朝廷需要的食物、衣物、武器和其他需求，都由其支配领域的各个地区按比例实物供应，朝廷需要的物资由驻地臣民负担。根据传统，隶属民必须尽一切

〔1〕［德］马克斯·韦伯：《韦伯作品集Ⅲ·支配社会学》，康乐等译，广西师范大学出版社2004年版，第265页。

〔2〕［德］马克斯·韦伯：《韦伯作品集Ⅲ·支配社会学》，康乐等译，广西师范大学出版社2004年版，第277页。

〔3〕见前引。

〔4〕［德］马克斯·韦伯：《韦伯作品集Ⅲ·支配社会学》，康乐等译，广西师范大学出版社2004年版，第395页。教会财产有别于有生有死的人的财产，绝少因为死亡产生继承或因生前处分而产生转移的现象。教产就像掌握在动弹不得的“死人”手里一样，因此，中世纪的教会、修道院等财团法人被称作“死手”。死手土地所有的扩大遭到对土地买卖感兴趣的人，特别是世俗贵族的反抗，因为这会威胁到他们为后代子孙购入土地的机会，随即出现了近代各国的“死手财产取得禁止法”。

〔5〕见前引。

手段援助支配者,经济性的或者人身的义务可以是无限的。[1] 随着商业和经济的发展,家产制支配者也会改用营利经济的独占政策。如埃及法老的自营商业,托勒密王朝的货币租税。[2]

然而,即使上述措施通过货币的形式运作,传统型的财政也会有不合理的影响。财政政策或许可以通过有系统的开拓税收来源,合理地组织独占机构产生合理化的效果,然而这些现象都是偶然的。家产制国家的一些不可避免的不合理因素难以建立一个合理的稳定的租税制度。这些不合理的因素包括统治者对于直接税有完全专断的权力;纯粹的个人好恶也会影响税赋的可估量性,等等。[3] 其中,韦伯特别通过对家产制支配下的传统中国税收的制度和改革的考察,说明家产制国家的俸禄结构如何影响了合理的租税制度的建立。

1. 韦伯对中国税收制度的一般论述

中国的部族长或君侯原先是分配到一块田地,由国人一起来耕作,此即共同的徭役义务起源。此种徭役义务,又在迫切的水利工程需要上找到进一步的根源。[4] 中国的家产官僚制即起源于洪水的治理与运河的开凿。在秦始皇建立统一的帝国之后,中国保持着家产官僚制的国家形式,并通过赋役满足国库的、军事的、粮食供给上的建设。公共负担制度的内容包括:军事征召,徭役和贡赋义务。贡赋一部分包括土贡、皇室的必需品,和世界各处一样,这些供赋分别由不同的地区以实物来提供。另外部分是依据土地所有产生的租税义务。随着货币经济发展的一般性趋势,还有临时性的徭役、规费、实物贡租、货币贡租,以及为了供应宫廷需要的某些奢侈品的庄宅经济。[5]

韦伯指出,为了掌握那些看不见的非投资于土地的资产,中国的租税制度,和西方的家产制国家一样,是逐渐发展为合一的税制,办法是将所有其他的税负都转变为

---

〔1〕 [德]马克斯·韦伯:《韦伯作品集Ⅲ·支配社会学》,康乐等译,广西师范大学出版社 2004 年版,第 395 页。教会财产有别于有生有死的人的财产,绝少因为死亡产生继承或因生前处分而产生转移的现象。教产就像掌握在动弹不得的"死人"手里一样,因此,中世纪的教会、修道院等财团法人被称作"死手"。死手土地所有的扩大遭到对土地买卖感兴趣的人,特别是世俗贵族的反抗,因为这会威胁到他们为后代子孙购入土地的机会,随即出现了近代各国的"死手财产取得禁止法"。

〔2〕 见前引。

〔3〕 [德]马克斯·韦伯:《韦伯作品集Ⅱ·经济与历史》,康乐等译,广西师范大学出版社 2004 年版,第 323 页,第 346 ~ 349 页。

〔4〕 [德]马克斯·韦伯:《韦伯作品集Ⅴ·中国的宗教》,康乐等译,广西师范大学出版社 2004 年版,第 92 ~ 93 页。

〔5〕 见前引。

地租的附加税。[1]

韦伯对古代中国基于土地的税制进行了细致的考证。[2] 传统中国的税制以家族及其具有劳动能力的成员为其课税单位。他们被编列为负有连带责任的强制团体(五家或十家组成),负担兵役,劳役以及可能所有的公共负担。氏族长负有分配赋税和劳役的责任。为了要维持和提高具有赋税能力的农民的数目,防止财富的积累和未耕地或粗放耕作地的扩展,政府将有田产者以其财产划分为数个课税等级,土地粗略分为"黑土"和"赤土",即灌溉地和非灌溉地;或根据休耕的程度分为"不休耕地"(灌溉地)"三蒲式轮耕地""牧草地"。地租制度大致存在三种:其一,由商鞅所提出的按产量比例课税,传说是产量的 1/3 ~ 1/4,后代较低为 1/10;其二,根据土地的性质,对土地进行粗略的分类;其三,钱币纳税,这种情况出现在年岁收成不佳,或是为了建立一支有效率的军队,职业军即佣军,官方以实物折现后的价格勘定收取的数量。但是这种税制会导致无止境的滥行征取,比如在一份 987 年的奏折中描绘了因钱币纳税导致纳税义务人集体逃亡的情形。

为了保持农民直接纳税的义务,当时的政府努力采取土地所有平均化的政策,方式是不断限定财产的最高限额,将土地拥有权和有效地耕作连接起来,并在每个耕作农民皆可分配到平均耕地的基础上重新分配土地。根据最古老的记载,一个家族正常的持分地是上田百亩(5.62 公顷),中田二百亩(11.24 公顷),下田三百亩(16.86 公顷)。虽然土地买卖一再受到限制,但事实上(尤其在国家发生极大动荡的时代),毫无防卫能力而四处飘零的农民自愿投靠和强行买占,土地是很快自由转手的。土地所有平均化的政策一旦失败,行政官方所能保护农民的,只有插手干预佃租的敛取,以及限定官吏所能拥有的土地最高限额。

因此,韦伯对于古代中国税制得出一个总的观点:尽管采取了种种税收政策,始终难以形成一个稳定的合理的租税制度。其中的原因当然与当时的税收技术水平有关,[3] 此

---

〔1〕 [德]马克斯·韦伯:《韦伯作品集V·中国的宗教》,康乐等译,广西师范大学出版社 2004 年版,第 92 ~ 93 页。

〔2〕 见前引。

〔3〕 韦伯指出,中国的税务机关,由于土地计量水平太差,所以在土地的再分配以及土地登记方面都遭遇重大的难题。中国的测量单位"尺",虽经始皇帝的改革,还是各省不一。个别的耕地丈量甚至都难以和古日耳曼的测量技术或罗马测量技师真正原始的技术相比。直到神宗朝末,尚有 70% 的耕地没有制定出税率。

外,韦伯也着重提到了通货不稳定的因素,[1]不过,在韦伯看来,最根本的原因是家产制支配下的官僚制度,特别是家产制的俸禄结构,对帝国的非理性的租税制度产生了极为深刻的影响。[2]

2. 中国家产制的俸禄结构与税收制度

传统中国的官僚群是俸禄领受者。政府在形式上是支薪给官吏的,而实际上只有担任行政工作的一小部分官员是给薪的。受薪的官吏不仅对政府提供行政服务,提供贡赋,还必须从他的收入里支付其行政区域内的民政与司法事务上的开销,并且还须自行支薪给他的行政幕僚(最小行政单位的幕僚人数也达到30~300人)。此外,官吏的每一项职务活动都必须以礼物来回报,上级官吏的收入是从直接掌握税源的最下级官吏所征得的总额中抽取。因此,薪俸往往只是他们收入中微不足道的一小部分。

俸禄是基于官职的占有,官职可以被任意免职和转让,而且任期短暂。取得官位需要付出昂贵的代价(求学、捐纳、赠礼与规费),任官后往往债务缠身,因而不得不在短短的任期内尽其敛财之事。这些财富的积累,并不是来自交易的营利所得,而是来自对子民纳税能力的榨取。实物租税转换成货币税,而货币转以银纳,再转成铜钱,而后再改为银纳,所有变换过程中的兑换率,都操纵在收税者手中。由于输送上的重大困难与地方官吏的利益所在,中央对地方的财政缺乏了解。除非帝国是在一个精力过人的统治者的支配下,否则官吏往往少报可课征租税的田地面积与纳税的任务,少报之数大约是已公布的土地户籍登记数字的40%(这是韦伯参考马端林所记录的国库总收入数字)。光就地租一项,官方宣称的税收与实际的税收,二者之间的比率是1:4。

韦伯指出,直到近代为止,中国虽有一个统一的官吏层,但其总督仍有一部分仅在名义上从属于中央。中央仅能受到固定数额的贡纳,虽然可以要求增加,但实际上极为困难。由于历代中央政府对地方控制力的一般性不足,地方单位所负担的“赋役义务”经过一段时间之后,就在传统上固定下来,成为“配额”。中央对赋役的征求一旦超过传统“配额”太多,就会招致民怨。只要各地应缴的赋役数额如数进入国库,中央就无心过问各地的赋役配额是否公平地由当地人分摊,也就无意推动积极的经济

---

〔1〕 政府之所以采取典型实物经济的措施,其中一个原因是通货极不稳定。韦伯指出,即使到晚近,中国似乎也无法让银成为金准备下的限定货币,因为政府的权力手段并不足以对付当时确以流行的滥铸。公元13世纪的纸币经济,和公元1世纪的章帝时代的铜钱贬值一样,导致币制的崩溃,最终又回到实物纳税的经济。

〔2〕 见前引。

政策。[1] 1713年施行的所谓地租固定,中央政府确定州省官吏所辖区域每年的税收总额,实质就是皇权对官职受俸者在财政及政治上的让步。[2]

相对于家产制的俸禄结构,在西方,规费与所得机会的永久性占有,使相关的利益相当明确。这些利益包括关税、护送税(中世纪以武装兵护送旅行者而向其课税)、渡桥税、通行税、道路市集权益费。通常特定的利益团体都有机会组织起来,以武力、妥协或特权的方式解除种种沟通的障碍。西方的这种方式在中国是不可能的。利得机会并不个别地被占有,而是由可以任免的官吏所构成的整个身份团体占有的。任何改革都可能危及每个官吏在规费上现在或者未来的利益。既然任何官吏都有可能被贬到所得机会较差的地位,所以官吏阶层整体一致地强烈阻止税收改革。尤其在货币经济发达以后,货币经济不但没有削弱传统主义,结果反而强化了它。因为货币经济与俸禄结合以后,为支配阶层创造了特殊的利得机会,更加强了他们的"坐食者"心态,使他们对于如何维持各种原有经济条件的关注达于顶点。

韦伯指出,这种现象不仅在中国,而且存在于其他如埃及、伊斯兰等家产制国家。因此,税制改革的困难不仅是存在一股巨大的与之对立的物质利益,并且也没有独立于这些利益团体之外,而与利益无涉的执行机构来实现。正是这种家产制国家的俸禄结构产生的顽固的传统主义因素,使得理性的、统一的租税制度不能实现;也正是这种传统主义的力量根本地阻碍了王安石税法改革。

王安石变法是以军事财政为取向的一次改革。和其他的改革者一样,王安石所要求的是有效地财政统一,即税收在扣除征收经费之后全数缴纳中央,而王安石达到财政统一的关键,在于建立专业化的财政体制。以前,国家的库藏是由实物调发来供给,并由有资产者通过赋役义务的方式负责。这使有产阶级几乎破产,并导致任何可能的方式巧取豪夺。现在,国家的仓库是由另有薪俸的官员管理,并有制度地培植货

---

〔1〕 韦伯认为,家产制的中国没有具有现代意味的商业政策。依据司马迁的贸易均衡论著《平准书》,韦伯分析了诸多有碍贸易均衡的因素,主要涉及:国家统一后商人地位的下降及被拒于官职之外,薪资的固定以及随之而来的地租的固定,商业、山林、沼泽的租税课征,私铸货币的问题,私人财富过巨的危险,收买爵位,盐铁专卖,国内关税,安定物价政策(这些国库财政政策的目标不在于对外贸易的均衡,而是通过安定性来达成国家内部的秩序)。韦伯指出,独占是任何家产制政权习惯用来解决财政问题的手段。独占所产生的巨额利得,使相关的俸禄官职者拒斥既有状况的任何自发性的变革。帝国在经济方面基本自给自足,在社会方面同构性又强,经济情况越来越稳定。政府基本上采取的是一种静态的方式,只有当传统以及行会的特殊权利维持受到威胁,才会特别注意到商人行会的态度。

〔2〕 [德]马克斯·韦伯:《韦伯作品集Ⅴ·中国的宗教》,康乐等译,广西师范大学出版社2004年版,第103~104页。

币经济的发展。行政当局以借贷的方式分发谷物种子（青苗），并以二分利贷给各种实物或货币。通过这种方式在谷物生产上作计划性的补助与调节，并以货币税代替徭役和实物税的方式独占且制度性地处理谷物的买卖。租税、徭役、个人持份，都由土地登记决定。徭役以金钱计算取代。通过专业官员施行这些改革措施，尤其是训练有素的司法人员组成行政体，草拟并做成由所有地方政府呈报的年度预算，以此形成一个中心的、统一的国库行政。

王安石的税制政治改革试图通过专业化的行政方式建立一个涵盖整体生产所得的国家贸易独占，统一的财政体制——专业化的想法首先与中国古老的教育理想要求相悖。儒教的君子，所赞同的是一种教养式的身份理想。所谓“君子不器”，意指人的自身就是目的，而不只是作为某一特殊用途的手段；奠基于通才或者自我完善的美德，要比起因于某一方面的贯通得来的富裕要崇高得多。

更重要的，在韦伯看来，王安石变革最终受挫于传统主义的力量。改革所依托的想象中的那种专业的独立于传统的力量是不存在。传统主义的瓦解只有通过激烈的变革。只有在国土为武力所征服的情况下，通过成功的军事革命或宗教革命，才能瓦解俸禄利益的强固结构，从而缔建全新的权力分配与新的经济条件。否则，任何向内改革都必将受挫于上述的阻碍。韦伯指出，竞争会促进国家经济和经济政策理性化。竞争的存在需要独立的强大的力量，这些力量联合起来可以破除传统的束缚，例如，决定西方命运的五大革命：12 世纪与 13 世纪的意大利革命、16 世纪的尼德兰革命、17 世纪的英国革命、18 世纪的美国革命和法国革命。而在中国，和平化统一帝国之后，并不存在类似强大的、独立的力量。传统总是支配着一切。

五、余论与引申的思考

（一）宗教与税收

韦伯的宗教社会学研究宗教与经济理性之间的关系，具体说就是自十六七世纪以来已支配西方的，成为西方世界所固有的市民生活合理化的部分现象的经济的理性主义。因此韦伯的宗教研究所涉及的经济问题，更多的是从经济生活和经济心态，并且是作为个体的人的经济生活和经济心态，而非国家的经济生活。所以，宗教社会学较少涉及税收问题。印象深刻的一处，是在韦伯对宗教和国家的关系中，论述到的有关税收的问题。

韦伯指出，古代与中世纪的基督教在面对国家时，立场整体而言是摇摆不定的。最初是对既存的罗马帝国——在末世到来之前——抱持一种纯然憎恶的态度。第二种观点是对国家的完全疏离。对武力的使用总是消极的忍受;并积极顺从所有国家交代下来的强制性义务。如缴税。缴税是不会直接危害宗教救赎的。《新约》里"凯撒的归于凯撒",此句话的真正意义,并非如近代调和观所解释的,意味着一种积极地承认付税义务,而是对所有世俗绝对的疏离。[1]

(二)韦伯有关税收论述的独特之处

韦伯从类型学的角度研究税收问题。哲学的开端从对概念把握开始,哲学家通过概念去思考问题,他们对概念的理解,以及通过概念的思考影响了后来的思想发展,然而,韦伯独创了他去认识世界的概念,并通过这些概念去解释人的经济和社会行动,包括解释税收制度和税收历史。康乐对于韦伯论述中国税制和改革作出了这样的评论:

韦伯所提供给我们的是一副大不同于我们惯常所见的中国的历史图像。在这幅图像里,所有我们熟悉的,见之于一般历史著作中的人物、制度、事件几乎都退居幕后,代之而起的是既似陌生,却又与我们日常生活息息相关的现象和观念……以中国历史上的赋役制度为例。由于攸关国计民生,历来史家颇为重视,不过一般而言,他们研究的重点主要是放在制度的演变上。从先秦的"彻、助、贡",汉代的口赋、更赋、田租,晋代的户调制,北魏、隋唐的租庸调到两税法,乃至明代的一条鞭,着重的是制度产生的背景与崩坏的缘故。比较制度的优劣与人民负担的轻重合理与否。晚近学者则更进一步分析赋役地租到实物地租,从实物税到货币税的推移……韦伯则试图从另一个角度观察这个问题。尽管传统中国的赋役制度屡有更易,基本上都可以从"赋役式供应"这个概念来理解……[2]

正如韦伯所说,"人生不是一本打开的书"。[3] 在阅读韦伯对税收问题的论述中,总会有一种千头万绪的感觉。不仅是税收的问题,韦伯对任何一个问题的思考都不是平面的、静态的、孤立的,总是与各种社会因素关联起来,去研究其中的对峙、因果或异化。

(三)税收与不平等

韦伯的学术风格是实证主义的。他说,学术不应涉及价值判断,唯一的德行,是平实的知性诚实。在他的理论中,我们很难读到他的政治立场,自由或民主的主张。

---

[1] 参见[德]马克斯·韦伯:《韦伯作品集Ⅷ·宗教社会学》,康乐等译,广西师范大学出版社2005年版,第275页。

[2] [德]马克斯·韦伯:《韦伯作品集Ⅴ·中国的宗教》,康乐等译,广西师范大学出版社2004年版,导言。

[3] 见前引。

尽管自由、民主、社会主义,都曾是韦伯所接受的政治思想。[1]

在韦伯的经济史研究中,在权力的层面,税权无论在中国还是西方,都是中央权力与地方权力相斗争从而获取统一权力的重要方面。随着政治权力的统一和有效地官僚制度的建立,统一的合理的税收制度也随之建立起来。然而,在权力统一过程中资本主义和政治民主产生,税收制度都没有起到直接的作用,尽管在西方中古时期,租税制度的自主性促使了新兴有产者的经济自由和政治权力的提升,然而,这都不是税收的初衷。从根本上来说,在韦伯的理论中,税收是一种支配的手段,支配与被支配就是一种不平等,税收代表了一种不平等的关系。

韦伯论述说,在古老的埃及,由于治水和土木工程,人类最早的家产官僚制行政得以建立,所有的人民被编入一种宾客制的层级秩序,一个没有主人的人可以说是个最佳的猎物,一旦被捕获,就被编入法老的徭役队伍。整个国家就是一个徭役国家,执鞭的法老就是象征之一。官吏以鞭子或其他类似手段,强迫人民申报有纳税义务的财产,租税的征收因此经常是出以官吏的奇袭、追逐,伴随着人民的逃亡。[2]

中国家产制的权力也源于类似的基础,治水事业,特别是开掘运河,或者巨大的

---

〔1〕 韦伯在20岁时的政治立场,乃是他父亲所信守的国家自由主义。对于俾斯麦致力于寻求德意志统一,并将此新生国家推向列强地位的政治才华,韦伯承认并且倾慕。但韦伯并非毫无保留地臣服于他。韦伯坚决拒绝俾斯麦的"文化斗争"。俾斯麦从1871年开始致力于由普鲁士统一德国,建立一个强有力的中央政府,他强烈打击天主教关于教会高于国家的看法,压制反普鲁士的天主教中央党。1873年,俾斯麦逐步立法,将天主教会纳入国家约束,直到1887年才又恢复天主教徒的权利。1870年到1887年这段时间的斗争,即称为"文化斗争"。韦伯指出,"俾斯麦完全摧毁了我们之间的独立意见。"在23岁时,韦伯由国家自由主义转向较为前进的"社会自由主义"。当时他觉得,国家对于那些最贫弱的社会阶层——大都市里的无产阶级,抱有某种义务。19世纪90年代初期,在一个改革社团——其中包括一批讲坛社会主义者——的提议下,韦伯对德国易北河东岸地区的容克土地贵族经济作了详尽的研究。他证明了,德国东部这片原本人口稠密而间有贵族领地杂陈的农业区,之所以人口不断减少,原因在于容克资本主义的庄园和房地产利益。这个过程的了解,使韦伯开始在政治上反对普鲁士的统治阶级。他反对这些地主,是因为相信,他们的利益与国家的利益是相违背的。韦伯30岁时,即19世纪90年代中期的韦伯,称自己是一个"经济的国家主义者",虽然赞同工业资本主义,但也强烈的相信"个人的自由"。1904年,韦伯从美国回国,逐渐接近一种"民主"的立场。不同于虔信民主的内在价值理念,诸如自然法,人的平等,权利均等,韦伯以实效的眼光看待民主的体制和观念,从选取政治领袖这样的结果,衡量民主。参见[德]马克斯·韦伯:《韦伯作品集Ⅰ·学术与政治》,钱永祥等译,广西师范大学出版社2004年版,第45~68页。

〔2〕 [德]马克斯·韦伯:《韦伯作品集Ⅲ·支配社会学》,康乐等译,广西师范大学出版社2004年版,第156页。

军事工程,这些建设只有利用大量的徭役可以完成,贡租以实物形式贮藏在仓库,提供官吏的俸禄以及军队的装备和给养。[1] 自秦始皇以后,君主的权力是奠基于由臣民的赋税来支持的家产制军队上。虽然中国财政措施有过无数次的变化,但大体摆荡于两个极端——租税国家和赋役国家。前者指用租税来支付军队及官员的薪俸,而视人民为租税来源;后者则以人民为徭役的来源,是特定阶级负担实物供纳的义务而供应政府需要。一个制度是使人民有形式上的自由,另一个则是他们成为国家的奴隶。中国政府将其人民视为国家奴隶来使用,正如欧洲庄园领主将其隶属者作为劳动力使用。[2]

在西方中世纪,君侯、庄园主、自由民和不自由民之间的关系通过土地租佃关联起来。领主剥削隶属民的方式并不是将农民作为强制劳动力,而是将他们作为纳租人。榨取地租的方式包括:供纳,对自由民征收实物,对农奴则征发徭役;所有权变更时的规费;继承税及婚姻税;基于领主禁制特权的林地税及牧场税;以及其他间接地赋税,如转嫁于农民的运输捐和筑桥修路的费用。纯粹的贵族都是靠地租为生的,他是一个经济地位足以使其自由从事政治活动的人,他为政治而活而不依赖政治而活,他是一个有固定收入的"坐食者"。[3]

在韦伯看来,税是一种压迫的手段,在不平等的状态下,被支配者通过纳税换取了相对的自由。虽然韦伯极少论述近现代国家的租税制度,然而,通过韦伯对日趋走向形式理性的官僚科层的国家形式所抱持的悲观否定的态度,或许可以认为,为韦伯所赞赏的,应当是一种超越了国家统治的个人自由和社会规范的个人自治。在这种状态下,税的存在期待着新的使之正当化的理论。

---

〔1〕 [德]马克斯·韦伯:《韦伯作品集Ⅲ·支配社会学》,康乐等译,广西师范大学出版社2004年版,第159页。

〔2〕 [德]马克斯·韦伯:《韦伯作品集Ⅱ·经济与历史》,康乐等译,广西师范大学出版社2004年版,第85页。

〔3〕 [德]马克斯·韦伯:《韦伯作品集Ⅱ·经济与历史》,康乐等译,广西师范大学出版社2004年版,第81~82页,第86页。

论扣缴义务的主体范围*

——兼论自然人的扣缴义务

贺　燕**

摘要：扣缴义务的主体无论从立法论还是解释论，关系到扣缴义务本身的正当性评判。扣缴义务的是有限的为他义务，该种义务应仅在能够满足成本节约、防止税款事后征收不能的前提下课予给人民，不得违反比例原则的要求。立法层面，应当按照期待可能性原则，按照支配或管理可能性作为评断标准，据此来确定扣缴义务主体。支配或管理可能性也可以作为现有规则的解释依据。根据扣缴义务的正当性基础和支配或管理可能性，自然人通常不应当被课予扣缴义务，其承担的扣缴义务的范围应当有所区别于营业主体。

关键词：扣缴义务　源泉课税　支配或管理可能性　代扣代缴

一、引言

2018 年我国修订《个人所得税法》（以下简称新个税法），在所得分类课税模式的基础上，引入综合所得和专项扣除、专项附加扣除等概念，使个人所得税的属人性增强，纳税人的个性化税负也得到了体现。随着课税模式的变化，个人所得税的征收方式也发生了调整。新个税法明确的几种情形下的纳税申报义务，相较修法前，纳税人需要办理纳税申报

---

* 本文原载于葛克昌、施正文、许祺昌主编：《两岸税捐管理及纳税人权利保护暨 2019 年台湾最佳税法判决》，财团法人资诚教育基金会 2020 年版。

** 法学博士，财政学博士后，首都经济贸易大学法学院副教授。

的情形增加。[1] 但新个税法中关于征收方式的调整,还不足以应对课税模式变化所带来的征管改革需求。我国向来倚重源泉课征的征收方式,现行《个人所得税法》第9条第1款沿袭旧法,规定"个人所得税以所得人为纳税人,以支付所得的单位或者个人为扣缴义务人。"简单的条文,显然难以回答很多基础问题,如综合所得和分类所得的计税方式有显著的区别性,扣缴的法律效果有何种区别? 条文中的"支付人",自然包括各类法律主体,公司、机关和自然人等,作为组织的扣缴义务人和作为自然人的扣缴义务人,不同主体身份的扣缴义务是否应该有所区别?

现行税种中,设置了扣缴义务的主要有个人所得税、企业所得税、[2]增值税、[3]资源税、[4]车船税[5]等,其中自然人被课以扣缴义务的主要是个人所得税。[6] 然而,作为一般税收程序法的《税收征收管理法》和其相关的法律法规中,对于扣缴义务人的扣缴义务、申报管理等,是按照法人或者组织进行规定的。从而引发疑问,法规中的"个人"是否包括自然人? 自然人是否负有扣缴义务?[7]从征管措施看,自然人

---

[1] 现行《个人所得税法》第10条规定,有下列情形之一的,纳税人应当依法办理纳税申报:

(一)取得综合所得需要办理汇算清缴;

(二)取得应税所得没有扣缴义务人;

(三)取得应税所得,扣缴义务人未扣缴税款;

(四)取得境外所得;

(五)因移居境外注销中国户籍;

(六)非居民个人在中国境内从两处以上取得工资、薪金所得;

(七)国务院规定的其他情形。

扣缴义务人应当按照国家规定办理全员全额扣缴申报,并向纳税人提供其个人所得和已扣缴税款等信息。

为了配合新法的实施,国家税务总局开发了个人所得税纳税申报App,纳税人可以在手机端或者电脑端自己填报信息办理纳税申报。

[2] 针对非居民企业的源泉征收,支付人承担扣缴义务。

[3] 国外购进应税服务、货物等时,购买方的扣缴义务。

[4] 收购未缴纳资源税的应税产品,收购人的扣缴义务。

[5] 车船税主要采用代扣代缴法征收,由保险公司在出售第三者责任强制险时代扣代缴车船税。

[6] 其他税种中,因法律没有明确排除,或者因为法律法规专门列举的原因,自然人也可能需要承担扣缴义务。如《企业所得税法实施条例》第104条规定,企业所得税法第37条所称支付人,是指依照有关法律规定或者合同约定对非居民企业直接负有支付相关款项义务的单位或者个人。这里的支付人即是需要承担扣缴义务的主体。

[7] 参见黄双、韩晓波:《扣缴义务人是否包括自然人》,载《中国税务报》2012年10月24日,第7版。

扣缴义务人的管理方式是否需要区别？其义务的内容是否有所区别？〔1〕

自2019年始，随着新个税法专项附加扣除的实施，出现了许多“意料之外”的问题，如纳税人因为申报房租的专项附加扣除，需要填报房子的信息，个人房东的房租收入就“暴露”在税务局的面前，各地出现房东以涨租金为由要挟纳税人，阻止纳税人申报租金扣除。税务当局在所谓的“群情”面前，临时修改了自助报税系统，删除要求填写房东的信息内容。尽管此举一定程度上消解了“焦虑”，有专业人士指出，相比因为需要填写租住信息被房东要挟得到损失，真正的法律风险在于税法所赋予的扣缴义务——税务当局修订了自助报税系统，放弃了所得税因收入和成本的相关性所带来的稽核功能，房东似乎能够逃脱了就房租收入的纳税义务。然而，根据税法的规定，租客的扣缴义务并不因此而消失。怠于履行扣缴义务，所引发的法律责任成为“达摩克里斯之剑”。

鉴于此，本文试图从扣缴义务本身的属性出发，基于比例原则，论证一个有关扣缴义务分析的理论框架。扣缴义务应仅在能够满足价值目标的前提下课予，且不得违反狭义上的比例原则。并根据期待可能性论证扣缴义务主体的应然范围。最后以自然人的扣缴义务的具体讨论，作为前述理论框架的一种验证性运用。

二、扣缴义务的法律属性

就扣缴义务而引发的法律关系中，扣缴义务人之地位为何，以及扣缴义务本身的性质为何，存在不同的观点。〔2〕 扣缴义务人之法律地位以及扣缴义务本身的性质的界定，可能站在不同的立场会有所不同。但扣缴制度，作为公权力借助私力执行的方式，其中扣缴义务人的地位与纳税人应有所区别，与纳税义务自然也需区别。

（一）扣缴义务是为他义务

扣缴义务的履行并非为了清偿行为人自身的实体税收债务，是因公共利益的需要，而被法律所设定。行为人以其扣缴行为清偿的是纳税人的税收债务，实现的是国

〔1〕 实务专家指出，现行税法中有关税款扣缴义务的征收管理规定，基本上都是针对单位扣缴义务人而设定，自然人很难具备履行义务的条件和能力。个人所得税这个自然人唯一需要代扣的税种具有政策性强、应税所得项目多、应纳税额计算相当复杂等特点。显然，自然人扣缴义务人是不可能具备完整履行税款代扣代缴义务的条件和能力的，因而也就谈不上纳入正常管理。冯炎钧：《自然人扣缴义务人管理要考虑“落差”》，载《中国税务报》2016年9月21日，B03版。

〔2〕 参见钟典晏：《扣缴义务问题研析》，北京大学出版社2005年版，第8～9页。

家的税收债权,“系为国家之利益而为之”,[1]与其自身的税收债务并无关系,故被称为“他人责任”。该种他人责任,与纳税人的实体纳税义务相对应,可谓是一种程序性义务。正因如此,如扣缴义务人没有履行扣缴义务,或者拒不履行扣缴义务,就该等应扣未扣的税款,税务机关不可以向扣缴义务人主张,而只能向纳税人请求履行纳税义务,但扣缴义务人得成为责任债务人。[2] 且会因为未履行法律义务而得为处罚,如规定的处罚幅度系根据应扣未扣税款确定。[3] 另外,美国税法规定,如果雇主违反规定,没有扣除及代扣规定的税款,且随后针对其上述税款可予以抵免的税款被缴纳,则被要求扣除的及代扣的税款不得从雇主那里征收。[4] 原《税收征收管理法》规定,扣缴义务人应扣未扣、应收未收税款的,由扣缴义务人缴纳应扣未扣、应收未收税款。除非扣缴义务人已将纳税人拒绝代扣、代收的情况及时报告税务机关。学者将这条所规定的义务界定为扣缴义务人的“赔缴义务”。[5] 但该条法律规定并没有明确区分扣缴义务与税收债务,以及未履行扣缴义务之法律责任。故此《税收征收管理法》2001 年修订时,正本清源,将本条予以修订。[6] 2008 年修订的《企业所得税法》中也明确规定,如果扣缴义务人没有履行扣缴义务的,税务机关应当向纳税人追征税款。[7] 然而,因为税务规范性文件对扣缴义务人责任的扩大解释,[8]法院在适法时援引下位法的规定,支持税务机关要求扣缴义务人继续履行扣缴义务的案例并不

〔1〕 陈敏:《税法总论》,新学林出版有限公司 2019 年版,第 256 页。

〔2〕 参见前引陈敏:《税法总论》,第 255 页。

〔3〕 根据《税收征收管理法》第 69 条规定:“扣缴义务人应扣未扣、应收而不收税款的,由税务机关向纳税人追缴税款,对扣缴义务人处应扣未扣、应收未收税款百分之五十以上三倍以下的罚款。”

〔4〕 See IRC. § 3402(d).

〔5〕 程信和、杨小强:《论税法上的他人责任》,载《法商研究》2000 年第 2 期。

〔6〕 现行《税收征收管理法》第 30 条第 2 款规定,扣缴义务人依法履行代扣、代收税款义务时,纳税人不得拒绝。纳税人拒绝的,扣缴义务人应当及时报告税务机关处理。第 69 条规定,扣缴义务人应扣未扣、应收而不收税款的,由税务机关向纳税人追缴税款,对扣缴义务人处应扣未扣、应收未收税款百分之五十以上三倍以下的罚款。颇有意味的是,《国家税务总局关于贯彻〈中华人民共和国税收征收管理法〉及其实施细则若干具体问题的通知》(国税发〔2003〕47 号)仍然规定,“扣缴义务人违反征管法及其实施细则规定应扣未扣、应收未收税款的,税务机关除按征管法及其实施细则的有关规定对其给予处罚外,应当责成扣缴义务人限期将应扣未扣、应收未收的税款补扣或补收。”国库主义挥之不去,不惮对上位法进行公然违背。

〔7〕 如《企业所得税法》第 39 条规定:“依照本法第三十七条、第三十八条规定应当扣缴的所得税,扣缴义务人未依法扣缴或者无法履行扣缴义务的,由纳税人在所得发生地缴纳。”

〔8〕 见上注“国税发〔2003〕47 号”文。

少见。

私人主体被以公共利益的名义附加"义务",用经济学的话语看,扣缴行为具有典型的"负外部性",并将承担一定的成本,该等成本如何分担?尽管有些国家认为扣缴义务对于扣缴义务人带来的负担相较而言是微不足道的,但毕竟扣缴义务不仅增加了扣缴义务人的财产与管理负担,还额外增加了法律风险,〔1〕我国税法明确规定,对于扣缴义务人按其所扣缴税款的一定比例支付手续费。当然也有学者认为扣缴义务承担的成本可忽略,从而不予补偿,也不认为其违宪。〔2〕既然扣缴义务是额外负担,具有公益性的为他责任,扣缴义务人因履行扣缴义务承担的额外负担,应得到补偿。且按比例获得手续费,作为扣缴义务人履行义务的激励也符合激励相容。

(二)扣缴义务是"有限性"的公法义务

扣缴义务的发生需要满足一定的条件,其基本条件是以存在纳税人的税收之债为前提。税收债务的发生与确定是扣缴义务的构成要件,这是扣缴义务的基本法理。之所以要强调扣缴义务是有限性的义务,是为了明确扣缴义务的发生并不是当然的、无条件的,以使私法之主体免予公法之干预,避免使纳税义务变相地施加于其他私法主体。

扣缴义务是有限义务,从立法层面观之,唯应具有必要性且无其他更经济的措施能保障税收债权之实现时,才应当为私法主体设定该义务。扣缴义务的基本内容是扣税义务和缴税义务,法律往往向扣缴义务人施加一些其他义务。扣缴义务人通常被税法附加提供有关税务信息方面的协力义务,如进行扣缴义务人登记、进行扣缴申报、设置扣缴账簿,以及扣缴不能的报告义务,该等义务系为充分实现源泉课税的目的与功能所设置,并因为扣缴义务的产生而发生,不妨称为扣缴附随义务,〔3〕以与扣缴义务本身相区别,或者称为广义的扣缴义务。究其功能,既在管理扣缴义务人,〔4〕又可

〔1〕 如法律识别与判断的风险。税法实践中,因税法规定本身的不完备,纳税人和潜在的扣缴义务人经常不能判断某项收入是否产生纳税义务,何时产生纳税义务,从而因没有及时履行扣缴义务而受到行政处罚。

〔2〕 转引自程信和、杨小强:《论税法上的他人责任》,载《法商研究》2000 年第 2 期。

〔3〕 也有学者主张对扣缴义务进行类型化研究,对扣缴义务细分为狭义的扣缴义务与先扣缴义务、后扣缴义务、附随义务等。参见前引叶金育:《扣缴义务人责任研究——类型化与反思》。从本文的讨论角度,区分为扣缴义务与扣缴附随义务就足以。

〔4〕 如《税收征收管理法实施细则》第 13 条规定,领取扣缴税款登记证件扣缴义务人应当自扣缴义务发生之日起 30 日内,向所在地的主管税务机关申报办理扣缴税款登记,领取扣缴税款登记证件。

使税局获得扣缴义务人、纳税人的管理信息。[1]

法律或者行政机关也不能随意设置,扣缴附随义务应有边界,否则有侵犯市场主体的自由经营权和财产权之虞。与纳税人发生基础法律关系、从事交易的主体,往往还会基于其税收信息占有者的身份,被税收信息的收集与管理制度附加信息提供的义务。这应当与扣缴义务及其附随义务相区分。

法律义务又可分为公法上的义务和私法上的义务,前者是依照公法而承担的义务,后者是依照私法而承担的义务。[2] 税收之债属公法上的债务,[3]税法和税收征收管理相关法律具有公法属性,其所规定的扣缴义务是公法上的义务,满足条件而发生,具有典型的强制性,并不得因纳税人约定甚至是税务机关的豁免而免除。扣缴义务人虽可以委托他人代为承担扣缴义务,但是这种委托并不能使得受托人成为税法上的扣缴义务人,更不得使委托人免除扣缴义务。在"立达(中国)纺织仪器有限公司上海分公司诉上海市地方税务局长宁区分局第十三税务所税务一案"中,立达上海分公司尽管与某人力公司签订了薪酬服务协议,委托某人力公司计算薪资、个人所得税和社保及住房公积金缴纳金额,但该委托并不产生扣缴义务转移的效果。[4]

正因为是公法上义务,在扣缴义务人怠于承担扣缴义务时,尽管税务机关只可以请求纳税人履行纳税义务,而扣缴义务人将因其违法行为而会受到处罚。如美国,雇主未履行扣缴义务的,虽然不得向其主张税款,但是并不减轻雇主所承担的罚款或者关于上述没有扣除及代扣的行为适用的附加税款的债务。[5]

---

〔1〕 如《税收征收管理法实施细则》第25条规定,扣缴义务人应当自税收法律、行政法规规定的扣缴义务发生之日起10日内,按照所代扣、代收的税种,分别设置代扣代缴、代收代缴税款账簿。

〔2〕 参见沈宗灵:《权利、义务、权力》,载《法学研究》1998年第3期。

〔3〕 将税收法律关系界定为纳税人与国家之间的债权债务关系,税收之债定性为公法之债,即所谓的"税收债务说","把税收视为一种公法上的债,从而导致与税收相关的一系列理论问题发生了重大变革,这一变革不仅仅是理论上的,它对于税收立法、执法、司法、守法以及税收法治建设都将产生长远的影响。"刘剑文主编:《财税法学研究述评》,高教教育出版社2004年版,第235页。税收债务说已经鲜明的体现于德国的《租税通则》,以及日本的《国税征收法》。该学说也已得到国内很多学者的认可及研究。参见本注引刘剑文主编:《财税法学研究述评》,第236~283页。施正文:《税收债法论》,中国政法大学出版社2008年版,第107页。

〔4〕 参见上海市第一中级人民法院行政判决书,(2014)沪一中行终字第435号。

〔5〕 See IRC. §3402(d).

三、扣缴义务设置的比例原则考量

区别于纳税义务，扣缴义务，是随纳税人所负税收之债的发生而发生，而该义务的承担者并不是纳税人，也不是征税机关，而是二者之外的第三人。在税收债务关系中，国家是税收之债的权利人，税收的征收管理是政府的职责，纳税人是税收之债的债务人，进行申报纳税是纳税人当然义务。对于从事交易活动的第三人而言，原本并不应承担自身的纳税义务之外的其他税法负担，法律规定由特定第三人承担扣缴义务，构成一项行为和财产负担，需要符合一定的价值，权衡负担，判断“公权力在目的和所采行为之间，有无存在相当比例”。〔1〕 扣缴义务在何种情形下可以设置并施加于各种主体，需要基于比例原则，考量其目的和功能（手段）之间的是否存在相当比例。

（一）扣缴义务的功能：比例原则的正向审查

功能是事务或方法所能发挥的有利作用，即效能。目的，在这里意指制度所欲达到之目标和结果。就扣缴义务而言，国家设定扣缴义务意欲达到某种目的，而源泉扣缴的方式则因其运行的技术机理，具备一定的功能从而被用来实现设定的目的。现代税收国家尽管不再思考“通过哪些简易而迅捷的办法，在不知不觉中把这些税负征收上来”〔2〕，然而，以最经济的方式确保税收之征缴，是税收征管制度设计的目的之一。基于扣缴义务本身的功能及其功能发挥的机理，作为比例原则中“手段”，根据比例原则对其进行审查，则有了针对性和可操作性。

1. 公共成本节约

源泉扣缴公认的功能是征收经济，符合税法上的征收效率原则。如个人所得税的纳税人，人数众多，且多数纳税人主要因取得工资薪金所得而发生纳税义务，由工薪薪金的发放者——用人单位代扣代缴工资薪金收入应缴纳的税收，与纳税人自行申报相比，于税务局而言增加行政便利，易于税款征收，能最小化税收征收成本。〔3〕源泉扣缴税款对纳税人而言，毫无疑问，也能够减轻纳税人的申报成本，符合保护纳税人权利的价值取向。美国的《纳税人权利保护法案Ⅲ》要求财政部开发相关程序以

---

〔1〕 陈新民：《德国公法学基础理论》（增订新版·上卷），法律出版社2010年版，第415页。

〔2〕 [英]威廉·配第：《赋税论》，马妍译，中国社会科学出版社2010年版，第33页。

〔3〕 参见俞敏：《效率视野中的个人所得税源泉扣缴制度——兼论扣缴义务人的税法主体地位》，载《上海财经大学学报》2005年第8期。

使部分纳税人根本不用进行纳税申报，如此，纳税人尤其是适用所得税预扣法的雇员，无须再提交所得税申报表，从而既给税务机关节约了资源，又能大大减轻纳税人的遵从负担。[1] 因为课征成本最终均由纳税人负担，扣缴义务的设置如能为纳税人整体带来了经济利益，则满足正当性考量。此外，因代扣代缴的征收方式可以减少纳税申报数量，使得税务局能够将有限的税收征管资源投入到其他高难度领域，如对高收入人群的税务稽查等，[2] 从而能实现税负的公平分担。此外，税款扣缴制度，能使纳税人免受税务机关对个人财产、自由和生活之过度干预。税务机关无须为了调查和征收税收而采取搜查纳税人的财产等方式。源泉扣缴类似于将公共管理职责由私人共同并分散承担的"分担机制"。如果说有关扣缴义务的发生基础是一种经济上的效益权衡，那么其本质上主要是一种财政目的的考虑，是"税收财政主义和租税国家理念的具体化，也是'税务管理私人化'的必然结果"。[3] 公共成本节约，概能为法理学家所称的"社会共同性需求"所涵盖。[4] 扣缴义务既然是为了公共利益而对个人自由所为之减损，从实质合理性观之，扣缴义务的合理性在于"义务所指向的社会共同性需要得以满足的必要性和适度性"。[5]

然而，扣缴制度如要实现成本节约的功能，需要达到一定的规模效应，存在边际成本递减的可能，否则显然难以满足"妥当性"的要求。根据比例原则的妥当性原则，手段（或公权力措施）的手段应可达到目的。[6] 此外，成本节约的具体效果，还和扣

---

〔1〕 Taxpayer Bill of rights 3, § 204(a). 转引自丁一：《纳税人权利研究》，中国社会科学研究出版社 2013 年版，第 150 页。

〔2〕 See Victor Thuronyi, *Tax Law Design and Drafting*, Kluwer Law International, 2000, p. 564 – 566. 这里仅仅讨论了工资薪金的预缴税制度（所谓的 Pay – As – You – Earn – Tax，简称 PAYE），不涉及其他的税种。当然，不是所有采取所得税源泉课税的国家都可以免予进行纳税申报。如澳大利亚、加拿大和瑞士，均要求纳税人进行纳税申报。美国也是这样要求，此后出于保护纳税人权利的考虑，进行了些微的调整。美国要求进行纳税申报，其中的一个原因是为了保护纳税人的抵扣权，纳税人进行纳税申报通常会取得数量不一的税额返还，由此获得的满足感会超过做纳税申报的成本。参见该书，第 569 页。

〔3〕 叶金育：《扣缴义务人责任研究——类型化与反思》，载《时代法学》2013 年第 6 期。

〔4〕 从法理上看，任何义务都包含着对个人自由的减损，当一种包含着个体需要、表现为社会共同性要求的需要与个体自由发生冲突、但在价值层次上高于个体自由的时候，减损个体自由、使个体承担做某事或不做某事的义务以保证共同性需要得到先行满足是必要的。但是，这种对个体自由的减损，必须以社会共同性需要得到充分满足为限。参见北岳：《法律义务的合理性依据》，载《法学研究》1996 年第 5 期。

〔5〕 前引北岳文：《法律义务的合理性依据》。

〔6〕 参见前引陈新民：《德国公法学基础理论》，第 415 页。

缴义务人自身的应税所得规模有关系。故此，薪金所得的源泉扣缴，一般是满足成本节约的。从这个角度上看，税法要求自然人对非薪金性、非重复性支付承担税款的扣缴义务，除非有其他的正当理由，否则难以通过比例原则的审查。

2. 实现源泉管理，防止税源流失

在满足稽征的规模效应，实现边际成本递减以外，源泉扣缴设计还常用于税源难以监管的情形中——在这些情形中，如果不由支付人或者相关主体将所涉的税款代扣代缴，纳税人自行申报显然难以期待，税务机关事后追征存在法律上和事实上的障碍。此种情形下，比例原则的必要性原则得到满足。如非居民在收入来源国取得应税收入的情形，纳税人在经营者有奖销售活动中中奖（应税）的情形等。个税之外的典型税种如对证券交易课征印花税等金融交易税，多是由交易所代扣代缴。这一条当然也可以从稽征经济的角度进行分析，源泉征收能够减少税法遵从成本。此外，税务机关也可以利用扣缴义务人报告的信息交叉稽核纳税人申报书或将其作为税务稽查的线索。

为了前述两种功能目的，除了使用比例原则的妥当性原则和必要性原则进行审查，还需要根据狭义的比例原则审查扣缴义务的正当性，后者可以借助如下逆反思维的方式予以考察。

（二）扣缴制度的局限：比例原则的逆向审查

从行政管理的角度，源泉课税的方式是天然的公私协力机制，是新公共管理领域所称的行政任务私人化的一种形式。而行政任务私人化是现代给付国家为缩减社会管理、精简人事、节省国家财政支出和增加行政效率，所最常使用的行政革新手段。[1] 渊源比公共管理更为久远的扣缴制度从这个方面而言，便多一个正当理由。然而，扣缴义务是一种“公益性”的为他负担，政府不能单纯出于稽征的便利，从国库主义立场出发，过度使用扣缴制度，规避政府职责。换言之，手段的采用应当与所要达成之目的相称，应避免导致人民的过度负担。若手段本身存有局限的话，还要避免对社会利益减损过度，权衡利益而使用。

尽管扣缴制度可以实现以上的功能，扣缴税款或者源泉扣缴本身也有缺点，并因此引致批判，如日本北野税法学派的创始人北野弘久教授认为，源泉扣缴阻断了纳税人与税务机关联系的通道，不利于纳税人权利观念的培养。除了制度设计带来的问

---

〔1〕 参见陈铭聪：《私人参与社会管理的法律问题私人参与社会管理的法律问题》，载周永坤主编：《东吴法学》（2012 年春季卷），中国法制出版社 2012 年版，第 166 页。

题外,“该制度能淡化人们的纳税者意识。因有碍于民主政治的展开,故它是税源征收制度本身存在的最大一个缺点”。[1] 在美国尽管有税款的预扣制度,仍然强调纳税人进行自行纳税申报的义务,理由之一是,纳税申报能够让纳税人更了解自己的税收负担,从而会更积极地行使其宪法权利。[2] 此外,无论对扣缴义务人法律地位的理解为何,法律尚未将其作为行政主体来规范其扣缴行为,扣缴义务人的扣缴行为并没有被认为是行政行为,不需要也无法要求其遵循正当程序的要求,作为扣缴相对人的纳税人,其陈述权、申辩权、知情权等重要的程序权利无从得到保障。[3] 基于前述理由,非具有前述两项功能满足的情形下,通常不得采用扣缴税款的征收办法。如果仅仅是因为税务机关征收能力低下,而大量泛化地设定扣缴义务,[4] 即阻断了纳税人与税务机关的联结,似乎有税源管理之必要性之存在,然而不符合狭义的比例原则,应抛弃。征税作为政府的职责,提高征管能力也是政府的责任,不能将该种责任随意转嫁给人民承担。

四、扣缴义务的主体:支配和管理可能性

扣缴义务主体,即扣缴义务人。为了探讨不同的主体地位,在扣缴义务承担的正当性上有不同的满足性,故这里以扣缴义务主体称之。“对扣缴义务人系何人及其违反义务处罚之违宪审查前提,在于扣缴义务人之法律定位为何。”[5] 有关扣缴义务的主体问题,首先是理论的应然层面,根据扣缴义务的正当性来源和性质,何种主体在满足何种条件时可以被施加扣缴义务。如非从事经营性活动的个人,是否可以被规定扣缴义务?[6] 尽管比例原则的分析框架能够对扣缴制度适应的情形和义务主体范围有所指引,但在实践中,所得之“源泉”常常湮没在众多的法律关系中,与纳税义务人发生关联的主体又有多个,如支付人、雇主、雇主单位的负责人等。如何在具体的

---

〔1〕 [日]北野弘久:《税法学原论》(第4版),陈刚等译,中国检察出版社2001年版,第219页。

〔2〕 See Victor Thuronyi, *Tax Law Design and Drafting*, Kluwer Law International, 2000, p. 569 – 570. 值得注意的是,如前文所述,随着美国纳税人权利保护的进阶,要求税务机关免除某些纳税人的申报义务。

〔3〕 车船税是由保险公司代扣代缴的,曾有纳税人以扣缴义务人未告知其复议权为由,起诉主管税务机关,主张税务机关的征收行为程序违法。参见“李枚加诉四川省乐山市地方税务局第一直属税务分局征收案”行政判决书,(2013)乐中行初字第52号。

〔4〕 如法律规定个人所得的支付人为扣缴义务人。

〔5〕 葛克昌:《纳税人基本权视野下之税捐稽征法》,厦门大学出版社2016年版,第489页。

〔6〕 参见钟典宴:《扣缴义务问题研析》,北京大学出版社2005年版,第37~46页。

法律关系中选择合适的连结主体由其负担扣缴义务,需要有另外的评判原则。扣缴制度的设计中,扣缴义务人系以私人之力,完成原应由公权力机关借由公权力实现之任务,该种义务需要在可以执行的情况下,方得施加于人民,方符合正义,也即应符合"期待可能性"。人民得在国家对其义务的履行有期待可能时。换言之,在人民有可能履行义务时,方得设置义务,否则强人所难,既不能实现义务设置之目的,还变相的构成惩罚之科处。期待可能性,基于源泉课税的运行机理,可以具体化为支配或管理可能性。

(一)支配或管理可能性作为扣缴义务的设置和评判标准

如前所述,法律对征税机关之外的主体设置扣缴义务,使其为保障国家税收债权,实现征管之便利和社会成本之节约。为实现该目的,也为保持其正当性,自然需要斟酌将扣缴义务设置于何种主体。扣缴义务人为实现扣缴税款之目的,通常需要与纳税人因某种交易或者连结因素而发生了连结。然而,与纳税人发生事实或者法律连结的主体,通常会有多个,基于扣缴义务本身的正当性依据及其法律性质,扣缴义务仅得施加于对纳税人、对纳税人的应税所得具有支配或管理可能性的主体,方符合比例原则,以减少无关主体的额外负担。非具有支配或管理的可能的情形,则扣缴义务人因其并不具有行政管理之职权,也不具备税收之债的保全手段,则常会存在履行不能之障碍,不仅不能实现扣缴制度的目的,也失去其正当性。这里的支配或管理可能性,包括对纳税人应税交易或者应税所得的税收债务进行判断所需要的信息获取可能性,也包括对纳税人的行为或者应税收入管制的可能性。前者使扣缴义务人为判断纳税人之税收债务之有无、大小成为可能,后者使其完成税款的扣缴成为可能。支配或管理可能性,可能产生于一定的法律关系,也可能因职权或者某种法律地位而得以成为事实。在法律规定的扣缴义务人未履行扣缴义务时,支配或管理可能性之有无、大小,还可以成为判断扣缴义务人责任有无、大小的评判标准。

(二)基于一定基础法律关系产生的支配和管理可能性。

税法是将私有性部门所生产的财富的一部分无偿地转到国家手中的手段。[1]纳税人的纳税义务通常产生于某种法律关系。如薪资报酬,源于劳动法律关系,系雇员基于劳动关系中的报酬权而取得,雇员应薪资报酬之取得发生对于国家的税收债务。股息所得,因某种投资法律关系而取得,从而在取得时发生对于国家的税收债务。这种引发纳税义务的法律关系,不妨称其为"基础法律关系"。典型的基础法律关系如劳动

---

〔1〕 [日]金子宏:《日本税法》,战宪斌、郑根林译,法律出版社2004年版,第90页。

合同关系、股权转让关系等,这些基础法律关系是产生支配和管理可能性的基础。

扣缴义务通常应仅设置给与纳税人发生某种引发纳税义务的法律关系的另一方。正是这种基础法律关系存在,作为基础法律关系中与纳税人交易的对方,显然有足够的可能性获得信息,判断纳税人的纳税义务和自己的扣缴义务,也存在可能扣留相应款项解缴于税务机关。毕竟扣缴义务主体在判断是否有纳税义务,纳税义务几何,需要独立进行税法上的判断。[1] 为了履行扣缴义务,需要更多的资讯。甚至扣缴义务人作为基础法律关系的当事人,对于相关交易的发生、金额等,相比税务机关而言,有更直接和直观的信息。且这种基础法律关系的存在,使相关主体获得扣缴税款之可能。基础法律关系可能是私法关系,也可能是公法关系,凡是能产生应税所得,则有可能"滋生"扣缴义务。无论何种情况,其共同点是相关义务主体扣缴税款可能且可行,如此,扣缴义务不会为义务主体带来不当的,甚至是与主体自身定位相违背的负担。

(三)基于一定事实的支配或者管理可能性

在少数情况中,乃是基于相关主体某种事实地位而向其附加扣缴义务,在这种合法产生的事实地位中,该相关主体也能够获得对应税所得的某种管理与支配之可能。在股票交易印花税的扣缴情形,扣缴人是证券交易所或证券登记结算机构,其与纳税人虽不存在股票买卖的基础法律关系,但之所以对其设定扣缴义务,仍在二者具有事实上的便利和管控。支配或者管理可能性越低,则市场主体被课予的代缴责任就应该越小,即使施加扣缴义务,其未履行扣缴义务时的责任也应相应降低,才符合公平原则。

五、扣缴义务的主体:"支付人"的解释

如何解释税法上关于扣缴义务人的法律规则,涉及扣缴义务主体认定的另一个问题。如,尽管我国税法明确规定了各税种下的扣缴义务人,最为典型的是所得税法上的规定,将所得的支付人规定为扣缴义务人。[2] 然而在税法实践中谁是所得的"支付人"却不无疑问,或许是因为国库主义泛滥,作为法律解释者的法官在一些案件中倾向于接受税务机关的解释,将支付人做扩大理解,然而在另一些案件中,法院的

---

〔1〕 参见滕祥志:《关于税收代扣代缴制度的几个疑难问题探讨——兼论扣缴法律关系的性质及"单位"的税法学含义》,载《中国法学会财税法学研究会2007年会暨第五届全国财税法学学术研讨会论文集》,第389~390页。

〔2〕 如《企业所得税法》第37条的规定,对非居民企业在中国境内未设立机构、场所的,其所得应缴纳所得税实行源泉扣缴,以支付人为扣缴义务人。《个人所得税法》第9条第1款规定,个人所得税以所得人为纳税人,以支付所得的单位或者个人为扣缴义务人。

解释又不一样。[1] 我国台湾地区有关所得税的相关规定中扣缴义务人是“营利事业

[1] 如在涉及非居民股权转让所得的法兰西水泥案中，争讼款项的支付主体有多个，根据合同约定，税务机关和法院都将受托根据股权转让合同约定支付特定款项的蒲城尧柏公司作为企业所得税法第37条规定的支付人，认为其有代扣代缴的税法义务。本案原告（二审上诉人）则认为，蒲城尧柏公司接受香港集成公司的委托支付前述款项，其不是所得税法上的扣缴义务人，税务机关向其做出扣缴的决定，缺乏法律依据。本案中，非居民企业法兰西水泥（中国）公司作为卖方，将所持有的位于陕西的富平水泥公司100%股权转让给另一家非居民企业香港集成公司。根据股权转让合同的约定，股权转让对价以股权的方式支付。因股权转让前，法兰西水泥（中国）公司以股东的身份，为富平水泥公司向第三方的贷款提供了反担保，故此，股权转让协议还约定，香港集成公司应当支付给富平水泥公司2.9亿余元人民币，后者用以偿还第三方贷款，使法兰西水泥（中国）公司的反担保得以解除。香港集成公司委托蒲城尧柏公司负责该笔2.9亿元的支付。该笔股权转让，被税务局获悉后，认为香港集成公司承诺支付的2.9亿元属于股权转让的对价，应当缴纳所得税，通知蒲城尧柏公司履行扣缴义务。本案判决作出后，在税法界引发了集中讨论，各界关注的重点主要集中实体法层面——于2.9亿元款项是否属于法兰西水泥（中国）公司的应税所得，少数关注点讨论了被诉税务局的管辖权问题。如果将实体税法问题放在一边，在诉讼中，原告法兰西水泥（中国）公司主张，蒲城尧柏公司接受香港集成公司的委托支付前述款项，其不是所得税法上的扣缴义务人，税务机关向其做出扣缴的决定，缺乏法律依据。对此，法院认为，根据《企业所得税法》第37条的规定，对非居民企业在中国境内未设立机构、场所的，其所得应缴纳所得税实行源泉扣缴，以支付人为扣缴义务人。由于上诉人法兰西水泥（中国）作为非居民企业未主动向税务机关进行纳税申报，税务机关依法实行源泉扣缴，以支付人为扣缴义务人，在中国境内与本次股权转让交易有关的支付人就应当履行代扣代缴义务。尧柏集团作为支付人理应向税务机关履行代扣代缴义务，对此，尧柏集团函告由其子公司蒲城尧柏履行代扣代缴事宜，蒲城尧柏向蒲城国税局申报并代缴了应纳税款。蒲城尧柏申报支付代扣代缴税款，配合国家税务机关工作，并无不当。参见法兰西水泥（中国）有限公司与陕西省蒲城县国家税务局税务行政征收二审行政判决书，(2014)渭中行终字第00003号。而在立达（中国）纺织仪器有限公司上海分公司（以下简称立达纺织上海分公司）诉上海市地方税务局长宁区分局第十三税务所（以下简称长宁税局）税务纠纷案中，二审法院的立场则与法兰西案不同。该案中，2013年7月12日，立达纺织上海分公司（甲方）与案外人上海某人力资源有限公司（以下简称某公司）（乙方）签订薪酬服务协议，协议约定乙方根据甲方提供的基础数据，对数据汇总整理后计算薪资、个人所得税和社保及住房公积金缴纳金额，在中国境内提供薪资发放服务，乙方根据法律法规规定，为甲方提供雇员每月个人所得税的申报、缴纳服务等。协议签订后，员工薪酬按月通过银行转账的方式支付至某公司，由某公司发放薪酬，并向税务机关办理纳税申报。此后，立达纺织上海分公司的主管税务机关长宁税局认为该公司没有按照期限报送代扣代缴申报表，没有设置代扣代缴账簿，通知该公司限期改正，从而引发争议。本案二审法院认为，立达上海分公司与某人力公司签订的薪酬服务协议，属于委托付款，立达上海分公司作为劳动法上的用人单位，仍系法律上支付员工工资薪金的主体，系《税收征收管理法》第4条第2款、《个人所得税法》第8条规定的个人所得税扣缴义务人。参见上海市第一中级人民法院行政判决书，(2014)沪一中行终字第435号。

本身"或"营利事业负责人"也存在争议。[1] 这里的讨论,或者对于其解释也有所借鉴。

对于如何解释税法上关于扣缴义务人的法律规则的问题,这里聚焦于大陆所得税法中关于支付人作为所得税的扣缴义务人的规则,如何理解和确定"支付人"。基于前述支配或管理可能性的标准,结合一个具体的案例来进行适法的分析。在民商事活动中,通常基础法律关系的支付义务人,和实际的履行人发生了分离,从而产生了到底谁是税法上的"支付人",谁需要承担法定的扣缴义务的问题。为了解决这个问题,《国家税务总局关于个人所得税偷税案件查处中有关问题的补充通知》(国税函发〔1996〕602 号)第 3 条规定:"认定扣缴义务人的标准为:凡税务机关认定对所得的支付对象和支付数额有决定权的单位和个人,即为扣缴义务人。"在多重法律关系的背景下,"决定权"主体则取决于在哪个法律关系中进行观察和判断,需要放在具体的法律关系中才有讨论的价值。

用支配或管理可能性的方法,作为目的性限缩的考虑因素,将"支付人"解释为基础法律关系中的交易对方,符合法律规则的目的,也使得作为公法强制义务的扣缴义务不会因为交易主体的意思而发生转移。在多数情况下,基于基础法律关系,也能够轻松处理问题。如法兰西案中,作为第二层的支付受托人蒲城尧柏公司,不成立法定的扣缴义务,只能成立扣缴义务的自愿承担。

然而,在某一些案件中,基础法律关系的判断本身会存在疑问,就此,河南理工大学与河南焦作市地方税务局(以下简称焦作地税局)行政处理和行政处罚案值得在这里分析和讨论。

> 2009 年 9 月,河南理工大学工会委员会(以下简称工会)代表教职工与中国农业银行焦作市分行解放支行(以下简称解放农行)签订《委托贷款委托合同》。根据《委托贷款合同》,工会为委托人,解放农行为受托人。工会委托解放农行将 6801.25 万元向工会确定的借款人发放委托贷款,委托贷款利息由借款人向解放农行支付,解放农行应在收到利息后 5 个工作日内将利息划入工会账户,解放农行除收取一定比例的手续费外,在与借款人发生纠纷时,只负责形式上的配合,不承担任何形式上的风险。2009 年 10 月,解放农行接受工会的委托与河南理工大学签订《委托贷款借款合同》,河南理工大学为借款人,解放农行为贷款人,其中约定,解放农行将该 6801.25 万元发放给河南理工大学用于新校区建设。

---

〔1〕 参见钟典宴:《扣缴义务问题研析》,北京大学出版社 2005 年版,第 37 ~ 46 页。

2012 年焦作地税局在对河南理工大学 2009～2010 年的税务情况进行检查时发现,该大学没有就前述委托贷款合同所约定的、最终支付给教职工的利息所应缴纳的个人所得税履行扣缴义务。焦作地税局作出《税务处理决定书》要求河南理工大学履行补扣补缴义务并做出《税务处罚决定书》对其进行行政处罚,从而引发争议。[1] 本案处理对于该种利息如何定性、是否应当交税等问题存在争议外,焦作地税局和河南理工大学就该笔利息的应税所得,应当由谁承担扣缴义务发生了争议。一审法院认为,工会与解放农行签订的《委托贷款委托合同》和解放农行接受工会的委托与原告理工大签订的《委托贷款借款合同》,其主体、客体和内容不同,是两个不同的法律关系。被告地税局之《处罚决定书》认定原告河南理工大学未履行扣缴个人所得税义务,主要证据不足,遂判决撤销。

一审判决作出后,原被告双方均不服判决提起了上诉。河南理工大学主张,从法律关系上看,其并不是扣缴义务人。工会接受河南理工大学教职工的委托与解放农行签订的《委托贷款委托合同》中非常清楚讲明借款人系工会,贷款人系解放农行,在向河南理工大学教职工支付利息时,均是由解放农行及工会支付。而工会由于人员较少,对财务不太熟悉等原因,每次计算利息时都是委托河南理工大学的财务人员计算并提供给解放农行,但并不能因此将扣缴义务转移至河南理工大学。河南理工大学与解放农行签订的贷款协议中,约定河南理工大学支付利息的对象是解放农行,不是河南理工大学教职工。工会及解放农行均系独立于理工大的机构,地税局以河南理工大学支付利息未代扣代缴个人所得税构成违法为由,作出《处理决定书》属于代扣代缴义务人的法律主体认定错误,地税局据此作出《处罚决定书》认定河南理工大学未履行代扣代缴义务进行处罚,显然错误。

焦作地税局则认为,河南理工大学是向个人支付所得扣缴义务人。一是从法律关系上看,解放农行只是受托人,真正的借贷关系的是教职工和河南理工大学。河南理工大学以贷款名义,向教职工行集资之实,解放农行只是河南理工大学集资的平台;二是从事实证据上看,证据资料显示河南理工大学财务部门计算出应向教职工发放利息的数额,有河南理工大学校长批示同意支付后,指令银行向教职工发放贷款利息,而不是由工会负责人批示或者银行自主决定。解放农行决定不了支付对象、支付数额及支付时间,解放农行只是收取一定手续费,不

[1] 本案还涉及河南理工大学其他的税务问题,此处省略。

能因为解放农行向教职工个人账户划入款项的表面现象而混淆扣缴义务主体的认定。因此，其责令河南理工大学补扣补缴个人所得税具法律依据。

在本案中，税法难题的产生，并不是因为层层委托。而是因为委托贷款法律关系的性质问题带来了对基础法律关系认定的困难。但无论从纳税人税收债务的判断，还是从扣缴义务人的识别，基础法律关系的判断都是无法回避的，甚至两个问题具有同一性。

回到河南理工大学这个案件，本案为了确定扣缴义务人，需要判断委托贷款中各方之间的法律关系。换言之，哪方主体负有被现行法律框架所认可的，对作为纳税人的教职工的利息支付义务。《贷款通则》第7条规定，委托贷款，系指由政府部门、企事业单位及个人等委托人提供资金，由贷款人（受托人）根据委托人确定的贷款对象、用途、金额期限、利率等代为发放、监督使用并协助收回的贷款。贷款人（受托人）只收取手续费，不承担贷款风险。原本法律行为的委托代理，其效果自然一般需要归属于被代理人，然而当前在金融体制的背景下，唯有银行才可以是借贷行为的主体，各方当事人意欲以银行为放贷主体，银行构成一种间接代理，〔1〕成为名义上的利息支付人，也具有支配或管理的可能性，应成为扣缴义务人。〔2〕

六、代结论：自然人的扣缴义务

首先，自然人不应当被普遍地施加扣缴义务。源泉扣缴，于国家税收利益自然多了一分保障，然而对于市场主体而言，是所谓的“公役”。负担公役的人员并不行使公权力，而只是为了公共利益承担特定的义务，从而简化国家的经济行政活动，同时这些人员从事职业的行为受到一定限制。〔3〕公共利益的达成，国家经济行政活动的简化，在税收征管方面，体现在前文所试图界定的正当性。然而，在自然人，尤其是在不从事营业活动的自然人，既不具有组织体在管理上的“规模”优势，也难以履行税法所要求的，扣缴义务人通常需要履行的协力义务。此外，非从事营业行为的自然人，在

---

〔1〕最高人民法院《关于如何确定委托贷款协议纠纷诉讼主体资格的批复》（法复〔1996〕6号）表明，在履行委托贷款协议过程中，由于借款人不按期归还贷款而发生纠纷的，贷款人（受托人）可以借款合同纠纷为由向人民法院提起诉讼；贷款人坚持不起诉的，委托人可以委托贷款协议的受托人为被告、以借款人为第三人向人民法院提起诉讼。这里也是采取了间接代理的思路。

〔2〕本案中，二审法院以不能将两个行政行为合并起诉为由驳回河南理工大学的起诉。此后，河南理工大学单独就其中的处罚决定提起了诉讼，后又撤回起诉，原因不详。

〔3〕［德］罗尔夫·施托贝尔：《经济宪法与经济行政法》，商务印书馆2008年版，第503页。

民事活动产生纳税义务时,作为自然人的纳税人自行完成纳税申报,与扣缴义务人完成扣缴申报而言,与税收的征管各方而言,并没有实质的不同。如根据《个人所得税法》,自然人个人出租房屋、转让财产等情形,相关款项的支付人需要承担扣缴义务,诸如此类是很值得探讨的。因为扣缴义务的设置,税收债权的确多了一重保障,但这种保障是以给交易参与人施加沉重的、不是必需的义务为前提的。

自然人在何种情形下的扣缴义务具备一定的正当性?如果不经扣缴,征收难以预期的情况下,或许还有探讨其正当性的空间。如果在非居民纳税人为支付人的情形,国家税收利益不通过扣缴显然无法得到保证。

从比例原则和期待可能的角度,自然人的扣缴义务与营业事业者的扣缴义务应有区别。自然人因其支配或管理可能性程度更低,其承担的扣缴义务的范围(主要是指附随义务的情形)不能和组织体相提并论,自然人如要赋予扣缴义务,该种义务与其被当成扣缴义务,不如将其设置为一种报告义务更为合适。

财税责任归责原则的体系解构与法治价值*

胡　翔**

摘要：归责原则是财税责任得以实现的前提，决定了财税主体的行为安排和利益分配。当前我国财税法律体系缺失统一的归责原则，导致财税责任规范涣散、责任制度虚置，与财税法治的制度目标存在一定距离。构建统一的归责原则有助于矫正财税责任制度的偏离，确保公共财产合理有序运转的法治实现。由法律责任的理论内涵出发，因果联系原则、责任法定原则、责任确定原则和责任平等原则一同构成了财税责任的归责原则体系。此四项原则的综合运用为个案中分析具体财税行为，确定财税责任主体，适用具体责任内容提供了思路，同时还能在抽象层面助益财税规范制定、财税执法实践和财税司法控制。

关键词：财税责任　归责原则　公共财产权　财税法治　公平正义

财税责任[1]的归责原则直接决定着损失后果在财税主体间的分配，是财税责任制度的核心构成，牵动着财税主体的利益，影响着财税主

* 本文原载于《中国政法大学学报》2019年第6期。

** 首都经济贸易大学法学院讲师，法学博士。

〔1〕 哈特认为“责任”一词包括四种含义：其一，角色责任，即担任或占据一定的职位、地位应付的责任；其二，因果责任，即人的行为成为某种结果的原因引起的责任；其三，法律责任，即违法者因其违法行为应受到的惩罚或被迫赔偿；其四，能力责任，即某人对一定的行为负责，建立在他具有一定的正常能力的基础之上。法律责任的成立以其他三种责任为要件或基础。本文所称的财税责任即财税法律责任，以财税角色责任、财税因果责任、财税能力责任为基础。See H. L. A. Hart, *Varieties of Responsibility*, 83 Law Quarterly Review 346(1967).

体的行为。由现实情况看，我国财税法律规范中的责任规范较为混乱，财税责任制度并不完整，难以据此有效提炼出统一的财税责任归责原则。理论研究中，从整体财税法层面出发所进行的责任研究并不充分，多以预算责任、[1]税收责任[2]等类型化责任以及相关的经济法责任[3]为研究对象。分散式的研究造成财税责任制度难以形成一以贯之的责任思维和归责原则，而对这些研究成果的参照适用则加剧了立法中责任规范的涣散，间接导致不同责任规范间的重叠与冲突，并不利于财税法治的实现。

应当指出，财税责任的独立存在是财税责任归责原则论证的基础，而有关财税责任的独立性问题，相关学者已经作了一些论证。[4] 财税责任归责原则的探讨本质上是延承此种研究思路所进行的"拓补式"研究。因此，个中观点的立论意旨在于对财税责任理论进行深入思考，以期助益财税责任制度的系统化与法治化。又由于对于一项责任追究制度而言，其归责原则必须能够反映整个制度价值取向，能够实现该项制度的目标和功能。[5] 故财税责任的归责原则应当适用财税法体系的价值、目标和功能。

一、公共财产秩序作为财税法治的归责指向

不同于民法责任、刑法责任与《民法总则》《刑法》等主干性法律的对应关系，财税责任与行政责任相类似，其所对应的是多部法律规范的集合。依照财税法体系的传统分类，财税责任区分为财政责任与税收责任，分别对应财政法律体系和税收法律体系。从我国目前的法律文本来看，财政法律体系和税收法律体系内部以及二者之间均没有统一明确的责任分担依据，即便有关法律责任的条文为数不少，但均以具体

〔1〕 相关研究如：朱大旗：《迈向公共财政：〈预算法修正案（二次审议稿）〉之评议》，载《中国法学》2013年第5期；朱大旗、何遐祥：《预算法律责任探析》，载《法学家》2008年第5期；杜坤：《预算法现代化的法治逻辑》，载《华东政法大学学报》2015年第2期。

〔2〕 相关研究如：施正文：《税收责任适用问题探研》，载《涉外税务》2005年第11期；蔡秀云：《政府与公民的税收责任》，载《中国税务》2009年第7期；唐慧斌：《构建和谐社会过程中的税收责任》，载《税务研究》2006年第11期。

〔3〕 相关研究如：张守文：《经济法责任理论之拓补》，载《中国法学》2003年第4期；陈婉玲：《经济法责任的归责原则》，载《政法论坛》2010年第6期；翟继光：《论经济法责任的独立性》，载《当代法学》2004年第4期；刘水林：《经济法责任体系的二元结构及二重性》，载《政法论坛》2005年第2期。

〔4〕 参见刘剑文等：《财税法总论》，北京大学出版社2016年版，第286～288页。

〔5〕 参见林鸿潮：《公共危机管理问责制中的归责原则》，载《中国法学》2014年第4期。

情形下的责任设定为主。由于完整的法律责任必须围绕其规范性要素——救济权法律关系而展开,[1]在厘清财税责任归责原则之前,尚需笔墨审视目前的财税责任立法究竟在救济什么,这种救济逻辑直接决定了既有归责原则的内容与状态,据此才能把握事实与规范之间的差别。

(一)偏重形式价值的财政归责

首先是目前财政法律体系内部财政责任的归责方式。我国现行的财政法律体系以《预算法》《审计法》《政府采购法》等法律为基础。这些法律的共性在于通过专章规定了“法律责任”。[2] 但显见的特点是,这些法律中均没有具体条文对归责原则进行体现。[3] 从条文内容上看,财政法律体系内部倾向以“违法”作为责任承担的依据,立法中列举了大量国家机关工作人员应当履行的注意义务。[4] 也就是说,国家机关工作人员承担责任的前提条件是存在职务行为违法。由于制定法意义上的法规范很难穷尽所有情形中国家机关应当履行的注意义务,这便导致期待通过立法的周延来保证责任合理分配的愿望难以实现,进而使财政法律体系中的责任制度产生局限。

进一步看,虽然实质“违法”归责原则的设定使财政法律体系的归责标准客观化,极大克服了过失原则的不确定,[5]但这种将“违法”与“过失”融为一体的责任认定方式将当下我国财政层面的“违法”机械式地理解为违反各级立法部门的制定法,导致大量的抽象财政行为以及具备技术性特征的国家调控行为无法以“违法”的标准加以评判,从而容易形成国家财政权力的进一步扩张,与现代财政制度的意蕴背道而驰。[6] 另外,从分析法理学的角度进行考察,法律对行为的调整分为对行为过程的调整和对行为结果的调整,因此责任制度的存续维系着客观法律秩序和主观法律秩

[1] John W. Salmond 指出法律责任是违法者与相关救济之间必要性联结。See John W. Salmond, Jurisprudence, Stevens and Haynes Law Publisher, fifth edition, 1916, p. 319.

[2] 《预算法》第十章规定了“法律责任”,共计 5 条法律条文;《审计法》第六章规定了“法律责任”,共计 11 条法律条文;《政府采购法》第八章规定了“法律责任”,共计 13 条法律条文。

[3] 体现归责原则的条文如:《侵权责任法》第 6 条确定了“过错责任原则”;《国家赔偿法》第 2 条确定了“违法归责原则”。

[4] 例如:《预算法》第 92、93、95 条;《审计法》第 44、46 条;《政府采购法》第 71、72、73 条等。

[5] 参见周汉华:《论国家赔偿的过失责任原则》,载《法学研》1996 年第 3 期。

[6] 参见高培勇:《论国家治理现代化框架下的财政基础理论建设》,载《中国社会科学》2014 年第 12 期。

序。[1] 但事实是,我国财政法律体系中责任制度的设定并不关心主观法律秩序的维护,其所呈现的逻辑关系是由客观违法性要件的认定越过主观违法性认定直接确定法律责任。加之立法中大量设定责任的条款过于抽象,财政责任制度落实的难度其实是相当大的。[2]

(二)偏重工具价值的税法归责

税收法律体系呈现的则是另一种状态。我国现行的税收法律体系以《税收征收管理法》和各部实体税法共同组成。由于实体税法一般不涉及责任配置问题,主要的税收法律责任由《税收征收管理法》进行设置。现行的《税收征收管理法》通过专章规定了"法律责任",[3] 其中近六成的条款均旨在设定纳税人的税法义务和税法责任。对于纳税人的税法责任,法律从责任的形式(违法责任、犯罪责任)到内容(罚款数额)均作出了细致规定,但对于税务机关、税务人员的责任虽然有情形列举,但责任内容方面则比较抽象。

税收法律体系和财政法律体系的区别在于参与主体的隐性和显性。由于税收法律关系中纳税人和税务机关的主体划分直接代表了国民和国家的二元结构,因此这种税收法律体系中公权力与私权利之间的对抗是较为直接的,而财政法律体系主要规范的是国家机关的财权配置及运行,表面上是调整国家机关的财政行为,但其背后依旧是全体国民公共财产权的规范运行,因此财政法律关系中公权力与私权利之间的对抗是隐性的。从《税收征收管理法》的立法实践来看,我国税收法律责任的设置凸显出对纳税人的严格制约和管理,其所保障的是税款征收的实现。特别是,纳税是宪法设置的第一性义务,宪法层面的强调更强化了税收法律体系中第二性义务(法律责任)的必要性。与此同时,税收是国家赖以生存的基础,在政权稳定性面前,主观法律秩序的价值几乎不太可能被认可。也因此税收法律体系中强调纳税人责任也就顺理成章了。庞德在"法律责任的发展"文中指出,我们可以有两个立足点审视法律责

〔1〕 美国的侵权法理论将人的行为置于"可预见的世界"和"事实情况的世界",从而区分出法律秩序的二元结构,这种划分为侵权责任的确定提供了分析思路。参见陈裕琨:《分析法学对行为概念的重建》,载《法学研究》2003 年第 3 期。

〔2〕 例如,我国从 2007 年开始用"一般公共服务支出"来替代"行政管理费",主要用于政府事业单位的正常运转,实践中财政支出规模过大和效率低下的问题迟迟没有解决,这其中那些人应该承担责任又应该承担怎样的责任,并没有相关部门予以厘清。财政资金的配置本是《预算法》的核心使命,责任规范的涣散、抽象导致责任制度并无实际的约束效力。

〔3〕 《税收征收管理法》第五章规定了"法律责任",共计 29 条法律条文。

任。一是立足于公正,也就是笔者所说的人与人之间的理想关系。就公正视角而言,法律责任的功能是修复他人遭受的损害而不是禁止他实施某个行为。二是立足于权利,也就是在文明社会中对他人理性行为的合理期待权利。在权利语境下,法律责任是一个人因没能达到他人对他的合理期待而承担的责任。[1] 如果税务机关没有达到纳税人的合理期待是否应当承担对等的责任,这是值得思考的命题。

(三)财税二元归责结构间的分疏

从前述分析中可以看出,我国财政法律体系中的责任制度更像是对制定法完整性的某种维护。它以处置"违法"为归责前提,至于"违法"行为侵害了何种权益甚或会造成何种影响并不在其归责的考虑之内,加之具体条文对责任形式和责任内容的抽象,财政责任制度在涣散的同时难以起到实际归责的效力。另外,我国税收法律体系中的责任制度则是对实现税款征收的强制性保障,这种责任制度导源于20世纪70年代所盛行的"工具式立法",[2]也即希望通过严格的义务设定达至对纳税人纳税行为的规范,从而保障税款的征收,需要探究的是,征管实践中纳税行为的规范似乎并不能满足法律的预期,税款通过某些违法方式的实现在一定程度上也能消解税法责任的严苛。[3]

财政责任规范过于强调形式价值和税收责任规范过于强调工具价值使我国财税法律体系缺乏稳定的保障系统,同时财政责任规范和税收责任规范在形式、内容、目标上的差异也引起了财政法律体系和税收法律体系之间的失衡。在公共财政的背景下,财政法和税法两面一体,打通了征税和用税之间的关系,使公共财产的"收支管"

---

[1] See Roscoe Pound, *The Development of Legal Liability*, NACCA Law Journal, Vol. 10, No. 186, p. 186 – 187.

[2] 几乎所有如今流传的、关于法律的主要理论和实证观点都是在20世纪60年代和70年代期间发展而来,或植根于这一时期,并用工具主义术语来界定法律。法律的经济分析、批判法学研究及其成果、法律运动与社会运动、法律实用主义和法治的正式版本,这些学说都将其核心观点建立在"法律是实现目的的手段"这一基础之上。参见[美]布莱恩·Z. 塔玛纳哈:《法律工具主义对法治的危害》,陈虎、杨洁译,北京大学出版社2016年版,第165页。

[3] 例如,地方政府税收竞争所引发的税收议价。在税收政策由政府主导制定的模式下,权力中心通常会根据租金的最大化来制定并执行具体的税收政策,当政府是"掠夺性"的时候,政府相对于纳税人的"议价能力"和资本对政府的"贴现率",会成为政府确定税收制度的重要变量。对于那些纳税能力较强的企业,其议价能力也相应较强。基于政府官员的政绩考量,纳税人的税款实现和程序性规范相比更为重要,此时税法责任制度几无约束能力。参见靳文辉:《论地方政府间的税收不当竞争及其治理》,载《法律科学》2015年第1期。

同国家与公民的利益结合在一起，[1]因此，无论是财政法律体系还是税收法律体系，它们共同的目标并非一味遵循教义法学所主张的制定法的完备，也并非片面追求社科法学提倡的工具性价值。从法律最基本的原理出发，它们共同指向的是财税主体之间经由财税法调整的权力（利）义务关系。显然，在目前的法律认知和法律实践并不充分的前提下，财政法体系和税法体系所调整的财税法律关系并不一致。财政法体系中财税主体主要是国家的财政部门，与之同时，税法体系中财税主体由税务部门与纳税人共同组成。在第一性义务得到宪法保障的前提下，财税责任规范成为一般纳税人的管理工具，只是在税款实现时发挥作用。财政责任制度无法有效限制公权力与税收责任制度无法有效保障私权利导致财税法律体系二元结构间的分疏。

二、法治财税对统一归责原则的现实要求

从历史的角度看，财税法在古今中外的国家治理中一直扮演着重要角色。在夜警国家向社会国家过渡的同时，责任制度一直是财税制度变革的重要组成部分。为了保证法律的实效性，用强制力使违法行为得到惩戒是一种有力的措施，有效提升了财政收支的刚性。法律责任制度也因此备受推崇。[2] 而具体到法律责任的评价机制中，归责原则实际上发挥了承上启下的作用。[3] 由于确定财税责任的构成要件与应用领域的前提是明确责任的归责原则，科学的责任制度一定具备严密的归责逻辑和有效的归责原则。为发挥一体化财税制度的治理实效，整体归责原则的提炼不仅重要而且必要。

（一）统一归责原则促进财税规范生成

本质上看，财税法主要涉及国家财政权与私人财产权的平衡协调。[4] 无论是财政法规范还是税法规范，它们都与财政权力背后的公共财产权以及财税权利背后的纳税人权利相关联，也因此财税法规范的一体性愈加受到关注。换个角度看，财税法规范作为一个上位概念，它不仅是纵向层面财政法规范和税法规范的集合，作为一个

[1] 参见刘剑文：《学科突起与方法转型：中国财税法学变迁四十年》，载《清华法学》2018 年第 4 期。

[2] 参见[美]E. 博登海默：《法理学：法律哲学与法律方法》，中国政法大学出版社 2004 年版，第 360 ~ 362 页。

[3] 参见朱新力、余军：《国家赔偿归责原则的实证分析》，载《浙江大学学报（人文社会科学版）》2005 年第 2 期。

[4] 参见刘剑文等：《财税法总论》，北京大学出版社 2016 年版，第 262 页。

独立的法学领域,它还从横向上具备法理学范畴内的一切特征。申言之,由于一个法律秩序由规定制裁的规范及其所保证的规范共同组成。[1] 因此,财税法规范中制裁性规则体系是保障一般性法律规范得以实施的基础。

自2014年起,我国就已步入了财税立法"快车道",[2]2015年"税收法定原则"写入《立法法》以后,财税立法的进程进一步加快。可以想到,一个庞大的财税法律体系至少能在形式上满足"有法可依"的制度需求。但是法治的基本方式离不开"科学立法与严格执法",解决好财税法律供给的质量问题是当下财税立法绕不开的考验。而即便一般性财税规范评级优良也难以脱离责任规范的保障。厘清归责原则是责任规范生成的基础,不仅能解决目前财政法律体系和税收法律体系中责任规范的涣散问题,还能提升财税规范的整体性、科学性和合理性,为财税法的具体落实提供基础。

(二)统一归责原则助益财税治理实践

前面讲到,归责原则在责任制度的价值评价中能够发挥承上启下的作用。就"上"而言,法律责任的实质是统治阶级国家对违反法定义务、超越法定权利界限或滥用权力的违法行为所作的法律上的否定性评价和谴责,是国家强制违法者作出一定行为或禁止其作出一定的行为,从而补救受到侵害的合法权益,恢复被破坏的法律关系(社会关系)和法律秩序(社会秩序)的手段。这种抽象性的价值评述需要通过归责原则的具体化来转化至个案中进行过错认定并进行利益衡量;[3]就"下"而言,归责原则进一步为责任评价标准中的客观化提供了基本的操作框架。也即,在应对具体财税案例时,能够通过对财税主体的确定和对财税行为的分析判定责任承担的主体、方式和内容。

在治理实践中,财税法是典型的分配法,直接涉及相关权力(利)以及利益的分配。从实践的需要而言,分配正义必须是可以具体化的规则和制度体系。我国财税法调节收入分配的功能一直未得以有效发挥。[4] 分配秩序混乱的首要原因就是财税责任不明确。具体来看,至少包括四个方面:一是《预算法》的责任制度过于空泛,导致大量违法的预算外资金、制度外资金充斥于国家财政治理之中;二是税法体系的责任制度未能限制公权力,导致实践中滥用税收优惠、征过头税的现象严重,加重了

---

〔1〕 参见[奥]凯尔森:《法与国家的一般理论》,商务印书馆2013年版,第63页。

〔2〕 参见李萍、苏御:《税收立法工作进入提速快车道》,载《中国税务报》2014年3月12日,第A01版。

〔3〕 参见张文显:《法律责任论纲》,载《吉林大学社会科学学报》1991年第1期。

〔4〕 参见张守文等:《公平分配的财税法促进与保障》,北京大学出版社2017年版,第136~137页。

纳税人的“税痛感”;三是转移支付制度中的责任体系缺失,导致财政转移支付特别是专项转移支付中的资金违规使用;四是财税立法中行政性立法大量存在严重影响了财税法再分配中的刚性设定。乍看上去,前述四个方面是典型的制度局限。[1] 但仔细思考,如果每每出现分配危机和财政问题,就会有清楚的责任界定与划分,使相关的财税责任落实到具体的单位和具体的人员并可操作执行,那么前述四个方面的问题至少能得到相当程度的克制。建构统一明确的归责原则亦是为这些问题的解决提供治本之策。

(三)统一归责原则保证财税法治发展

如前文述,从法律最基本的原理出发,财税法指向的是财税主体之间经由财税法调整的权利义务关系。未来财税法治发展的道路中,解决收入分配不公的矛盾必须在发挥财税法分配与保障功能的基础上,注重协调各方利益,使各个财税主体的法定权利获得平等的保护,对拥有财税权力的主体进行规范和合理限制,从而理顺其间的权利义务关系。目前的状况是,财税法律体系过度凸显纳税人的纳税义务和违法责任,对权力机关虽有义务设定和责任限制,但明显不足以和纳税人的规范安排相比较。

在法治国家,国家对私人财产应当伸以扶持之手。[2] 这种扶持不仅仅是设法增多纳税人的权利条款,更是应当严格控制权力机关的随意扩张。责任制度中,如果继续保持重视对纳税人的归责,轻视对国家机关的归责,只会不断加剧纳税人面对国家公权力时的弱势局面。确立统一的归责原则是平衡国家与国民间权利义务关系的重要路径。在这种归责原则的牵引之下,财税主体能真正找到平等的地位,须知道,在法律面前的平等不仅是权利或权力设置的平等,同时也是义务设定和责任承担方面的平等。

三、归责原则的四维构建与逻辑基础

那么统一的归责原则又应当包含哪些内容,这是接下来需要论述的命题。应当

[1] 参见张守文等:《公平分配的财税法促进与保障》,北京大学出版社 2017 年版,第 143 页。

[2] 参见刘剑文:《扶持之手抑或掠夺之手——论私人财产课税法治化》,载《政法论坛》2011 年第 4 期。

阐明，笔者对财税责任的尝试性论述并不同于某些观点对传统法律责任的“超越”，[1]而是建立在对传统法律责任理解的基础上，从法理学角度对责任理论在财税法研究中的一些审思。由于法律责任本质上是为了维护法律秩序，对于财税法而言，财税责任制度是为了维护公共财产合理有效运转的法律秩序。而公共财产的合理有效运转以各个财税主体合法履行财税义务，合理行使财税权力（利）为前提。也即，财税主体承担法律责任的本质原因是侵害了公共财产权，破坏了公共财产合理有效运转的法律秩序，依照前述分析，责任承担的原因就能被区分为财税主体违反财税义务、超越法定财税权利界限或滥用财税权力。

从责任判断的全过程来看，首先需明确违法行为与损害结果之间的因果关系，也因此具体的财税主体才具备可归责性。确定好应当承担财税责任的主体以后，就需要依照法律规定进行责任的设定，这其中责任的方式、范围、程度、期限都需要依照法律规定进行适用，一方面提升归责的效率（法定内容的直接适用），另一方面保障归责的公平（法定内容是国民意志的体现）。此外，为了排斥权力和财富在归责过程中的干预，还需保证责任分配中主体平等和内容平等。归责原则也由此展开。

（一）因果联系原则——财税行为与损害后果的关联性

不可否认，过错财税责任依旧是归责原则的起点，但在财税法领域，责任并不能简单地理解为“谁过错谁承担责任”，否则实务中会出现大量的责任推诿和“临时工”现象，甚至还会引起官员不作为。这对于重视经济建设的国家而言，并非可行的激励机制。倒不如换种思路，将行为与结果间的联系作为出发点，也即承担财税责任的前提是财税主体的行为与损害结果之间存在因果联系，明确公共财产运转的法律秩序受到侵害的结果是否由该财税行为引起。当然，这里还需考虑前述主观的法律秩序在其中的影响，即行为主体的内心真意与行为之间的因果联系。

由于财税事项关乎国家治理甚至政权稳定，因此客观法律秩序的维护比主观法律秩序的维护更为重要，对于财税责任归责时，应当更加注重财税行为与损害结果之

---

〔1〕 有学者指出我国行政法学界的诸多研究成果呈现出一个共同问题：“忽视对相关学术传统的继受，许多学者往往从各自的立场出发，‘创造、发明’形式各异的归责理论或标准，有的甚至有违基本的学术研究规范”。参见朱新力、余军：《国家赔偿归责原则的实证分析》，载《浙江大学学报（人文社会科学版）》2005 年第 2 期。具体到责任的研究中，有学者将经济法责任的独立性和异质性视为对传统法律责任的超越。参见王辉：《论法律责任的困境与经济法责任的超越》，载《甘肃政法学院学报》2011 年第 3 期。还有学者运用“定性定量”的思路创设了具有经济法特色的“新型归责原则”。参见陈婉玲：《经济法责任的归责原则》，载《政法论坛》2010 年第 6 期。

间的因果联系，但也不能忽视主观法律秩序的规范意义。例如，某税务部门的财务人员受部门领导指示进行违法操作，该财务人员内心并不想从事违法行为，但因连续工作过度疲劳造成操作失误依旧导致了税款流失，此时，看上去该财务人员的违法行为并不是其思想支配的结果，但针对税款流失这一后果，该财务人员依旧需要承担责任，这主要是由于该财务人员的操作行为与税款流失这一后果之间存在直接的因果联系。如果该案中，财务人员因听从领导指示进行了违法操作导致税款流失，则该领导的指示行为与税款流失之间便也存在因果联系。

除了具体的财税行为与损害后果间的因果联系，抽象的财税行为也应当被纳入因果联系的范围。即因某一财税规范的出台导致公共财产权受到侵害。典型的情况当如某一个或某几个享有宏观调控权的机关运用抽象的财税规范对财政秩序造成的消极影响。[1] 不仅破坏了对国民的信赖保护，还对宏观经济造成了巨大损失。显然，这种抽象的财政行为与市场损害后果之间存在直接的因果关系，如何确定宏观调控主体的责任也成为近年来被广泛讨论的话题之一。[2] 由于财税主体的任何宏观调控行为都能对社会财富进行再分配，通过因果联系原则来确定相关职能部门的责任，不仅是信赖保护原则的需要，同时也能廓清其中的个案中的财税权利义务关系，明晰应当承担财税责任的财税主体，达至“责不旁贷，有责难逃”的归责局面。

（二）责任法定原则——财税法定与规范制定的可靠性

以法治国家而论，法的安定性要求防止国家对国民自由财产的干涉，并赋予国民的经济生活以预测的可能性。[3] 法律责任作为一种否定性法律后果应当由法律规范预先设定。在确定好应当担责的财税主体以后，应当按照事先规定的责任方式、范围、程度、期限来追究相关主体的责任。这也进一步表明责任法定在归责原则中的法理映射。本质上看，财税法责任制度中的责任法定原则应当是税收法定原则和财政法定原则的共有部分，唯有依照具体的责任规范对相关财税主体定责，才能保证公共

---

〔1〕 2007年，为打压当时过热的股市行情，财政部于5月29日深夜作出决定，从5月30日起，调整证券（股票）交易印花税税率，由千分之一调整为千分之三。受此影响，股市大幅跳水，上证指数暴跌930余点，跌幅超过20%，不少个股出现连续跌停。被称为“半夜鸡叫”事件。

〔2〕 具体可参见徐澜波：《宏观调控的可诉性之辩》，载《法学》2012年第5期；胡光志：《论宏观调控行为的可诉性》，载《现代法学》2008年第2期；颜运秋、李大伟：《宏观调控行为可诉性分析》，载《中国社会科学院研究生院学报》2005年第1期；吴越：《宏观调控：宜政策化抑或制度化》，载《中国法学》2008年第1期。

〔3〕 参见陈清秀：《税法总论》，台北，元照出版有限公司2010年版，第40页。

财产的运行符合民意。[1]

责任法定原则进一步要求在对相关财税主体归责时应当有法可依,并且有良法可依。解决责任立法的供给和质量问题使归责成为可能,否则,即便通过因果关系确定了责任主体,也会终因无法可依使责任主体难以承担责任,使这些主体成为"脱缰的野马"。因此,科学制定责任规范也是未来财税法治发展的关键,唯有责任法定,才能确保税收法定和财政法定落到实处。

(三)责任确定原则——义务分配与责任承担的有效性

目前,我国财税责任追究机制还存在很大问题,其中就包括国家机关责任规范过于抽象。例如,我国《预算法》中规定了"责令改正""给予处分""追究行政责任",但究竟由谁"责令改正",如何"改正";由谁"给予处分",如何"处分";由谁"追究行政责任",如何"追究"等问题,都有详细规定。这便导致依照法律进行的归责也很难实现。现实运行中,也着实难觅对国家机关追责的实例。[2]

由此,责任确定原则便成为财税责任归责原则中的重要构成。也即,对财税责任的追责主体、担责方式、责任范围、惩罚程度、履责期限应当有明确规定。我国《税收征收管理法》在纳税人责任规范方面的规定证明责任确定原则已经受到财税立法者们的重视,让责任确定原则完整化不仅是归责原则的内生需要,同样也反映着国民意志对公权力行使的关注。[3] 另外,责任确定不仅是立法技术层面的要求,还会传导至财税司法层面,在财税诉讼中,法官裁判应当以财税法为裁判依据,责任确定的财税规范同时也是司法运行的重要保障,从而可在根本上提升财税法的法治力度和法治价值。

(四)责任平等原则——财税主体与归责结果的公平性

最后是归责中的责任平等原则。这种平等包括横向平等和纵向平等。横向的平等是指同样的违法行为应当承担相同的责任,例如,一个大企业和一个小企业均采用关联交易各自逃避了100万元的税款,那么此二者就应当承担相同的补缴税款甚或接受处罚的财税责任,以此类推,国家机关在政府采购的行为中如果涉及平等交易中

---

〔1〕 参见刘剑文:《落实税收法定原则的现实路径》,载《政法论坛》2015年第3期。

〔2〕 参见刘剑文主编:《财政法学》,北京大学出版社2009年版,第323页。

〔3〕 Jorgensen Stig 认为法律责任的目的是对人的行为起到引导作用,以确保社会公认的权利的实现。法律责任的相关规则兼具预防性和修正性。See Stig Jorgensen, Liability and Fault, Tulane Law Review, Vol. 49, issue 2, p. 329.

的增值税缴纳等事项,应该和一般纳税人无异,均具备纳税义务,[1]如果存在不缴纳税款的情况,应当按照一般纳税人的主体身份承担财税责任。纵向平等是指不同程度或不同性质的违法行为应当承担与之相适应的财税责任。例如,上级政府挪用了专项扶贫资金2000万元进行政府楼堂馆所修建,下级政府挪用了基础建设资金100万元进行开发投资,两者在性质上虽然同属违反了《预算法》的相关规定,但由于程度不同,二者承担的财税责任也应当有轻重之分。

责任平等原则是公平原则在财税法中的贯彻,同时它也为财税责任的归责方式提供了根本思路,排除了特权(无义务的权利,特别是国家机关的权力)、级别等因素在责任制度中的影响力,主张各个财税主体在责任制度中的一视同仁。应当指出,在执法和司法的过程中,必须坚持对责任平等原则的贯彻,不可纵容权贵者在公共财产运行秩序中的肆意妄为,也不可因公权力膨胀而畏惧对国家财税部门责任人的归责。党的十八大以来,中央对财税责任问题倍加重视,出台了诸多责任规范来规范党政机关的财税行为,[2]这是财税责任制度得到优化的积极信号,为财税责任的归责提供了政治保证。

四、财税实践中归责原则的法治价值

马克斯·韦伯曾坦言:"如果一种制度可以从外部得到这样一种可能性的保证,即人们都特别愿意为遵守法规或惩处违法行为的目的而运用强制力(物理的或心理的强制力),那么这种制度就可被称为法律。"[3]财税责任归责原则的建构本身是强制力在财税法领域加以运用的方法归纳。应当指出,目前我国财税责任法律体系呈现出的涣散问题,归根结底是长期以来财税宏观调控思想泛滥所引发的后果之一。不可否认,宏观调控在我国市场经济建设之中的确发挥了灵活解决市场问题的作用,但随着宏观调控的强化,为了保证政府治理中的效率,行政权力的范围与尺度并未被

[1] 国家参与交易时被人格化为私法的主体。参见[奥]凯尔森:《法与国家的一般理论》,商务印书馆2013年版,第298页。

[2] 参见刘剑文、胡翔:《法治视域下财政党规的三维审思——制度定位、功能拓补、理念建构》,载《法学杂志》2019年第2期。

[3] Max Weber on law in Ecnomy and Society, transl. E. shils and M. Rheinstein (Cambridge, Mass. ,1966), p. 5. 转引自[美]E. 博登海默:《法律学:法律哲学与法律方法》,中国政法大学出版社2004年版,第362页。

严格限制，[1]地方债的失控就是其中一个表现形式。[2] 形塑有效的财税责任制度是规范政府财税权力，保障国民财税权利的不二法门，其间，归责原则的建构是财税责任制度规范生成和治理实践的核心，在财税法治的未来发展中至关重要。

具体到归责原则的构建。因果关系原则是财税责任归责的前提，只有厘清因果关系，才能明确财税行为与损害结果之间的逻辑关系，进而确定应当承担责任的财税主体。责任法定原则和责任确定原则共同为财税责任的归责提供了规范依据和可操作性，遵循责任法定和责任确定的原则，不仅能解决责任规范的抽象性问题，还能使责任承担者受到真实有效的制裁，进而确保权力和权利都在制度的笼子里得到规范。责任平等原则旨在消解财税责任承担中的特权，确保“法律面前，人人平等”，从而提升制度的正当性和有效性。这四项原则并非天马行空的创设，而是法律指向的权利义务关系在财税法领域中的延伸，目的是维护公共财产合理运行的财税法律秩序。

环视财税法治工作的各个环节，就立法而言，归责原则的明确在排除随意性立法的同时，会增强各个责任规范间的联系性，这不仅是立法技术进步的要求，也是消减规范重叠和冲突的方式，在财税规范的创设阶段呼应着清理冗杂行政性规范的政策方针；就执法而言，以因果联系为基础，通过责任法定和责任确定的方式合理设置财税主体的责任，执法中的裁量自由也能得到一定程度的规范，为了凸显纳税人的权利保护，公平原则也凸显出了必要性；就司法而言，由于我国目前财税司法还是行政司法的组成部分，财税司法的技术性问题也没有得到良好解决，财税司法侧重于对逃税行为的追责，财政归责则体现出浓厚的政治色彩，财税责任归责原则的提炼将国家机关责任和相对人责任置于同样的法治平台，强化法律对权力的控制。

当然，由于领域的开放性，我国财税责任表现出政治责任、行政责任、刑事责任甚至是民法责任在类别上的错杂和嫁接。性质和功能上的多元性决定了我国财税法律责任制度法治化进程中的复杂性。但毋庸置疑的是，财税法中即便责任形式可能有其他法域的特色，但只要它调整的是财税行为，规范的是财税秩序，就应当被视作财税责任。对财税责任的归责不仅是个理论命题，同样是实践中具备难点和痛点的命

---

〔1〕 参见刘同君、李晶晶：《法治政府视野下的权力清单制度分析》，载《法学杂志》2015 年第 10 期。

〔2〕 由于事权与财权的非对称性造成地方财政失衡，在巨大的财政负担下，地方政府通过融资平台贷款、信托贷款、城投贷款等各类方式举债的做法已不鲜见。加之依靠投资刺激发展的经济增长模式和以 GDP 为核心的地方官员政绩考核体系的双重压力，大量地方政府债务应运而生。这就对违规举借地方债的财税行为缺乏责任规范进行制约或规范未被有效执行。参见宋琳：《财政风险金融化视阈下的地方债置换法律规制问题研究》，载《西南大学学报（社会科学版）》2018 年第 1 期。

题。目前构建财税责任归责原则体系尚且还局限于理论思考的层面，实务中该如何让责任真正归属到具体的财税主体，还须从财税责任立法开始。

五、结语

我国当前的财税体制中，责任制度更多规范纳税人。由于责任规范的涣散，财税归责呈现出对不同财税主体的差异化对待，国家机关在归责中的实质缺席虽然提升了市场经济建设的效率，但经济和社会发展的质量难以得到保障。财税法是维护公共财产有效运行的法治体系，在秩序的维护面前，所有的主体都应自觉遵循既定的规则。从法理视角进行考察，财税主体、财税行为和财税责任之间的有机联系让财税法治凸显出财税法自身的统一归责特点。前述四点归责原则的论述也进一步证成责任的有效归属是法治财税的优选路径。当然，也应清楚看到理论建构和实践探索间的鸿沟，但秉持明确的原则对财税责任进行判定是大势所趋，更是法治必然。

近现代社会税赋公平:正义思想对现代税收制度的影响*

沈敏荣** 姚继东***

摘要:近现代社会构建了以财富为中心,以市民社会和市场经济为基础的制度结构,财富承载了人的比较优势和社会需求信息,是社会成员的发展与整体社会的繁荣联结的纽带。税收作为财富的二次分配在现代社会的资源分配和社会治理中占据着非常重要、基础的作用,也体现现代社会公正的基本方面。近现代社会正义思想对税收的利益原则、能力原则和牺牲原则构成根本性的影响。而在中国税收法治化的过程中,在税收原则无法明确的条件下,回归正义原则的考量不失为解决问题的方法。

关键词:税赋公平 税收利益 社会契约

一、引言:税赋公平的基础

税赋是社会财富的二次分配,而财富在现代社会制度设计中处于中心地位,税赋公平是现代国家建立现代制度必须要建立的一个现代社会的治理原则。我国在税收法定和税制改革中,讨论的焦点也在于税收的公平性。但是,在我国转轨社会的条件下,却存在诸多悖论。一方面,国家治理深受共和国理论的影响,在共和国理论中公民与国家一体,国家

---

* 本文原载于《理论与改革》2018 年第 4 期。

** 首都经济贸易大学法学院教授,法学博士。

*** 北京城市学院讲师,管理学博士。

治理被视为“善的艺术”,共和国负责公民的成长,国家在公民的财富分配中占据着主导地位,因此,国家主导财富的分配。在我国行政主导的治理模式中,庞大的行政支出需要财政资金的支持,税赋过重成为一个重要的问题,尤其是企业税赋,如学者和企业家都曾指出,企业税赋过高成为企业发展的障碍,也就是说,在民间抱怨高税负的同时,会出现企业的偷税漏税。另一方面,市场经济的基础是市民社会与政治社会的分离,国家被视为“必要的恶”,所谓“恶”是国家的政治领域与个人的发展背道而驰。[1]

在不同的治理思路下,税赋公平会有不同的标准,而在现代中国转轨社会条件下,既有共和国的思维,也有市场机制的体制;既有法治的思维,也有德治的传统,在没有形成统一、成熟社会治理思路的条件下,税赋公平就呈现出相互矛盾的景象。因此,对税赋公平及其基础进行梳理,对于理解在我国现实下的税赋公平具有非常重要的意义。

二、社会契约及作为基本权利的财产权:二元治理的国家及其功能

市民社会和政治国家的分离过程始自近代城市自治和市场经济的发展。市民社会与政治国家的分离最为基本的原因是民族国家的出现。原来市民社会与政治国家的结合是在城邦国家的条件下。在城邦国家中,尤其是在共和制度下,市民与公民是在一个意义上使用的词汇。[2] 在一个城邦条件下,由于地域较小,这种结合是可能的。但是,在民族国家的条件下,由于民族国家的疆域总是较大,市民与公民的结合就会出现政治权利的滥用。正如在后来美国独立后制定宪法时期,有“宪法之父”之称的麦迪逊(Madison)就指出,在一个大的疆域内直接实行民主是不可能的。[3] 正是因为在一个民族国家中实行直接民主是不可能的,所以才产生后来的代议制民主(间接民主)。在这种政治制度下,市民社会与政治社会的分离已势在必行。这种运动从民族国家产生就出现了,如1215年英国的《大宪章》。在许多类似的文件中,包括由国王和封建领主发给市镇和城市的特许状,都规定了各种民事、政治、经济和社

---

〔1〕 霍布斯的“恶”不是在道德意义上的应用,而是在基督教语境下使用,恶是指不符合人的发展,与人的发展背道而驰,如《圣经》开篇中亚当、夏娃吃善恶果,成为人世间“恶”的源泉。

〔2〕 参见沈敏荣:《市民社会与法律精神——人的品格与制度变迁》,法律出版社2008年版,第285页。

〔3〕 参见[美]汉密尔顿、杰伊、麦迪逊:《联邦党人文集》,程逢如等译,商务印书馆1995年版,第265页。

会的权利。[1] 市民与公民的分离,也可以说是社会与国家分离的思想成熟于17世纪中叶英国的"光荣革命"时期。

英国思想家约翰·洛克[2]已经意识到政府和社会的区别。[3] 洛克在霍布斯的基础上进一步提出了如何在国家主权超越一切的条件下,保障个人的自然权利,那就是将主权设置于议会之中,反对君权神授的思想,提出了议会主权的思想。这体现在其《政府论——论政府的真正起源,范围和目的》中,其基本思路如下。

第一,人是有"自然自由的""人天生自由",[4]"人类天生都是自由、平等和独立的,如不得本人的同意,不能把任何人置于这种状态之外,使受制于另一个人的政治权力。"[5]"人的自然自由,就是不受人间任何上级权利的约束,不处在人们的意志或立法权之下,只以自然法作为他的准绳。处在社会中的人的自由,就是除经人们同意在国家内所建立的立法权以外,不受其他任何立法权的支配;除了立法机关根据对它的委托所制定的法律之外,不受任何意志的统辖或任何法律的约束。"[6]"任何人放弃其自然自由并受制于公民社会的种种限制的唯一方法,是同其他人协议联合组成为一个共同体,以谋求他们彼此的舒适、安全和和平的生活,以便安稳地享受他们的财产并且有更大的保障来防止共同体以外任何人的侵犯。"[7]"法律的目的不是废除或限制自由,而是保护和扩大自由。"[8]对于人的属性和人的发展是国家繁荣的基础这一点,其实亚里士多德和近代启蒙思想家的思想是相同的。亚里士多德将人的发展称为"善","一切社会团体的建立,其目的总是为了完成某些善业。"[9]但是,在实

---

〔1〕 参见[美]哈罗德·J.伯尔曼,《法律与革命——西方法律传统的形成》,中国大百科全书出版社1996年版,第357页。

〔2〕 约翰·洛克(John Locke,1632~1704年)的经历有点类似于霍布斯。洛克生于1632年,正好经历了1640年以后国王以议会的争斗和1688年的光荣革命。洛克出身于一个商人家庭,其父亲是小土地所有者,做过律师,是一个清教徒。在英国革命期中,他的父亲站在议会一边,参加过克伦威尔的军队。1632年洛克进入牛津大学。1666年结识了艾希利勋爵,亦即后来的沙夫茨伯里伯爵。从1667年开始做艾希利的秘书。而沙夫茨伯里后来成为辉格党的领袖。

〔3〕 [英]约翰·洛克:《政府论》,叶启芳等译,商务印书馆1996年版,第80页。

〔4〕 [英]约翰·洛克:《政府论》,叶启芳等译,商务印书馆1996年版,第70页。

〔5〕 [英]约翰·洛克:《政府论》,叶启芳等译,商务印书馆1996年版,第59页。

〔6〕 [英]约翰·洛克:《政府论》,叶启芳等译,商务印书馆1996年版,第16页。

〔7〕 [英]约翰·洛克:《政府论》,叶启芳等译,商务印书馆1996年版,第59页。

〔8〕 [英]约翰·洛克:《政府论》,叶启芳等译,商务印书馆1996年版,第36页。

〔9〕 [英]约翰·洛克:《政府论》,叶启芳等译,商务印书馆1996年版,第3页。

现路径上,共和国的思路和近代社会就产生了分歧。

第二,洛克指出,政治社会的首要目的是保护财产。这意味着政治社会需要保护市民社会。洛克是这样论证的:“人们既然生来就享有完全自由的权利,并和世界上其他任何人或许多人相等,不受控制地享受自然法的一切权利和利益,他就自然享受一种权力,不但可以保有他的所有物——他的生命、自由和财产——不受其他人的损害和侵犯,而且可以就他认为其他人罪有应得的违法行为加以裁判和处罚,甚至在他认为罪行严重而有此需要时,处以死刑。”“但是,政治社会本身如果不具有保护所有物的权力,从而可以处罚这个社会中一切人的犯罪行为,就不成其为政治社会,也不能继续存在;真正的和唯一的政治社会是,在这个社会中,每一成员都放弃了这一自然权力,把所有不排斥他可以向社会成员所建立的法律请示保护的事项都交由社会处理。”[1]财产权真正成为近现代社会制度的核心还是归功于亚当·斯密在《国富论》中的贡献。商品承载着人的劳动,而这种分工与劳动是人的绝对比较优势的载体,而人的绝对比较优势是人的后天能力的表现形式,而人的后天能力的培养是人与人产生差别的基础,是人的力量和能力的真正源泉。[2] 像亚里士多德的共和国一样,亚当·斯密的社会分工与商品交易,通过人的绝对比较优势将个人的发展与社会的繁荣联系在一起,而政治社会则丧失了这样的功能而无法作为近现代社会制度的基础。这种私有财产权和“天赋人权”的思想一起演化为人的基本权利。[3]

进而洛克提出了公民社会的任务,“公民社会的目的原是为了避免并补救自然状态的种种不合适的地方,而这些不合适的地方是由于人人是自己案件的裁判者而必然产生的,于是设置一个明确的权威,当这社会的每一成员受到任何损害或发生任何争执的时候,可以向它申诉,而这个社会的每一成员也必须对它服从。当人们没有这样的权威可以向其申诉并决定他们之间的争论时,这些人仍在自然状态中。”[4]“政治社会与政府的唯一目的只是为了人民的和平、安全和公众福利。”[5]

因此,专制权力是不符合自然法的。“对于一个专制君主的臣民或不如说是奴隶来说,只有这个可悲的区别:在通常的自然状态中,他享有判断自己的权利并尽力加

---

〔1〕 [英]约翰·洛克:《政府论》,叶启芳等译,商务印书馆1996年版,第53页。

〔2〕 参见[英]亚当·斯密:《国民财富的性质和原因的研究》,郭大力、王亚南译,商务印书馆1972年版,第16页。

〔3〕 Universal Declaration of Human Rights,1948,Preamble.

〔4〕 [英]约翰·洛克:《政府论》,叶启芳等译,商务印书馆1996年版,第55页。

〔5〕 [英]约翰·洛克:《政府论》,叶启芳等译,商务印书馆1996年版,第80页。

以维护的自由；而现在呢，当他的财产受到他的君主的意志和命令的侵犯时，他非但不像处在社会中的人们所应享有申诉的权力，而且，好像他已从理性动物的共同状态中贬降下去的，被剥夺了裁判或保卫他的权利的自由；从而有遭受各种灾难和不幸的危险，而这种灾难和不幸是很可能由一个既处在不受约束的自然状态而又因受人陷谀逢迎以致品德堕落并掌握着权力的人造成的。”〔1〕

第三，正是由于政治社会的目的和专制制度不符合自然法，由此推导出大多数人的同意是政治社会合法性的基础。“当某些人基于每人的同意组成一个共同体时，他们就因此把这个共同体形成一个整体，具有作为一个整体而行动的权力，而这是只有经大多数人的同意和决定才能办到的。要知道，任何共同体既然只能根据它的各个个人的同意而行动，而它作为一个整体又必须行动一致，这就有必要使整体的行动以较大的力量的意向为转移，这个较大的力量就是大多数人的同意。如果不是这样，它就不可能作为一个整体、一个共同体而有所行动或继续存在，而根据组成它的各个个人的同意，它正是应该成为这样的整体；所以人人都应根据这一同意而受大多数人的约束。”〔2〕“一切人自然都是自由的，除他自己同意外，无论什么事情都不能使他受制于任何世俗的权力。”〔3〕从而，洛克论证了议会权力的合理性和合法性。“因此，我们看到有些由明文法授权的议会，在明文法上未规定其进行行为的法定人数，在这种场合，根据自然和理性的法则，大多数具有全体的权力，因而大多数人的行为被认为是全体的行为，也当然具有决定权了。”〔4〕这就是民主的含义。至于民主的完善，对少数人权利的保护则要等到19世纪的约翰·密尔的《论自由》。〔5〕

第四，社会成员的权利让渡给国家，国家就成了“人为的人”“人造的上帝”，成了能够不受约束的“利维坦”，因此，基于政府的目的和限制政治权力，权力的分立成为必要。洛克提出了权力分立的思想：“立法权和执行权往往是分立的”。〔6〕而至于构成西方社会制度的权力分立与制衡思想之一的制衡思想则要等到孟德斯鸠的《论法的精神》。

---

〔1〕［英］约翰·洛克：《政府论》，叶启芳等译，商务印书馆1996年版，第56页。

〔2〕［英］约翰·洛克：《政府论》，叶启芳等译，商务印书馆1996年版，第60页。

〔3〕［英］约翰·洛克：《政府论》，叶启芳等译，商务印书馆1996年版，第74页。

〔4〕［英］约翰·洛克：《政府论》，叶启芳等译，商务印书馆1996年版，第60页。

〔5〕［英］约翰·密尔：《论自由》，程崇华译，商务印书馆1996年版，第1页。

〔6〕［英］约翰·洛克：《政府论》，叶启芳等译，商务印书馆1996年版，第90页。

洛克提出,“在一切场合,只要政府存在,立法权是最高的权力。”[1]“在一个建立在自己的基础之上并按照自己的性质,即为了保护社会而行动的有组织的国家中,虽然只能有一个最高权力、即立法权,其余一切权力都是而且必须处于从属地位,但是立法既然只是为了某种目的而行使的一种受委托的权力,当人民发现立法行为与他的委托相抵触时,人民仍然享有最高权力来罢免或更换立法机关;这是因为,受委托来达到一种目的的权力既然为那个目的所限制,当这一目的显然被忽略或遭受打击时,委托必然被取消,权力又回到当初授权的人们手中,他们可以重新把它授予他们认为最有利于他们的安全和保障的人。因此,社会始终保留着一种最高权力,以保卫自己不受任何团体,即使是他们的立法者的攻击和谋算。”[2]这里议会主义的思想中其实含有了人民主权的思想。一切的权力源于人民。这一思想到后来发展出完整的人民主权的思想,而后在法国大革命中得到实施。这一思想打破原有的代议制方式,通过人民的直接选举和委员会的治理方式,来重新恢复城邦国家的治理理念,这一方式可以保证公民与市民的一致,但这样一种方式在民族国家的条件下,并没有取得成功,对于法国大革命的反思,成了对民主思考的一个非常重要的方面。民主如果不防止一些消极方面,它也会形成非常严重的消极的影响。[3]

三、税收利益说中的正义观:社会契约论中的公平税赋

洛克的理论成功地将私有财产的观念引入到社会契约之中。到了洛克那里,“土地和一切低等动物为一切人所共有,但是每人对他自己的人身享有一种所有权,除他以外任何人都没有这种权利。他的身体所从事的劳动和他的双手所进行的工作,我们可以说,是正当地属于他的……从而排斥了其他人的共同权利。因为,既然劳动是劳动者的无可争议的所有物,那么对于这一有所增益的东西,除他以外就没有人能够享有权利,至少在还留有足够的同样好的东西给其他人所共有的情况下,事情就是如此。”[4]在这里没有奴役和中世纪领主的人身依附,只有在他同意的情况下才能够对其财产收税。社会契约构成现代社会税收制度的基础,由此发展出税收利益说。

霍布斯率先提出“税收利益说”。但是,霍布斯的社会契约推导出的是国家的绝对权力,他的税收利益是单向的,而非个人与国家双向的对等关系。因为霍布斯的社

---

〔1〕［英］约翰·洛克:《政府论》,叶启芳等译,商务印书馆 1996 年版,第 92 页。

〔2〕［英］约翰·洛克:《政府论》,叶启芳等译,商务印书馆 1996 年版,第 92 页。

〔3〕See Hannah Arendt, On Revolution, Penguin Books, New York, 1990, p. 132.

〔4〕［英］约翰·洛克:《政府论》,叶启芳等译,商务印书馆 1996 年版,第 89 页。

会契约并不能推导出社会成员与国家的关系，而是从属、依附的臣民与宗主的关系。[1] 因此，他提出的衡量个人受益程度的两个标准也具有单向性：一个是个人拥有的财产数额，另一个是个人消费的数额。在霍布斯看来，所谓税收平等，就是按照上述两个标准或其中之一，按比例公平地向政府纳税，而国家是否依此原则受到约束在所不问。这种公平只是社会成员间的平等，而无法约束国家。

洛克继承和发展了霍布斯的税收利益说，明确提出，税收是人民享受国家利益而缴纳的报偿。他强调，应当将全体人民受益与单个国民受益区别开来，税收利益原则应当建立在单个国民享受国家利益的报偿关系基础上。因此，他主张对个人拥有的财产征收财产税，以体现社会公平。只有在这个时候，税收中的公正与否才具有可能和具有意义。税收公正的预设前提是社会公众的生存。[2]

这种思想到了西方市场经济奠基人亚当·斯密那里，也得到强烈的呼应。亚当·斯密是税收利益说的集大成者。在他著名的"赋税四原则"中，第一项就是基于税收利益说的平等原则，即一国公民都必须"按照各自能力的比例，即按照各自在国家保护下享得收入的比例，缴纳赋税，维持政府。"[3] 亚当·斯密在这条原则中提到的"按照各自能力的比例"，指的是享受税收利益的多寡，而非"税收能力说"意义上的税收公平，这是同他的自由主义经济思想相吻合的。因为在亚当·斯密看来，纳税的公平问题"正如一个大地产的公共租地者，必须按照各自在该地产上享受利益的比例，提供它的管理费一样"。他强调："所谓税收的平等或不平等，就看对这种原则是尊重，还是忽视。"[4]

至此，现代社会的税收公平的基本原则得以确立，即以私有财产与社会契约为基础，以税收利益作为衡量的标准，国家提供保护，个人依此保护的利益而回报国家以税收。这也被称为税收的"利益说"，构成现代国家税收的基础。这一原则的前提是税收只能针对民众生存的盈余，而非危及其生存。而这种约束并不能由国家单独完成，只有在民众的参与下才能自觉完成，美国独立革命提出的口号"No Taxation Without Representation"正是基于这一思想。

---

[1] 参见[英]霍布斯：《利维坦》，黎思复等译，商务印书馆 1995 年版，第 213 页。

[2] 参见[英]约翰·洛克：《政府论》，叶启芳等译，商务印书馆 1996 年版，第 89 页。

[3] [英]亚当·斯密：《国民财富的性质和原因的研究》，郭大力、王亚南译，商务印书馆 1972 年版，第 384 页。

[4] [英]亚当·斯密：《国民财富的性质和原因的研究》，郭大力、王亚南译，商务印书馆 1972 年版，第 384 页。

正是社会契约论的影响,使在西方传统中17世纪是个分界点:在此之前,人们对于巨大财富差别认为是可以接受的,是自然秩序的一部分或是神定秩序的一部分,这一点与亚里士多德、奥古斯丁、阿奎那的思想相一致。而在此之后,在思想体系中的认识转而变成自由、平等的个人生活于自然状态之中。这与格罗秀斯、霍布斯、洛克的思想相一致。[1] 自然状态这一概念反映的是对中世纪,甚至更早的自然等级秩序概念的舍弃。"aequalitas"(equality 的拉丁文)一词从1700年到1789年增加17倍,从1789年到1830年增加334倍,在法国大革命前夕成为普通用语。人们的观念从原来的"为什么他们抱怨税收,这些都是我的",变成了个人主义的"国家具有什么样的权力来剥夺任何我辛辛苦苦攒来的财富?"[2] 因此,在社会契约中,对社会成员的收入进行征税,都是对私人财产的一种剥夺,需要予以特定的对价补偿,否则不可能定义什么是公正的税收。

税收利益说构成现代社会税收的基础,也成为约束国家税收征收的基本原则。正是在这一原则指导下,探讨税收的公正性,其中突出的代表是以地价税的单一税制(Land Value Tax)来代替所得税,是由亨利·乔治在《进步和贫困》(*Progress and Poverty*)(1879年)中提出来。[3] 其他的人,如重农主义者(Physiocrates)、亚当·斯密、大卫·李嘉图[4] 和约翰·密尔都讨论过地价税,但是,亨利·乔治及其后续研究者详尽研究了其中的各个细节,将问题以最简单的方式表达出来,得出的结论是地价税能够代替其他税收,只依各人所申报的土地市场价值来进行征收。因此,这一机制类似于现有的不动产税,不同的是这种税收只是适用于土地,其上的建筑和其他改良均被排除在外。

这里的问题是地价税能否代替所得税,产生足够的政府所需费用。这需要从伦理、理论和实证三个方面来回答。

在伦理上,国家可以对社区活动所产生的产品享有权利,针对商品活动征税,但是对于个体通过他们自己的劳动和资本所产生的产品不能主张任何权利。[5] 国家

---

〔1〕 William S. Peirce, *Can Taxes be Fair? Should They Be?*, Modern Age, Fall, 2015, p. 26.

〔2〕 William S. Peirce, *Can Taxes be Fair? Should They Be?*, Modern Age, Fall, 2015, p. 26.

〔3〕 参见[英]亨利·乔治:《进步与贫困》,吴良健、王翼龙译,商务印书馆1995年版,第182页。

〔4〕 大卫·李嘉图(David Ricardo,1772~1823年),李嘉图是英国产业革命高潮时期的经济学家,他继承和发展了斯密经济理论中的精华,使古典政治经济学达到了最高峰。

〔5〕 考虑到西方基督教的背景,基督徒个人收入的10%需要交给教会,这里的条件是自愿,而非强迫。后来所得税实施的功能是调整国家财富分配不均,而非剥夺个人财产权。

应该通过削减开支来平衡其财政,正如私人所做的一样。自亚当·斯密以来,民族国家被认为在整体上无法获得社会真实、有效的信息,社会成员的真实信息只能通过市场竞争和商品价格显现出来,因此,社会制度的构建和中心是市民社会和市场经济,而非政治社会。政治社会的功能和使命是保障市民社会的完整和市场经济的有效运行。[1]

在理论上,所有的税收源于租金(All Taxes Come Out of Rent,ATCOR),税收只能由盈余来支付,即租金。因此,最有效的方法是直接向租金征税,而非向劳动或资金,或交易征税。土地的市场价值反映土地权利所获得的收入,这种租金收入被经济学家称为经济租金。建议的地价税被设计成提取经济租金的主要部分(如90%),以土地市场价格的百分比形式被征收。如果我们从假设的自然土地的无主状态来分析,能够更容易判断地价税的合理性。约翰·洛克使用通过他自己劳动而得到所有权来分析无主公地转变为他能够使用的专用土地。但是,洛克的结论是有前提条件的,即私人具有权利来排除他人于这些原是公共财产的土地之外,"如果还有足够和良好的公地留给他人。"[2]在今天的大多数地方,未开发土地不再是一个取之不尽的自由商品,当那些先来者先期到达来主张权利时,那么后来者如何能够享有相同的机会?当同等品质的土地不再是一项自由商品时,自由市场就会为每块土地确定租金率,这些年租金会资本化,当土地出售时转化为土地出售价格,或是未出售时提高其价值。土地租金和其他价格一样,能够用来将资源配置到最有生产性的用途上。如果经济要有效地运行,租金是一项土地使用者必须要承租的机会成本。但是谁可以获得这一租金呢?亨利·乔治主张这一租金应该归属于社会,因为它源于土地的自然优势(如交通便利、优越地理位置、高效产出、周边环境改造、社区人口增长等)。

在实证上,可以通过土地的可税价值估算出能够征收的税收收益。美国学者的研究指出,土地租金能够提供美国政府花费的6万亿美元中的大部分。在美国,平均家庭住房的价值相当于家庭收入的3倍,其中居住土地的价值占40%,每一块土地的价值比平均中等收入高。同时,土地是富人的奢侈品,因此,所有土地的总体价值要高于所有社会成员收入,甚至是国民生产总值。这就意味着能够征收到超过1万亿美元的土地租金。再加上从商业、产业、公共设施、矿业和农业土地上所获得的税收,以及其他社会价值的收益,如无线波段使用费、机场土地费和污染收费,足够满足政

---

〔1〕 参见沈敏荣:《市民社会与法律精神——人的品格与制度变迁》,法律出版社2008年版,第325页。

〔2〕 [英]约翰·洛克:《政府论》,叶启芳等译,商务印书馆1996年版,第79页。

府开支，并有节余。[1]

税收利益原则是将社会成员与国家的关系视为契约关系，国家为社会成员提供公共产品，而社会成员享受国家提供的安全、治安和公共福利，依其所享受的利益而承担相应的税收。但是，这一原则在实践中会存在一系列的问题。

第一，国家与社会成员间的社会契约只是一种理论上的假说，而在实践中，国家与社会成员的关系并非平等关系，而存在行政隶属与管理关系，国家对社会成员权利的侵蚀和权力的滥用倾向始终存在，通过税收的方法侵蚀公民的财产所有权的危险始终存在。国家与个人的关系在很大意义上，还具有非常强烈的霍布斯意义上的“必要的恶”的属性。

第二，国家与社会成员的利益关系只是一种理论上的描述，在实践中，要明确国家公共产品的价值和国民由此需要支配的对价存在操作上的困难。如国防、军队、警察、法院、码头、高速公路等公共产品就不能依社会成员获得的利益来确定其所需要支付的对价。

第三，税收利益原则本身还存在着公平性的矛盾，19 世纪末美国著名财政学家尖锐地指出除了名义上的平等，实质上不公平也需要引起高度重视。他认为，从总体上看，穷人享受国家提供的公共利益要比富人多一些，如图书馆、穷人居住区的治安、卫生等。依据利益补偿原则征税，将会加重穷人的税收负担。显然，完全按照这种理论构建的税收制度是不公平的。

四、作为“必要的恶”的国家：税收权力的扩张

近现代国家必须提到的是霍布斯的国家学说。霍布斯的国家理论在当时是渎神的言论。[2] 原来的国家理论总是一种带有君权神授、教会授权的宗教光环或是正义色彩，但霍布斯的国家理论则第一次在理论上直视民族国家，成了近代国家学说研究的始点。霍布斯的《利维坦》中的利维坦是圣经中的一个怪物，能吞噬世间一切事物，而这个“利维坦”指的就是国家。[3] 霍布斯在《利维坦》中开宗明义指出国家是“人

---

[1] See Mason Gaffney, the *Hidden Taxable Capacity of Land*: *Enough and to Spare*, International Journal of Social Economics 36, No. 4, 2009, p. 328 – 411.

[2] [英]霍布斯：《利维坦》，黎思复等译，商务印书馆 1995 年版，出版说明，第 3 页。

[3] 托马斯·霍布斯（Thomas Hobbes）（1588 ~ 1679 年），经历英国 1640 ~ 1689 年的革命。著有《利维坦》《论公民》等。

造的人”,[1]这就彻底打破了以往“君权神授”的思想,为自由主义和以后的人民主权思想奠定了国家学说的基础。如果没有相应的国家理论的支撑,市民与公民,社会与国家的分离就会失去一个坚实的基础。可以说,霍布斯与约翰·密尔顿从两个不同的方面———一个是从国家学说,一个从人的自由——为这一分离奠定了基础,而这种分离也成了现代国家的基本特征。[2]

在霍布斯的世界中,人类具有“天生爱好自由”和“统治他人”的本性。[3] 而正是这种本性使人与人处于争斗之中。按霍布斯的说法,就是人都像“狼”一样,但人都有自保的本能,这就使组成国家成为必要。霍布斯的分析是从人的本性出发。首先,人在能力上是相等的。“自然使人在身心两方面的能力都十分相等,以致有时某人的体力虽然显然比另一人强,或是脑力比另一人敏捷;但这一切总加在一起,也不会使人与人之间的差别大致使这人能要求获得人家不能像他一样要求的任何利益,因为就体力而论,最弱的人运用密谋或者其他处在同一种危险下的人联合起来,就能具有足够力量来杀死最强的人。”[4]

第一,这种能力的相等导致了人的平等。“由这种能力的平等出发,就产生达到目的的希望的平等。因此,任何两个人如果想取得同一东西而又不能同时享用时,彼此就会成为仇敌。他们的目的主要是自我保全……在达到这一目的的过程中,彼此都力图摧毁或征服对方。这样就出现一种情形,当侵犯者所引为畏惧的只是另一人单枪匹马的力量时,如果有一个人培植,建立或具有一个方便的地位,其他人就可能准备好联合力量前来,不但要剥夺他的劳动成果,而且要剥夺他的生命或自由。而侵

〔1〕 霍布斯的《利维坦》引言中就指出,号称“国民的整体”,或“国家”(Civitas)的这个庞然大物“利维坦”是用艺术造成的,它只是一个“人造的人”;虽然它远比自然人身高马大,而是以保护自然人为其目的;在“利维坦”中,“主权”是使整体得到生命和活动的“人造的灵魂”;官员和其他司法行政人员是人造的“关节”;用以紧密连接最高主权职位并和每一成员执行其任务的“赏”和“罚”是“神经”,这同自然人身上的情况一样;一切个别成员的“资产”和“财富”是“实力”;人民的安全是它的“事业”;同它提供必要知识的顾问们是它的“记忆”;“公平”和“法律”是人造的“理智”和“意志”;“和睦”是它的“健康”;“动乱”是它的“疾病”,而内战是它的“死亡”。最后,用来把这个政治团体的各部分最初建立,联合和组织起来的“公约”和盟约”也就是上帝在创世时所宣布的“命令”,那命令就是“我们要造人”。第2页。

〔2〕 霍布斯和密尔顿的思想均经历了英国光荣革命(Glorious Revolution)的洗礼。他们均是近代国家与自由学说的杰出代表。

〔3〕 [英]霍布斯:《利维坦》,黎思复等译,商务印书馆1995年版,第128页。

〔4〕 [英]霍布斯:《利维坦》,黎思复等译,商务印书馆1995年版,第93页。

犯者本人也面临着来自别人的同样的危险。”“由于人们这样互相疑惧，于是自保之处最合理的就是先发制人，也就是用武力或机诈来控制一切他所能控制的人，直到他看到没有其他力量以危害他为止。”[1]这就是一个一群“狼”的社会。“根据这一切，我们就可以显然看出：在没有一个共同权力使大家摄服的时候，人们便处于所谓的战争状态之下。”[2]“这种战争是每一个人对每一个人的战争。”[3]这样的结果是“人们不断处于暴力死亡的恐惧和危险中，人的生活孤独、贫困、卑污、残忍而短寿。”[4]

第二，人都有保全自己天性的自由。“就是每一个人按照自己所愿意的方式运用自己的力量保全自己的天性——也就是促使自己的生命——的自由。这种自由就是用他自己的判断和理性认为最适合的手段去做任何事情的自由。”[5]

第三，人的本性产生自然法则。正是人的相等的能力和人的自由的天性导致了人与人相处的“自然法则”。“在这种状况（每一个人对每一个人交战的）下，人人都受自己的理性控制。凡是他所能利用的东西，没有一种不能帮助他抵抗敌人，保全生命。这样说来，在这种情况下，每一个人对每一种事物具有权利，甚至对彼此的身体也是这样。因此，当每一个人对每一事物的这种自然权利继续存在时，任何人不论如何强悍或聪明都不可能获得保障，完全活完大自然通常允许人们生活的时间。于是，以下的话就成了理性的诫条或一般法则：每一个人只要有获得和平的希望时，就应当力求和平；在不能得到和平时，他就可以寻求并利用战争的一切有利条件和助力。”[6]“这条法则的第一部分包含着第一个同时也是基本的自然律——寻求和平、信守和平。第二部分则是自然保卫我们自己。”[7]

也正是这一基本自然律促使人们力求和平。从中又可以引申出第二个自然律：“在别人也愿意这样做的条件下，当一个人为了和平与自卫的目的认为必要时，会自愿放弃这种对一切事物的权利；而在对他人的自由权方面满足于相当于自己让他人

---

〔1〕［英］霍布斯：《利维坦》，黎思复等译，商务印书馆1995年版，第93页。
〔2〕［英］霍布斯：《利维坦》，黎思复等译，商务印书馆1995年版，第94页。
〔3〕［英］霍布斯：《利维坦》，黎思复等译，商务印书馆1995年版，第94页。
〔4〕［英］霍布斯：《利维坦》，黎思复等译，商务印书馆1995年版，第95页。
〔5〕［英］霍布斯：《利维坦》，黎思复等译，商务印书馆1995年版，第96页。
〔6〕［英］霍布斯：《利维坦》，黎思复等译，商务印书馆1995年版，第98页。
〔7〕［英］霍布斯：《利维坦》，黎思复等译，商务印书馆1995年版，第98页。

对自己所具有的自由权利”。这也是权利的对等性。〔1〕

到这里,国家的产生就有其必然性和必要性。“权利的互相转让就是人们所谓的契约。”〔2〕“如果信约订立之后双方都不立即履行,而是互相依赖,那么在单纯的自然状态下(也就是在每一个对每一个的战争状态下),只要出现任何合理的怀疑,这契约就成为无效。但如果在双方之上有一个共同的并具有强制履行契约的充分权利与力量时,这契约便不是无益的。这是因为,语词的约束过于软弱无力,如果没有对某种强制力量的畏惧心理存在时,就不足以束缚人们的野心、贪欲、愤怒和其他激情。”〔3〕“天生爱好自由和统治他人的人类生活在国家之中,使自己受到束缚,他们的终极动机目的或企图是预想要通过这样的方式保全自己并因此而得到更为满意的生活;也就是说,要使自己脱离战争的悲惨状况。”〔4〕“因为各种自然法本身(诸如正义、公道、谦谨、亲爱,以及己所欲,施于人),如果没有某种权威使人们遵从,便跟那些驱使我们走向偏私、自傲、复仇等自然激情互相冲突。”〔5〕

“如果要建立这样一种能抵御外来侵略和制止相互分割的共同权力,以便保障大家能通过自己的辛苦和土地的丰产为生并生活得很满意,那就只有一条道路:把大家所有的权力和力量付托给某一个人或一个能通过多数的意见把大家的意志化为一个意志的多人组成的集体……这一点办到之后,像这样统一在一个人格之中的一群人就称为国家,在拉丁文中称为城邦。这就是伟大的利维坦(LEVIATHAN)的诞生——用更尊敬的方式来说,这就是活的上帝的诞生;我们永生不朽的上帝之下所获得的和平和安全保障就是从它那里得来的。”〔6〕

---

〔1〕 因为只要每个人都保有凭自己想好做任何事情的权利,所有的人就永远处在战争状态之中。但如果别人都不像他那样放弃自己的权利,那么任何人就都没有理由剥夺自己的权利,因为那样就等于自取灭亡(没有人必须如此),而不是选取和平。……一个人停使对任何事务的权利便是捐弃自己妨碍他人对同一事物享有权益的自由。一个人放弃或让出自己的权利时,并不是给予任何其他人以他原告本来没有权利。因为每一个人对任何事物没有一件是不具的自然权利的。他像这样做不过是退让开来,让这人不受他的妨碍享受其原有的权利,这并不指不受其他人的妨碍。所以一人消失权利使另一人得下马看花效果只不过是相应地减少了这人运用自己原有权利的障碍而已。参见[英]霍布斯:《利维坦》,黎思复等译,商务印书馆 1995 年版,第 99 页。

〔2〕 [英]霍布斯:《利维坦》,黎思复等译,商务印书馆 1995 年版,第 100 页。

〔3〕 [英]霍布斯:《利维坦》,黎思复等译,商务印书馆 1995 年版,第 103 页。

〔4〕 [英]霍布斯:《利维坦》,黎思复等译,商务印书馆 1995 年版,第 128 页。

〔5〕 [英]霍布斯:《利维坦》,黎思复等译,商务印书馆 1995 年版,第 128 页。

〔6〕 [英]霍布斯:《利维坦》,黎思复等译,商务印书馆 1995 年版,第 132 页。

但是,国家出现之后,就会出现一个问题。产生国家这个"人为的人",同时也产生了称为国法的若干人为的"锁链"。[1] 国家的出现在逻辑关系上是出于人的和平和自我保全的需要。但国家存在时,国家的自由,也就是主权者的自由,是无限的。[2] 霍布斯还指出这种自由是一种绝对的自由,是没有约束的自由。[3] 而臣民的自由是非常有限的,仅仅限于自我保全的方面。[4] 由此,霍布斯完成了他的国家的产生、形式和权力的学说。综观霍布斯的国家学说,他揭示了在民族国家条件下国家与城邦意义上的国家存在本质上的不同。再按照西塞罗、亚里士多德的理论来组建国家则会产生诸多的弊端。[5] 国家在民族国家的条件下权力扩张,地位独立,日益与公民相脱节,成为"自在自为"的个体,成为"社会的上帝"。这是反映民族国家的现实。因此,霍布斯的国家学说成了近现代国家学说的代表,谈论国家与民族国家离不开霍布斯。他的国家与主权学说奠定了西方政治学说的基础。

霍布斯的国家学说改变了自亚里士多德以来,直到中世纪教会对国家善和正义的认识。早在亚里士多德那里,公平是善的组成部分。那么什么是"善"呢?善就是符合个体的发展,也就是国家的治理是以个体的发展作为基础和目标。但是,亚里士多德整个政治学与伦理学的逻辑基础是城邦国家,城邦国家的最优公民人数为1万~4万人,城邦公民之间的信息以人与人在城市中心的公民广场的交谈为交流汇集,能够得到信息的充分流通。正是在充分信息交流的基础上,政治实现了公开性和公民的充分参与,实现了公民在政治社会生活中的发展。这时的政治学使命和任务就是如何将政治设计成符合个体发展的"善的艺术"。现代税收制度中,"唯有死亡和税收是公民不可逃避的义务""依公民的能力进行纳税"都是这一逻辑的衍生物。现代税制改革中的很多理论基础正是脱胎于共和国理论。

但是,现代国家脱胎于近代,而近代国家已不再是城邦国家,而是民族国家。民族的国家与城邦国家最大的不同就是它的疆域以民族为基本单位,动辄上百万、千

---

〔1〕 [英]霍布斯:《利维坦》,黎思复等译,商务印书馆1995年版,第164页。

〔2〕 [英]霍布斯:《利维坦》,黎思复等译,商务印书馆1995年版,第164页。

〔3〕 [英]霍布斯:《利维坦》,黎思复等译,商务印书馆1995年版,第164页。

〔4〕 [英]霍布斯:《利维坦》,黎思复等译,商务印书馆1995年版,第164页。

〔5〕 应该指出,现在我们认为非常平常的结论,在霍布斯时代则是一个大胆的论段。17世纪的上半叶的欧洲是继承了文艺复兴之后,理性主义达到了巅峰。虽然英国有怀疑主义的传统,但理性主义的影响、文艺复兴的后果仍是非常明显。亚里士多德的理论、城邦国家的学说在文艺复兴之后占据了人们思想的主流。这也是霍布斯理论的伟大意义之所在。

万,人与人之间的信息隔阂,政治与道德不再发生关联,用权术攫取政治成为通则,“成则王、败则寇”成为政治的基本准则,政治不再是“善的艺术”,而是少数人的垄断。在现代的国家中,何为税赋公平(Fairness)非常难以定义,税法中的公平程度也难以测量。国家在现代化过程中,税收与正义也往往背道而驰。正如Frank Chodorov所言,“税收是掠夺,却因习惯而受到尊重;它是盗窃,却因法律而成为道德。”[1]

城邦共和国的公平、正义是建立在古希腊的共和国与公民的思想之上,亚里士多德发现“追求人的善德离不开城邦”,“城邦善的艺术能够造就公民”。培养优良公民的基本原则是促进最优良的生活。“世间有三善,身外诸善,身体诸善,灵魂诸善。幸福生活在灵魂诸善:城邦与个人相同,应各修四德(智、勇、礼、义)庶几可得真正快乐。配备身外诸善(衣食所需)和身体诸善,而能勤修灵魂诸善,达成善业,这就是最优良的生活。”[2]“只有具备了最优良的政体的城邦,才能有最优良的治理;而治理最为优良的城邦,才能有获致幸福的最大希望。”[3]“幸福为善行的极致和善德的完全。欲达到这样的目的,一个城邦和其中的公民们须有适当的健康身体、财富以及一般生活的配备,这些配备都受之于自然。在具有这些自然条件的城邦中,立法家运用其才能,引导公民纳入于行善的良轨。人们所有成德达善者,出于三端:禀赋、习惯、理性。习惯和理性必经培养而得发展,所以立法家应当特别重视教育。”[4]这种立法家的城邦设计,最为基本的原则就是培养优良的公民,发挥公民的内在潜质和神性。也正是这种正义思想导致了现代社会制度的建立。

人如何在近代社会中发展一直困扰着文艺复兴之后的思想家,古希腊以共和国和公民思想为核心的政治文明在近代古希腊文明复兴中遇到了个人发展之“义”与民族国家运行规则的冲突,民族国家政治的“必要的恶”(霍布斯语)已不能承载个体发展之善,寻求新的方向成了近代社会演进的动力。[5]

在霍布斯的思想中,社会成员为了脱离人与人之间相互竞争的战争状态,需要让渡自身的一部分权利,基于安全而组成国家。国家给社会成员提供安全,但是,同时,它也获得约束民众的权利,如收税提供日常经费支持、组织军队提供国防安全、组织

[1] Frank Chodorov, “Socialism via Taxation” (1946), in *Fugitive Essays: Selected Writings of Frank Chodorov*, edited by Charles H. Hamilton, Liberty Fund, Indianapolis, 1980.

[2] [古希腊]亚里士多德:《政治学》,吴寿彭译,商务印书馆1996年版,第454页。

[3] [古希腊]亚里士多德:《政治学》,吴寿彭译,商务印书馆1996年版,第169页。

[4] [古希腊]亚里士多德:《政治学》,吴寿彭译,商务印书馆1996年版,第457页。

[5] 沈敏荣:《市民社会与法律精神——人的品格与制度变迁》,法律出版社2008年版,第289页。

警察提供治安、组织法院裁判纠纷、立法提供社会成员的日常行为规则。这是一种垄断的，而非竞争的权力。在亚里士多德之所以可以将国家进行“善的艺术”的改造是因为城邦国家的信息是公开的、充分流通的。而在民族国家条件下，这些条件都得以改变。在信息不流通、权力垄断的情况下，国家垄断权力的滥用正好迎合了人的天性中阴暗的一面。这一点，在基督教传统中得到强烈的说明。在《圣经·撒母耳记下》记载英明君王如大卫王者都滥用权力，其写信给元帅，“要派乌利亚前进，到阵势极险之处，你们便退后，使他被杀。”(11:15)最后，虔诚、勇敢、忠实如乌利亚者就这样被杀了，原因是他漂亮的妻子拔示巴被君王看上了。此事做得人不知、鬼不觉，唯有神知道(11:27)。因此，在垄断国家权力，缺乏足够的信息沟通的情况下，国家的行为没有公正与不公正可言，只有“可容忍的”(tolerable)和“压迫性的”(oppressive)。

《圣经·撒母耳记上》中还有一段非常有名的描述国家权力的话，经常被引述，即当时以色列人要求像其他部落一样有王权的统治。撒母耳是这样解释王权的。“管辖你们的王必这样行，他必派你们的儿子为他赶车，跟马，奔走在车前。又派他们作千夫长，五十夫长，为他耕种田地，收割庄稼，打造军器和车上的器械。必取你们的女儿为他制造香膏，作饭烤饼。也必取你们最好的田地，葡萄园，橄榄园赐给他的臣仆。你们的粮食和葡萄园所出的，他必取十分之一给他的太监和臣仆。又必取你们的仆人婢女，健壮的少年人和你们的驴，供他的差役。你们的羊群，他必取十分之一，你们也必作他的仆人。”[《撒母耳记》(上)8:11－17]

五、税收的恰当性和税收功能的转变：税收利益说向能力说的转化

在国家的“必要的恶”之下，国家的税收具有任意性和不可控性，即使是民主国家，在特殊时期，国家权力的任意性也表现得非常突出。在这种治理方式中，不涉及“公正与正义”问题，但会涉及“恰当性”，即当税赋是民众的生存所不能忍受时，民众的财富被挤压到这样一个临界点，其自身的简单再生产都存在问题时，社会的人口就会由于营养不良而下降，或是从高税收的地方逃亡到低税收的地方。这就使统治难以持续。因此，在国家治理中，没有税收，国家的财政难以维持；过高的税收，民众的生活难以持续，因此需要有一个临界点，既支持国家财政，又能够保障民众的自然再生产。因此，很早就出现了税收的恰当性问题。如中国传统社会就提出过“休养生息”的政策，低税收使民众得以休养，不但能够促进民众的发展，也能够促进国家的繁荣，具有长期的效应。因此，在税收制度中很早使用“恰当性”(just)，在柏拉图的《共和国》就指出商品的价格应该是不多也不少，因为最优的价格正是最佳的支付能够导

致最优质产品，这里的恰当(just)与公正无关，而只是指向“公平”。在中世纪这一词的含义更接近于适合、正确和合法。

这里的公平是一个比较的概念，公平往往指的就是“平等”。如“公平是一个社会学名词，在法律上，公平是法所追求的基本价值之一。公是指公共，平是指平等，意指大家平等存在。”在税赋公平上也是如此，税赋公平，指纳税人在相同的经济条件下应被给予同等对待，也就是所谓的同等税收待遇问题。税赋公平又可分为横向公平和纵向公平。横向公平指经济条件相同的人交纳相同的税。纵向公平则是根据支付能力或获得的收入对经济条件不同的人予以不同的对待。

在霍布斯国家理论下，虽然从社会契约论出发，但是最后推导出来的是“利维坦”式的国家，只能实现税收的公平观，这对近现代社会制度和法律结构产生了深刻的影响，尤其是对社会财富的分配方式。社会财富分为一次分配和二次分配，一次分配是指由财产法和契约法构成的社会财富的获得方式，而税赋是社会财产和资源的二次分配，分别体现了社会财富分配的分配正义与矫正正义，如何进行财富的分配与再分配与社会的正义观具有直接的关系。

历史经验指出，近代欧洲王权恣意妄为、不受约束。英国1640年的革命直接源于税收，法国大革命也是如此，法国的太阳王路易十四曾说，“这些(税收)属于我，我拿我希望拿的”。他的无休止的战争使法国的国家经济破产，他不得不逐渐加强对农民的税收要求。学者分析这是导致1789年法国大革命的深层次原因。正是基于这种经验，当时的法国与英国的思想家提出了税收的内在标准，税收的恰当性是基于经验提出对税收的限制。依社会契约对国家权力进行分析的开创者是霍布斯，他从人文主义出发，率先探究了国家的建立以及人民应当向政府纳税的原因，将政治契约行为与商品契约行为相对应，认为政治契约应成为一种法律事件，即人们转让自己的权利如同售出商品一样，应当获得相应的等价补偿，即国家对人民生命、财产安全的保障。

霍布斯意义上的国家是近现代社会不可回避的现实，而亚当·斯密的市场经济将个人发展和社会繁荣的重心由政治社会完全转向市民社会。从霍布斯到亚当·斯密的150年间，西方思想与理论完成了从政治社会向市民社会的转型，但这只是一种概括、原则的描述，在具体的税收实践中，如何获得国家权力和民众财富安全间的平衡，正是近现代财税制度需要解决的核心，也是霍布斯、洛克，以及亚当·斯密之后所提出的“政治经济学”所需要解决的主要任务。

在实践中，国家机关需要征收税收收入，特别是在战争和军费开支持续高涨的时候。传统的土地税、关税、过路费及其行使都出现无节制地滥用。在19世纪初，实践中税收专家认为获得收入的能力或才能是恰当的税基，普遍认为财产在初级经济中是衡量才能的一个较好工具，但逐渐变得不全面了，因为收入中越来越多的部分涉及无形的财产，在经济中的比重越来越大。

在18世纪末19世纪初的英法战争时期，英国首相威廉·皮特（William Pitt）提出"财产税"，事实上就是现有的所得税，为的是获得足够的财力来应对与法国拿破仑的战争。该议案于1806年通过，它只是战时临时措施，其中包含终止条款。当时极少的书面记录被认为是严格保密的，所得税的实施面临诸多困难。一个措施是建立由相同职位和城市组成的委员会来负责估算其竞争者的收入。英国的所得税遭到激烈地批评，特别是它相当大程度侵犯了私人财产权和个人隐私，当战争结束后，国家财政于1816年稳定后，议会投票通过销毁所有的记录，正如1404年实施所得税所做的那样，虽然公众对此激烈反对，但是所得税征收机构还是偷偷地保留了复制份。[1]

1842年英国首相罗伯特·皮尔（Robert Peel）说服议会暂时重开所得税，直到国家财政平衡。通过的议案虽是暂时的，但此后从未被废除，起初3%的单一税率一再提升，在1879年前所得税的征收比率曾达到最高峰的83%，7100英镑以上的投资收入还需加收15%。美国在1950年代的最高值超过90%。正如美国税法权威Henry Calvert Simons所言，恰当的税率是在6%以内，这是英国所得税之所以成功的重要因素，在意大利，所得税明显地高达20%，还加上其他种类的地方税，如果完全实施的话，确实是难以承受。[2]

这就出现了问题，在近现代社会中，在财富的初次分配中，财产权被赋予神圣性，被视为基本权利，但是在二次分配中，国家权力的恣意妄为使私人所有权被严重侵蚀，威胁到整个市场秩序的合理性，因此，急需要一种理论来解决这一矛盾和危机，税收能力说应运而生。正是在这一背景下，税收的功能不仅仅是基于政府与社会成员间的利益平衡，而赋予了调节社会财富失衡，通过二次分配促进社会公正的功能。正是在这一基础上，"税收能力说"提出如何实现这一社会公正的具体措施。德国社会政策学派最早系统地研究并提出了"能力说"的税收公平观。该学派主要活动于19世纪下半叶。在当时的社会政治、经济背景下，谢夫勒（Albert Eberhard Fridrich Schaffle，1831～1903年）、瓦格纳（Adolf Wagner，1835～1917年）等社会政策学派的

〔1〕 See William S. Peirce, *Can Taxes be Fair? Should They Be?* Modern Age, Fall, 2015, p. 26.

〔2〕 See Henry C. Simons, *Federal Tax Reform*, University of Chicago Press, Chicago, 1950, p. 112.

主要代表主张运用税收手段调节财富分配,缓解社会矛盾。谢夫勒是较早系统研究纳税能力与累进税负制度之间关系的西方财政学者之一。他认为,国家应基于现实的税源,向一切有纳税能力者课税,以实现国民所得在国家需要与私人需要之间的均衡分配。所谓纳税能力,衡量标准主要有三个:一是拥有财产的数量;二是取得收入的能力;三是消费支出的数量。首先,谢夫勒主张对财产和所得课征直接税,因为它们是纳税能力的源泉。不过他也认为,仅仅征收财产税和所得税还难以全面反映纳税主体现实的纳税能力。因此,他建议在征收直接税之外,还要依据收入在消费、储蓄等方面的多种用途,以及这些用途所表现出的各种现实的纳税能力予以征税。对高收入者征高税,实行累进负担;对低收入者征低税,还可实行税收减免措施。不难看出,谢夫勒主张通过累进税率,来实现纳税能力与税收负担之间的均衡。

阿道夫·瓦格纳是德国社会政策学派的集大成者,他和谢夫勒的税收公平观明显不同于古典学派。后者强调在自由竞争制度下,人民无论其收入的数量如何、税源的种类如何,都负有同样的纳税义务,即使是生存必需品亦不例外。因此,古典学派主张的税收公平是依各人的收入比例课税,一般不主张实行累进税。瓦格纳则针锋相对地指出,自由经济不是不可侵犯的,又由于财产分配不均,所以,税收不仅是国家取得财政收入的手段,还是矫正财产分配、实现社会政策的工具。瓦格纳给税收下的定义是:"所谓租税,从财政意义上讲,就是公共团体为满足其财政上的需要,凭借其主权,作为对公共团体的事务性设施的一般补偿,依据一般原则和准则,以公共团体单方面所决定的方法及数额,强制地征自个人的赋课物;再从社会政策的意义上说,所谓赋税,就是满足财政上的必要的同时,或不同财政上有无必要,以纠正国民收入的分配及国民财富的分配,借以矫正个人所得与个人财产的消费为目的所征收的赋课物"。瓦格纳在其著名的"四端九项税收原则"中提出的平等原则,就是要根据社会公平正义的要求,依照每个纳税人的纳税能力,按照累进税原则征收。收入多、负担能力强的多纳税;收入少、负担能力弱的少纳税,反对以财产和收入的数量按比例税率征收。他还建议,对下层人民生存必需的收入,应减轻负担,甚至可以直接免除其税负;对于间接税,凡能够废止的,亦应废止。

六、所得累进税的合理性:所得税及累进税率中的公平性问题

"税收能力说"指导下的所得税的累进税率迅速在法院中受到挑战,因为它否定平等。一开始所得税作为战时临时措施未受到法院的审查,美国在1863年通过所得税来支持内战。超过600美元税率是3%,1000美元的税率是5%。很快从5%提高

到10%。到1872年当不再需要这一财政收入时而终止。建立永久性的所得税的压力仍存在。战后快速增长的经济繁荣导致财富的大量积累刺激了改革者通过税收缩小贫富差距。而且,自由贸易的发展产生一个问题:如果依传统支持政府和北方制造商的关税大量下降,必须要有替代税种。当时进步运动(progressive movement)[1]要求政府直接干预和控制个人行动在当时起了很大作用。美国1894年通过所得税,但旋即被宣布为违宪。在1913年通过宪法第16修正案,[2]法律上的障碍被清除,所得税得以实施,因为快速增长的财富被认为是没有承担国家财政支出应有的份额。所得税率采累进制,最低可税收入为2万美元,征收1%,每次递增1%,到50万美元以上为7%,相当于现在的1170万美元。霍姆斯法官在1904年的裁决中指出,税收是我们为生活的文明社会必须支付的代价。

所得税从战时临时措施转而成为平时税收,以及法院和公众态度的转变,这是一个巨大的改变,因为法律理论和公众观点长期以来支持所有人对其收入的纳税比率应该是相同的,如圣经中的什一税(tithe),这是承担政府费用最为恰当的方式。为了理解累进税收的迅速发展的原因及其公正性,必须要考察经济学家对这一问题的论述。

亚当·斯密1776年出版的《国富论》在当时是最佳的经济学思考,他的税收四原则经常被引用,现在仍具有说服力。其第一原则特别与此相关:"一国国民,都须在可能范围内,按照各自能力的比例,即各自在国家保护下享有收入的比例,缴纳国赋,维持政府。"[3]亚当·斯密的观点在两个世纪以来被大家高度认可,但是值得注意的是,在这个原则中,他忽略了税收两原则间的区别,即税收是纳税人从政府所获利益

[1] 美国史学界一般把1900~1917年美国所发生的政治、经济和社会改革运动统称进步运动。在性质上,进步运动是以中产阶级为主体、有社会各阶层参与的资产阶级改革运动,目的在于消除美国从"自由"资本主义过渡到垄断资本主义所引起的种种社会弊端,重建社会价值体系和经济秩序。在内容上,进步运动同时在联邦、州和市三级展开,从政治上的争取妇女选举权、市政改革到经济领域的反托拉斯运动,从救济穷人和改善工人待遇的社会正义运动到自然资源保护,囊括社会生活的各个方面,影响深远。

[2] 美利坚合众国《宪法》第16条修正案,国会有权对任何来源之收入课征所得税,所得税收入不必分配于各州,亦不必根据任何人口普查或点查。这条修正案与1909年7月12日提出,1913年2月3日获得了足够数量州的批准而通过。至此推翻了联邦最高法院在1895年的波洛克诉农民贷款及信托有限公司案157U. S. 429(1895)中所作出的禁止征收联邦所得税的判决。

[3] [英]亚当·斯密:《国民财富的性质和原因的研究》,郭大力、王亚南译,商务印书馆1972年版,第361页。

的对价的利益原则，和税收作为衡量纳税人个人支付或是牺牲能力的方法，即支付能力原则。他忽略了这两者的区别，虽然在其他地方，亚当·斯密建议在奢侈品上进行附加征税是可以接受的，但这只是针对富人为显示其地位而需要的商品上，而非针对一般公众。

对于累进税最强有力的支持源自《国富论》发表一个世纪后的两个独立、但高度相关的经济学主流经济理论的发展。一是功利主义，二是边际分析理论。边沁创立了“功利主义”一词，并提出这样口号：“最大多数人的最大幸福。”这句口号传递出的观点促进了很多后续税收和公共支出的分析，包括现代“成本—效益”分析。虽然边沁没有使用现代用语，但他的功利主义分析是在收入边际效益递减的前提下进行的，即一元钱对于富人的边际效益要少于对没有财富的穷人的边际效益。多余的钱能够使乞丐购买基本食物，提高其福利，远远比损失一元钱给一个富翁带来的损失。边际效益的递减在经济学中通常是作为大多数普通商品和服务的假设前提。第一件商品的价值比较珍贵，但是增加第二件其边际价值就少了，第三个就更少了。但是对于收入而言，这是正确的吗？在1870年边际革命之后大多数经济学家不再纠结于这个问题。这种边际分析迅速主导经济学，使下降的收入边际效益几乎成为经济学家默认的前提。如果我们假设收入的后续单位具有较少的价值，和我们假设每一个人享受收入的能力上是平等的，这会导致一系列问题。

第一，如果边际理论适用于收入，其边际效益的递减是正确的，在一定额度以上的收入其边际成本会趋向于0。那么，如果目标是收集要求的税收收入，对社会施加最低限度的总体负担，那么恰当的税收应该是从0到一个特定点，然后100%上交。那就是，依靠收益要求，政府会确定一个每年的收入，比如10万美元，如果收入少于此，不需要交税，而高于这一基线的收入会全部上交国家。如果一个人接受了社会功利最大化，那么支持这种持续性地收税就会成为必然结论，将财富从富人处转让到穷人处，直到所有的人具有相同收入。虽然大多数人会认识到这种极端的结果无法有效运作，至少不可能长期运转，但是，一些经济学家，如弗朗西斯·伊西德罗·埃奇沃思（Francis Ysidro Edgeworth）等在放弃这一方法时也存在困难。边际理论推及极致，就会出现国家对私人的全面干预。如萧伯纳（George Bernard Shaw，1856～1950年）指出，“你被允许以一种你必须生活得好的方式生存。他不可能变得贫穷，你必须进行饮食、穿衣、居住、受教育和工作，不管你喜欢与否。如果你被发现你没有足够的品格和勤奋来克服这些困难,你可能会被以一种友好的方式被处决。"[1]这可以说是一种斯巴达式生活方式的复活。

第二,面对这种极端逻辑,许多经济学家不再强调效用最大化或最少牺牲,转而承认每个人必须依相同比例承受收入中的牺牲。因此,即使是在19世纪的自由功利主义者通常的态度是反对递进税率。这种反对原因部分是由于递进税率可能会消解工作和投资的积极性,阻碍经济增长的刺激,而从长远看,经济增长是提高贫穷人口就业,达到更舒适水平所必需。

第三,比例原则的破坏会导致将所有的税赋负担转移到社会非常富有的少数人头上,从而引发社会不公正和社会矛盾。非常有意思的是经济学家一般都接受功利主义的观念,认为社会的幸福可以通过减少穷人的负担而得以加强,而法律专家们坚持历史和政治哲学的传统,指出在缺乏确定规则(如比例税收)的情况下,麦迪逊在共和党人文集第十篇中所讨论的派系问题会撕裂共和国,并导致专制。[2]

功利主义思想家约翰·穆勒(John Stuart Mill)也提出这一点,"为什么平等应该是征税的原则,因为在一切政府事务中都应遵循平等原则。既然政府对所有的人或阶级向政府提出的要求都一视同仁,政府要求人民所作的牺牲也就应该尽量使所有的人承受同样的压力;必须指出,这正是使全体人民所作出的牺牲减至最低限度的方法。如果某人承担的赋税少于他应该承担的份额,另一个人就要多承担赋税,因而一般说来,某人承担的赋税减轻所带来的利益并不如另一个人的负担加重所带来害处大。所以,作为一项政治原则,课税平等就意味着所作出的牺牲平等。"除了对财产付出的强调,对较高的收入征收较高的税,无异于勤劳节俭征税,无异于惩罚那些工作比邻人努力、生活比邻人节俭的人。受限制的,不应是通过劳动获得的财富,而应是不劳而获的财富。公平明智的法律应鼓励人们节省劳动所得而不是挥霍劳动所得。而且,所得税依靠收入者自我申报,因此"在实践上,是不平等的,使最自觉者负担最重,是最差的方法之一。"[3]

正是由于税收的"能力说"具有较强的调节收入分配的理论功能,实现国家对国民收入的深度调节,但存在上述问题,使其无法与现代国家的社会契约论衔接起来。因此,20世纪50年代,新剑桥学派的代表人物尼古拉斯·卡尔多,虽然赞成"能力

[1] George Bernard Shaw, *The Intelligent Woman's Guide to Socialism and Capitalism*, Brentano's Publishers, 1928, p. 470.

[2] [美]汉密尔顿·杰伊·麦迪逊:《联邦党人文集》,程逢如等译,商务印书馆1995年版,第44~51页。

[3] [英]穆勒:《政治经济学原理》(下),金镝、金熠译,华夏出版社2009年版,第707页。

说”,但不赞同以收入、财产作为衡量纳税能力的标准。他主张将能力原则和利益原则结合起来考虑税收公平问题,认为消费是衡量人们纳税能力的最佳标准,较之于以收入作为衡量标准更为公平。其主要理由:一是收入不能充分地反映和衡量应税能力,因为有的收入来自财产,而在各种财产中,有的能产生较多的应税收入,有的则比较少。二是收入相同的人,消费却不一定相同,但消费多的人就应该多纳税。为什么消费多的人要多纳税?他认为,衡量纳税能力的标准,主要是看人们从经济中实际提取、使用了多少资源,而占用资源的衡量标准恰好是消费。人们收入中没有消费掉的部分,就成为个人储蓄。这些储蓄对于国家而言,是增加了国家的资本储备,从而提高整个社会总的生产能力和水平。相反,如果个人将其收入全部消费掉,甚至消费超过他的收入,就等于减少国家的资本储备。所以,卡尔多认为,为了税收公平和增加财政收入,应当对人们的消费支出开征支出税。卡尔多不仅提出了支出税理论,还专门设计了支出税的征税方案,并在印度和斯里兰卡进行了实施。其实,这种观点早已有之,约翰·穆勒就认为消费作为税基是一个更好的替代方法。依他的观点,在所得收入上税收的降低会使得工资收入者积累他的收入以防他的收入能力降低时的不时之需。消费税相比较于所得税的另一个优点,是可以大大减少侵入性行政管理。但是,现代消费税的压力部分源于相信储蓄和投资应该被鼓励。

美国当代著名经济学家斯蒂格里茨支持卡尔多的观点,也认为以消费作为课税对象更为公平,甚至主张以消费税来部分取代所得税。因为在卡尔多看来,衡量纳税能力和经济福利水平的具体标志,是收入和消费。对个人消费征税,相当于对个人终身所得征税,但又避免了对资本课税。

七、税收公平与牺牲说:社会利益说对能力说的改造

在税收领域,公平原则更多的是社会与经济公平问题,而非法律问题,正义和公平原则对于政府的合理性问题是非常重要的,因为公平原则以符合平等和分配正义的形式适用,寻求的是每一个纳税人支付其公平的份额。但是,什么是公平的份额,如何确定这种份额?要回答这一问题,必须整体看待税收的目标。税收的公平应当建立在这样的观念之上,即社会的所有生产性成员应该为社会的持续发展做出贡献,相应地,所有的成员应该通过税收支付其应有的份额。对于政府而言,税收不仅仅是征集财政资金的一种方法,更大程度上是政府通过税收力图取得不同的经济和社会目标。因此,税收变成一个国家全面宏观经济结构的更大设计中的一个复杂,但是非常精细的组成部分。这些目标包括实现社会财富从向穷人的转移,这就是为人们所

熟知的分配公平或正义,包括价格稳定、促进经济增长、有效的国际互换和贸易平衡、国家安全目标和振兴全面就业。

就调节收入分配的力度而言,“利益说”偏弱,“能力说”较强。经济学家萨缪尔森指出,解决税收公平问题,从一般哲学原则上说,需要回答这样一个问题:政府应该以多大的力度差异去向具有不同收入的人征收税款。“利益说”符合现代国家与公民的社会契约关系,而“能力说”则与国家在实践中具有控制和调节国民财富的能力相关,如何将两者结合起来,成了学者们努力的方向。税收牺牲说正是产生在这一背景下。税收牺牲说所要追求的税收公平目标是,政府征税应当使全体纳税人在财产、收入、消费方面所受损失或牺牲的痛苦感大致相同或完全一致。这种理论的哲学基础是边沁的功利主义。功利主义要求用功利(效用)作为衡量道德状况和政治制度的标准,认为制度设计的首要目标是追求最大多数人的最大幸福。在边沁看来,最大幸福原则是政府征税行为的“试金石”,可以运用这一原则来决定那些用于共同目的的税收该怎么分摊。一般而言,每个人的边际负效用应该相同。但是,对于特定数额的税收而言,如果财富不平等的状况相当严重,政府的税收可能就不够用了。这种情况下,就需要将较高的收入削减至一定的水平,且不要将税收数量限制于只让所有人获得不受歧视的收益这一水平上。

“牺牲说”的创立者约翰·穆勒主张采用“全体最少牺牲”的标准来分配税收负担,实现税收公平。所谓“全体最少牺牲”,其基本原理是,在一定条件下,全体纳税人对于国家课税的负担总是一个既定量,如果纳税人甲负担过轻,必然是纳税人乙负担过重的结果。倘若要在各个纳税人之间实现平等纳税,则应当使各个人的纳税牺牲均等,这样才能使社会全体的牺牲最少。所以,约翰·穆勒指出,“课税的公平作为政治格言,意味着牺牲的公平。因而各人对所支付的赋税感到痛苦,其他一切人对他那一分的体验,是不大也不小,意味着对政府的经费按各自名分的成数筹集”。约翰·穆勒将这种在税收上要求一切人均等牺牲的原则,称为税收平等原则。

约翰·穆勒提出的关于税收公平的均等牺牲原则,对后世影响很大,并逐步发展为绝对均等牺牲、比例均等牺牲和最小均等牺牲(或边际均等牺牲)。19世纪末的英国著名财政学家巴斯泰布尔继承了约翰·穆勒的思想,同时受德国社会政策学派的影响较大。在他看来,虽然“能力”与“牺牲”这两个词之间稍有不同,“能力”使人想到的是纳税能力这个积极因素,“牺牲”则使人想到的是纳税损失这个消极因素。虽然在数量上,纳税能力均等意味着负担牺牲的能力均等,均等牺牲原则在量上可以视为均等能力原则的另一种表述。但是,“牺牲说”和私人所有权的付出相关,与社会契约与税收利益原则联系在一起,并认为社会的最大幸福是使全体纳税人负担最小的牺牲。只有采用这种最小牺牲原则来分配税收负担,才能实现真正的纳税公平。

但是,“牺牲说”也存在一系列的问题。

第一,如果接受收入的边际效用是递减的观点,以及所有人应当付出他所有效用的平等比例给政府,那么非常容易看到富人应该在税收上比穷人付出得更多。那么这是否就意味着在收入上的累进税呢?得出这一结果看似容易,其实并不正确。简言之,如果损失一元钱对于富人而言和穷人一样痛苦,那么平等的牺牲要求平等的金钱税收。也就是说,大数额的税收或按人头收税,如每个人必须每年支付6000元,这是极端的退减税。

第二,如果采取边际效用递减,那么需要确认收入的边际效用递减到底有多迅速才会出现比例税率所需要有的相同牺牲?答案是只有在收入的边际效用曲线形式是直角双曲线时,比例税收才是恰当的。但现实中这种条件假设的要求不会得到满足。因为,我们无法充分考虑边际效用曲线的形状,而且,收入和幸福的关系对每个人而言可能都不一样,甚至对同一个人在他的一生中也会变化。这里还包括一个人的幸福和其与邻里的关系,比如S先生是利他主义者,会为邻居K先生的富有感到由衷地高兴,但是K先生是妒忌心超强的利己主义者,邻居的贫困使他很快乐。这是否意味着提高社会整体幸福的方法是对S先生收税,转移给吝啬的K先生。估计很少有人会同意这种税收设计。

但是,正如一些经济学家所指出的,现有主流的经济学定义正是建立在这样假设之上。[1] 在现代的财税研究文献中,公平分为横向和纵向平等,纵向平等取决于递进性的程度,横向平等要求“受平等对待”,但是其中包含的内容又是个问题。英国学界的观点是相比较于投资收入,工资和薪金收入应该折扣25%后计入,因为工资和薪金在接受者死亡或失去工作后就没有了。[2] 而在美国,弥补完上年度财富亏损后的所有形式的收入都必须归入税基,包括工资,利益、股息、资本收入、租金、礼物等。因此,这是一项不减少财富的消费的权力。这一消费的权力源自哪儿、如何消费并不重要。相较于英国,美国个人所得税对土地和资本收入给予优惠待遇。然而,1921~1932年沃伦·G.哈定、卡尔文·柯立芝和赫伯特·胡佛三任总统财政部部长,为美

---

〔1〕 William S. Peirce, *Can Taxes be Fair? Should They Be?*, Modern Age, Fall, 2015.

〔2〕 William S. Peirce, *Can Taxes be Fair? Should They Be?*, Modern Age, Fall, 2015.

国政府战后税收制度的改革作出重要贡献的安德鲁·梅隆曾指出的，“从工资、薪金和专业服务所征收的税收，要轻于从商业或是从投资所得所征收的，其公正性是不言而喻的。”[1]

第三，在实践中，针对不同的收入来源和资金用途税法给予不同待遇。如给予不动产的所有权和任何投资产生的资本收益特别地优惠。同样，在消费方面，医疗花费、慈善捐赠、育儿费用、历史保护、节能花费、电动汽车和教育、退休储蓄都属于受到优惠的消费。那么哪个更公正呢？是采用综合的定义还是实践中税法的界定？界定中收入特定的来源或使用的每一项例外都有各项“公正”的理由为之辩护。这种界定决定了谁与谁将会被视为平等主体。

这些问题在政府的税收占 GDP 的比例较少时还不突出，但是现在的税收和政府花费占 GDP 超过 1/3，同时具备大量的财富重新分配的功能，控制社会中占支配地位的部分（政府），防止其剥夺社会其他组成部分权利的警告变得特别地中肯。在现代社会中，经济学家的分析着重于税收对获取收入的激励，和平衡诸利益来应对社会效用的变化。但是不管税法的设计是如何精致，不可否认的事实是，主权国家仍是霍布斯意义上的利益最大化的实体，与他的成员处于战争状态，也就是奥尔森（Mancur Olson）所说的“常驻强盗”（a stationary bandit）。

到了 20 世纪中后期，公共选择学派的主要代表詹姆斯·M. 布坎南试图解开这一难题。他认为，公共选择学派税收理论的一个主要任务是分析、预测各种征税制度对作为“公民—投票人—纳税人—受益人”的个人所作决定或选择的影响。这种公共选择与市场选择在实质上是同理的，主要差别表现在涉税选择问题上，个人不能够选择他最喜欢的纳税方式和纳税数量，而必须根据大多数人所选择的方式或数量来履行纳税义务。由此可见，公共选择学派对“税收利益说”发展的理论贡献在于，他们提出了一整套公共选择规则、程序和方法，将特定公共项目的财政支出与特定税收来源对应起来，有利于各个“投票人—纳税人—受益人”更为直接、更加具体地感觉到个人纳税（或个人成本）与个人预期受益之间的直接联系，使每一个纳税人都能针对任何特定的公共商品及其相应的税收方案，权衡利弊得失，决定自己的选择意向，努力争取以最小的税收成本换取最大的经济福利。

在制定税收规则方面，几乎所有的立法者都努力想达到上述这些目标，目的在于消除和/或减轻已存在的不利的经济和社会状况，寻求经济平衡，或是至少对于一国

---

[1] Andrew W. Mellon, *Taxation: The People's Business*, Macmillan, 1934, p. 56 - 57.

复杂经济的一定意义上的平衡。他们也制定税收法律来提高或刺激不同的具有经济优势的活动,以实现本国经济的持续、良性发展。

八、总结:回归正义理论的税赋公平性及我国税收法制

中国的现代化,受到西方社会思想和制度的影响。但中国的现实与传统与西方社会非常不同,这使西方制度和思想的引入在设想与效果上存在巨大反差。从以上的分析可以得出,现代社会的正义观和国家理论对税赋公平有着直接、全面地影响。文艺复兴以来,自马基雅维里以后的思想家所提出的理论无不是对古希腊共和国思想的改造,使得在民族国家的条件下,国家的发展能够建立在社会成员的发展之上,这是社会正义的基础,也是霍布斯、洛克、穆勒等思想家所要解决的根本问题。正是在这些思想家的努力下,现代社会从文艺复兴所指向的政治社会,转变为以市民社会和经济社会为中心,政治社会为保障的结构,而霍布斯对近代国家形态的客观分析、洛克对国家权利的限制、孟德斯鸠的权力分立与制衡、卢梭的人民主权等理论着力的都是对国家权利的改造,只有经过改造之后的国家才能够为市民社会的单独发展创造条件,之后亚当·斯密的市民社会理论单独发展,通过社会分工和商品交换,将自身的绝对比较优势承载其上,直接表达于社会,亚里士多德意义上的个体与国家的直接联系才重新建立,这也标志着现代社会形态的形成。这种思维形式一直影响至今,现代的所有社会思想都是建立在这一逻辑思路之上。这一逻辑思路的中心是社会成员如何在国家中发展,在现代以财富为中心的社会结构下,财产的获得与分配成为关键和突出问题。国家权力及其对财富的影响集中于财税问题,这一逻辑思路能够在现代社会中得以实现必须要以解决财税问题作为前提,因此,霍布斯、洛克、穆勒等思想家在解决现代社会的制度设计中无不涉及财税问题。

从这一思路出发,社会契约在财税问题上具有非常基础性的作用,现代社会税收所强调的三项税收原则,即社会利益原则、税收能力原则和牺牲原则都是建立在社会契约的思想之上,现代社会的税收公正离不开这一基础。社会利益原则是这一原则的直接体现,但是社会个体与国家的契约关系只是一种总体上的原则认定,在实践操作中受制于国家无法获取个体的有效信息,因而转向税收能力原则。税收能力原则离开了社会利益原则,单方指向社会个体,而不约束国家,这与现代社会的正义逻辑相违背,因此,国家对个体能力的衡量需要尊重市民社会与市场经济的完整性,而非破坏或是阻碍。所得税就存在对个人财产权的剥夺,因此,所得税的合理性在于财富的再分配功能,而非作为国家获取财政费用的来源。而牺牲原则是针对税收能力原

则具有过强的国家对财富分配能力,强调对社会成员的负面影响,使得对社会成员的税收能力的衡量和信息的获得不得背离社会契约所确立的基本原则。

但是,中国作为转型社会,在接受社会利益说上存在相当大的困难,排斥社会契约的思想,很大程度上接受的是亚里士多德共和国的思路。在中国的现代化过程中,对于人应该如何发展这一个问题仍未形成清晰的思路:是以古希腊共和国的政治路径还是以亚当·斯密人在经济社会中的发展为思路?而这两条思路代表了城邦国家与民族国家不同的思路。依古希腊共和国与公民的发展路径,自然人思想实属多余,不引入自然人思想是可以的,"政治人"(人是政治的动物)足矣。但如果要采用亚当·斯密的现代社会思路,则引入自然人思想是完全必然和必需的。

现代社会有两种基本的发展路径:一种是政治路径,另一种是市场路径。就政治路径而言,从古希腊以来,"人是政治的动物",公民在共和国中发展就成为共识。民众有发表自己意见和联合发声的自由,这就是言论自由和结社自由,这种意见在社会中汇集,厘选出共同的意见,或是折中的意见,这就是民主和选举;决策者需要为自己的决策承担责任,这就是最终的执行机制。近代的社会契约、民主决策、选举制度都是在这一思路下进行。这一切的基础是"共识"的存在,假如没有"共识",这一套制度的运作就比较麻烦了,就会产生"宪法危机"、社会裂痕,甚至是分裂。就市场路径而言,人在政治中的发展需要以充分的信息为基础,而在民族国家处于陌生人社会的情形下,人与人的信息难以充分沟通,政治作为人的发展的基本路径被舍弃,这是自文艺复兴之后500年西方的历史经验证明了的。[1] 因此,以商品价格作为人与人交流的中介,通过分工与交易来发挥人的才能成了现代社会制度设计的首选。契约社会提供的是人的经济理性不断训练的场所,通过分工与交易,人的能力得以提升。这两条路径都提供了充分的自由选择空间,政治中的民主选举,经济中的意思自治,社会提供的并不是答案,而是过程的支持,这正是现代社会正义的基本特征。"正义"并不是否定社会个体单一的"义",而是给社会的单一的"义"提供足够的空间,并给予足够的支持。这正是现代社会的根本特点和我国法律现代化的方向,是社会和法律正义的核心。

在共和国的条件下,国家的繁荣对社会成员的发展互为因果,成为一体,因此,国家财政在社会整体财富中占据主体具有合理性,但是,霍布斯的"利维坦"国家下,无法证明国家在社会成员的发展中能够占据主导地位,而只能是辅助性的、保障性的作

〔1〕 沈敏荣:《市民社会与法律精神——人的品格与制度变迁》,法律出版社2008年版,第353页。

用,因此,与其功能相对应,国家在社会的财富中不应占据主导地位,这是社会正义的基本要求。社会契约的作用正是在于约束民族国家应该在其提供公共产品的基础上占有社会财富。这一点在目前的税收公平的制度设计中无法产生。

现阶段探讨的税赋公平是指国家征税应使各个纳税人的税负与其负担能力相适应,并使纳税人之间的负担水平保持平衡。税收公平主义(原则)要求税收必须普遍征税、平等课征和量能课税。这种公平正如我们前面所讨论过的,只是税收“能力说”下的产物,脱离了社会契约,税收能力是单向的,无法约束国家的税收行为。这使得我国在确立税收基本立法上存在困境。目前我国的税法体系不完善,许多重要的税收法律仍然缺位。税法作为一国法律体系的重要组成部分,应当具备完整的体系结构,既包括实体法,也包括程序法、组织法。但我国税收法律体系在实体法方面只有个人所得税法、企业所得税法、车船使用税法三部法律,程序法只有税收征管法和一些行政法规,而关于税务工作的组织法还是空白。税收立法层次低,行政化特点浓厚。按照税收法定原则,税收立法权由一国立法机关掌握,而我国税法由法律、行政法规和部分地方性法规组成,主要是以国务院制定的条例为主,税收立法级次低,这不仅影响税法的效力等级,而且影响税法的严肃性、权威性。税法的内容不够科学合理。主要缺陷是:宪法中对于税收基本原则与制度的规定缺失,如税收制度的确定和原则、税收的设定权等;对纳税人权利保护不够,导致在税法上的权利和义务关系不对等。现行税法不严谨,许多重大问题的法律规定简单粗糙,导致在实际工作中有些时候无法可依,有些时候理解多样化,影响实际工作。为了解决这个问题,国务院有关部门制定和发布了大量行政解释。[1]

自从1992年开始启动税收基本法立法工作,全国人大、国务院财政税务等部门、财税界专家学者都进行了深入的研究,税收基本法立法问题的研究逐步深入,已开始对税收基本法研究立法的一些深层次问题进行现实和理论思考,并提出税收基本法的出台目前并不具备条件,较可行的方案是出台税法通则。2006年,由十余所高校的多名财税法专家共同研究起草,制定了《税法通则法(专家稿)草案》,这是学术界税收基本法问题研究的重大成果。之后,由于随着税收基本法立法面临的分歧日益严重,全国人大税收基本法立法工作进度放缓。

正是由于基本法律关系的欠缺,使得税收的设置缺乏足够合理性的支持。如所得税制度,我国1980年开征所得税,计划将所得税作为国家税收的主要来源。但是,

---

〔1〕 申鹏:《中国税收基本立法研究》,财政部财政科学研究所2014年博士学位论文,第42页。

从所得税的产生及其发展路径可以看到,所得税的合理性在于调整社会财富结构,或是在战争期间作为国家的税源,而在和平时期作为主要税源则有悖于市场经济保护个人财产权的原则。但我国的情况正好相反,据2004年国家税务总局公布的数字:2004年中国个人所得税收入1700多亿元,65%源于工薪阶层。而另据财政部的公开数据,2012年中国个人所得税收入5820亿元,其中,工资薪金所得项目收入为3577亿元,占61.4%,2013年,这一数字上升为62.6%。2014年个人所得税7377亿元,同比增长12.9%;2015年个人所得税8618亿元,同比增长16.8%,其中源于工薪阶层维持在65%左右。富人占总人口的20%,但他们上缴的个人所得税还不到国家个人所得税收入的10%。中国的个人所得税渐渐开始被称为"工资税",即上缴人群以工薪阶层为主。这种税收设计及其功能就存在极大的错位。

2011年,我国正式宣布中国特色社会主义法律体系基本形成,但是在一些领域,法律的制定还不够全面,法律的执行还亟待规范,尤其是在关系到公民切身利益的税收领域,还存在许多问题。在财产问题上的不确定性状态是对市场经济制度完善的根本阻碍。表现在税收和税法上,对权利的重视不够,更多地强调效率原则。表现在法律的制定上,就是重视行政部门的权力;法律的内容更多地满足国家机关尤其是行政部门实际操作的需要,法律工具主义思想盛行。导致实际立法工作中,形成了法律服务于部门利益、体现部门利益的格局。因此,强调税赋公平,从现代社会成员与国家发展这一根本主题出发,可以厘清目前我国税收中的问题,寻求解决之道。要解决这一问题,需要借鉴西方、传统和现代经验,对基本概念进行明确界定,这样,才有坚定的思想基础,各家观点才有讨论和争论的坚实基础。但无论如何,我国的现代化是在现代开放的框架下来运行的,因此,必须遵循共同的规律。

首先,社会的发展必须建立在社会成员发展的基础之上。这是自人类社会以来,无数历史经验一再证明了的:个体的强大是社会维持稳定与强盛的基础。忽视或扼杀个体强大的整体强大可能会出现或维持一段时间,但是,就社会或民族的整体发展而言,是不可持续的,甚至是灾难性的。社会的现代性正是体现在个体的发展与社会整体的发展是一致的。[1] 因此,在基本的现代性这一"真理"(道)的认识上是没有问题的,现代性的意义在于促进个人的发展与进步,在于个人自然属性的保持、判断力的提升和实现做人的尊严。

其次,经济社会在近现代的发展也正是为了实现个体发展与社会整体发展的一

[1] 参见沈敏荣:《市民社会与法律精神——人的品格与制度变迁》,法律出版社2008年版,第272页。

致性，这正是市场化改革的真正意义所在。因此，经济社会往往能够在民族国家的层面上更好地展开，在类似于城邦国家的小区域国家，则更多体现出政治社会或公民社会的特点。从人类发展史的角度看，将财富作为人的发展的途径并非最优的选择，财富也可能会遮蔽美德，但是现代民族国家的现实使得这种次优的选择成为社会成员发展的首选，当然这种选择并不意味着财富对美德的排挤就不存在了。因此，在制度设计中，如何防止经济社会对私有财产的侵蚀与市场经济的效率安排具有同等重要性，现代社会对财富的强调意味着社会制度需要在这两种价值取向间取得平衡和统一。由此，在现代经济社会中，对诚信(bona fide)和信义(fiduciary)的强调成为市民法和经济法的最基本的原则，没有这两个基本价值，私法与经济法的运转就会失灵。因此，在立法中，法律的设计必须考虑是否符合这两个核心价值和法律伦理。

最后，法律中正义的产生并非完全基于正义理论，或是基于某一社会阶层的制度设计，需要社会成员、各阶层的发展之“义”的支撑。现代社会的结构是建立在文艺复兴思想基础上的培养社会成员的模式，因此，它强调的不是结果，而是过程，即如何依据不同社会成员的特点而使其自由发展，并使社会成员的发展之“义”呈现多元化倾向。因此，法律的正义一方面在于保障这种多元之“义”的实现，另一方面，需要在这种多元之“义”的基础上，归纳出共同的“公义”或是“正义”，这正是现代法律的使命。这样的社会，才是一个健康的社会。税法三大原则的演进和现代财税制度的设计正是体现这一发展的逻辑路径。在我国的税制改革中，回归正义原则的考量正是解决诸多难点问题的出路。

税法综合研究

儿童投资主基金案:案例评析与司法检思*

褚睿刚**

伴随经济全球化和资本跨境的频繁流动,"聪明的"跨国纳税人更善于利用税收筹划规避国家税收,造成税基侵蚀与利润转移。为更好地应对逃避税,我国在2008年的《企业所得税法》中引入一般反避税条款,在随后的《企业所得税法实施条例》、《特别纳税调整实施办法(试行)》、《关于加强非居民企业股权转让所得税管理的通知》(以下简称698号文)、《关于非居民企业间接转让财产企业所得税若干问题的公告》(以下简称2015年国税7号文)等税法规范中对一般反避税条款予以进一步明确和细化。即便如此,一般反避税系列条款中的诸如"合理商业目的"、实质重于形式原则等具体内容仍存有模糊点,且法规之间存有交叉和冲突,导致其在实践运用中产生诸多争议。本文评析的案例是儿童投资主基金(The Children's Investment Master Fund,TCI)诉杭州市西湖区国家税务局(以下简称西湖区国税局)税务征收案(以下简称儿童投资主基金案),本案被列入最高人民法院行政审判十大典型案例,昭示了人民法院对借境外公司注册成立公司实施资产交易、而实际所得来源为境内的避税行为的态度。笔者选取此案作为评析对象的主要起因在于,一审、二审和再审判决中法院完全采信税务机关的观点而做出判决。鉴于

* 本文原载于《税法解释与判例评注》第九卷。

** 首都经济贸易大学法学院讲师,法学博士。

本案判决的特殊性,本文以判决书为切入点,基于案件整体判决的宏观视角,厘清人民法院的判决思路以及税务机关与纳税人的抗辩思路,分析本案真正的争议内核,以“跳出问题看问题”的研究范式探究案件背后内涵的司法难题。

一、整体视野:欠缺法律论证的法院判决

(一)法律论证之于税务判决的特殊地位

现代社会的日新月异要求政府不断修订旧的法律规范和推出新的法律规范。相比知晓每一部法律法规的变化细节,人们更愿意选择关注身边裁判的案例,从判决书的发现、论证、否定、确定等一系列相互循环论证中知晓每部法律以及法律之间蕴含的法理和适用关系。[1] 基于此,法官理应根据自己对法律的理解及价值观念,在判决书中慎重阐明做出此判决而非其他判决的论证过程,提高公众对判决的可接受性和司法公信力。这一过程即为法律论证的过程。

判决中的法律论证是对司法判决的结论进行论证,通过对判决的依据即法律规范命题和事实命题的论证,以证成判决结果。[2] 毋庸置疑,法律的权威应建立在“以理服人”而不是强权之上,否则法律将变成政府“牵强附会”的“胡言乱语”。科学、合理的法律论证通常不会拘泥于论述的长短,例如,大陆法系国家的法律论证多短小精悍,判例法国家的法律论证则更为细致,甚至可能洋洋洒洒数万言,但“必须仰赖严谨、精细、雄辩的法律说理才能为法律争议的解决提供‘触手可及’的正当性”。[3] 对法律论证的高要求,一方面是因为法律论证是法官运用法律智慧和思维方式作出判决的裁判过程的真实映照,充分的法律论证是法官判决得到认可的重要途径。“法律论证也是阐明法律人自己所认定法律的理由,从而不仅说服自己也说服当事人。如果经过充分的法律论证,也能在公众中树立起法治的信心。”[4] 更为重要的是,法律论证是防止司法专断而对法官提出的职责要求,因为法官不能恣意的背离法律而要遵循法律论证中论证依据的正确性和论证过程的逻辑性。[5]

税法规范的复杂性对税务判决中的法律论证提出了更高要求。依照严格的税收法定原则,税收立法权应由全国人大及其常委会享有。囿于经济发展的需要和机构

[1] 参见张霞:《判决书中的法律论证》,载《政法论丛》2005 年第 5 期。

[2] 参见王晓:《论法律论证的立场:宽容的司法克制主义》,载《法学论坛》2013 年第 2 期。

[3] 参见秦前红、黄明涛:《法院如何通过判决说理塑造法院的权威》,载《国外刑事法制》2012 年第 3 期。

[4] 参见陈金钊:《法治与法律方法》,山东人民出版社 2003 年版,第 224 页。

[5] 参见魏胜强:《法律论证的意义探析》,载《郑州大学学报(哲学社会科学版)》2010 年第 1 期。

自身的困境,全国人大及其常委会授权国务院行使部分税收立法权。我国已形成了以国务院主导税收立法权的税收立法格局。[1] 国务院除行使税收立法权外,同样行使税法解释权。"当下税法解释领域,除立法机关对法律层面的税法规范行使解释权外,国税总局实质上主导了税务行政领域税法规范的解释权,可谓'国税总局解释权'。"[2]从广义上讲,我国税法体系既包括如企业所得税法、个人所得税法等全国人大及其常委会制定的法律,也包括由国务院制定的暂行条例,还包括由国税总局等国务院下属部门发布的解释性文件。其中,由国税总局以"国税〔某年〕某号"形式发布的解释性文件数量最为庞大,发挥重要的实践指导作用。但也因为国税总局繁杂解释性文件与上位法时有冲突,解释性文件内部也常常难以协调。正因如此,在具体税务案件中,法官应理顺上述税法中关涉某一涉税问题的各条款之间的位阶次序、适用关系等法律规范命题,根据涉税客观事实,进行恰当、充分的法律论证,并据此作出公正的裁决,以期为其他纳税人的纳税行为带来正确的司法指引。

(二)本案的法律论证存有缺失

双方当事人的法庭辩论和司法决定形成中的论证是案件审判中法律论证的重要组成部分,[3]这两部分也就成了判决书的主体部分。

本案中,原告 TCI 不服被告西湖区国税局税务行政征收,向杭州市西湖区人民法院提起行政诉讼。西湖区人民法院于 2015 年 7 月 9 日作出判决,驳回 TCI 撤销被告作出的杭国税西通〔2013〕第 004 号《税务事项通知书》等诉讼请求。研读本案一审判决书,我们暂且不关注原告 TCI 与被告西湖区国税局陈述抗辩的具体内容、适用法律是否正确以及论证结论的合理性,而是关注原、被告抗辩及法院作出的判决时所进行法律论证的充分程度。

原告 TCI 以大量的事实陈述和证据提供,逐步推理、证明其转让行为不存在滥用组织形式,转让行为是具有合理商业目的的,主观上也不存在规避中国税收的意图,以此论证"原告出售 cfc 公司股权所获得的股权投资所得完全来源于中国境外的所得,依照中国税法规定,其不能也不应该被征收中国企业所得税"。与之形成鲜明对比,被告西湖区国税局在答辩论证中并未对原告提出的诸多主张进行回击和驳斥,而是简单罗列了其查明的案件事实及应适用的法律法规,要求法院维持被诉的具体行

---

〔1〕 参见易有禄、李婷:《税收法定原则视野下的税收立法权回归》,载《江西财经大学学报》2014 年第 1 期。

〔2〕 参见叶金育:《国税总局解释权的证成与运行保障》,载《法学家》2016 年第 4 期。

〔3〕 参见葛洪义:《试论法律论证的概念、意义与方法》,载《浙江社会科学》2004 年第 3 期。

政行为。原告的起诉论证逻辑性较强，论证证据及抗辩理由充分，被告答辩论证则较为简单、乏力，有避重就轻之嫌。

杭州市西湖区人民法院在判决的法律论证中，除了表述查明的案件事实之外，用大量篇幅具体列明《企业所得税法》第47条、《企业所得税法实施条例》第120条、698号文第6条的法条规定（为一般反避税相关条款），但并未解释具体条款如何适用、各条款之间的逻辑关系等基本法律适用问题，随即完全肯认了税务机关认定的三项事实，最后得出判决结论，认定被告作出杭国税西通〔2013〕004号《税务事项通知书》，其职权、管辖、事实认定、法律适用、行政程序均符合法律法规、规范性文件的规定，原告的诉讼理由不能成立，对其诉讼请求不予支持。

合理的法律论证是构建具有可接受性司法判决最为有效的论证工具，它可以使司法判决获得概念的合理性（使概念模糊最小化）、逻辑的合理性（整体力求连贯一致）、方法论的合理性（质疑能够被消除）等基本品格。[1] 然而，一审法院的上述法律论证并不能消除“不具有合理商业目的”“滥用组织形式”“主要目的”等关键概念的模糊性，论证整体欠缺逻辑性，且不能消除包括原告在内的多数纳税人——当然也包括笔者在内的学者——对相关法律适用、事实认定的疑惑。笔者认为，本案一审判决欠缺合理的法律论证。

TCI不服一审判决，向浙江省高级人民法院提起上诉。在上诉论证中，上诉人TCI认为：(1)一审判决对证据认定不当，错误拒绝采信上诉人在一审提供的证据；(2)一审判决中查明的事实不完整、不清晰，忽略了有利于上诉人且有充分证据证明的事实；(3)一审判决依据税务机关认定的三项事实，从而直接同意税务机关的观点，所作判决证据不足；(4)一审法院没有将法律法规与案件事实对比、判断，适用法律法规错误；(5)一审法院无视上诉人在庭审过程中发表的庭审意见及庭后提交的书面意见，而仅就上诉人的起诉书内容作分析。概括而言，上诉人认为一审判决认定事实不清，证据不足，适用法律、法规错误，过于简单地驳回了上诉人的诉讼请求，要求撤销一审判决，依法改判，判令撤销被上诉人杭国税西通〔2013〕004号《税务事项通知书》。

杭州市西湖区国税局答辩论证时，虽然提出一审判决证据认定正确、一审法院认定事实清楚、一审判决适用法律正确、一审裁判制作合格、本案上诉人诉请与国家税

---

〔1〕 参见张继成：《可能生活的证成与接受——司法判决可接受性的规范研究》，载《法学研究》2008年第5期。

收主权能否维护直接相关五项答辩理由,但上述答辩较为笼统,实质内容与一审法律论证并无二致,并未具体回应上诉人提出的多项内容。二审法院的法律论证存在同样问题,未对上诉人提出的上诉理由予以回应,依照税务机关的认定事实,进一步肯定了被上诉人西湖区国税局经层报国家税务总局审核后作出的《税务事项通知书》,判决驳回上诉,维持原判。

二、局部视野:税务机关与儿童投资主基金的论证逻辑

税务案件司法审判中,法院完全采信或基本采信税务机关的认定事实的情况并不少见,特别是在我国法院体系中并未设立税务法院和税务法庭,人民法院内部缺少专业的税务人士的情况下。探究其中深层的原因,还需回归税务机关与 TCI 各自的论证逻辑,找到核心争论点。

(一)基本案情回顾

儿童投资主基金注册于开曼群岛,于 2005 年 11 月 10 日通过股权转让和认购新股的方式取得了公司 Chinese Future Corporation(以下简称 cfc 公司)的 26.32% 的股权。其中,cfc 公司同样注册于开曼群岛,持有香港国汇有限公司(以下简称香港国汇)100% 股权,而香港国汇又持有杭州国益路桥经营管理有限公司(以下简称杭州国益路桥)95% 的股权,杭州国益路桥则拥有杭州绕城高速的收费权益。2011 年 9 月 9 日,TCI 将 cfc 公司的 26.32% 的股权转让给 Moscan Developments Limited 公司(以下简称 MDL 公司),转让价格为 2.8 亿美元,TCI 同时向 MDL 公司收取利息约合 380 万美元。除 TCI 转让之外,cfc 公司其余 73.68% 的股权,也由相关方以直接和间接方式转让给了 MDL 公司。其中,MDL 公司注册于英属维尔京群岛,系联交所上市企业、注册于百慕大的"新创建集团有限公司"的附属公司。

2011 年 9 月 30 日,TCI 按照 698 号文将这笔交易报告西湖区国税局。西湖区国税局调查后认定该股权转让行为,属于滥用组织形式间接转让中国居民企业股权,且不具有合理商业目的,应依法申报缴纳企业所得税。西湖区国税局将调查结果层报国家税务总局,总局批复同意对该交易重新定性,即认定 TCI 等境外转让方转让 cfc 公司和香港国汇,从而间接转让杭州国益路桥股权的交易不具有合理商业目的,属于以减少我国企业所得税为主要目的的安排,在税收上否定 cfc 公司和香港国汇的存在。2013 年 11 月 12 日,西湖区国税局作出杭国税西通〔2013〕004 号《税务事项通知书》,认定转让所得约 1.73 亿美元,要求折合成人民币、按 10% 的税率计算缴纳企业所得税。TCI 不服该行政征收,遂出现前文论及的一审、二审和再审判决。

（二）税务机关的论证逻辑

案件管辖权问题，TCI注册于开曼群岛，是我国《企业所得税法》上的非居民企业。根据《企业所得税法》第2、3条的规定，TCI在我国承担有限纳税义务，仅就来源于我国境内的所得进行纳税。同时，根据《企业所得税法实施条例》第7条规定，权益性投资资产转让所得按照被投资企业所在地确定。TCI转让的cfc公司26.32%的股权属于权益性投资，被投资企业所在地为开曼群岛，不属于源于我国境内的所得。因此，单从公司架构的形式上来看，TCI不因该转让行为在我国缴纳企业所得税。

然而，《企业所得税法》引入了一般反避税条款，即第47条规定："企业实施其他不具有合理商业目的的安排而减少其应纳税收入或者所有额的，税务机关有权按照合理方法调整。"其中，不具有合理商业目的是指以减少、免除或者推迟缴纳税款为主要目的。[1] 698号文又进一步明确适用非居民企业股权转让适用一般反避税条款的情况，即如果境外投资方（实际控制方）通过（1）滥用组织形式等安排间接转让中国居民企业股权，（2）且不具有合理的商业目的，（3）实际上产生了规避企业所得税纳税义务的结果，同时具备上述三个条件的，主管税务机关可以层报税务总局进行审核后，可按照经济实质对该股权转让行为重新定性，否定被用作税收安排的境外控股公司的存在。

税务机关主要认定下述事实：（1）境外被转让的cfc公司和香港国汇仅在避税地或低税率地区注册，不从事制造、经销、管理等实质性经营活动；[2]（2）股权转让价主要是取决于对中国居民企业杭州国益路桥的估值；（3）股权受让方对外披露收购的实际标的是杭州国益路桥的股权。基于上述事实，税务机关认定TCI等境外转让方转让cfc公司和香港国汇，从而间接转让杭州国益路桥股权的交易不具有合理商业目的，属于以减少我国企业所得税为主要目的的安排。因此，税务机关有权依照一般反避税系列条款的相关规定对该股权转让行为重新定性，即类似于税收协定中的"穿透原则"，视为cfc公司直接转让杭州国益路桥股权，对该转让行为我国具有税收管辖权，应当对其征收企业所得税。

---

〔1〕《企业所得税法实施条例》第120条。

〔2〕根据《关于如何理解和认定协定中"受益所有人"的通知》（国税函〔2009〕601号）对收益所有人的规定，认定导管公司不构成受益所有人，导管公司是指通常以逃避或减少税收、转移或累积利润等为目的而设立的公司。这类公司仅在所在国登记注册，以满足法律所要求的组织形式，而不从事制造、经销、管理等实质性经营活动。判决中双方多次就是否从事"制造、经营、管理等实质性经营活动"进行辩论即沿用了此规定。

（三）TCI 的论证逻辑

税务机关上述论证逻辑贯穿于该案的一审、二审和再审中，人民法院完全采纳了税务机关的观点。换言之，人民法院的法律论证与税务机关的论证逻辑完全相同。TCI 在案件审理过程中不断提出证据和质疑，试图证明其转让行为并非以“减少、免除或者推迟缴纳税款为主要目的”，转让行为具有合理商业目的。

TCI 的核心论证主要围绕三个方面进行。

其一，cfc 公司以及香港国汇的存在并非滥用组织形式：(1) cfc 公司具有自己的经营管理活动，发行了 2.25 亿美元的债券，实施了债券发行、维持债券上市、债券评级、审计、抵押品托管、支付债息等管理活动，除发行债务外，一直致力于境外首次公开股票发行、寻找投资项目、降低运营成本等工作，且配备了相应的人员、办公场所、设备。同时，cfc 公司对外签署了很多境外合同，对合同的相对方承担了相应的义务，cfc 公司每年均出具审计报告，并非一家空壳公司。(2) 香港国汇也是配备了相应人员、办公场所、设备，行使管理职能的公司，且在 2004 以前主要从事房地产投资业务，其设立不以避税为主要目的。(3) 原告作为 cfc 公司的股东所持股权的价值并不仅仅取决于项目公司的收益，还包括 cfc 公司在新加坡证券交易所发行了 2.25 亿美元的债券，同时每年需要支付 2700 万美元的利息。

其二，交易中所做的税收安排具有合理的商业目的：(4) 香港国汇的设立具有实质意义，因为 TCI 无法直接投资于杭州国益路桥，香港国汇持股杭州国益路桥的架构是当时的国内政策法律决定的，国家发改委、交通部、商务部的批复均由香港国汇作为收购主体，且不得转让；(5) cfc 公司的设立是为了发债筹资，具有实质的经济意义；(6) 香港国汇转让杭州国益路桥的股份，需要取得小股东杭州国叶公司的同意，且需经交通部等部门的审批，因此，由香港国汇直接转让杭州国益路桥股权，需要额外付出巨大的商业成本，不具商业合理性；(7) cfc 公司名下的全部资产已质押给债权人，在法律上未经债权人同意不得转让。如果由 cfc 公司对债权人全部清偿后再由香港国汇转让杭州国益路桥股权，将付出额外巨大的商业成本，也不具有商业合理性。

其三，不存在逃避税的主观意图：(8) 香港国汇、cfc 公司的设立时间早于 2004 年，TCI 对 cfc 公司的出资到位是 2005 年，而 698 号文颁布于 2009 年，TCI 设立时不可能预见 698 号文的颁布和适用，因而不存在故意避税的意图；(9) 间接股权转让不是一个法律交易行为，而是一个事实后果，尽管客观上获得了税收利益，但转让行为不是为了税收利益，而是为了实现法律上唯一允许且商业合理的行为。

三、核心争点:非居民企业财产转让的避税认定

税务机关特别是国税局的批复尤为强调中间组织架构的经营实质、交易标的的实质、交易目的的实质三个问题,[1] TCI 同样围绕上述问题答辩论证,究其原因,满足 698 号文第 6 条规定的三个要件是非居民企业股权转让适用一般反避税条款的前提条件。其中,“合理商业目的”的判定以及实质重于形式原则应如何适用是一般反避税中最为关键环节,[2] 也是本案的核心争点。

(一)本案适用的反避税文本检视[3]

我国借鉴域外反避税立法经验,于 2008 年在《企业所得税法》中引入一般反避税条款。作为兜底性的补充性条款,一般反避税条款的主要目的在于打击和遏制以规避税收为主要目的,其他反避税措施又无法涉及的避税行为。由于实践中一般反避税的复杂性,一般反避税条款仅为概括性描述,如何施行还需进一步法律解释。由于行政解释权的自由裁量,一般反避税条款衍生出了一系列下位条款。因此,为厘清该核心争点,给予案件客观的法律评价,首先必须回归一般反避税系列条款之间的逻辑关系,解决法律如何正确适用这一前置问题。对于本案可适用的条款,可见表 1。

表 1　本案可适用的条款梳理

文件名称及时间	制定者	条文列举
《企业所得税法》第 47 条(2008 年 1 月 1 日实施)	全国人民代表大会	企业实施其他不具有合理商业目的的安排而减少其应纳税收入或者所得额的,税务机关有权按照合理方法调整
《企业所得税法实施条例》第 120 条(2008 年 1 月 1 日实施)	国务院	《企业所得税法》第 47 条所称不具有合理商业目的,是指以减少、免除或者推迟缴纳税款为主要目的

[1] 参见赵国庆:《离岸的迷思——最高法院再审“儿童投资主基金”案述评》,载微信公众号“税里税外”2017 年 7 月 24 日,http://mp. weixin. qq. com/s/Ny2Cp_jN3ZKQpplaDQsJDQ。

[2] 参见延峰等:《“不具有合理商业目的”的判定及应对》,载《中国税务》2015 年第 3 期。

[3] 2009 年国税函 698 号文的相关条款已经由《关于非居民企业间接转让财产企业所得税若干问题的公告》(国税〔2015〕7 号文)中部分条款取代,但本案只适用前者规定,因此依然前者依然是本文的分析重点。

续表

文件名称及时间	制定者	条文列举
《新企业所得税法精神宣传提纲》（国税函〔2008〕159）第39项（2008年2月5日）	国税总局	一般反避税条款规定对不具有合理商业目的的安排进行调整，是指税务机关有权对以减少、免除或者推迟缴纳税款为主要目的的安排进行调整。不具有合理商业目的的安排通常具有以下特征：一是必须存在一个安排，即人为规划的一个或一系列行动或交易；二是企业必须从该安排中获取“税收利益”，即减少企业的应纳税收入或者所得额；三是企业获取税收利益是其安排的主要目的。满足以上三个特征，可推断该安排已经构成了避税事实
《特别纳税调整实施办法（试行）》（国税发〔2009〕2号）第92、93条（2009年1月8日）	国税总局	第92条：税务机关可依据《企业所得税法》第47条及《企业所得税法所得税法实施条例》第120条的规定对存在以下避税安排的企业，启动一般反避税调查……
		第93条：税务机关应按照实质重于形式的原则审核企业是否存在避税安排，并综合考虑安排的以下内容……
2009年国税函698号文第6条（2009年12月20日）	国税总局	[条款失效]境外投资方（实际控制方）通过滥用组织形式等安排间接转让中国居民企业股权，且不具有合理的商业目的，规避企业所得税纳税义务的，主管税务机关层报税务总局审核后可以按照经济实质对该股权转让交易重新定性，否定被用作税收安排的境外控股公司的存在

注：上述法律文本适用于《一般反避税管理办法（试行）》公布以前，即2015年2月1日之前。

《企业所得税法》认定一般反避税可拆分为三个要件：企业实施了一个安排，即客观事实要件；这项安排不具有合理商业目的，即主观要件；减少了应纳税收入或者所得额，即结果要件。如果企业的一项安排“不具有合理商业目的”，税务机关即可认定该项安排是避税行为。但是该条规定的过于原则和抽象，并不能为税务机关的避税认定和纳税人的纳税行为的自我审查提供准确的标准。“不具有合理商业目的”作为一种主观要件较难把握，因此实施条例又对“不具有合理商业目的”进行了解释，即是以减少、免除或推迟纳税为主要目的。然而，实施条例不仅没有解释清楚何种情形属于“不具有合理商业目的”，又引出“主要目的”的判定标准这一新的问题。虽然国税总局在《新企业所得税法精神宣传提纲》中以特征列举的方式解释“不具有合理商业目的的安排”所具有的特征，但实际效果欠佳，并不能解决上述问题。

为了使一般反避税的认定标准特别是“不具有合理商业目的”“主要目的”的判定标准更加清晰，《特别纳税调整实施办法（试行）》第92条规定了五种反避税需要重点关注的对象，即滥用税收优惠、滥用税收协定、滥用公司组织形式、利用避税港避税和其他不具有合理商业目的的安排。在进入反避税调查后，我国又引入了实质重于形式原则,即该法第93条,在认定企业是否存在避税安排时要综合考虑安排的形式和实质、安排定立的时间和执行期间、安排实现的方式、安排各个步骤或组成部分之间的联系、安排涉及各方财务状况的变化和安排的税收结果。换言之,一项安排是否构成避税安排应该由实质重于形式原则来判定。由此带来的问题是,"不具有合理商业目的"和实质重于形式原则何者为确定一项安排是否属于避税安排的最终标准。

698号文第6条似乎对上述问题进行了重新明确,但该法律文本是为了解决非居民企业间接转让财产企业所得税征收中的若干问题。也就是说,698号文不能想当然的适用于其他类型的一般反避税问题。本案属于非居民企业间接转让财产,理应适用。其第6条可拆分为以下要件:(1)存在滥用组织形式等安排;(2)存在间接转让中国居民企业股权;(3)该转让不具有合理商业目的;(4)产生了规避企业所得税纳税义务的后果;(5)满足前项四个条件的可以以实质重于形式原则对交易重新定性,否定被用作税收安排的境外控股公司的存在(穿透规则)。由此而言,在非居民企业间接转让财产问题上,"不具有商业目的"是认定避税行为的前置要件,实质重于形式是对交易重新定性的依据。换言之,在避税行为的定性上,实质重于形式原则并非必要。在本案中无论是税务机关、法院还是儿童投资主基金在论证中都忽视了实质重于形式原则。"不具有合理商业目的"与实质重于形式原则之间的关系真的如上述所言吗?

(二)域外一般反避税的立法实践

一般反避税条款中存在概念模糊、逻辑关系混乱、适用标准不明确等问题导致税务和司法机关在处理一般反避税案件时存在较多争议的关键所在。域外不少国家和地区已引入一般反避税条款,为回应上述难题提供极佳的借鉴。

《澳大利亚所得税法》第177条为一般反避税条款,是澳大利亚税制中最为重要的反避税法规。其第177条规定,避税行为的认定必须满足四项基本要件:(1)纳税人必须实行某一行为、协定、安排等;(2)纳税人必须从中获得税收收益,税收收益是指应税收入的降低;(3)时间范围,即行为发生在1981年5月27日以后;(4)考虑各项因素后,经过合理推断证明纳税人将获得税收收益作为其单纯或主要目的。[1]

借鉴澳大利亚的立法经验,我国香港地区于1986年在《税务条例》中引入第61A条。该条为一般反避税的重要依据,其适用必须满足三个要件:(1)存在一项交易;

〔1〕 参见张军立、李霞:《新〈企业所得税法〉的一般反避税条款再审视》,载《河北法学》2010年第9期。

(2)获得了税项利益;(3)该交易的唯一或者主要目的是获得税项利益。[1] 其中,税项利益是指对纳税的规避或延期,或者导致税额的减少。[2] 而“唯一或者主要目的”作为一种主观标准较难判断,第61A条列出7项因素作为客观衡量的标准,法院或者税务机关在权衡这些要素后作出客观结论,具体包括:(1)交易的方式;(2)交易的形式及实质;(3)交易已达成结果或可达成的结果;(4)该项交易给当事人的财政状况带来或可能带来的变化;(5)该项交易带来的与当事人相关联人士的或可能带来的财政状况变化;(6)该交易是否已产生某些权利或义务,而这些权利或义务通常不会在为了各自利益而作出该交易的人之间产生;(7)非香港营业或居住的法人团体对该交易的参与情况。对“唯一”较容易理解,对“主要目的”则较难判定。香港税务机关认为,主要目的的确定应该进行一种近乎可以量化的比较,当税收动机大于非税动机时即构成“主要目的”,适用第61A条。[3]

德国的一般反避税条款规定在《德国租税通则》第42条,即纳税人存在滥用法律形式而规避税收的,构成避税行为,应当依照经济事件相当的法律形成成立租税请求权。滥用法律形式的构成要件是,其一,存在不当的法律形式;其二,使纳税义务人或第三人获得租税利益。同时规定排除因素,即如果纳税义务人能够证明选择的形式具有在整体关联上有重大的税收目的之外的理由的,不适用上述规定。[4]

法国《税收程序法典》、西班牙《税法总则》以及我国台湾地区的“税捐稽征法”等都引入了一般反避税条款,为大陆一般反避税的立法建构提供宝贵的立法参照。概括起来,各种一般反避税条款对诸如“税收利益”“滥用”等相关概念作出明确,降低条款规定的模糊性和过于原则化;约定了一般反避税的适用情形,用于解释何种情形的交易或安排适用一般反避税规则;具体化一般反避税条款的判定标准及参考因素,使得避税的判定更加客观;建立一般反避税条款的除外规则,即纳税人在特定情况下从事的安排、交易等存在合理目的、重大正当事由,或者不以获取税收利益为主要或唯一目的,则可免于避税调整。[5]

(三)一般反避税条款适用要件认定

目前,有不少学者已就一般反避税条款适用要件认定问题进行研究。本文持有

---

〔1〕 Cap112,s61A(1).

〔2〕 Cap112,s61A(3).

〔3〕 参见许炎:《香港一般反避税规则简述》,载《国际税收》2013年第4期。

〔4〕 参见《德国租税通则》,陈敏译,台北,台湾“司法院”2013年版,第65页。

〔5〕 参见王宗涛:《一般反避税条款研究》,法律出版社2016年版,第188~191页。

的观点是,"不具有合理商业目的"的判定是一种主观标准,原因在于它要求判定企业的税收利益是否为唯一或主要目的。主要目的的判定存在一定的争议,如避税目的比其他任何一种目的大即可认定,还是避税目的要比其他所有目的之和要大即可认定?虽然这种量化的方式值得借鉴,但实践中比如竞争利益、资金撤出目的等商业利益以及其他非商业目的却是难以准确量化。在争议依然无法避免的情况下仍然要坚持具体问题具体分析。[1]

"不具有合理商业目的"作为一种主观判定标准,在实践中较难把握,因此衍生出了实质重于形式原则,作为反避税判定的客观标准。虽然从各国和地区的立法实践中来看,避税认定主要存在主观思路和客观思路两种,[2]但是从纳税人权利保护角度考量,既然我国一般反避税中同时引入了两个标准,且并未注明适用先后,如果择一认定避税,明显不利于纳税人。[3] 因此,避税认定应坚持主客观相统一原则,其中,主观目的不能与客观行为等同视之,客观行为因具有客观性应作为认定避税的主要标准,主观标准作为排除性标准。即纳税人只要能够证明其交易是以非税目的为主要或者唯一目的,即可免于纳税调整。[4] 当然,主观标准通常只隐藏于纳税人内心,同样需要依赖于客观的行为进行推断。

回归到案件中,根据《特别纳税调整实施办法(试行)》第93条的规定,对于客观方面应综合安排的形式和实质、安排定立的时间和执行期间、安排实现的方式、安排各个步骤或组成部分之间的联系、安排涉及各方财务状况的变化和安排的税收结果进行判断。TCI形式上是转让cfc公司的股权,作为非居民企业,该转让行为不应在我国缴纳企业所得税。然而,cfc公司百分之百控股香港国汇,香港国汇控股杭州国益路桥95%的股权,实质上是转让了杭州国益路桥的股权。相比于直接转让,间接转让股权规避掉了在中国的缴纳所得税的义务。依据实质重于形式原则,TCI在我国负有纳税义务,除非能够证明其交易行为不构成避税从而免于纳税义务,需要证明其交易非以税收利益为主要或者唯一目的。

从公司的设立时间来看,中间层公司香港国汇和cfc公司的设立时间分别为1997年和2005年,远比2011年转让行为的时间早,在cfc公司成立的同时杭州国益

---

〔1〕 参见熊伟、王宗涛:《一般反避税立法思辨》,载《国际税收》2013年第4期。

〔2〕 参见王晶:《一般反避税条款之立法分析》,北京大学2004年硕士学位论文,第26~29页。

〔3〕 参见汤洁茵:《〈企业所得税法〉一般反避税条款适用要件的审思与确立》,载《现代法学》2012年第5期。

〔4〕 参见王宗涛、陈涛:《试析我国避税认定标准与方法》,载《国际税收》2014年第6期。

路桥得到批准受让杭州绕城高速公路的收费经营权,印证了如此设置架构是当时的国内政策法律决定的说法;从公司的经营内容来看,cfc 公司承担发行债券、签订合同等一系列活动,香港国汇 2004 年以前主要从事房地产投资业务。由此看来,cfc 公司与香港国汇并非典型反避税案件中的空壳公司,其设立和转让非税目的为主要或者唯一目的。当然,一般反避税认定本身就是一个"具体问题具体分析"的不确定性极强的认定标准,不同利益主体立于自己的基本立场可能得出不同的结论。然而,在案件辩论中,TCI 以充分的事实证据论证自己的观点,相反税务机关避重就轻并未直接对其回应,而是用模糊的法律论证仓促应对,我们至少可以得出下述判断:仅依据判决中税务机关和法院的法律论证,认定该交易安排是以税收利益为唯一或主要目的的避税行为缺乏足够的说服力。

四、司法检思:法院在税务诉讼中的角色定位

在反避税领域,受控外国公司、转让定价等特别反避税措施针对的是特定的反避税行为,运行规则确定性较强,而一般反避税条款作为兜底性反避税措施,在使用时往往具有极强的不确定性。如前文论及,无论是"合理商业目的"的判断还是"主要目的"的认定,都要依据案件证据具体问题具体分析。税务机关往往具有极大的自由裁量空间,一般反避税认定陷入"既是运动员又是裁判员"的"泥潭"。鉴于此,法院更应在税务诉讼中明确自己的角色定位,代替税务机关成为一般反避税案件的"裁判员"。

(一)税务诉讼的司法去行政化

司法裁判权是管理者惩罚犯罪、解决个人纠纷的权力,它与立法权、行政权并立,包括颁布法律的权力、执行这种公众决定的权力以及审判案件的权力。[1] 无论是"三权分立"学说抑或近现代分权理论,司法与行政分化是历史的必然,司法机关依法独立审判得到宪法的确立。然而,司法实践往往按照行政化模式运行,行政化弥漫在司法体制中。税务诉讼中,司法行政化现象尤为严重,本案中的法院判决即为明证。最为明显的现象是,一审、二审和再审的判决中,法官并未列明自己的法律论证过程,而是直接依照税务机关认定的事实及论证逻辑进行审判,无论是对"合理商业目的""主要目的"的判断还是税法的适用逻辑都没能给出令人信服的认定结论。

税务诉讼中,司法去行政化是法官担任好裁判角色,限制税务机关的自由裁量

---

〔1〕 参见[法]孟德斯鸠:《论法的精神》,许明龙译,商务印书馆 2016 年版,第 211 页。

权,践行纳税人权利保护和公平纳税之税法至高宗旨的基本前提和重要保障。一方面,税收争议的两端多为纳税人私人财产权和国家公共财政。地方政府,包括国家税务机关,往往会站在维护国家财政收入和各级地方政府财政收入角度参与诉讼。因此,在宏观层面,应坚持贯彻司法体制改革,弱化行政部门的司法干预,保障人民法院依法行使独立审判权"不受行政机关、社会团体和个人的干涉"是税务司法去行政化的根本途径。另一方面,税法具有专业性、复杂性等特征,税务案件对法官提出了较高的专业素质要求。我国并未设置税务法院、税务法庭等专门从事税务纠纷处理的司法机构,法官多不具备专业的税法知识,法院中也相应的税务专职人员与其配合,由此而致的是法官可能需要咨询税务机关以对案件事实进行判断,出现"裁判员向运动员询问规则"的奇怪景象。在微观层面,税务司法去行政化的一个重要方向是提升司法部门的税务专业素养,法官能够依照对案件中的税法规范命题和实施命题的独立判断,作出符合"自由心证"的公正判决,而不是依赖于税务机关的行政判断。

(二)司法基本立场:国库主义抑或纳税人主义

税法伴随经济生活的多元化而趋于复杂。由于立法技术的局限性,立法者借助税法条文的表述常常不能充分表达其立法思想,抑或语言表达带有歧义而被纳税人误解。为缓解此问题,税法解释应运而生。就解释主体而言,立法机关予以税法解释的正当性自不待言,行政机关即税务部门因是税法执行者,更为贴近税务实践,已经成为税法解释的重要主体。[1] 然而,税务机关同样是征纳关系的主体,由其解释税法容易侵损纳税人权利,有违公平原则。因此,需要司法解释作为税务行政程序关系中的最后一道防线,扮演限制行政解释的"看门狗"角色。在税务争讼中,司法机关作出判决的过程就是司法解释的过程,作为税务机关纳税调整权之检视工具[2]理应站在中立角度对税法规范和事实作出公正裁决。就个案而言,纳税人私人财产与国家财政之间互为增减关系,一方的增加或减少必然伴随另一方的减少或增加。因此,司法机关即便秉持公正审判的基本立场,在进行解释税法时也不得不面对"对国库有利"还是"对纳税人有利"的两难选择,此即税法解释的两种典型立场。

通常理解,国库主义即指在税法解释时将国库收入利益作为优先考虑的对象,纳税人主义则恰恰相反,解释机关更多的是将纳税人利益作为优先考虑的对象。当然,两种解释并非泾渭分明,水火不容,解释机关在税法解释时不可能仅站在一方利益主

---

〔1〕 参见叶金育:《国税总局解释权的证成与运行保障》,载《法学家》2016年第4期。

〔2〕 参见叶珊:《一般反避税条款适用之关键问题分析》,载《法学》2013年第9期。

体视角而完全忽视另一方利益。[1] 税法是税务部门行使征税权的依据,即"征税之法",是保障纳税人基本权利、旨在防止征税权滥用的"权利之法"。[2] 虽然国库主义与纳税人主义并无严格界限,在适用中也无优劣先后之分,在案件事实真伪不明或税法过于模糊不清无法确认纳税人的纳税义务之时,偏向于纳税人主义的司法解释更符合民主和法治国家的根本精神。当然,将两种解释规则不能随意运用,在实践中要恪守严格的条件和位阶要求,遵循法律解释的普适性规律。

在本案中,法院明显站在国库主义立场解释和适用税法。判决书中的部分文字表述即为明证。例如,二审判决中税务机关提及"本案上诉人诉请与国家税收主权能否维护直接相关";再审判决书中论及"本案事关税收法律法规和政策的把握,事关如何看待中华人民共和国税务机关处理类似问题的基本规则和标准,事关中国政府涉外经贸管理声誉和外国公司与中国公司合法权益的平等保护",因此维持原审生效判决。值得注意的是,再审判决由最高人民法院作出,代表我国家最高司法机关对类似税务案件的最终司法态度。笔者认为,在缺乏严密的法律论证逻辑的前提下,盲目站在国库主义立场作出极具争议的判决是不恰当的。当然,在全球范围各国都在积极应对税基侵蚀和利润转移问题的当下,当政者基于国家主权、国家税基保护等国家战略利益立足于国库主义立场解释税法无可厚非,但仍然要"恪守和满足其特有的条件和序位,又要遵循法律解释的普适规律",[3] 方能契合税收法定,助推中国法治建设。

---

〔1〕 参见叶金育:《税法解释中纳税人主义的证立——一个债法的分析框架》,载《江西财经大学学报》2017年第4期。

〔2〕 参见[日]北野弘久:《税法学原论》,陈刚、杨建广等译,中国检察出版社2001年版,第18页。

〔3〕 叶金育:《税法解释中纳税人主义的证立——一个债法的分析框架》,载《江西财经大学学报》2017年第4期。

论美国税法溯及力的司法审查规则*

——以联邦最高法院对溯及性税收立法的审查为基础

贺　燕**

摘要：美国联邦最高法院适用正当程序原则，对具有正当目的且溯及方式合理的税收法案给予合宪性确认。具体审查时，区分税收的性质、是否溯及开征新税、溯及对纳税人行为的影响、溯及的时间等具体情形判断税法溯及合宪与否。本文系统梳理了美国联邦最高法院的判例法规则，落脚我国税法溯及力的法律和实践现状，从明确法律依据、规范执行性和解释性法规文件溯及等角度，提出完善思路。

关键词：溯及既往　税法溯及力　信赖利益　正当程序原则

一、引言

我国绝大多数税法学者主张税法不溯及既往原则，只是对其理论依据有不同的表述。[1] 但税法何时可以例外地溯及既往，各家持不同观点。[2] 我国《立法法》第93条规定，"法不溯及既往，但为了更好地保护

---

* 本文原载于《税务研究》2019年第1期。收入本论文集时，作者根据最新研究适当扩展和补充。

** 首都经济贸易大学法学院副教授，法学博士，财政学博士后。

〔1〕 如认为税法不溯及既往是税收法定的当然内容，杨小强：《税法总论》，湖南人民出版社2002年版，第273页。或认为是为维护法的安定性与可预测性，熊伟：《法治财税：从理想图景到现实诉求》，载《清华法学》2014年第5期。

〔2〕 如是税法适用原则还是立法原则，对于何时可以溯及，典型的观点是"不利溯及禁止、有利溯及允许"，或者"程序从新，实体从旧"。

公民、法人和其他组织的权利和利益而作的特别规定除外。"[1]该条虽位于第五章“适用与备案审查”章节,但从条文表述看,应并不限于是特定案件中法的适用规则,而可作为法律溯及实施的例外规则。如果从《立法法》第93条进一步追问,何种情况属于“更好地保护公民、法人和其他组织的权利和利益?”是否在保护“公民、法人和其他组织的权利和利益”之外,因追求特定公共利益或者其他正当目的而有溯及的必要性存在?

本文试图以美国联邦最高法院的判例为观察视角,比较研究美国有关溯及性税收法案的审查规则,以期对完善我国税法溯及力的规则有所借鉴。有关税收法案的溯及力,美国法律层面并没有明确规定,但司法审查制度下有大量的判例,时间跨度上百年。本文通过正向概括和列举得到联邦最高法院认可的税法溯及情形,反向对比被联邦最高法院宣布违宪的税法溯及情形,以提供一个比较全面的样貌。

二、美国对溯及性税收法案的司法审查依据

如果将税法溯及分为三种类型,生效时间早于发布时间、对发布之前的行为溯及适用以及隐性溯及既往,本文主要关注前两种溯及。[2] 在美国的立法史上,国会在经济和行政领域(包括税收),通过溯及生效(生效时间早于发布时间)或溯及适用(对发布之前的行为溯及适用)的法案的情形,虽然称不上随处可见,但也并不鲜见,溯及的合宪性受到联邦最高法院认可的,为数众多。不同法律的审查规则会有所差异,具体到税法领域,美国联邦法院对溯及性税收法案的审查,到底适用何种审查依据呢?

(一)“税法”不得溯及既往?

1787年美国《宪法》第1条第9节规定,“国会不得通过追溯既往的法律”,就此,美国宪法确立了法不溯及既往原则(ex post facto)。法不溯及既往原则也符合我国学界对税法溯及力的基本认知。美国宪法并没有规定该原则的适用范围,也没有明确是否一切溯及既往的法律均应归于无效,联邦最高法院则通过司法解释,限缩了法不溯及既往原则的适用范围。早在1789年的Calder v. Bull案[3]中,美国联邦最高

[1] 《税收规范性文件制定管理办法》第13条也有类似的规定。该条规定“税收规范性文件不得溯及既往,但为了更好地保护相对人权益而作的特别规定除外。”

[2] 参见翟继光:《论税法中的溯及既往原则》,载《税务研究》2010年第2期。因任何新法都有一定的溯及效果,需要在更广的框架下讨论第三种溯及,本文主题所限暂不涉及。

[3] Calder v. Bull,3 U. S. 386(1798).

法院就判定，宪法所禁止的溯及法律是指不利于刑事被告人的事后刑事法。自此，美国联邦最高法院确立了，法律不溯及既往原则只在刑事领域发挥作用，并不是税法上的原则，除非一项溯及性的课税实际有刑罚的效果，才可能因违反该原则而无效。[1] 联邦最高法院在2003年的判例[2]中还明确，判断一个法案是否违反禁止溯及既往原则，首先需要对法案是民事还是刑事进行区分界定。[3]

法不溯及既往原则不适用于税法领域，但并不是说美国立法机关通过的溯及性税收法案不受任何制约，因为联邦宪法上有其他的条款能制约溯及立法。

(二)"正当程序原则"作为最主要的审查依据

对于国会通过的溯及性税收法案，理论上来说，征收条款、[4]契约条款、[5]正当程序原则等都有可能作为认定某项溯及的税收法案违宪的依据，从判例法实证角度看，美国联邦最高法院主要是基于《宪法第五修正案》确定的正当程序原则(Due Process of law，也被称为正当法律程序原则)来对溯及性的税法进行违宪审查。

正当程序原则，可以追溯到英国1215年的《大宪章》，此后得到很多国家的接纳，主要适用于刑事程序和行政程序。美国《宪法第五修正案》[6]规定，未经正当程序，任何人不得被剥夺生命、自由或财产。在《宪法第五修正案》通过之初，美国的正当程序原则是指行政机关未经法律的授权，不得剥夺任何人的权利，在剥夺任何人的权利之前，应给予其程序保障(包括陈述、控告和陪审团审理等)。根据这种理解，该原则旨在用程序保护公民权利，对执法过程中公权力的行使从程序上予以规范。[7] 但20

[1] 不仅如此，美国法院认为行政处罚也不等同于刑事处罚，并不当然地适用法不溯及既往原则。

[2] See, Smith v. Doe, 538 U. S. 84 (2003).

[3] 诚如我国学者所概括的，美国禁止溯及既往在刑法领域有绝对性，在民事和行政领域具有相对性。欧爱民：《论法律不溯及既往原则宪法适用的技术方案》，载《法商研究》2008年第3期。

[4] 美国《宪法第五修正案》规定，私人财产未经公正补偿，不得被征收用于公共目的。但如下文所述，美国法院税收并不属于"征收"，除非某项名义上的"税收"实际上构成"征收"。

[5] 即各州立法不得损害在先的合同义务。但一般认为，对根据合同取得的收益征税，并不损害合同本身。See Frederick A. Ballard, Retroactive federal taxation, 48 Harv. L. Rev. 592 (1934 - 1935).

[6] 宪法《第十四修正案》将该原则扩展到适用于各州的立法。

[7] 如我国的行政法学界和司法实践中主张的正当程序原则即属于此种理解。参见刘莘：《中国行政法》，中国法制出版社2016年版，第45~47页。在"立达(中国)纺织仪器有限公司上海分公司与上海市地方税务局长宁区分局第十三税务所责令限期改正通知行政行为上诉案"中，上海市第一中级人民法院认为，"法律法规对税收责令限期改正行为的作出虽未有明确程序规定，但行政机关在行政行为时仍应履行正当程序义务"，参见上海市第一中级人民法院行政判决书，(2014)沪一中行终字第435号。

世纪中后期，联邦最高法院逐步将正当程序原则引申到实质的正当程序原则（substantive due process），[1]从而将其适用范围拓展到立法——任何立法如果未经正当程序即剥夺任何人的生命、自由、财产，法院有权进行司法审查，宣布其违宪。此后，尽管美国学术界对正当程序原则的适用范围存在争议，[2]正当程序原则如平等保护等宪法原则一样，事实上也成为联邦最高法院审查立法的原则之一。课税涉及财产权的保护，联邦最高法院用正当程序原则对溯及性税收法案进行审查的逻辑即在此。

（三）正当程序原则的审查标准

尽管历史上实质正当原则的适用规则并不清晰，联邦最高法院在适用正当程序原则对溯及性税收立法进行审查时，基本立场是一以贯之的，即税法溯及并不当然违反正当程序而无效，法院需要审查溯及是否合理，是否有正当的立法目的等。在晚近的判例中，联邦最高法院明确要根据税收的性质[3]和溯及的具体情形来判断是否违反正当程序。只有在溯及课税存在武断、严苛、不公时，才构成对正当程序的违反。[4] 详言之，税收法案涉及的税种、溯及的原因、溯及的程度和溯及的法律后果等均会影响法院的判断。

三、美国溯及性税收法案被认可的溯及情形——正当程序原则审查标准的正向观察

（一）具有正当的立法目的

溯及性税收法案符合正当程序原则首先必须有正当的目的。早期的判例虽然没有明确这一点，但是被认可的溯及法案一般都有某种合理立法意图。在近期的判例中，联邦最高法院尤其强调正当目的，州法院也有据此认定溯及立法违宪的判例。[5]

---

〔1〕 与之相对应的，就是前文的理解，被称为程序的正当程序原则（procedural due process）。

〔2〕 一些学者认为正当法律程序原则只是司法程序原则，因此只适用于法院以及涉及刑事控诉和判决执行的法律执行领域，不适用于立法领域。另一些学者则认为正当法律程序原则不仅适用于司法程序，它是合理、正义和公平等自然法原则的体现，适用于立法。See Nathan S. Chapman, Michael W. McConnell, Due process as separation of powers, Yale Law Journal. 121.7（May 2012）.

〔3〕 指的是遗产税、所得税还是消费税等。

〔4〕 标志性的判例如下文所引的 Carlton 案。

〔5〕 如堪萨斯（Kansas）上诉法院的一个案例，即认为该州溯及地将纳税人申请退税的期间从 3 年缩短至 1 年，没有合理目的，损害了纳税人的在先权利，宣告该条款违反正当程序原则而无效。See In re Garden City Medical Clinic, P. A., 137 P. 3d 1058, Kan. App.（2006）.

法院认为“法律溯及适用能因合理的立法目的本身而正当化”。[1] 填补漏洞、防止滥用,甚至筹集收入、溯及性地行政授权都可以被联邦最高法院认可具有正当的立法目的。Carlton 案[2]这个被广泛援引的判例,进一步提出,以“合理的方式”来推行正当目的才具备合宪性。

Carlton 案起因于一个遗产税优惠政策。1986 年 10 月,美国联邦遗产税法为鼓励投资引入一项税收优惠,[3]遗产执行人将被继承人持有的其雇主公司的股票出售给员工持股计划所得的收益,可在申报遗产税时扣除 50%。后国会发现该优惠条款存在漏洞,因此带来的税收损失远远超过预期,遂于 1987 年 12 月通过一项修订案,对该税收优惠的适用限制了条件,即符合条件的股票应在“被继承人去世前即已持有”且“直接由被继承人持有”,修订后的规则溯及至 1986 年 10 月同原规则的生效日期开始适用。面对 Carlton 关于修正案溯及生效违反正当程序原则的主张,联邦最高法院认为,1987 年的修正案是一个补救性的措施,国会通过修订案的目的正当,且溯及期间比较适当。

(二)纳税人得到了“通知”

纳税人已经就税法的溯及得到了“通知”。例如,法案在制定时,有关各方就相关条款进行了激烈的公开讨论,国会为防止避税或者防止规制目的的落空,有时会规定法案短期溯及生效,这种溯及一般能得到联邦最高法院支持。但如下所述,这一条不适用于溯及开征新税。联邦最高法院在下文的 Welch 案的判决中也明确了“通知”要求。“通知”后被扩大解释,某种政策曾经存在,此后被溯及恢复,以及行政机关曾经有溯及课税的实践,都曾被各法院认为视同纳税人得到“通知”。

在 1937 年 Hudson v. United States 一案[4]中,美国联邦最高法院判定一部溯及课税的法案合宪。该案涉及一部《白银购买法案》,当时政府需要增加白银的持有和使用量,多个法案被提交到国会。1934 年 6 月 19 日《白银购买法案》通过,溯及至 5 月 15 日生效,法案对白银交易利润所得征收 50% 的税。Hudson 在 5 月 3 日购买了白银期货合同并分别于 5 月 23 日、29 日售出,获得收益,被要求根据《白银购买法案》纳税从而引发争议。本案中联邦最高法院的判决理由比较简单,陈述了该法案通

---

〔1〕 United States v. Hemme, 476 U. S. 558(1986).

〔2〕 United States v. Carlton, 512 U. S. 26 (1993). 这是联邦最高法院审理的关于税法溯及力的最新的判例之一。

〔3〕 规定在税法典的第 2057 节。现已废止。

〔4〕 Hudson v. United States 299 U. S. 498(1937).

过的紧迫性，法案已经提交讨论，且认为讼争税收实质上属于所得税，所得税的短期溯及是国会惯例，从而支持了法案的合宪性。

（三）纳税人不会因预见税法规则的变化而改变其应税行为

即便纳税人无法预测溯及课税的发生，如果无论何种税收效果，纳税人均不会或者无以改变应税行为的，联邦法院也认可其正当性。典型的案例是 Welch 案。[1] 该案涉及一项溯及征收的州所得税。威斯康星州（Wisconsin）在 1935 年 3 月出台一个法案，该法案对原本享受免税待遇的某类股息所得溯及课税，以筹集资金支持一项失业救助计划，溯及年度为 1933 年和 1934 年。[2] 申请人 Welch 于 1933 年取得一笔股息收入，根据当时有效的州法，该股息收入可以从应税所得中扣除。申请人并已于 1934 年年初对 1933 年的收入进行了申报。但因为新的州法，申请人被要求就该股息收入缴纳约 545 美元的税款，因而引发争议。[3] 法院认为，纳税人即便知道其股息收入将在事后被课税或者适用更高的税负，也不会拒绝接收股息。也即溯及课税虽然带来了不便，但并不至于影响纳税人的自主行为。反之，在赠与税中，赠与是否应税会影响到纳税人的行为选择，从而审查结果会有差别。

（四）所得税法溯及至法案通过当年之初适用

美国所得税法有几次大的改革，税收改革法案或者其中的一些条款经常溯及至法案通过之日所属整个纳税年度生效，典型的有 1918 年、1926 年、1976 年的国内收入法典等。这种溯及通常时间较短，不超过 12 个月。[4] 联邦最高法院认为这一类的溯及是国家立法的实际情况所需，并将这一类的溯及确认为国会的惯例，通常给予认可。[5] 毕竟，按照其综合所得税制，不整年度适用无法确定所得。

---

〔1〕 Welch v. Henry ET AL. 305 U. S. 134 (1935).

〔2〕 该案中，出具意见的法官还为因为该州的立法机关常规的集会每两年一次，对于 1933 年收入的溯及课税，只有在 1935 年的集会期间才得以讨论通过。

〔3〕 该案还涉及其他法律问题，包括州议会对所得进行分类，分别采取不同的税收待遇是否违反宪法的平等保护原则等。但均被联邦最高法院驳回。

〔4〕 如 1976 年的《所得税改革法案》，于 1996 年 10 月经总统签署生效，但一些条款如本案所涉及的第 301 节规定自 1995 年 12 月 31 日之后适用。

〔5〕 这一类的判例比较多，如 Cooper v. United States, 280 U. S. 409, 411 (1930); Milliken v. United States, 283 U. S. 15, (1931); Reinecke v. Smith, 289 U. S. 172, 175 (1933); United States v. Hudson, 299 U. S. 498, 500 – 501 (1937); Welch v. Henry, 305 U. S. 134, 146, 148 – 150 (1938); Fernandez v. Wiener, 326 U. S. 340, 355 (1945)。

Darusmont 案[1]和早期的 Cooper 案[2]都是有关所得税短期溯及的代表性判例。Darusmont 案涉及的是《1976 年税收改革法案》。在该法案通过之前，享受税收优惠的特定纳税人(Darusmont 属之)需要在普通的所得税之外缴纳一种最低税，[3]根据原计税规则，[4]纳税人 Darusmont 虽然享受了税收优惠，但实际承担的最低税税负为零。1976 年 10 月通过的《1976 年税收改革法案》第 301 节变更了前述最低税的计税方式，且提高了税率，第 301 节被规定溯及至 1976 年整个纳税年度。根据该新法案，Darusmont 需要缴纳 2000 多美元最低税，因此引发争议。Darusmont 主张第 301 节溯及适用违反了正当程序原则从而违宪无效，并得到联邦地区法院的支持。但案件上诉到联邦最高法院后，联邦最高法院认为，所得税溯及至通过当年适用是国会的惯例，讼争法案在通过之前经过了将近一年的公开讨论，众议院和参议院的议案中均包含了溯及至当年度适用的条款，且提高税率和降低免税额并不构成开征新税，因此认可该法案溯及适用的合宪性。Cooper 案则是因为 1921 年的《税收法案》第 202 节溯及变更财产的历史成本，[5]纳税人转让财产的所得额被溯及增加，联邦最高法院维持了该节的合宪性。

四、美国溯及税收法案被宣告违宪的情形——正当程序适用的逆向观察

为了更好了解税法溯及的边界，梳理联邦最高法院为数不多被宣布溯及违宪的判例，可以提供一定的对照参照。被联邦最高法院宣告违宪溯及的判例主要发生在早期，集中于遗产税和赠与税。各州也有宣布溯及性税收法案违宪的判例，其审查理

[1] U. S v. Darusmont ET UX. ,449 U. S. 292(1981).

[2] Cooper v. U. S. 280 U. S. 409(1930).

[3] 该种最低税(minimum tax)最初于 1969 年规定，联邦政府对特定纳税人所享受的税收优惠进行课征，适用比例税率，因此实际上有降低税收优惠的效果，防止高收入人群不缴纳所得税的情况发生。1982 年的《国内税收法典》将其改为“alternative minimum tax”，主要规定于税法典的第 55 节，计税规则也有变更。

[4] 税率为 10%，计税依据为纳税人所享受的税收减免额减去免除额和普通应纳税额之后的差额。

[5] 1921 年的税收法案以前，赠与取得的财产，其历史成本按照赠与当时的公允价值确定，纳税人将财产赠与给朋友或者家人，就可以轻易地抛弃财产原来的历史成本，降低甚至消除财产转让所得，这个漏洞被滥用。1921 年的税收法案第 202 节因此规定，赠与取得的财产，应当按照赠与人原历史成本计算，改变以前按照赠与当时的市场价值的成本确认规则。该法案 11 月通过，但是规定 1920 年 12 月 31 日以后基于赠与取得的财产，税基应当按照赠与人的原成本确认，此后取得的财产按照赠与时的公允价值确认。

由并没有超出联邦最高法院判例所确立的规则。

(一)溯及时间过长

税收法案短期的溯及,比较容易得到联邦最高法院的认可,尤其是在所得税领域。但是如果溯及时间过长,则可能丧失其正当性。Nichols[1]案就是一个因为溯及时间过长,被认定违宪的判例。这是一个遗产税案件,讼争的遗产税法案并没有规定溯及生效,但是因其对遗产的界定会延伸到法案通过十年之前的财产处理行为,赋予其新的税法效果,从而构成溯及适用。联邦最高法院最终认定,其溯及的时间过长而违反正当程序原则。

(二)溯及开征新税

溯及开征新税,经常被联邦最高法院单独考量,即便是纳税人事先可能知道新税的课征也难以被其认可。在美国历史上的溯及课征新税的情形,发生在遗产税和赠与税领域。这些税种,因税收的性质或者数额,是纳税人不能事先预见的,纳税人如果能够预见,将会做出重新考虑,决定是否做出赠与行为。

Blodgett 案[2]涉及赠与税。1924 年的《国内收入法案》引入赠与税,以填补遗产税的漏洞。该法案于 1924 年 6 月 2 日通过,但规定从 1924 年度开始征收。1924 年,Blodgett 在法案通过之前完成了一笔价值 85 万美元的赠与,联邦税务局根据《国内收入法案》要求其就该笔赠与缴税从而引发争议。Blodgett 主张 1924 年的《国内收入法典》溯及课税违宪,联邦最高法院认为赠与人在国会审理法案之前即已完成赠与行为,作为一个善意的赠与人,其无从知悉赠与行为将负担纳税义务,最终认定溯及开征遗产税属于未经正当程序即剥夺公民财产,构成违宪。[3] 涉及同一法案的是 Untermyer 案[4],该案纳税人在 1924 年的 5 月做了一个赠与,其时,该法案已经提交国会审议,即便如此,因属于溯及课征新税,联邦最高法院认为纳税人没有义务去猜测国会的审查结果。可见,法院在开征新税的审查立场,与短期溯及的所得税的审查立场是非常不同的。

---

[1] Nichols v. Coolidge, 274 U. S. 531(1927).

[2] Blodgett v. Holden, 275 U. S. 142 (1928).

[3] 在本案中,Holmes 大法官发表了不同的附和意见,认为结合 revenue act 1926 年的修订时的表述,自 1924 年 6 月 2 日开始适用,在 1924 年法案表述的 calendar year of 1924,存在两种解释时,一种违宪,另一种不违宪时,应该按照不违宪的解释,即结合 1926 年的修订时的表述,将其解释为在 1924 年度起通过之后生效而非向前溯及至全部的日历年度。

[4] Untermyer v. Anderson, 276 U. S. 440(1928).

以上提及案件判例见表1。

表1　美国典型溯及性税收法案情况一览

判例	涉及的税种	溯及情形	溯及时间	审查结果及理由
Carlton案(1994年)	联邦遗产税	限缩一项遗产税优惠的条件,溯及生效,以填补税收漏洞	较短	不违反正当程序。国会有合理目的且溯及时间适当
Hemme案(1986年)	赠与和遗产税	溯及适用一项有关免税额的过渡条款	较短	不违反正当程序。且纳税人会因法律的漏洞而不当受益
Welch案(1935年)	州所得税	为一项政府计划筹集资金而对原免税收入溯及课征所得税	溯及两个纳税年度	不违反正当程序。纳税人不会因为税收效果而改变自己的行为
Cooper案(1930年)	联邦所得税	溯及调整财产的历史成本	溯及至法案通过当年年初	所得税溯及至通过年度是国会惯例
Darusmont案(1981年)	联邦所得税	溯及提高税率	溯及至法案通过当年年初	不违反正当程序。法案已提前公布讨论,有提前告知效果
Blogett案(1928年)	联邦赠与税	溯及征遗产税税	较短	违反正当程序。未经提前告知即征新税
Nichols案(1927年)	联邦遗产税	涉及对信托溯及征税	12年	违反正当程序。溯及时间过长
Untermyer案(1928年)	联邦赠与税	溯及对赠与课税	溯及至法案通过当年年初	违反正当程序,未经提前告知即开征新税

五、评论暨对我国税法溯及规则的参考

(一)对美国司法审查规则的评论

对美国联邦最高法院的立场,不乏批评者,其主要的理由是溯及课税会破坏纳税人的合理期待、损害纳税人对税法的认同从而影响纳税遵从。对比的现实是,税收是联邦最高法院允许适度溯及的领域,联邦最高法院不愿意轻易否决溯及税收法案的

合宪性。[1] 这与该院对税收的定性密不可分。联邦最高法院一贯主张,税收既不是对纳税人的惩罚,[2]也不是一种基于合同而承担的义务,[3]税收是享受政府福祉的人对政府运行成本的分担。溯及课税也是国会分担成本的一种选择,并不当然地违反正当程序原则。学者故此认为,溯及税收法案应当特别对待。[4]

与我国不同,美国是一个遵循三权分立和司法审查的国家。在缺乏法律明确规则的情况下,法院倾向于只做"底线"审查,最大限度尊重立法和行政的判断。"如果法案的溯及适用具有正当的目的,且采用了合理的方式,则有关该法案智慧的判断专属于立法机关和行政机关"。[5] 此外,司法审查是一种事后的和个案的审查,判例法规则的运用依赖于个案事实的归纳和比较,有时难以提供更明确地指引。在缺乏联邦最高法院的更多最新判例的背景下,一些州法院试图在联邦最高法院的框架下,引进一些更具可操作性的分析路径。

(实质)正当程序原则是美国司法"创造"的方法论,扎根在其土壤,我国并没有必要直接采纳。但其暗含了保护纳税人信赖利益的理念,其审查规则也提供了平衡法益的方法。综观联邦最高法院所持观念和审查的规则,我们能有所启发和借鉴:

1. 特定情形下税法溯及既往有必要性

总体而言,溯及立法缺乏正义,但如学者判断,现代税法的复杂性及其执行问题,联邦最高法院只会设置限制而不是完全禁止国会的溯及课税。[6] 在填补漏洞、防止滥用的情况下,在授权性规则的适用上,都有溯及的空间。毫无疑问,法的溯及会损害部分纳税人的利益,甚至如学者所称的,让纳税人为国会立法中的失误埋单。[7] 但如果不适度溯及,因此造成的不公平或者税收损失,会由善意的纳税人整体去埋单。此外,一些情形如果不进行适度溯及,法案讨论和审议期间,很有可能纳税人早

---

〔1〕 See Ann Woolhandler, *Public Rights, Private Rights, and Statutory Retroactivity*, April, 2006 94 Geo. L. J. 1015.

〔2〕 就此排除了前述法不溯及既往原则的适用。

〔3〕 就此排除了契约条款的适用。

〔4〕 Charles B. Hochman, *The Supreme Court and the Constitutionality of Retroactive Legislation*, 73 Harv. L. Rev. 692(1959 – 1960), p. 706.

〔5〕 Carton 案判决。

〔6〕 Frederick A. Ballard, *Retroactive federal taxation*, 48 Harv. L. Rev. 592(1934 – 1935).

〔7〕 Laura Ricciardi, *The Aftermath of United States v. Carlton: Taxpayers Will Have to pay for Congress's Mistates*, 40 N. Y. L. Sch. L. Rev. 599.

就完成了规避措施,使法案的调整效果大打折扣。

2. 可从两个向度权衡公共利益和纳税人信赖利益

第一个向度是审查溯及法案本身的目的以及目的的实现方式。即便溯及立法具有正当目的,但如果无须通过溯及来实现或者溯及方式过当的,其也失去正当性。[1] 第二个向度则区分税收的性质、纳税人权利义务的性质(实体的、还是程序的抑或救济性的)、对纳税人行为的影响程度(新设还是变更),纳税人是否事先得到通知,来判断纳税人信赖利益的存在与否以及大小。

(二)对我国的借鉴

中共十八届三中全会决定提出要"落实税收法定原则"。税"法"在时间维度上如何认定,是税收法定落实进程中必然会面对的问题。

1. 我国税法溯及力的现状

现行有关法规生效时间的规则,除了文首所引的《立法法》条款,《行政法规制定程序条例》《规章制定程序条例》均规定了法规实施日期规则,并没有有关允许溯及生效的条款。[2] 有观点认为,授权解释税法的条例及其他类似的规章,一般应与被解释的法律同时生效并具有同等的溯及力。[3] 《立法法》和前述文件并没有予以明确。[4] 现行《税务规范性文件制定管理办法》第14条规定了配套实施文件可与上级

---

[1] See Tesoro Refining and Marketing Co. v. State, Dept. of Revenue Court of Appeals of Washington, 2010159 Wash. App. 104246 P. 3d 211. 该案中,就是华盛顿州法发现一项税前扣除界定过于宽泛,税收损失过多,在原法出台20多年之后制定修订案,溯及地限缩原法规定的扣除范围,被华盛顿州上诉法院宣布违反正当程序原则。该案判决被华盛顿州高级法院推翻,认为扣除项目应当限缩解释。但是该高级法院认为没有必要再对法案的溯及适用问题发表意见。

[2] 《行政法规制定程序条例》第29条规定,行政法规应当自公布之日起30日后施行;但是,涉及国家安全、外汇汇率、货币政策的确定以及公布后不立即施行将有碍行政法规施行的,可以自公布之日起施行。《规章制定程序条例》第32条有同样的条款。

[3] 朱冬梅、薛秀凤:《对税法溯及力的思考》,载《扬州大学税务学院学报》1998年第2期。

[4] 《立法法》前引条文可以有利溯及的文件中也没有列入解释。《行政法规制定程序条例》第31条第3款规定,"行政法规的解释与行政法规具有同等效力。"《规章制定程序条例》第33条也有相同的规则。这里规定的解释是制定主体自身的解释,此外,同等效力是指法的效力及其位阶的问题。

规范性文件同时实施。[1] 但其与第13条[2]之间如何适用不无疑问。

从目前我国的税法实践看，规章的溯及和规范性文件的溯及生效或溯及适用，并不罕见，且并不是都有利于纳税人。[3] 美国常见的溯及情形是税法修订案溯及生效，其中一些修正案行使的是对原规则进行解释的功能，也有少量行政解释性条例溯及适用的情形，但均需要受到前述正当程序原则的审查。如果说美国税法上的溯及主要表现为对纳税人权利义务的溯及调整，则我国多数溯及适用的文件属于所谓"配套实施文件"，[4]因上级法规过于原则无法执行，配套实施文件出台滞后产生溯及。多数情形下，这种溯及与其说在溯及地调整权义、创设税法效果，不如说是溯及结束权义不清的状态，溯及明确税法效果，提供了另一种意义上的法的确定性。此前，纳税人无可"信赖"，很难说溯及会影响纳税人的"信赖利益"或者既得权。或者，与对纳税人的信赖利益侵害相比，法的确定性价值以一种悖常的方式胜出了。无论溯及有何种缘由，在现有税制转型和立法技术有限的背景下，尽管缺乏上位法的依据，税法的溯及，在我国现实地存在，成为"惯例"。

规则的不确定和规则的缺失，自然也使行政主管单位事实上在大量创设规则，甚

---

[1] 该办法第14条规定：税务规范性文件应当自发布之日起30日后施行。税务规范性文件发布后不立即施行将有碍执行的，可以自发布之日起施行。与法律、法规、规章或者上级机关决定配套实施的税务规范性文件，其施行日期需要与前述文件保持一致的，不受本条第一款、第二款时限规定的限制。该条第三款是2017年最新修订，对比原2010年的版本（经授权对规章或上级税收规范性文件做出补充规定的税收规范性文件，施行时间可与规章或上级税收规范性文件的施行时间相同。），"补充规定"变更为"配套实施"，范围也扩展到法律、法规。

[2] 该办法第13条规定：税务规范性文件不得溯及既往，但是为了更好地保护税务行政相对人权利和利益而作出的特别规定除外。

[3] 如《关于修改〈科技开发用品免征进口税收暂行规定〉和〈科学研究和教学用品免征进口税收规定〉的决定》（财政部　海关总署　国家税务总局令第63号，现已失效），于2011年6月14日公布，自2011年1月1日生效。《发票管理办法实施细则》（国家税务总局令第25号）2011年2月14日发布，2011年2月1日生效。此外，有大量的规范性文件，主要在所得税领域，增值税领域也存在。各种溯及情形，参见翟继光：《论税法中的溯及既往原则》，载《税务研究》2010年第2期。

[4] 该概念在《税务规范性文件制定管理办法》中采用，但其并非法律术语，内涵不详。这里根据《立法法》规定的权限，理解为包括执行性文件和解释性文件等。

至直接界定了纳税人的实体权利义务。这时候如果单纯地以“法的解释”[1]或者授权规定、配套文件溯及与法同时生效来辩护溯及的正当性，是否符合法治理念很值得怀疑。即便是执行性或者解释性文件溯及的情况，也并不能完全不受约束，对此设置一定的限度也至关重要。此外，溯及的正当化程度，还取决于立法程序透明程度。

2. 我国现有规则和实践的完善思路

(1) 对于溯及实施提供合法性依据

面对繁复的社会和法律规则，税法对未来的收益或者经济利益的选择、抓取，难免有所疏漏，尤其是税法还可能被赋予各种社会功能，税法溯及并不能完全排除，也不可能将溯及的前提设置为仅限于对纳税人有利的情形。既然现有溯及实践多具有正当性，就应在《立法法》等前引相关法律法规中加以规定和规范，提供合法性依据和限制溯及的情形。税法不得溯及既往，但为了实现特定公共利益，相关规定不溯及实施难以达到预定目标的，可以适度或短期溯及。溯及适用的效果不得作为任何刑事处罚的依据，否则构成了事实上的溯及入罪，违背法治原则。即便是有利溯及的情形，如果不符合税法基本的公平原则，或者溯及虽然对纳税人有利然而不能达到法律调整目的的，也不应溯及。溯及开征新税通常也应禁止。

(2) 规范执行性和解释性法规、文件的溯及

首先，执行性和解释性法规、文件，如创设了新的实体性权利义务，或者创设了新规则，则除非符合上述标准，否则应该避免溯及至与所执行或所解释的法规、文件同时实施。其次，其他情形，则在符合实质稳定性[2]时可以溯及，因此时并不存在纳税人的信赖利益，或者纳税人可以推测能预知溯及。

(3) 完善现有规则

《税务规范性文件制定管理办法》第 13 条规定了有利溯及例外，第 14 条第 3 款有关实施日期的特殊规则并没有将 13 条的规定排除在外，引发了法律适用的冲突问题。从该办法的原意看，显然第 14 条第 3 款的适用并不能局限于有利溯及的情形。因此，可以考虑完善第 13 条，在“除外”的情形中加入第 14 条的规定。

---

[1] 法的解释与法本身同时生效，体现在个案中自是如此，如前所引判例，上诉法院认为根据判例，税法规定的扣除项目应做限缩解释，没有必要适用州议会事后的修正案，无须审查该修正案的合宪性。法的解释，如果通过解释性法案或文件而为之，与法本身同时生效并不必然是正当的。美国的税法解释有些是通过税法修正案的形式完成的，如 Carlton 案涉及的法规，可以理解为一种对原规定的限缩解释。都受到正当程序原则的审查。

[2] 翟继光：《论税法中的溯及既往原则》，载《税务研究》2010 年第 2 期。

税者有其权:纳税人权利保护之立法探究*

李晓安**

摘要:随着我国财税体制的不断完善,为保障纳税人的权利,有必要制定"纳税人权利保护法",而基于财税法体系的价值转变、利益认同以及制度体系接纳,制定"纳税人权利保护法"存在现实的可行性基础。制定"纳税人权利保护法",应当遵循税收法定、税收平等、税收公平的指导思想。"纳税人权利保护法"具有财税基本法的功能,其应涵盖纳税人的税前权利、税中权利和税后权利,具体应当以立法目的、立法原则、基本权利、基本义务、纳税人权利保护机构作为基本的立法构造。

关键词:纳税人权利　治税权　必要性　可行性　立法构造

一、引言

自古以来,有国家即有税收。由于国家本位主义的传统及权义失衡的财税法制度,在我国财税制历史发展中,纳税人的法律地位与法定权利并没有得以明确,其权利要求无从表达,强势国家与无声纳税人构成我国历史上税收征纳主体的特点。所谓"国有九破""苍生八苦""人有五去",[1]均与赋税有关;而"慎税而兴""妄税而衰"的历史揭示出税为政至理,也为政之虑。新中国成立后的计划经济时代与改革开放初期"无税"及"少税"的税收现实,纳税人的权利无须表达。进入多元纳税

---

* 本文原载于《东岳论丛》2021 年第 2 期。

** 首都经济贸易大学法学院教授,博士生导师。

[1] 任士英:《正说唐朝二十一帝》,中华书局 2005 年版,第 259 页。

主体的新时代，随着纳税人权利意识的觉醒和税制结构的调整，直接税比例的增加使纳税人"痛苦"指数增长，纳税人对私人财产权的保护要求、对税收正当性的关注，伴随着环境税的施行、个人所得税的修订及房地产税的拟开征而不断"发酵"，"税痛"使纳税人不再沉默。"因天下之力，以生天下之财；取天下之财，以供天下之费"的治税之理，[1]使纳税人不仅仅关注征纳关系中纳税人的税中权利，当沉默纳税人转变为积极纳税人后，共享治税权的权利要求具体化为纳税人的税前权利与税后权利。而我国基于纳税人义务中心主义的财税法结构设计与日益高涨的纳税人权利要求的不兼容，使纳税人权利保护立法成为集体意向性共识。

二、纳税人权利保护立法之必要性审视

2015 年，我国《立法法》修订，税收法定作为主要修改内容举世瞩目；2018 年，我国《个人所得税法实施条例》及国务院《关于印发个人所得税专项附加扣除暂行办法的通知》的颁布，将我国民众涉税财产权益保护上升到民生的高度予以重视。但与域外许多国家不同，我国目前没有一部"纳税人权利保护法"。本文认为，新时代适时出台"纳税人权利保护法"，有助于将《立法法》确定的税收法定原则通过对纳税人权利保护的具体规则予以转化，以约束实践中日益扩大的行政权力，避免其对税收法定原则造成侵蚀，对纳税人的权益造成伤害。同时，也可以保障纳税人参与国家治理体系共享治税权，使因"纳税人权利保护法"的缺位而失衡的财税法体系结构趋于平衡。

（一）制定"纳税人权利保护法"是实现税收法定核心价值的需要

当今世界绝大多数国家都将税收法定作为宪法原则或财税法基本原则。与此不同，我国《宪法》并没有税收法定的明示性条文，其涉及税收的规定只见于第 56 条，即"公民有依照法律纳税的义务"。也正基于此，我国构建了纳税人义务中心主义的财税法体系。在新时代，随着财税体制改革及纳税人权利意识的觉醒，税收法定成为全民共识并在 2015 年修改的《立法法》中得以确认。[2] 在部门法划分意义上，立法法应属于宪法部门法，但它本身不是宪法。因此，有学者主张修改宪法，将税收法定入

〔1〕 参见姚轩鸽：《王安石财税变法流产根本原因探析》，载《阴山学刊》2010 年第 2 期。

〔2〕 《立法法》第 8 条规定："税种的设立、税率的确定和税收征收管理等税收基本制度只能制定法律。"

宪，以期达到对我国财税法体系构建及财税法实践的指引作用。[1] 而事实上，基于宪法权威的影响及修宪程序的条件限制，将税收法定明文入宪在时间表上难以确定。在保证现行宪法稳定性、安定性的前提下，如何使税收法定原则在财税法体系构造中得以体现就是当前急需解决的问题。

在法理学意义上，宪法是财税法体系构成及法律效力来源的依据与基础。我国现行《宪法》的规定构成税收法定原则的具体指引。综观我国现行《宪法》的5次修订，即使宪法条文已增加至143条，但仍难以涵盖国家政治、经济、民生及社会发展的各个方面。因此，不能希冀宪法条文能够一一对应每一部法律制度规范。但是，从我国现行《宪法》先权利、后义务的体系结构分析，第13条、第33条、第35条、第37条分别就财产权、平等权、自由权、人身权等基本权利保护作出了规定，这既是对民法、刑法、经济法、社会保障法、诉讼法等相关法律的纲领性指引，同样也隐含着税收法定的意蕴，能够映射税收法定的价值内涵，即税收公平、控制国家征税权、防止其过分侵犯私人财产。根据内在的法律效力规则，法律条文的先后顺序即先权利、后义务的结构安排，决定了税收法定的效力在前，公民依法纳税义务在后。虽然《宪法》第56条是义务性的规定，但"依法纳税"意味着义务的边界是权利，因此，该条隐含了公民有拒绝非法纳税的权利。基于以上分析，我们有理由认为，税收法定是一项宪法权利，税收法定的价值内涵是：税收公平，控制国家征税权，国家非依照法律，不得对人民课以税捐。

然而，在实定法意义上，《立法法》第9条授权"国务院可根据立法机关的授权对尚未立法的部分事项制定行政法规"的规定，引发学界对税收法定原则具体实施的担忧。事实上，1984年、1985年，全国人大两次授权国务院就税收进行专门立法。[2] 现行《税收征收管理法》第3条和第93条、《企业所得税法》第59条、《个人所得税

[1] 参见刘剑文、熊伟、苗连营、熊文钊：《财税法学与宪法学的对话：国家宪法任务、公民基本权利与财税法治建设》，载《中国法律评论》2019年第1期；苗连营：《纳税人和国家关系的宪法建构》，载《法学》2015年第10期；佘倩影、刘剑文：《从文本到实践的挑战与路径》，载《辽宁大学学报（哲学社会科学版）》2016年第6期；邓辉、王新有：《走向税收法治：我国税收立法的回顾与展望》，载《税务研究》2019年第7期。

[2] 1984年9月18日，第六届全国人大常委会第七次会议作出了《关于授权国务院改革工商税制发布有关税收条例草案试行的决定》。国务院根据该授权，先后颁布了六个税收条例。2009年，该授权被第十一届全国人大常委会废止。1985年5月，人大常委会颁布了《关于授权国务院在经济体制改革和对外开放方面可以制定暂行的规定或者条例的决定》，根据该授权，国务院颁布了多部税收方面的暂行条例。

法》第12条和第14条、《车船税法》第12条均明确了国务院的授权性立法权，且属于空白授权。而国务院在税收行政法规中又对财政、税务部门及各省、自治区、直辖市政府实行了大量的转授权。[1] 此外，在我国财税法体系中，还存在大量课税推定的制度规定。[2] 更有现实中存在大量的税务通告，将税务机关的行政权力再次扩大。虽然《立法法》第10、12、99条对立法的授权、转授权作出了限制性规定，[3]但我国长期存在的空白授权、转授权与课税推定及税收通告的制度现实及其影响，使现行财税法体系对税收法定原则的贯彻产生制度性阻滞效果。

因此，适时出台"纳税人权利保护法"，将税收法定核心价值观作为原则指引，不仅能够引导我国财税法体系由注重税收效率向注重税收公平转向，更能体现宪法保护私有财产的税收法定价值内涵在具体涉税法律中的实际转化与贯彻实施。

(二)制定"纳税人权利保护法"是纳税人分享治税权的需要

党的十八届三中全会通过的《中共中央关于全面深化改革若干重大问题的决定》提出全面深化改革的总目标、总抓手是推进国家治理体系和治理能力现代化，并将财政定位为"国家治理的基础和重要支柱"。党的十九届四中全会通过的《中共中央关于坚持和完善中国特色社会主义制度、推进国家治理体系治理能力现代化若干重大问题的决定》将"坚持和完善中国特色社会主义制度，推进国家治理体系、治理能力现代化"作为全党的一项重大战略任务。在我国进行的国家治理体系、治理能力现代化建设中，纳税人与国家的关系发生了实质性改变。

作为国家基础能力之一的汲取能力，[4]是国家对其治域内资源的掌控能力，并与一国财政税收具有极大的相关性。税的本质是公共收入，但其表现形式却是将财富从纳税人转移至征税人并进行重新分配。在税政史上，国家用专制、暴政的手段强制地汲取社会资源为极少数人谋利益是不争的事实，纳税人与国家不是平等的关系，更不会因为纳税而存在纳税人与国家的"对价"。税收是国家财政的主要收入并成为"治民"的保障基础，而作为纳税人的"民"不可能以纳税人身份参与国家治理体系，

[1] 参见熊伟：《论我国税收的授权立法制度》，载《税务研究》2013年第6期；彭礼堂：《中国税收授权立法：从严格越位到严格禁止》，载《经济法论丛》2017年第2期。

[2] 例如，《税收征收管理法》第35、37条规定了税务机关有权核定纳税人应纳税额；《税收征收管理法实施细则》第47条不仅予以再次明确规定，并将其核定方法具体化；《个人所得税法》第8条赋予税务机关对征税的调整权。

[3] 参见《立法法》第10、12、99条。

[4] 参见李晓安：《人民主体与国家发展能力》，载《湖北社会科学》2011年第11期。

享有国家“治权”。

新中国成立后,人民主体利益与国家利益的一致性决定了国家与人民是利益共同体。但是,在新中国发展的相当长时期,国家的汲取能力不是通过税收来体现的,而是将各种利费作为我国财政收入的主要来源,从而纳税人的主体地位并不明显。自1978年始,我国开启现代财税体制与财税法制(治)建设,并经历了起步阶段(1978~1993年)、积累阶段(1994~2007年)、创新阶段(2008~2014年)和繁荣阶段(2015~2018年)。[1] 现代财税体制使国家汲取能力更多地体现为税收收入,因此,国家与纳税人之间的关系决定了国家汲取能力的强弱。

经过40年的财税法制建设,我国形成了现行财税法体系。但是,以纳税人义务为中心的制度体系结构,凸显出征纳主体双方地位的不对等。作为纳税人,有纳税行为、纳税事实,但其法律地位及权利并不明确。尽管在《税收征收管理法》中赋予了纳税人权利,但这仅是纳税人的税中权利,即只有开始纳税,实际纳税人才能享有在征纳过程中的权利。而作为“身份”纳税人,则没有一部法律赋予其权利。我国现行《宪法》第2条第2款赋予“人民依照法律规定,通过各种途径和形式,管理国家事务,管理经济文化事业,管理社会事务”的权利,《立法法》第8条规定“税种设立、税率的确定及税收征收管理必须制定法律”。但是,我国目前还缺乏专门的法律赋予纳税人对涉税法律制定的参与权及对相关事宜的听证权,也缺乏一部专门的法律赋予纳税人对税收的管理、分配和使用中的“国民的钱袋子”予以监督的权利。事实上,当税收成为国家财政收入主要来源时,纳税人的“税痛”感会随着直接税占比的增加而增强;随着我国在国际社会地位越来越重要,国家对外对内发展战略也使纳税人对税款的使用格外关注。在新时代,民众对私人财富的保有安全、对公共福利的高要求及对政治参与的浓厚兴趣转化为分享国家治税权的权利要求,即国家汲取能力必须为国民所用才具有正当性及合法性;国民纳税是为了获得政府提供公共服务的“对价”,国民与国家的征纳关系实质上属于资源交换与利益共享的关系。因此,纳税人不仅要求行使纳税过程中的权利,还要求凭借其资格拥有税前权利、税后权利以分享国家治税权。

因此,新时代有必要出台一部“纳税人权利保护法”,赋予纳税人基于其身份享有的对国家税收立法的参与权利、对税款使用的监督权利、对权益受损的救济权利,使纳税人税前权利、税中权利、税后权利得以完整表达。国家治理体系、治理能力现代

[1] 参见刘剑文:《改革开放40年与中国财税法发展》,法律出版社2018年版,第23页。

化的建设,最重要的是国民共享治权,只有国民参与其中的国家治理才是现代国家治理。因此,“纳税人权利保护法”能够承担纳税人分享国家治税权的重任。

(三)制定“纳税人权利保护法”是财税法体系权义平衡的需要

现代法治社会的发展,揭示出法律发展的重要规律,即法律义务本位向权利本位演进,其最显著的特征是以权利为中心的法律体系构造。权利是法律的出发点及最终目的,法律义务的履行是为了促进法律权利的实现。

但不可否认的是,我国现行财税法制是以义务为中心的体系构造,税收法定原则的贯彻与实施缺乏一个有力的基本法支撑点。与世界许多国家不同的是,我国财税法体系中没有类似“税收通则”的税收基本法,而以《税收征收管理法》《企业所得税法》《个人所得税法》为代表的“税收三大法”均以纳税人义务为中心,赋予征税机关广泛的权利。《税收征收管理法》第4条明确规定,纳税人、扣缴义务人必须依照法律、行政法规的规定缴纳税款、代扣代缴、代收代缴税款;在第五章“法律责任”中,又用15个条文规定了纳税人、扣缴义务人的法律责任。《个人所得税法》《企业所得税法》《车船税法》《环境保护税法》《船舶吨税法》《烟叶税法》均是义务法,国务院颁布的67部涉税行政法规也均以义务为主要规范内容。[1] 在这样的结构中,财税法体系呈现在纳税人面前的是义务与惩罚,纳税人对征税的感触是畏惧与痛苦。面对财税体制改革和建设法治社会,我国也在努力进行财税法体系的变革。虽然《税收征收管理法》新增了纳税人权利的条款,但第1条、第2条将该法明确定位为国家各级税务机关在征税过程中必须遵循的管理法,而不是关于纳税人的权利法。尽管国家税务总局出台了《关于纳税人权利与义务的公告》,并规定了纳税人的14项权利与10项义务,但由于该公告的效力难以被司法裁判认定从而使其在实践中的作用有限;尽管行政当局力主征纳关系由管理关系向服务关系转变,将《税收征收管理法》由“管理法”“权力法”向“服务法”定位转型,但这种转型无论是立法目的、价值指向还是具体权义设置,其最终定位都不能脱离税款征收的法律宗旨,从而决定了它不可能是一部纳税人权利保护法。

在现行财税法体系中,以《税收征收管理法》为代表,赋予纳税人在征纳过程中的权利。而在财税法制度设计中,纳税人税前、税后权利的缺位,使得无论纳税人征税中权利规定如何完善,终不能弥补纳税人权利体系的缺憾。在财税法的实施中,由于税法的复杂性、技术性及程式化特点,纳税人对税的理解处于弱势地位,在相当大的

---

〔1〕 参见刘剑文:《改革开放40年与中国财税法发展》,法律出版社2018年版,第177~188页。

程度上必须依赖税务机关作出解释,而税务机关对税法的解释几乎不受任何监督;税收执法权高度集中、强势,与税收立法、涉税司法权的不均衡及税收执法人员利用其职能地位及专业优势对纳税人权益反复侵害、对举报人打击报复的现实状况,更凸显赋予纳税人在相关涉税立法活动中的参与权、税法实施中的异议权、税款使用中的监督权的必要性,这些都需要纳税人权利保护专门立法对财税法体系权义构造予以对等支撑。

三、纳税人权利保护立法的可行性分析

制定纳税人权利保护法有其必要性,但在考察其必要性的同时,还有必要从价值、利益、制度体系等角度判定制定"纳税人权利保护法"的可行性基础。

(一)价值转变

长期以来,我国财税法突出的特征即是"强制性""无偿性""固定性",并成为财税法体系的价值指引。这一特点映射出税收征纳双方地位与权利的不平等。国家凭借其权力,以国家的名义即可对其治域下的纳税人私人财富进行征收,无须补偿、无须对价、无须承诺,体现出强势国家的威权主义态势。

我国的国体和政体决定了国家没有自己特殊的利益,国家与人民不是对立的关系。经过改革开放40年的发展与实践,当我们进入新时代,财税法价值实现了"强制性""无偿性""固定性"向"民主性""对价性"和"法定性"的认识论上的转变。"民主性"是宪法人民主权原则在财税法中的具体体现,是党的十九大报告提出的以人民为中心、人民当家做主的制度保障在财税法中的具体实现。税种设立、税率确认、税收征管不再是税收征收机关的单方面决策,税收法定原则的确立使涉税立法必须经全国人大及其常委会的立法程序,必须经人民的同意,即纳税人享有对课税、用税的同意权。民主是对抗强制最有力的武器,将"民主性"确立为财税法特点是防止国家行政机关越权对私人财产权造成侵害的最有效的制度防御。"对价性"说明税收不再是无偿的,而是纳税人有权要求国家提供公共服务以作为纳税的对价。《宪法》第13条规定,国家为了公共利益的需要,对公民私有财产征收征用并给予补偿。虽然该条不能直接作为财税法的指引,但其蕴含的价值理念却能为财税法所用,即国家征税的目的是什么、税款用于何处,决定了国家税收的正当性及合法性,而纳税人享有公共服务的权利则是国家征税的本源。既然在事实上国家税款的征收用于国家基础设施建设、国防建设、保障民生、公共福利支出,就应当在财税法上明确税收是国家提供公共福利的"对价"。财税法"法定性",就是税收法定原则的同义表述。

财税法价值理念的转变不仅决定了现行《税收征收管理法》由管理法向"服务法"的转变,而且决定了我国财税法体系由国家课税权保障向纳税人权利保障的制度转变。正是这种价值转变,使我国"纳税人权利保护法"立法具有了坚实的价值基础。

(二)利益认同

在我国税制发展史上,"沉默的纳税人"一直是纳税人群体特征。即使在中华人民共和国成立后的相当长的一段时间内,其特性并没有实质改变。究其原因,计划经济时代及市场经济前期,"税收是国家依法取得积累建设资金的一种形式"。[1] 与此相适应,立法者也将财税法定性为"征收之法",财税法以"国库中心主义"为主旨,维护的是国家利益。自然人作为纳税人及非国有企业纳税人在征纳关系中属于微不足道的主体,税收与私人财富转移没有太多关联。在企业改制之前,虽然国有企业是主要纳税人,但国有企业没有自己的利益,企业的利益即是国家的利益,国有企业作为主要纳税人对国家税收法律政策一直以来都保持沉默。

在我国财税体制由传统"资产收益国家"向现代"税收国家"转变过程中,对财税法的认识也实现了由"征税之法"向"公共财产法"的转变,税收利益体现为公共利益并得到纳税人、征税人、用税人的一致认同。首先,"税收国家"揭示出财税法不是宏观调控法,不完全属于公法的财税法新"命格"决定了财税法律部门成为一个独立的法律部门。财、税虽然分属于"收"与"支"两个系统,但在法律体系的构造上属于一个法律部门;而将财税法确立为一个独立的法律部门,凸显财税法在现代法治国家建设中具有非常重要的法律地位。作为独立的法律部门,财税法拥有自己的价值使命与价值目标。财税法体系的构造将税款如何征收、如何支出、如何使用看作同等重要的问题,"征税法"与"用税法"的收入、支出、管理的法律体系构造将征税人、纳税人、用税人的利益链接成一个闭环。在这个体系构造中,财税法不仅指具体的税收征纳行为,还注重政府财政权与公民财产权的关系;[2]不只关注国家利益,所有人的法律地位是平等的,利益也是共享的。其次,"征税之法"向"公共财产法"的转变,折射出财税法体系构造中利益格局重整的实质内涵。法律是利益调控机制,通过立法表达社会主体利益诉求,平衡人们之间的利益关系,解构与建构利益格局。"法律一般的和最终的目的,不过是整个社会的最大利益而已。"[3]财税法的立法宗旨由税收征

---

〔1〕 参见袁淑梅:《从一则新闻谈维护税收法制》,载《财会通讯》1980年第6期。

〔2〕 参见刘剑文:《改革开放40年与中国财税法发展》,法律出版社2018年版,第49页。

〔3〕 参见付子堂:《法理学进阶》(第2版),法律出版社2008年版,第104页。

收、管理、使用中的国家利益中心转向公共利益中心，从而财税法应定性为"公共财产法"，具体可理解为：在收入端，财政收入面向全民课税，"聚众人之财"；在支出端，财政支出用于公共职能，满足公共需要，"办众人之事"。[1] 财税法不是强制征收法，不以国家利益为本位；财税法也不是宏观调控法，不以调节经济为基本任务。财税法是社会财富分配、公共资金依法筹集、合理使用之法，财税法的"公共性"将纳税人、征税人、用税人的利益紧密结合。"公共财产法是保护私人财产权和控制公共财产权为宗旨取向的理论模型，是在财税法治思维下对国家治理模式的新探索，财税法的本质属性是公共财产法，要旨是规范、控制政府公共财产权，有效保护纳税人权利。"[2]

随着财税法利益调整格局的改变，纳税人、征税人、用税人对利益的认同使"纳税人权利保护法"的出台具有现实可行性基础。

（三）制度体系接纳

当今世界的许多国家都颁布了纳税人权利保护法，如法国于 1975 年颁布了《纳税人宪章》，加拿大于 1985 年颁布了《纳税人权利宣言》，英国于 1986 年颁布了《纳税人宪章》，美国于 1988 年颁布了《纳税人权利法案》并于 2015 年由美国国会将多次修改后该法案的纳税人 10 项权利编入了《国内收入法典》，澳大利亚于 1997 年颁布了《纳税人宪章》，意大利于 2000 年颁布了《纳税人权利宪章》。经合组织（OECD）于 1990 年发布了一项报告，建议成员国引入纳税人宪章，其成员国和一些非成员国在内的许多国家和部分地区都相继颁布纳税人（权利）宪章或法案。此外，在德国、俄罗斯、西班牙等颁布"税法典"的国家，在法典中对纳税人权利保护予以全面的规定。[3]

自 1994 年始，关于纳税人权利的主题探讨进入财税法学界的研究视野，[4] 开启了我国财税法学界就纳税人权利保护问题的几十年的学术研究与积累。早期的研究主要还是介绍国外的相关制度与理论，对我国纳税人权利的研究基本"就税谈税"，最多是在借鉴意义上提出我国的对策。经过 25 年的探索，对纳税人权利研究的理论体系、实践细节都有了极大的提高。这种宏观、微观层面研究的深度和广度对纳税人权利保护法的出台奠定了坚实的理论基础。[5]

---

[1] 参见刘剑文：《改革开放 40 年与中国财税法发展》，法律出版社 2018 年版，第 8 页。

[2] 刘剑文：《改革开放 40 年与中国财税法发展》，法律出版社 2018 年版，第 51 页。

[3] 参见翁武耀、蓝昕、周玉昕：《外国纳税人的权利及立法借鉴》，载《研究生法学》2017 年第 3 期。

[4] 参见缪慧颖：《关于纳税人权利问题的若干思考》，载《税务研究》1994 年第 1 期；孙昌兴：《纳税人权利义务论——兼与缪慧颖同志商榷》，载《税务研究》1994 年第 8 期。

[5] 参见刘剑文：《改革开放 40 年与中国财税法发展》，法律出版社 2018 年版，第 64～69 页。

在立法实践中，2005 年，全国人大常委会召开了《个人所得税法》立法听证会；2008 年，《企业所得税法》明确以纳税人平等权为改革指导思想，对内外资企业实行统一的所得税法；2009 年，国家税务总局出台《关于纳税人权利与义务的公告》；2013 年，党的十八届三中全会明确提出“落实税收法定原则”；2015 年，《立法法》修订，明确了税收法定原则，由此开创了“税收法定原则的新时代”。[1] 我国《车船税法》《环境保护税法》《烟叶税法》《船舶吨税法》《资源税法》全部由全国人大常委会颁布，真正落实了税收法定原则。财税法的立法实践，体现了我国财税法制度对“税收法定原则”“税权平等”“纳税人权利保护”“政府用税权限制”的吸收与接纳。

2015 年 10 月，由中央全面深化改革领导小组第十七次会议审议通过的《深化国税、地税征管体制改革方案》，正式提出建立税务法庭的建议，以“法治规范”“公开透明”的税务司法保障体系，确保财税体制改革顺利进行并以实现“社会公平”为最终目的。税务法庭的设立，既是税务司法专业化改革的必然要求，也是纳税人权利保护重要的司法手段。

由此，无论是域外立法经验，还是我国立法实践；无论是学术界理论先行，还是税务司法专门化改革，对纳税人权利保护不仅具有集体意向性共识，而且还转化为一定的制度设计。学界认识的成果，使“纳税人权利保护法”具有科学上的可评估性；征纳双方博弈基础上的利益平衡性及域外立法经验的分享，使该法具有可执行性与可司法性。[2]

四、纳税人权利保护立法的指导思想

权利是现代法律的核心概念和基本出发点。在“纳税人权利保护法”中，应以纳税人为中心建构其权利体系，将《宪法》《立法法》《税收征收管理法》《关于纳税人权利与义务的公告》中确立的纳税人权利保护原则、规则用专门法的形式予以确认、转化、提高，成为税收执法与涉税司法的法律适用的具体指引。

“纳税人权利保护法”的指导思想体现该法的立法精神并转化为基本原则与具体规则。德沃金认为，法律原则是构成正义、公平或其他道德主张的必要条件，其目的在尊重并确保个人或团体的权利得以伸张；法律原则凸显为法律体系的正当性基础；

〔1〕 参见刘剑文：《改革开放 40 年与中国财税法发展》，法律出版社 2018 年版，第 42 页。

〔2〕 参见于兆波：《立法必要性可行性理论基础与我国立法完善——以英国立法为视角》，载《法学杂志》2014 年第 11 期。

而道德权利则是法律原则正当性的基础。根据德沃金关于法律原则的理论,法律原则从道德权利演绎而来,法律原则的内容必须奠基在道德权利之上。[1] 据此,本文认为,税收法定、税收公平、税收平等的普适性价值目标是"纳税人权利保护法"立法指导思想并成为该法的性质定位与价值取向。

(一)税收法定

将税收法定确立为"纳税人权利保护法"的指导思想及基本原则,首先根基于宪法确立的人权保护原则,而人权保护原则直接源于道德权利。道德权利以一种权利观念体现出来,属于应当有而未必有的权利;当这种权利观念形成权利意志后即会转化为权利要求。当人权获得宪法保护后,人权中的财产权保护要求随之需要具体的法律制度予以确认。从某种意义上,税收就是对纳税人财产的"剥夺"。既然以合法的形式"剥夺"其财产,那么,就应赋予其对自身财产保护及辩护的权利。其次,将税收法定确立为"纳税人权利保护法"的基本原则是因为在专业领域及社会公众中获得集体意向性共识,这是使之成为一项原则的妥适性基础。虽然我国民法典是民事主体的基本权利法,但民法典是平等主体的权利法。而在我国现实的税收征纳关系中,双方法律地位并不平等。因此,税收法定原则的确立,是从约束公权力视角,对民众财产权加以保护。税收法定原则在"纳税人权利保护法"中的确定,使纳税人权利作为基本权利具有了防御功能,并体现为不经纳税人同意,国家不能任意开征新税、不能任意设定税种与税率、与税收征管有关的法律必须经过纳税人同意的课税权规则。同时,该原则的确立,还为纳税人的侵害停止请求权、国家不作为请求权的具体规则设立提供了立法依据。

(二)税收平等

税收平等作为"纳税人权利保护法"的指导思想与基本原则,第一,将宪法的平等权通过"纳税人权利保护法"具体规则的转化予以实现。《宪法》第33条第2款规定的"法律面前人人平等"的宪法权利通过"纳税人权利保护法"明确化为纳税人权利平等、税收征纳机关与纳税人法律地位平等及权利义务对等的具体规则。第二,税收平等原则的建立基于税收债务关系理论。在对税收权力关系反思的基础上,税收债务关系理论提出税收法律关系在本质上是一种平等的法律关系;[2] 也只有在平等的法律关系中,纳税人才享有一系列权利,承担一系列义务。有学者将税收平等原则吸

[1] [美]德沃金:《认真对待权利》,信春鹰、吴玉章译,中国大百科全书出版社1998年版,第40页。
[2] 参见刘剑文:《改革开放40年与中国财税法发展》,法律出版社2018年版,第161页。

收进税收公平原则,认为社会上的所有人都应当按其能力的大小纳税,能力大的多纳,能力小的少纳,无能力的不纳税。[1] 按照纳税人的真实能力赋税即量能课税应当是公平原则的应有内涵,可理解为实质平等。而本文将税收公平确立为立法指导思想并进而确立为基本原则,是基于公法之债的理论,将纳税人纳税视为纳税人履行其与国家之间的契约约定,国家与纳税人处于平等的法律地位,将税收的本质理解为公法之债,其主旨在于确立纳税人与税务机关的平等关系以保障纳税人的权利,是形式平等的意蕴。也正基于此,纳税人的权利不仅仅是税中权利,还应当涵盖税前权利与税后权利。如果纳税人与代表国家的税务机关法律地位不平等,纳税人权利保护的立法目的就难以实现。

(三)税收公平

税收公平作为"纳税人权利保护法"的指导思想与基本原则,第一,确认纳税人资格平等,将宪法中关于公平、公正的道德权利以专门法的形式予以转化。将税收公平确立为基本原则,是将我国财税法体系中失衡的权利义务结构及由此形成的权利义务关系矫正过来,以"纳税人权利保护法"的形式确立纳税人之间公平负担的法律规则。第二,确保结果平等,运用税收公平量能负担的具体规则追求实质平等的价值内涵,使不同纳税人税收负担平衡。量能负担规则是税收公平原则建构和实现的基础。"量能负担追求的是税收平等和税收公平,征税的目的不应仅仅是满足财政需要,更应是实质上实现税负在全体纳税人之间公平和平等的分配,使所有纳税人按照其实际纳税能力负担其应缴纳的税收额度。"[2]第三,实现过程平等,在主体地位平等的前提下赋予、设定征纳过程中双方的权利义务,使纳税人的权利得到根本保障。阿列克西认为,原则可以是规则的理由,但原则不只是规则的理由;原则可以成为规则的指引,而原则本身也既是确定的指引。[3] 税收公平思想及确立的原则使纳税人基本生活费用扣除、家庭负担费用扣除等量能课税规则的设立有了立法依据,使纳税人基本生存权利得以确认。虽然我国2018年8月修订《个人所得税法》,由分类所得税制变革为分类综合所得税制,对子女教育支出、继续教育支出、大病医疗支出、住房贷款

---

〔1〕 参见郭庆旺等:《当代西方税收学》,东北财经大学出版社1997年版,第209~217页。转引自陈少英:《40年来税收公平原则的研究回顾与总结》,载《中国法学会财税法学研究会2018年年会暨第29届海峡两岸财税法学研讨会论文集》第20页。

〔2〕 许多奇:《论税法量能平等负担原则》,载《中国法学》2013年第5期。

〔3〕 参见[德]罗伯特·阿列克西:《法:作为理性的制度化》,雷磊编译,中国法制出版社2012年版,第150页。

利息或者住房租金、赡养老人支出等专项附加扣除,并由国务院颁布具体扣除事项,但用“纳税人权利保护法”的形式将税收公平原则确立下来,可以将《税收征收管理法》《个人所得税法》《个人所得税法实施条例》及国务院《关于印发个人所得税专项附加扣除暂行办法的通知》《关于纳税人权利与义务的公告》中相互重叠、冲突的规定予以整合,更有利于税收公平价值目标转化为具体法律规则并成为司法实践的具体指引。

五、“纳税人权利保护法”的构造分析

(一)“纳税人权利保护法”在财税法体系中的地位

“纳税人权利保护法”在财税法律体系中的地位对财税法制度体系构建的合理性具有重要影响,不得不辩。

财税法体系遵循了以宪法为统帅,以基本法为指引,以法律法规为主体,以部门规章为操作指南的我国立法体系的形式规范。据此,宪法是财税法体系顶层引领性的法律规范,任何法律法规均不得与宪法相抵触。而在宪法之下,应当有一部财税基本法。在财税法体系构造中,基本法是重要的体系支撑,其功能是将统领作用的宪法通过基本法的阐释进一步具体化为适用实践的法律规则。财税基本法不仅承载该体系的价值目标,更明晰体系的功能定位,是管理体制、创新机制、监督考核制度建立的依据。在基本法之下,是具体的财税法律制度。但在我国现行财税法体系中,既没有一部“税收基本法”,也没有一部“财政基本法”。依据税收征管的实践,在财税法体系中的《税收征收管理法》在某种程度上起到基本法的作用。但是,《税收征收管理法》中的程序性权利义务的设定及其管理特性,以其替代“税收基本法”,在目前纳税人权利意识高涨的新时代显得极为不合时宜。

在现行以纳税人义务为中心的财税法体系中,“纳税人权利保护法”确能凸显其独特的作用。该法能够使权义失衡的体系结构得以矫正,能够淡化财税法体系浓厚的管理色彩;而由管理范式向治理范式的转变,可以大大提升财税法体系的品质。在“税收基本法”尚未出台的情况下,率先出台“纳税人权利保护法”,使该法不仅具有“回应型”立法意义,而且其具有的部分基本法功能,可以弥补《税收征收管理法》作为基本法的功能缺陷。在一定意义上,“纳税人权利保护法”使财税法体现出“共治型”的体系特点,适应了新时代国家治理能力现代化的需要。

(二)“纳税人权利保护法”的内在逻辑推演

“纳税人权利保护法”的规则设立应当遵循以纳税人权利为中心的价值指向,通

过对纳税人的利益识别、利益判断和利益排序的逻辑路径，实现对纳税人权利的保护。利益识别体现为对纳税人主体的认识。“纳税人权利保护法”不仅仅是自然人纳税人的保护法，而是所有纳税人的保护法，保护主体涵盖企业纳税人和自然人纳税人，对纳税人的身份不做区分，充分体现了纳税人的资格平等；利益判断通过赋予纳税人权利、设定纳税人义务，实现纳税人权义一致的纳税人的过程平等和结果平等；利益排序体现对纳税人利益冲突的解决方案，使纳税人权利得以救济。而纳税人的税前权利、税中权利及税后权利的制度设计能够全面、完整地体现纳税人的利益保障的逻辑规则。

第一，纳税人的税前权利。这是凭借纳税人的资格即享有的权利，主要体现为纳税人对国家课税的同意权、涉税立法的听证权、对非法征收的拒绝权。该权利既是纳税人个体权利，也是纳税人群体权利。首先，“在现代法治国家，法律的正当性源于民意，这种民意来自民主过程的商谈，而这种商谈是公共领域中普通民众和民意代表的双重沟通。这种从民主中产生的民意共识要具有法律效力，法律产生程序就应具备合理性，法律适用的结果就应具备可接受性。”〔1〕既然我国《立法法》赋予纳税人课税同意权，就应当在“纳税人权利保护法”中予以确认。其次，有学者将纳税人的课税同意权称为“宪法权利”，〔2〕但本文将纳税人的课税同意权、涉税立法听证权、非法征收拒绝权的宪法权利具体化为“纳税人权利保护法”的普通法权利，使纳税人权利可具体行使则更有实践意义。最后，从税的产生与权利运行的逻辑视角，纳税人的课税同意权、涉税立法听证权、非法征收拒绝权是涉税立法、执法的启动程序，如果行政机关对该权利造成侵害，纳税人可以依据“纳税人权利保护法”寻求救济。所以，将此三项权利确立为纳税人的税前权利，将宪法权利具体化为普通法权利不仅利于纳税人的理解，更利于对纳税人权利的保护。

第二，纳税人的税中权利。有学者将主要体现在《税收征收管理法》中规定的纳税人权利认定为“税法权利”或“程序性权利”。〔3〕而本文认为，将税收征纳过程中

---

〔1〕［德］哈贝马斯：《在事实与规范之间——关于法律和民主法治国的商谈理论》，童世骏译，三联书店2003年版，第79页。转引自高鸿钧等：《法理学阅读文献》，清华大学出版社2010年版，第79页，第10页。

〔2〕参见刘剑文：《〈税收征收管理法〉修改的几个基本问题——以纳税人权利保护为中心》，载《法学》2015年第6期。

〔3〕参见刘剑文：《纳税人权利保护的实现机制》，载《涉外税务》2012年第9期；张富强：《论税收国家的基础》，载《中国法学》2016年第2期。

纳税人享有的权利认定为“税中权利”更为适宜。首先,在“纳税人权利保护法”中赋予纳税人税中权利比在“管理法”性质的《税收征收管理法》中规定纳税人的权利更顺畅,更符合权利体系构成逻辑。其次,税中权利增加了《税收征收管理法》及《关于纳税人权利与义务公告》中不曾有的权利,如诚实推定权、返还请求权及税务代理委托权等,而此类权利并不属于“税法权利”。最后,我国税务系统建立了纳税信用等级评分制度,该制度可以根据纳税人纳税情况自动评定纳税人的纳税信用等级。由于直接税占比的提高及纳税人自身条件与经济环境的变化都可能对纳税人纳税产生影响。如果征税机关工作不到位致使对纳税人纳税信用等级评定出现错误,则后果是侵犯了纳税人的“信用权”。而“信用权”是基于民法产生的权利,其救济的方式也是民事救济。因此,将纳税人纳税中的某些权利确认为是税法权利实有不妥。

第三,纳税人的税后权利。我国现行财税法体系并没有涉及纳税人税后权利的规定,而行使该权利是纳税人分享国家治税权的需要。

首先,纳税人的税后权利体现为依法监督国家税款使用的权利,即纳税人有权对政府财政支出的合法合规进行监督。虽然国家税务总局《关于纳税人权利与义务的公告》第3项赋予纳税人税收监督权,但该权利只涉及税收征管过程中,实际纳税人对税务人员税收违法行为的监督,而不是纳税人对国家税款使用的监督权。我国《深化财税体制改革总体方案》将“改进预算管理制度,强化预算约束,规范政府行为,实现有效监督,加快建立全面规范、公开透明的现代预算制度”作为法治国家、法治政府的建设目标。2015年我国新修订的《预算法》及2018年9月中共中央、国务院发布的《关于全面实施预算绩效管理的意见》,都明确公民参与性、透明性的预算体制及预算绩效评价办法。因此,应当在纳税人权利保护的专门法中赋予纳税人对税款的合理使用进行监督的权利。该权利是课税同意权的延伸,课税同意权也意味着税款使用必须符合纳税人的利益,是纳税人缴纳税款的对价权利。“无权利无税收”即是纳税人对税款使用的财政支出监督权的具体解读,依法监督权更是纳税人分享治税权的具体体现。

其次,纳税人的税后权利还体现为纳税人的公益诉讼权。在该权利中,纳税人并非基于自身课税处分的合法性而提起的争讼,而是以公益为主要目的,代替纳税人群体针对特定课税决定进行诉讼。[1] 纳税人公益诉讼的原告不是该案的利害关系人,

---

〔1〕 参见王利军、李大庆:《公益诉讼与纳税人权利救济》,载《中国财税法学研究会2015年年会暨第23届海峡两岸财税法学术研讨会论文集》第193页。

其不具有自利性的主观动机,而是从保障社会公共利益出发,仅凭借纳税人身份或资格即可提起的诉讼。2006 年我国已经发生了"纳税人诉讼第一案",〔1〕说明纳税人的权利要求应当在"纳税人权利保护法"中予以确认。纳税人应当成为涉税公益诉讼的主体,参与公益诉讼中享有诉权,这是纳税人分享治税权的体现。

(三)"纳税人权利保护法"的立法体例与结构安排

目前,国外关于纳税人权利保护相关立法体例种类归纳起来大致有三:一是以德国为代表,在《税收法典》中,通过对税收行政程序细致的规定达到对纳税人权利保护的立法目的;二是以英国、加拿大为代表,在纳税人权利保护专门法中,以简洁的条文直接规定纳税人权利;三是以美国、韩国为代表,即颁布有纳税人权利保护专门法,又在其"国内收入法典"或"国税基本法"中,以纳税人为中心制定国税服务标准及内容。〔2〕

在我国专门法立法例中,《消费者权益保护法》与"纳税人权利保护法"的立法目的、立法精神最为接近。前者以章、条的形式,由"总则""消费者权利""经营者义务""国家对消费者合法权益的保护""消费者组织""争议的解决""法律责任""附则"八章构成。但是,参照《消费者权益保护法》立法体例,比照"经营者义务"章,将"征税机关义务"纳入"纳税人权利保护法"中,势必造成该部分法律规定与《税收征收管理法》条文的冲突;而依据现实,更难以照搬《消费者权益保护法》"国家对消费者合法权益的保护"与"消费者组织"的立法构成。

本文认为,依据我国纳税人权利需求及社会发展现实,"纳税人权利保护法"立法体例以简洁直接的方式将纳税人权利保护予以确认是最有效率的做法,即宜采用直接列举式立法体例将纳税人权利直接以条文形式予以规定。但是,不能简单地将国家税务总局《关于纳税人权利与义务的公告》中纳税人权利与义务的内容直接采用,因为该公告欠缺专门法的法律构成要素,因此,必须对"纳税人权利保护法"立法结构重新设计。"纳税人权利保护法"的立法结构,应当涵盖以下部分:

1. 立法目的。英国、加拿大的直接立法例中并没有该项规定,我国国家税务总局《关于纳税人权利与义务的公告》也没有此项规定。而立法目的是"纳税人权利保护法"的立法指引,表达立法者对纳税人权利保护的态度与立场。所以,在纳税人权利

---

〔1〕 参见徐阳光:《纳税人诉讼的另类视角——简评蒋石林诉常宁市财政局违法购车案》,载《涉外税务》2006 年第 8 期。

〔2〕 参见美国国内收入局官网,https://www.irs.gov/zh-hant/taxpayer-bill-of-rights,2019 年 9 月 12 日访问。

保护专门法中必须设立此条款。"纳税人权利保护法"立法目的是依据宪法保护纳税人的生存权、平等权、财产权,具体条文设定可建议为:"为保护纳税人权利,实现课税公平,制定本法。本法未作规定的,受其他法律法规保护。"该条文的制度设计,涵盖两个层面的意义:一是突出该法的立法宗旨:纳税人权利保护,实现课税公平;二是强调本法关于纳税人权利的规定具有优先性。即关于纳税人权利的法律规定,首先适用本法规定。当本法的法律规范不足以调整纳税人现实权利需求时,可以适用其他法律法规的相关规定。

2. 立法原则。"纳税人权利保护法"应将税收法定、税收平等、税收公平的立法精神具体化为该法的立法原则。关于"纳税人权利保护法"的基本原则,各国立法态度有所不同。以英国、加拿大为代表的立法例并没有立法原则的规定;而有立法原则的国家立法,对该原则的规定也有不同,有租税平等原则、量能课税原则、比例原则、信赖保护原则、诚信原则等。本文认为,对于法律原则的规定,应当将基础性、公理性的原则作为"纳税人权利保护法"的基本原则。因此,税收法定、税收平等、税收公平原则作为该法的基本原则,能够将相关的原则予以吸收涵盖。

3. 基本权利。基本权利的规定是"纳税人权利保护法"的核心内容,但对纳税人应当拥有什么样的权利,我国学界是众说纷纭。本文认为,由于纳税人承担义务的多样性,决定了纳税人权利的多元性,其具体权利涵盖税前权利、税中权利、税后权利能够使该权利结构具有开放性,对未来的权利发展留有足够的制度空间。

4. 基本义务。有权利即有义务,权义一致性是"纳税人权利保护法"应有的立法之义。纳税人应当承担与其权利行使相一致的义务。对此,可以将《税收征收管理法》《关于纳税人权利与义务的公告》中的义务统一确立为"纳税人权利保护法"中的义务。这样处理,不仅将《税收征收管理法》归位为"管理法"或"服务法",而且可以使"纳税人权利保护法"涵盖该公告中所有的权利义务并使其丧失其存在的意义,从而理顺了财税法体系,提升了财税法立法质量。

5. 纳税人权利保护机构。在许多国家的税收基本法或纳税人权利保护立法中,均设有纳税人权利保护机构或纳税人保护官制度。[1] 一旦我国颁布"纳税人权利保护法",必须有相应的机构与制度与之衔接。事实上,在我国现行财税法体系中,没有专门机构设置对纳税人权利实行保护。由于涉税行政诉讼"双重前置"的规定及我国涉税司法裁判专业能力的限制,在司法实践中对纳税人权利救济确有难度。而在"纳

[1] 参见翁武耀、蓝昕、周玉昕:《外国纳税人的权利及立法借鉴》,载《研究生法学》2017 年第 3 期。

税人权利保护法”中设置纳税人权利保护机构，不仅能够使纳税人权利在损害发生前先行得到救助，更是构造了涉税权利先行保护、涉税行政复议、涉税行政诉讼的纳税人权利多重保护制度体系。

六、结语

“事实上，当存在变革的必要时，推动变革恰是立法者和法官的责任。”〔1〕“纳税人权利保护法”的必要性、可行性凸显了纳税人权利保护不仅在构建友好型税收关系中的重要意义，更体现在建设法治国家、法治政府，提高国家治理能力与治理水平中的实践价值上。“纳税人权利保护法”的出台，能够平衡现行财税法体系的权义结构，使纳税人权利保护的法律适用具有明确的法律指引。当“税收是文明的对价”成为我国正在进行的财税体制改革目标追求的时候，当宪法的权利内涵与《立法法》第8条相结合并具体化为财税法基本原则的时候，当税收法定原则成为我国财税法体系价值表达的时候，在保证现行财税法体系融贯性的前提下，“纳税人权利保护法”以税收法定、税收平等、税收公平为基本原则，以纳税人税前、税中、税后权利为体系构造，能够涵摄纳税人的所有权利并留有足够的权利发展空间，能够使纳税人权利法随纳税人权利要求的发展不断补足与完善，使我国财税法律体系更加完备，为依法治国的实现奠定坚实的基础。

〔1〕［美］斯图尔特·班纳：《财产故事》，陈贤凯、许可译，中国政法大学出版社2017年版，第30页。

税收法定原则的宪法内涵与逻辑展开*

孙如意**

摘要：税收法定原则是宪法中民主与法治理念在税收领域的体现，其核心是税权法定。2004年《宪法》修改后，《宪法》第56条的规范内涵发生变化，成为税收法定原则的规范基础。国家基于人民同意而征税，税收立法不仅调整国家与公民的关系，建构税收的正当性与合法性基础，还具有规范国家税权行使，保障公民宪法权利，形成稳定的社会预期的功能。基于国家主权而产生的税权须在纵向和横向两个层面进行合理分配，税收立法、税务征收、司法救济应以保障人权为目标，分税制改革也应在宪法和法律框架下进行，以合理调整央地关系。

关键词：税收法定　民主与法治　征税权　人权保障

税收又称税捐或者租税，我国台湾学者陈清秀认为税捐是“公法人团体为获得收入之目的，而对于所有满足法律所定给付义务之构成要件之人，以高权所课征无对待给付之金钱给付”。国家通过征税形成财政收入，从而为国家提供公共产品奠定物质基础。因此，税法构成国家对公民财产权和经济自由的限制，国家向公民征税必须以法律为依据，坚持税收法定原则。税收法定原则不仅是税法的基本原则之一，也是宪法上民主和法治原则在税收领域的体现，具有保障公民财产权和维护法的安定性功能，因而也是一项重要的宪法原则。虽然迟到20世纪80年代

* 本文原载于《云南大学学报(法学版)》2016年第5期，发表时作者为中国人民大学法学院博士研究生。

** 首都经济贸易大学法学院讲师。

末税收法定原则由谢怀栻先生介绍到中国,该原则逐渐为人们所认知,但是税收法定的价值与功能已蕴含在我国的宪法规范和法治实践之中。十八届三中全会提出财税改革应当落实税收法定原则,2014 年《立法法》修改过程中围绕税收法定的内容有着激烈的争论,最终形成“税种的设立、税率的确定和税收征收管理等税收基本制度”只能制定法律的“妥协方案”,[1] 同年《深化财税体制改革总体方案》获中共中央政治局通过。然而 2016 年全面推行的营改增试点以及全面推行营改增试点后调整中央与地方增值税收入划分过渡方案,依然是由国务院主导,并未获得全国人大及其常委会的立法支持。可见,税收法定原则并没有在实践中得到有效的落实。在此情况下,从宪法视角认真审视税收法定原则,从理论上探讨其规范内涵以及实践方式便具有相当的必要性。

一、税收法定原则的规范内涵

税收法定原则,是指税法主体的权利义务必须由法律加以规定,税法的各类构成要素皆必须且只能由法律予以明确规定;征纳主体的权利义务只以法律规定为依据,没有法律依据,任何主体不得征税或减免税收。[2] 税收法定原则主要包含三个方面的内容:(1)课税要素法定原则。(2)课税要素明确原则。(3)稽征程序法定原则。[3] 课税要素法定是指税收有效成立的应具备的基本要素,包括征税对象、税基、税目、税率以及税收特别措施等内容必须由法律作出明确规定。而课税要素明确则是指法律对以上诸多税收要素的规定应当具体明确,不能模糊。课税要素明确有利于纳税人能够形成合理的纳税预期,调整经营活动,也有利于防止行政机关滥用裁量权,从而形成安定有序的税法秩序。稽征程序法定是正当程序原则在税法领域中的体现,具有规范税务行政行为和保障纳税人权益的程序价值,主要体现在税务机关只

---

〔1〕 2014 年 8 月 31 日,《立法法修正案》(草案一审稿)并未规定税收法定的内容。2014 年 12 月 29 日,《立法法修正案》(草案二审稿)第三条增加一项,作为第九项:“(九)税种、纳税人、征税对象、计税依据、税率和税收征收管理等税收基本制度”。2015 年 3 月 8 日,《立法法修正案》(草案三审稿)第三条将其修改为“税种的开征、停征和税收征收管理的基本制度”只能制定法律。在全国人大表决前,《立法修正案》(草案)发生的这一重大修改引起代表们的忧虑,认为不利于规范政府的征税权,经激烈争论最终形成修改之后的文本,即“税种的设立、税率的确定和税收征收管理等税收基本制度”只能制定法律。有关争论情形可参见《立法法三审税收法定条款删减引争议》,载财新网,http://topics.caixin.com/2015-03-08/100789288.html。

〔2〕 张守文:《论税收法定原则》,载《法学研究》1996 年第 6 期。

〔3〕 刘剑文:《民主视野下的财政法治》,北京大学出版社 2006 年版,第 100 页。

能严格依据税法规范进行征税，税种的开征与停征，税率的调整，税收的减免等事项都必须于法有据；征税机关在征税中应当遵循行政程序，保护当事人的程序权利，为当事人提供有效的法律救济。

多数国家宪法文本明确规定税收法定原则，但是对哪些税收事项需要由国家立法机关确定却有不同的规定。[1] 如美国1787年宪法规定关税、进口税和货物税由国会制定。日本1946年宪法规定国会有权依靠法律规定新课租税或变更租税。这些国家多由本国的税收基本法将税收法定的内涵具体化。相比较而言，法国宪法则明确规定税收的基准、税率和征收方式由法律予以规定。然而我国历部宪法性文件均没有明确规定税收法定的内容，而只是将其作为公民的一项宪法义务。1954年《宪法》制定之初，中共中央宪法起草小组提交的宪法草案（初稿）第93条规定："中华人民共和国公民有依照法律纳税的义务。各级人民政府非依照法律不得征税"，但在正式宪法草案和1954年宪法文本中只规定公民依照法律纳税的义务。1975年《宪法》和1978年《宪法》均未规定税收条款，1982年《宪法》重新恢复1954年《宪法》的规定。有学者据此认为我国《宪法》没有确立税收法定原则。理由在于以下方面：《宪法》第56条处在"公民的基本权利和义务"一章，而非总纲之中，只能视为对公民纳税义务的确认，不能作为对税收立法权的限制；1982年修改过程中，修宪者只是将纳税作为公民的一项义务，并没有对税收法定原则进行讨论。[2]

这种试图通过解读字面含义和追溯修宪过程而探索宪法原意，认为制宪者的意志只能是从已经显示的制宪者的根本意向以及在制宪过程中通过讨论曾经被提及并且无异议的想法。该解释方法能够最大可能地尊重制宪者意志，但实际上却忽视宪法规范的开放性与公共性，尤其没有看到宪法规范应具有的客观规范价值。诚如拉伦茨所言"法律解释的最终目标只能是：探求法律在今日法秩序的标准意义（其今日的规范性意义），而只有同时考虑历史上的立法者的规定意向及其具体的规范想法，而不是完全忽略它，如此才能确定法律在法秩序上的标准意义。"[3] 制宪者或者修宪者受其所处时代的宪法观或者表达方式制约，也会面临某些来自时代脉络的法律问题，形成的宪法规范在适用过程中可能会超脱制宪者的预期，从而在现有法秩序下具

〔1〕 翟继光：《税收法定原则比较研究——税收立宪的角度》，载《杭州师范学院学报（社会科学版）》2005年第2期。

〔2〕 李刚、周俊琪：《从法解释的角度看我国宪法第五十六条与税收法定主义——与刘剑文、熊伟二学者商榷》，载《税务研究》2006年第9期。

〔3〕 ［德］卡尔·拉伦茨：《法学方法论》，商务印书馆2015年版，第199页。

有客观的规范内容。在此情形下，宪法解释者应综合运用多种解释方式，以宪法文本为基础，遵循宪法规范内在价值的统一性，面向客观法秩序，在解释过程中实现开放性、合理性、正当性以及宪法秩序的安定性价值的统一，实现宪法中多元价值的平衡，以消解宪法规范与社会现实之间的冲突。〔1〕 对宪法中纳税义务条款的解释，可以运用体系解释和客观目的解释的方法进行。

从形式法治的视角来看，税收法定原则实际上确立法律保留原则，即只有民意代表机构有权制定税收法律。法律保留原则是现代法治国家重要的宪法原则，其核心是行政机关作出行政行为必须有议会立法作为依据，否则构成违法。征税是国家对公民财产权和经济自由的限制，属于侵益行政的范畴，必须严格适用法律保留原则。〔2〕 因而税收立法权专属于国家立法机关，行政机关不得僭越立法机关的权限而制定税收行政法规，除非获得国家立法机关的委任或者法律授权。《宪法》第56条公民"依照法律规定的纳税义务"条款中的"法律"是从立法体系的意义上使用的，属于形式意义的法律。这是因为纳税义务是由宪法确立的公民基本义务，只能由形式法律来确定，行政法规可以将形式意义上的法律具体化，但是这种具体化过程受到宪法的控制，应具备合宪性要求。〔3〕 而结合《税收征收管理法》第3条和《立法法》第8、9、10条的规定来看，此处的"法律"是指国家立法机关制定的法律或者立法机关的委任立法，属于狭义法律的范畴。再者而言，根据《宪法》第56条，公民只有在法律作出明确规定时才有履行纳税的义务。而没有法律规定，行政机关不得增加或者减少公民的纳税义务。《宪法》作为根本法，构成税法体系形成的规范依据。〔4〕

从宪法内在价值体系来看，私有财产权和人权条款于2004年《宪法》修改中写入《宪法》，充实了我国宪法价值体系的内涵，应对《宪法》第56条进行合目的性解释。2004年《宪法》修改案第22条规定："公民的合法的私有财产不受侵犯，国家依照法律规定保护公民的私有财产权和继承权。国家为了公共利益的需要，可以依照法律规定对公民的私有财产实行征收或者征用并给予补偿。"该条款体现了财产权的双重功能，即主观防御权和客观价值秩序：财产权作为公民的基本权利，防御来自国家的侵犯，构成国家权力行使的边界；同时财产权也要求国家进行制度保障，建构促进财产权实现的制度体系，将保护财产权的宪法价值贯彻于宪法秩序之中，约束国家的立

〔1〕 韩大元等：《现代宪法解释基本理论》，中国民主法制出版社2006年版，第3页。

〔2〕 黄学贤：《行政法中的法律保留原则研究》，载《中国法学》2004年第5期。

〔3〕 韩大元、王贵松：《中国宪法文本中"法律"的涵义》，载《法学》2005年第2期。

〔4〕 刘剑文：《财税法——原理、案例与材料》，北京大学出版社2013年版，第159页。

法、行政和司法等公权力活动,成为国家公权力活动的价值目标。财产权的本质是实现自由的要求和作为有尊严个体存在的社会物质基础。因此,财产权的宪法保护具有保障个体自由地利用各种经济条件的“自由保障”的功能。[1] 将《宪法》修正案第23条和《宪法》第56条对比后,便没有理由认为国家对公民财产权的征收或者征用行为要严格遵守法律保留原则,而国家对公民征税行为却适用较为宽松的保障水平,这是因为国家征税行为对公民财产权限制更为严重。2004年修正案第24条国家尊重和保障人权条款,这表明我国宪法的价值秩序由社会主义集体价值向更加重视个体自由权利的方向转变。宪法对财产权的保护与限制本质上体现了财产权的社会性和个人财产的自由性之间的平衡,而征税产生的外在限制不得损害财产权的内在价值,限制的手段应当符合比例原则,具备合宪性要求。因此,落实税收法定原则成为保障公民私有财产权的基本要求。这也说明在现有的宪法价值体系下,《宪法》第56条纳税义务条款的规范内涵已经发生转变,能够为税收法定原则提供宪法上的规范基础。[2]

二、税收法定原则的宪法理念

(一)民主理念:基于人民的同意而征税

从历史的角度看,税收法定原则塑造着国家的民主制度形态。税收是国家作为政治共同体存在的物质基础,也是国家维持公共秩序、巩固国家安全的必然要求。然而征税的前提是对国民财产权利的承认,需明确国家利益和公民财产权等权利的界限,控制国家征税的肆意性。1215年英国《大宪章》(Great Charter of Freedoms)第12条规定,除封建赋税以外,“设无全国公意许可,将不征收任何免役税与贡金。”这里的公意主要是通过由各大主教、住持、伯爵与男爵组成的会议实现。在此之后,税收的民主性价值不断得到强化,并推动英国议会制度的逐渐形成和发展。

随着启蒙运动和资产阶级革命发展,重新界定国家与国民之间的关系,论证税收的合法性与正当性,成为启蒙思想家关注的重点。其中洛克的论述最具代表性,他不仅指出税收的正当性基础,也明确了税收支出的目的性要求。洛克认为人们联合成为国家和置身于政府之下的重要目的是保护财产,“政府没有巨大的经费就不能维

---

〔1〕 韩大元:《私有财产权入宪的宪法学思》,载《法学》2004年第4期。

〔2〕 韩大元、冯家亮:《中国宪法文本中纳税义务条款的规范分析》,载《兰州大学学报(社会科学版)》2008年第6期。

持,凡是享受保护的人都应该从他的产业中支出他的一份来维持政府。但是这仍须得到他自己的同意,即由他们自己或他们所选出的代表所表示的大多数的同意。"[1]简而言之,税收是公民获得国家保护的必要对价,但是国家的征税行为必须获得公民多数的同意,国家征税的目的也是实现对公民财产、自由和生命等权利的保护。洛克依据社会契约论阐释的税收的正当性乃在于它的民主性,实际上也揭示出在税收领域国家权力与公民权利之间的平衡过程。

民主性作为税收法定原则的基础性价值影响到之后美国的制宪活动和法国大革命。美国《1787 年宪法》第 1 条第 8 款规定,国会有权规定和征收税款、关税、进口税和货物税,以偿付国债、提供合众国共同防务和公共福利,但是国家税制应当统一。1789 年法国《人权宣言》宣称,主权属于国民,人们进行政治结社的目的是保护人的自然、永存的权利,包括自由、财产、安全和反抗压迫的权利。《人权宣言》第 14 条明确规定"所有公民都有权亲身或由其代表来确定公共赋税的必要性,自由同意并关注其使用,并决定税额、税基、征收方式和期限。"在此之后,法国、日本、新加坡等大多数国家均在该国宪法规定,国家征税须经议会同意。进入福利国家后,国家权力与公民权利之间的关系发生变化:一方面国家承担大量的社会事务,公民基本权利的实现对国家财政支出的依赖性更加强烈,而政府财政支出需要以公民纳税作为主要来源;另一方面随着国家职能增加和权力扩张,公权力对社会和公民权利的干预程度加深,政府不仅是公共服务的提供者,还是社会财富的生产者,在市场经济中存在"与民争利"的紧张关系,这些都提出规范国家权力行使的要求。而规范国家权力运行,控制政府规模最有效的方式就是规范国家的征税和财政支出。[2]

由此可见,税收法定原则在不同的时代背景下具有不同的价值诉求,封建时期的贵族、新兴资产阶级通过税收法定来防止掌握行政权的国王恣意进行课税,以保护国民的财产权,并逐渐实现国家权力中心的转移。而在现代民主法治国家,税收法定原则的价值体现在经由以国民意志形成的法律进行课税,从而谋求经济生活的法的安定性,并保障经济活动的可预测性。随着国家征税范围的不断扩大,我们现在已经很难找到不承担税负的主体了。因而,实现税负公平,保障不同社会阶层纳税人的权益,在税收民主性价值下实现多元利益的平衡成为现代国家面临的新课题。因此,税

---

〔1〕 [英]洛克:《政府论》(下),叶启芳、瞿菊农译,商务印书馆 1964 年版,第 78 页。

〔2〕 See Jørgen Juel Andersen, *Costs of taxation and the size of government*, Public Choice, Vol. 153, No. 1/2 (Oct. 2012), p. 83 – 115.

收立法的过程也是国民意志形成与利益协调的过程,具有民主重塑的功能。税收法定原则作为一项重要的宪法原则,成为宪法民主性理念的重要载体。

(二)法治理念:法的安定性与可预测性

法治是现代国家的基本价值共识,无论是英美国家的"rule of law",还是德国基本法确立的法治国原则,均将法治作为国家治理的基本途径和政治共同体遵循的普遍性价值。现代法治具备形式法治和实质法治的双重内涵,即不仅强调国家立法机关制定立法,以形成国家和社会成员普遍遵循的规则,还要求法治必须是"良法之治",为此多数国家均建立起符合本国实际的违宪审查制度。英国《大宪章》便是以成文法的形式将对国王征税权的限制固定下来,规范国王的征税行为。英国大法官柯克曾说:"国王在万人之上,但是却在上帝和法律之下。"贵族以及后来的资产阶级与国王之间围绕征税问题斗争的成果,不断得以法律化,并最终使英国"王在法下"的法治理念获得制度化的外在形式。[1]

税收法定原则的民主价值需要通过法治价值得以彰显,这是因为税收立法的权威性和税收法律秩序的安定性与统一性能够为民主价值的实现提供外在的制度保障。在现代法治国家中,税收立法明确规定国家征税的对象、范围、税基、税率及税收征管等内容,从而能够有效控制国家征税的肆意性,为社会公众提供可期待的安定性秩序。这对保障公民的财产权、经济自由,合理界定国家权力和公民社会之间的界限,创造较为宽松的社会环境具有极为重要的意义。税收法定原则的法治价值通过三个途径得以实现:(1)国家立法机关根据宪法制定税收法律,使之成为行政机关征税的法律依据,从而赋予国家征税的合法性基础,规范行政机关的征税行为。纳税主体依据立法机关制定的法律履行纳税义务。(2)国家征税实质上是对公民财产权的限制,构成财产权的社会义务,但是限制本身不能损害财产权的核心价值,亦需符合比例原则的要求。(3)国家应根据不同层级政府提供公共物品范围与需求,建立与之相适应的财权分配体制,尤其是税收征管和税收受益的分权体制。因此,税收法定原则体现"国家—国民""中央政府—地方政府""立法机关—行政机关"三者间的关系,这三种关系的处理都必须在宪法和法律的框架下进行。

(三)控权理念:税收法定之核心是税权法定

公民纳税义务对应着国家的征税权。征税权或者税权是国家权力的重要组成部

〔1〕 陈刚:《论英格兰"王在法下"法治理念的生成》,载《比较法研究》2015年第5期。

分，乃是一国主权的体现，属于国家对内统治权的必然内容。[1] 所谓统治权本质上支配权，乃是国家作为权利主体所拥有的独占权，国家在国内法和国际法限定范围内自定自己的组织，支配领土内一切的人和物及在领土以外的本国人民的权利。[2] 这种将税权视为国家统治权内容的视角，明确国家税权的归属、行使对象和纳税范围等内容。在社会契约论看来税权体现国家和公民之间的交换关系，即公民将部分财产权让与国家而形成的权力，其目的是获得国家所提供的公共产品和服务，增进个人福祉，以有效保护公民权益，维持国家利益和公民利益之间的均衡状态。[3] 因此，税权是国家取得财政收入，实现国家职能的权力，税权的行使必须遵守宪法对国家权力设定的行使规则。

分权原则是宪法的一项基本原则。一方面，权力通过相互制约与平衡，实现权力结构的稳定，防止国家权力逾越宪法界限，侵犯公民权利。另一方面，权力在不同国家机构之间以及在中央与地方（联邦与州或国）之间进行有效分配，能够充分发挥不同主体的优势，使权力的行使更有利于实现公共利益。税权的分配分为横向和纵向两个方面。税权的横向配置模式可分为独享模式和共享模式。前者是由立法机关独享国家税权，并可授权行政机关行使部分税权。后者是国家税权在立法、行政和司法等机构之间分配。在税权具体分工的层面，国家税权可进一步分为税收立法权、税收行政权和税收司法权。税收立法权属于原创性的权力，主要包括税法的初创权、税法的修改权和解释权、税法的废止权；税收行政权则是最经常行使的权力，主要有行政机关制定税收实施细则、具体实施税务征收的权力。税收司法权则以保障公民纳税权益和规范行政机关的税务征收行为为目标。从我国的宪法结构来看，我国属于独享模式的税权分配结构，即税权主要集中在国家立法机关，即全国人大及其常委会。然而由于历史和现实的原因，全国人大两次授权国务院制定税收立法的权力，国家税权事实上集中于行政机关。

税权的纵向配置模式可分为集权模式和分权模式，前者强调税收立法权集中于中央，地方不享有税权立法权，如法国、英国等集权制国家；后者指税权在联邦和州（共和国）层面依据宪法划分，如美国、德国等联邦制国家。考虑到地方的财政汲取能力不同，在中央与地方（联邦与州）税权适当分立的基础上，也要增强中央政府或者联

---

〔1〕 杨志清：《国际税收理论与实践》，北京大学出版社 1998 年版，第 32 页。

〔2〕 [日]美浓部达吉：《宪法学原理》，欧宗祐、何作霖译，中国政法大学出版社 2003 年版，第 183 ~ 201 页。

〔3〕 李刚：《契约精神与中国税法的现代化》，载《法学评论》2004 年第 4 期。

邦政府的财政调控能力，实现税收富裕省份或者州与税收较为贫瘠省份或州之间财税转移，促进税收公平，实现国家内部的团结。[1]我国是中央集权的社会主义国家，地方的权力来自宪法和法律的授予。我国《宪法》第3条第3款规定“中央和地方的国家机构职权的划分，遵循在中央统一领导下，充分发挥地方的主动性和积极性原则。”因此，从保障中央集权和强化中央政府财政汲取能力，增强中央政府宏观调控能力方面考量，我国的税权机构呈现集权制模式，并经由1994年分税制改革进一步强化。然而集权模式也并非绝对化，地方国家机构由地方人大选举产生，依据宪法和法律行使职权，在推动地方经济社会发展，提供公共产品方面负有重要职责，应当在坚持中央集中税收立法权的前提下，依法赋予地方国家机构享有一定的税权。

三、税收法定原则的逻辑展开

税收法定原则以规范税权尤其是征税权的行使，避免国家权力的滥用，保障公民的财产权、经济自由等宪法权利，实现法的安定性为目标。税收立法权在国家税权中最为重要。北野弘久认为，税法的不合理性，首先表现在立法过程，然后进入行政过程和裁判过程，最后扩大到经济过程。在我国现阶段，贯彻税收法定原则，发挥人大主导税收立法的作用，有利于增强税收的合法性与正当性，但国家税收立法也应当符合民主理念和宪法精神。行政机关是税法的执行者，也是具体税收工作的实施者，规范行政机关的税务征收行为，保障纳税人权利。强化对纳税人的司法救济，发挥人权对司法的保障功能，也是我国税收法治化的当然要求。2014年以来新一轮税制改革已经开始，本次改革应当在宪法和法律轨道内进行，以奠定税制改革的正当性与合宪性基础。

（一）税收立法：形式法治向实质法治转变

1. 国家立法机关主导税收立法，严格规范委托立法。根据1984年和1985年全国人大常委会的两次授权决议，国家行政机关制定大量的税收行政法规，掌握我国税收立法的主导权。[2] 这导致我国税收立法的层次较低、合法性欠缺，税收立法体系

---

〔1〕 如《德国宪法》明确规定在联邦层面进行富裕州对贫困州的财政转移，加拿大也在这个方面进行改革。这对于实现公共服务均等化，避免国内贫富差距拉大，维护国家统一具有重要作用。See, Dan Usher, The Reform of Equalization Payments, *Canadian Public Policy / Analyse de Politiques*, Vol. 33, No. 3 (Sep., 2007), p. 337 – 366.

〔2〕 据统计，在我国开征的18个税种中，除个人所得税、企业所得税、车船税由法律规定征收外，其余15个税种是由国务院制定的有关暂行条例规定征收。

紊乱,地方“隐形立法”问题突出,公民权利保障不足等问题。2009 年全国人大常委会废止 1984 年的授权决定,2015 年修改后的《立法法》明确规定税收法定原则,即税种的设立、税率的确定和税收征收管理等税收基本制度必须制定法律。因而现阶段立法机关的主要任务是将国务院制定的税收条例上升为法律,并对税收立法的必要性和适当性重新审查,从而在基本法层面确立税收法定原则,完善税收法律体系。全国人大常委会必要时可作出授权决议或者通过法律授权国务院现行制定税收行政法规,但是授权决议或法律授权必须明确授权目的、事项、范围、期限以及被授权机关实施授权决定应当遵循的原则,并且重要税收事项不得随意授权,严禁一般性或空白性授权。然而经济形势的复杂多变性、税务征税的技术性以及税收政策的灵活性,客观要求代议机构制定的法律具有一定得框架性,如税收立法为行政机关预留一定空间或者幅度,允许国务院及税务主管机关根据经济和社会发展需要,依据法定程序在法定范围调整税率,以避免频繁修法造成的立法压力。

2. 增强全国人大的预算审查能力,实现税收立法的科学性和民主性。《宪法》第 62 条、67 条分别规定全国人大及其常委会对政府工作报告、政府预算进行审查和调整的职权,而税收是政府财政收入的主体部分,因此预算审查的重点是对政府税收收入和支出的合法性、合理性的控制,从而实现在“收”“支”两端规范政府财政的目的。然而税收立法具有较强的专业性,短时间内国家立法机关人员构成的知识结构和立法的审议机制难以改变,故可通过提高财经委员会和法律委员会等专门委员会中财政专家所占的比重,增强专门委员会的审查能力,亦可委托财税领域的专业团队进行税收立法的调研和草案起草工作。税收立法过程也是不同利益诉求博弈和妥协的过程,因此完善立法听证制度,公开征求社会意见,进行实地调研,听取相关利益群体意见等方式拓宽公众参与税法制定或者修改的途径,这有利于提高税收立法的民主性,实现税收利益分配的均衡化。

3. 税收立法坚持比例原则和量能课税原则,实现税收公平。税收是国家基于公共利益对公民财产收益的部分取得,是对公民财产权的限制。但限制公民财产权的公权力行为必须接受合宪性审查,符合比例原则。[1] 税收立法要有利于实现公共利益,在能够实现税收目标的多种手段中,诸如税种的开设、税率和纳税对象的确定等方面,选择对公民财产权侵害最小的做法。最后税收立法还应符合狭义比例原则,即

〔1〕 张翔:《个人所得税作为财产权限制——基于基本权利教义学的初步考察》,载《浙江社会科学》2013 年第 9 期。

运用经济分析和价值衡量等方法评估税收立法欲实现的公共利益与公民财产权的限制之间是否符合狭义比例原则的要求,是否实现宪法多重价值之间的平衡。而量能课税原则是宪法上平等原则在税收立法领域的具体化,主要是指纳税人的租税负担应当根据经济上的给付能力来衡量。量能课税原则要求国家课税之后,仍能保持供纳税人利用和国家课税的财产,禁止没收性课税,以防过度征税危及税收的可持续性和纳税人的生存权利,损害财产权的核心价值。立法者在选择合理税收客体之后,还要进行构成要件的选取与评价,从而使之与税法体系相一致,通过对纳税人所承担的直接税、间接税负担进行整体考量后,判断是否符合量能课税原则。[1] 此外,随着我国对国际经济的深度融入,征税对象范围的扩大,税收立法中应妥善处理。

(二)税务征收:规范税收执法与保障纳税人权利

依法行政是建设法治国家的必然要求,行政机关应当严格依据法律行使职权,遵守法律优先原则和法律保留原则。

1. 严格执行税收立法,保障纳税人权利。行政机关应将税收法定原则贯彻于征税过程中,加强税收征管的监督,坚持税务公开原则,明确税收执法责任制,规范税收裁量权的行使,禁止不适当地税法漏洞填补。税务机关应遵守税务征管程序,保障纳税人的知情权和参与权,规范税务机关的税收计算行为等微观税务征收活动,[2] 通过完善行政复议等程序为纳税人提供法律救济。地方政府不得违反税法规定通过降低税率、减征、免征税款向企业提供税收优惠,以维护税法的权威性和平等性。

2. 税收立法的评估与调整。国民经济发展状况具有不确定性,国家基于特定公共利益的实现和国家宏观经济目标的实现,必要时需要开征或停征税种、调整税率和征税对象。行政机关在税收征收的过程中应当对税法的实施情况作出综合性的评价,及时将税法实施过程出现的问题向国家立法机关提出处理建议,由后者对我国税收政策和税法作出相应调整,以保持税收秩序的稳定性与适应性。

3. 规范税收行政立法,保证税制统一。我国税收立法具有多层次性,国务院应加强对税收行政立法的合法性审查,保证国家税收法律体系内在的统一性、合法性,维护国家税收制度的权威性和正当性。2000 年全国人大制定的《立法法》、2001 年国务院制定的《法规规章备案条例》、2005 年全国人大常委会委员长会议修订的《行政法

[1] 葛克昌:《税法基本问题——财政宪法篇》,台北,元照出版有限公司 2005 年版,第 161~165 页。

[2] 王宏军:《税收法定原则在税收计算中的运用——以营业税为例》,载《云南大学学报(法学版)》2016 年第 3 期。

规、地方性法规、自治条例和单行条例、经济特区法规备案审查工作程序》以及2010年国家税务总局制定的《税收规范性文件制定管理办法》等规定对完善我国税收法律体系,实现税收法律体系的统一性提供规范基础。

(三)司法救济:以纳税人权利救济为导向

审判机关通过自身的裁判活动监督行政机关依法征税和保障纳税人合法权益,也是税收法定原则的必然内涵。[1]

1. 保障纳税人的裁判请求权。司法裁判活动具有中立性和消极性等特征。纳税不仅是公民的一项法律义务,也是公民的一项权利。纳税人在自身的合法权益受到行政机关侵害时可以向法院寻求司法救济,以获得法院公正地裁判。法院通过撤销判决、变更判决、确认违法判决等形式纠正税务机关的违法征税行为,保障纳税人权益。

2. 对实质性法律的合法性审查。依据修改后的《行政诉讼法》第14条、第65条和第66条以及《立法法》第99条的规定,法院有权对规章及以下规范性文件进行合法性审查,当最高人民法院认为有关税收的行政法规、地方性法规、自治条例和单行条例同宪法或者法律相抵触时可以请求全国人大常委会进行合法性审查。这对实现税收法律体系的合法性和统一性具有重要意义。

3. 法院在行政审判中对税法进行合宪性解释。法院审理案件的过程也是解释法律和适用法律的过程,当同一个法律规范产生多种解释的可能时,法院应选择最符合宪法规范和价值的解释方案。合宪性解释是法院的一项宪法义务,这是因为财产权具有主观权利和客观价值秩序的双重性,后者拘束法院的审判活动。[2] 法院在税收案件中,应努力保障公民的财产权、知情权等权利,并且在保持司法谦抑性的前提下,通过裁判活动形成税法解释的一般性规则。

(四)分税制改革:合法性与正当性的建构

分税制是指"按照事权划分中央和地方的财政支出,依据事权与财权相结合的原

[1] 在实践中以税务机关为被告的行政诉讼案件相对较少,原因可能涉及以下方面:一是《税收征收管理法》以行政复议作为行政诉讼的前置程序导致进入到行政诉讼的案件较少;二是税收立法授予行政机关较为宽泛的裁量权,法院的审查能力有限;三是纳税人遵守税法的整体环境较好,纳税人服从地方税务征管人员的要求纳税,多数纳税人处于"半守法"状态。参见崔威:《中国税务行政诉讼实证研究》,载《清华法学》2015年第3期。

[2] 王锴:《合宪性解释之反思》,载《法学家》2015年第1期。

则,将税种划分为中央与地方的税收收入的制度。"[1]我国1994年分税制改革在增加中央政府财政收入、增强国家调控能力和推动市场经济发展等方面取得显著成效。但是本次改革主要解决中央与地方之间财权的分配结构,却并未在事权分配结构方面做出妥当安排,导致地方政府事权与财权匹配度不够,土地财政和地方债务问题日趋严重,而作为民意代表机构的全国人大及其常委会却被排除在决策之外,导致分税制改革的正当性与合法性存在不足。[2]

十八届三中全会在《中共中央关于全面深化改革若干重大问题的决定》中提出将"必须完善立法、明确事权、改革税制、稳定税负、透明预算、提高效率,建立现代财政制度,发挥中央和地方两个积极性"作为税制改革的目标。2016年国务院《政府工作报告》提出,"加快财税体制改革。合理确定增值税中央和地方分享比例。把适合作为地方收入的税种下划给地方,在税政管理权限方面给地方适当放权。"何种税权应该下放、如何确定中央和地方之间税收收入的分享比例,实质上是对我国税权结构的调整,涉及宪法规范中央地关系的处理。兹事体大,必须慎重进行。在国家治理能力现代化和治理体系现代化的背景下,税制改革"正当化运行的根本保障是法治框架下的现代财政制度"。[3] 凯尔森认为,集权与分权的程度,以法律秩序里中央规范与地方规范的多少与轻重的相对比例而定。全部的集权与全部的分权只是理想的两极,因为法律社会里有一个集权的最低限度与一个分权的最高限度,只有在限度内,国家才不致有瓦解的危险。[4] 我国《宪法》第5条规定中央和地方关系处理的基本原则,即保证中央的统一领导,发挥地方政府的积极性和主动性。《宪法》第三章规定中央政府和地方政府所应承担的事权范围,为合理界定中央与地方的事权分配提供宪法基础。2015年修改后的《立法法》和《地方各级人民代表大会和地方各级人民政府组织法》扩大立法权的主体和立法权的范围,提高地方治理的自主性和积极性,将地方治理纳入国家治理的整体规划中。因而,本轮税制改革,应当将改革涉及过程中出现的分歧纳入到宪法和法律框架解决,妥当处理各方分歧,协调利益冲突,通过民主机制形成分税制改革的共识,经法定程序将达成的共识上升为国家立法,从而为分税制

---

[1] 张守文:《税法原理》,北京大学出版社2009年版,第76页。

[2] 有关1994年财税改革的评述可参见《清华法学》2014年第5期刊载的专题文章"纳税人看得见的法治"。

[3] 刘剑文:《论财税体制改革的正当性——公共财产法语境下的治理逻辑》,载《清华法学》2014年第5期。

[4] [奥]凯尔森:《法与国家的一般理论》,沈宗灵译,商务印书馆2013年版,第432页。

改革的推行提供正当性与合法性基础,促进中央与地方关系的法治化。

四、余论

税收法定原则不仅是一项税法原则,同时也是一项重要的宪法原则。一方面,税收法定原则处理国家与公民之间的关系,宣示人民主权的宪法理念,明确国家税权行使以尊重和保障人权为目标,通过税收立法协调多元利益,促进税负公平,从而巩固国家政权的民意基础。另一方面,税收法定原则要求国家税权在不同国家机构之间、中央和地方之间进行合理分配,通过内部的制约与平衡来规范国家税权,保障公民的财产权、经营自由等权利,建构国家税收的合法性和正当性基础,增强国家的统合能力。因而贯彻落实税收法定原则对推动我国民主化和法治化发展,提高国家治理能力和治理体系现代化具有重要意义。

加强税收立法若干问题的思考*

周序中**

税法是有序社会中十分重要的一个法律部门,具有特殊的地位。建立一个科学、规范、严密、稳定、调节功能强并符合国情的税收法律体系,是促进国民经济稳定发展的重要条件,也是国家政治、社会稳定的有效保证。

必须充分肯定,改革开放以来,我国在税收立法上取得了很大成绩。当我国从严格的计划经济体制向开放的市场经济转化后,税收法律制度必然面临且必须适应新的变化。随着始于1978年至1994年的多次税制改革,使我国已从一单一税制体系转向一个各单行税法相互配合、多层次、多环节、多税种,在税法结构和税法实施方面都更加现代化的复合税制体系。特别是1994年的改革,是一次在税收发展历史上具有里程碑意义的税制改革。它是一次全方位、深层次的与以往历次改革均有显著区别的税制改革,它是以建立符合社会主义市场经济要求的新的税收法律体系为目标,以统一、公平、简化、合理、高效为总体原则,以法治、公平、文明、效率为新的治税指导思想,为促进和保护公平竞争、创造良好的税法环境、按照国际通行作法而实施的改革。可以说,现行税收法律体系的总体构架基本适应我国现阶段经济发展的需要,而且为进一步深

---

* 本文原载于《湖南财经高等专科学校学报》2000年第1期。

** 首都经济贸易大学法学院退休教授。现任中国法学会财税法学会秘书长,常务理事;北京市金融与财税法学会秘书长,常务理事;北京市法学会理事;北京市社会保障预算财务研究会常务理事,中国法律咨询中心专家委员会委员,北京市法制宣传教育讲师团成员,北京市求实律师事务所律师。

入改革奠定了坚实的基础。但也应该看到，尽管取得了这些令人瞩目的成果，但市场经济的法则和改革的内在动因将推动其向更深层次发展。因此，认真总结我国以往税收立法的经验，深入分析现行税收法律体系在运行过程中存在的问题，指出进一步完善我国税收法律体系的设想，无疑是很有意义的。

一、加紧税收基本法的制定

目前，在我国税收立法方面，当务之急是在逐步完善各个单行税收法律规范的基础上，加紧制定出一部符合我国国情，具有中国特色和时代感、科学性、可行性兼备，在税收法律体系中起主导和统领作用的税收基本法。我国现有各种单行税收实体法律、法规共20个，大体上覆盖了社会经济生活的各个主要领域和层面，但时至今日我国仍对税法中具有重大影响和相同性质的一些基本问题缺乏统一的规定。例如，税收的概念和性质，税收立法的宗旨和基本原则，税法的调整对象，税收法律关系的主体、客体以及主体的权利义务，税收法律关系的设立、变更和终止，税法的立法权、解释权、修改权的划分，税法的执行权限等。从上述内容我们可以看出，税收基本法是一个国家税收法律体系中的核心和灵魂，是国家税收方面的意志在法律上的重要体现，规定了国家税收制度和税收政策中的基本问题，是仅次于宪法的国家主要法律，其法律地位、法律效力和法律形式都优于其他税收法律。这样重要的一部法律迟迟不能出台，对我国税收法律体系的整体建设来说是一个很大的缺陷，对解决我国税法执行过程中面临的诸多实际矛盾也是很不利的。

概括世界上税收立法模式主要有两大类型。一种为综合立法的模式，即将有关税收方面的基本规定与各个税种集中规定在一部法律之中形成税法法典，如法国和美国。另一种为分别立法模式，即对每一税种均单独制定一部法律，形成各个单行税法，这种模式为目前世界多数国家所广泛采用。然而由于单行税法只能解决各个税种的特殊问题，因此许多国家通常又将有关税法中基本的或者共同的问题再专门规定于一部法律之中形成税收基本法，如德国、日本、俄罗斯和韩国等。考虑到我国税收立法的实际情况，采用后一种立法模式更符合实际、更具有针对性和实用价值。因此制定一部类似于我国《民法典》的《税法通则》作为我国的税收基本法，既是非常必要的，也是切实可行的。市场经济的重要特点就是规范化、法治化、尽快制定颁布我国的税收基本法，是健全和完善我国税收法律体系的迫切需要，对加强税收的立法、执法和司法工作具有十分重要的实际意义。

二、加强税收立法的统一化、规范化

税法是一种规定全体国民在征纳税方面基本权利义务,涉及全体国民切身利益的法律。因此,关于税收的立法从我国宪法有关立法权的规定和各国立法实践上看,应是由经过全体国民选举出来的,代表国民行使权力的国家立法机关,在我国即全国人民代表大会及全国人民代表大会常务委员会来行使立法权。但是我国现行的20个单行税收实体法律规范中,完成了国家立法程序的为数有限,只有《个人所得税法》、《外商投资企业和外国企业所得税法》和《农牧业税法》三个税法,完成了国家立法程序,形成了税收法律。其他单行税法均是采取行政法规的形式,停留在暂行条例、草案、规定、办法等试行阶段,有些法规还是20世纪50年代颁布实施的,已近半个世纪,远不能适应今天变化的客观现实,存在许多不统一、不规范的地方。

税法的改革从1978年开始到现在,经历了近20年。在改革初期限于社会政治、经济等各种因素的制约,按“摸着石头过河”的策略,先将诸多税种采用税收行政法规的形式固定下来,是可以理解的,也是改革进程中无法避免的,是在特定情况下采取的特殊措施,但这只能是一种过渡性措施,不宜长期如此。随着税收立法从快速发展阶段进入到相对稳定的巩固和完善阶段,经过一段时间的实践检验,理应对税收行政法规加以修改、完善,积极创造条件,促成其上升为国家的税收法律。

我们知道,国家立法机关与行政机关的性质、地位、任务各有所不同,在社会生活中发挥着各自的职能作用,二者在行使立法权上也各有其特点。国家立法的地位、效力高,规范性、权威性强,有利于贯彻执行和适应但在立法程序上相对复杂,立法周期较长,对情势变化的适应性较低。行政立法的地位、效力和形式较低,稳定性差、随意性大但立法针对性强、时效快、周期短,具有较大的弹性和灵活性。税收立法的这两种形式是相辅相成、各有侧重和分工的,一般原则性的、基本的和重要的内容均应由税收法律来规定,其他具体实施和应用的内容由行政法规来解决。从表面上看,这只是一个税法的外在表现形式问题,而实质上它涉及在税收立法上如何处理国家立法权和行政立法权的关系,如何划分不同主体间的立法权限,以及税法的地位、效力和实施效果等重大原则性问题。就目前我国法制建设的整体情况和税收立法的基本格局而言,应以国家立法为核心,行政立法为辅助,尽量避免税收立法的低层次化。然而在现实生活中,情况正好相反,税收国家立法与行政立法的比例关系极不平衡,反差过大。由此带来的消极影响也是十分明显的,在社会上形成了一种将税法视作普通行政法规的观念,使本来就十分薄弱的税法观念更加含混、模糊,更加淡化了上上下下依法征纳税收的意识,造成税法不统一,税权不集中。有的采用所谓变通做法任意修改甚至曲解税法,使长期未理顺、厘清的税收立法和执法权限,更加紊乱和复杂,执行中相互重叠交叉,矛盾重重,形成一种无序的状态,其直接的后果之一是导致国家税收收入占国民收入的比重逐年下降。而这正是造成我国经济发展,但国家财政状态却没有得到根本性好转的原因之一。虽然这两年通过改革和加大执法力度,这种混乱无序的状态有所扼制,但要彻底解决税法不统一、税权分散的顽症,其重要的前提条件是税收立法权的正确行使和划分。所以,应尽快解决税收行政法规的法律化问题,使其纳人统一、规范、系统、正式的轨道,以保证其应有的权威性、严肃性和有效性,推动依法治税的进程。

三、加强税收立法的公正、客观、合理性

在加强税收立法的同时,不应忽视税收立法的公正性、客观性和合理性。随着改革的发展,我国相继制定实施了一系列单行税法,这是增加国家财政收入,调控经济、完善税收法律体系的一项重要工作,取得了很大的成绩。但是从立法的角度上探讨,有些税法的实施存在草率、匆忙和操之过急的问题,产生税收立法上的短期行为,使一些税法在一定程度上缺少国家法律所应有的公正性、客观性和合理性。例如,我国八十年代中期曾陆续颁布实施了一系列有溯及力的单行税法。所谓溯及力即溯及既往的效力问题,是指新的法律颁布实施以后,对它生效之前所发生的事件和行为是否适用,如果适用即具有溯及力,如果不适用即不具有溯及力。在立法上对于这个问题其普遍和一般的原则是新法没有溯及力,世界上的一些国家并把此作为一项原则写进了宪法。因此在通常情况下,新颁布实施的税法只适用于其生效之后所发生的税收关系,假若某一应税事项发生在新税法生效之前,而国家征收税款是在新税法生效之后,则仍然应当适用该应税事项发生时有效的税法,而不应当适用该应税事项发生时尚不存在,或者虽公布但尚未生效或者征收时才公布实施的新税法。众所周知,法律是一种特殊的社会规范,具有很强的规范性,它具体、明确地规定了人们可以、应当、禁止这样行为的界限,从而为人们的行为提供了一种标准、模式和方向,也正因为法律具有规范性,法律也就具有了可预测性,由此人们可以预先了解国家允许、要求、禁止自己怎样行为,可普遍预见到国家对自己和他人的行为是抱一种什么样的态度,会带来一种怎样的法律后果,从而使人们的行为有所选择。然而对于有溯及力的法律来说,如果没有相应的约束,在某种程度上其法律的预测性和规范性,或者是荡然无存、徒有其名,或者是大打折扣、形同虚设。特别是具体到税法,我们经常强调其具

有三性,即强制性、固定性和无偿性,而其固定性的基本含义是指国家用法律的形式事先规定好有关征税的事项,然后依法、依率计征。因此,具有溯及力的税法与税法本身所要求其具有的特定属性是相矛盾的同时这对于纳税人来说,其依国家税法所作出决策的实际结果与作出上述决策时的税收待遇不同也是不公正的,是有悖于税法的法定主义原则和思想的。

虽然我国宪法目前没有对溯及力问题做出明确规定,我国税法也没有这方面的特定条款。但从法的基本原理和世界多数国家的立法实践,以及我国其他法律部门立法实践的通行做法来考察,如要在特殊情况下,需要制定带有溯及力的税法时,主要应遵循"从旧兼从轻"的原则。该原则的基本含义为对新税法生效以前发生的应税事项,原则上适用当时的税法,只有在当时的税法规定应纳税而新税法规定不纳税或者规定税负较轻时,才适用新税法,也即新税法只有在对当时的应税事项处理得更轻时才有溯及力,否则就没有溯及力。采取"从旧兼从轻"的原则,一方面,既可以保持国家税法的连续性和稳定性,解决新旧税法前后衔接的时间效力问题,有利于维护税法的完整和尊严;另一方面,又可以避免引起不必要的税收秩序混乱、增大税法实施的难度和阻力,防止历史上的"无教而诛"等有悖情理的情形出现,以真正体现国家税收法律的公正、合理和客观。所以,这项原则也应该成为我国税收立法中的一项原则,而不仅仅只是采用简单的从新原则。而且从立法发展趋势上看,该项原则更应当成为我国税收法律溯及力问题的唯一原则。

四、加强税收立法的实用性、具体性和可操作性

目前,我国在税收立法上需要引起重视,并进一步加以完善的另一个问题,是现行各单行税法从总体上讲均是粗线条的,条文过于简单,规范不很完备。从征税范围讲,为了能覆盖和适应大量的具体和特殊情况,许多条文的含义都是非常抽象、概括和原则性的。从表述上看,采用泛泛的语言制定的条文过多,使某些税法经常象是在表述原则,而不是特定的行为规范。这就使税法在颁布实施时就存在先天不足,缺少相应的确定力和透明度,使税法的具体、实用和可操作性较差,容易导致实际上的有法难依。一方面,对税收征收机关和纳税主体双方来说,常常会因对过多的原则性条文的理解不同而产生异议和分歧,进而发展成本可避免或不应出现的而又在实践中大量存在的税务争议同时;另一方面,可以预计今后更多的税务争议案件将会在人民法院解决,为了使人民法院能根据税法,准确、公正的裁判,也要求税法明确、具体、可操作性强。否则由于笼统、模糊的法律语言,容易造成实际中尺度掌握不一而产生不

同的法律后果。这种执行和适用的不确定性，既会浪费大量的人力、物力和时间，使本来就没有完全理顺的征纳关系产生更多的矛盾，也会使国民对国家税法的权威性产生疑虑，进而对税法的尊严造成损害。

我国的这种框架式、粗线条的税收立法，是有一定的社会、历史和客观原因的。其中之一是在改革开放前，我国税收立法始终以税制简化、税种少、税赋轻为其主要指导思想。因为在当时计划经济模式下利税并行，征税范围较小，纳税人占国民的比例较低，且绝大多数是营和集体等公有制企业，税收负担较轻。在这种情况下，税法制定的简明扼要，概括性、原则性强一些，在执行中对纳税人来讲也不会产生什么问题。因为作为国营或者集体企业的绝大部分利润都是要上缴的，尽管或利或税形式不同，但结果一样。随着经济体制改革的发展，特别是近几年税收法律制度与改革开放前相比，发生了巨大的变化，新型税收法律规范全面出台，国家与国民之间逐渐建立了现代意义上的征纳关系。不断扩大的征税范围，普遍课税状况的形成，以及税收负担的明显增加等，促使纳税人以全新的意识和标准来审视国家税法。此时，如果依然沿续、遵循昔日计划体制下的税收立法指导思想，显然是不适应的。

法律作为一种约束人们行为的特殊行为规范，本身就要求其条文具体、准确、便于实施，而税法在这方面有着更高的要求，税法应是实践性、可操作性更强的法律，因为它与其他一些法律不同，它是与国民的生活联接最为紧密的法律之一。可以毫不夸张地说，税法已时刻地与全体国民打着交道，已经深深融入了全体国民的日常生产和生活中，正所谓，丝丝相连、息息相关。从发展的角度看，为了保持社会的进步，税法会更深入全面地渗透到社会的每一个角落，实行所谓的全面接触。每个人不管是否愿意，都要时刻面对它，接纳它。因此，今后在制定或者修改、补充税法时，要努力提高立法工作的水平和质量。要考虑充分、全面，其内容尽可能明确、详细、具体，用词严谨规范，措辞准确恰当，避免任何语义含糊的条文出现，尤其是关于征纳主体双方权利义务的内容必须清楚、详尽地落实到税法的征收条款上，以增强税法执行与适用的透明度，打破以往半封闭征管模式，既便于税收征收机关执行和司法机关适用，又便于国民了解掌握。

五、加强税收立法的科学性和可行性

加强税收立法，还要在理论上的科学性和现实中的可行性两个方面加强研究。颁布实施一新的税收法律，在理论上要站得住脚，其立法指导思想和意识要明确，要符合当时政治、经济形势的要求在实践中经得起检验，能顺利实施。在这方面，国际上有许多值得借鉴和总结的经验教训。某些国家由于对新税法的科学性、特别是可行性的深入研究不透,定位不准确,时机选择不当,而强行颁布实施,因此得不到国民的理解与支持,遭到反对,引发国民的抗议活动,甚至造成政府更迭。所以,新税法的颁布实施,其目的的实现,社会的外部环境是非常重要的。税收立法一定要充分考虑税收的合理适度,以及国民的接受程度。因为税法的实施关系到国家组织收入和调控经济的大局,关系到国民的切身利益,税法的立、改、废必然会引起原有经济关系的重新排列组合,使之发生重大的变化。所以,税收立法必须科学地进行,避免主观随意性。

目前,我国税收立法过程基本上是自上而下的,缺少自下而上的过程和途径,从总体上讲还缺少国民的积极参与,认同感不强,特别是有些单行税法的颁布实施因为缺乏前期科学的分析、准确的预测,又缺乏广泛的社会基础以及必要的配套条件,再加上执行措施不力,在实际中很难得到顺利的贯彻执行,实施效果极为有限,反而削弱了税法的严肃性。

另外,我们从税收与经济的关系看,税收与经济的发展是存在内在联系的。税收作为分配范畴中的一种特定分配形式,要受经济发展的制约。受国家生产力发展水平的制约,经济发展水平从长期趋势看是不断提高的,但在不同的时期、不同的阶段,其又有高低快慢之别,呈波浪型发展。因此,要科学分析一定时期内社会能够提供多少可供税收积累的国民收入,掌握社会各阶层普遍接受的合理标准,要从税收的征税范围、纳税主体、征税对象、税率、纳税环节等多方面进行具体的科学预测与设计,深入研究当时社会的承受能力,这既包括国民纳税的实际承受能力,也包括其心理承受能力。如果片面强调增加收入,在短时期内大量颁布税法,前后反差过大,势必造成国民心理上的不适应,欲速则不达,反而给税法的实施带来阻力。在今后税收立法上应避免出现以往的失误,吸取历史上的经验教训,要尽可能做到有理、有利、有节,既要考虑近期的相互配合与协调一致,又要考虑今后的长远利益和发展变化,真正做到取之有度,聚之有方。可以说,其科学性和可行性是否兼备,是衡量一部税法,乃至整个税收法律体系是否成功的一个重要标准,这在我国今后的税收立法过程中是应加以认真重视的。

综上所述,进一步完善我国税收立法工作,建立健全税收法律体系的任务还很艰巨,这是一项十分复杂的系统工程,特别是今后的税收立法重点,将从延性的扩展转移到内涵性的充实和完善上,会进一步触及国民的切身利益,因此,必须充分认识到税收立法工作的重要性和复杂性,依法平等保护国家公权和纳税人的权利,为建立一个法治、公平、文明、效率的税收法律体系而努力。

税种法研究

中国资源税法立法分析*

高桂林**　杨雪婧***

摘要:《资源税法》的出台为我国资源税征收实现了真正意义上的"税收法定",同时也为绿色税制的建立提供了重要支撑。本文从资源税法的应然角度,以客观评论的方式对《资源税法》的出台背景、内容与细节变化进行解读和思考,分析了《资源税法》在实施过程中可能面临的问题并提出对策。

关键词:资源税　税收法定原则　水资源税

资源税以自然资源税收关系为调整对象,通过对收入级差进行调整以实现生态资源合理使用的目标。目前,我国的应税资源主要有五类。[1] 这些自然资源的共同特点是总量有限,优质资源量畸少且地区分布不均,除了水和海盐以外,都是不可再生资源。应税资源牵制着中国经济的发展,其开采也影响到人类的生存状态与生活环境,资源分布

---

* 本文原载于《税务研究》2020年第8期。

** 首都经济贸易大学法学院教授,博士生导师,法学博士,中国法学会财税法学研究会常务理事,北京市法学会常务理事,北京市法学会环境与资源法学研究会会长,中国人民大学法学院客座教授,最高人民法院环境资源司法理论研究基地研究员。

*** 首都经济贸易大学博士研究生,郑州工程技术学院经济师。

〔1〕《资源税法》所附资源税税目税率表中将应税资源归为能源矿产、金属矿产、非金属矿产、水气矿产和盐五类。

不均会增加资源共享的难度,代内公平问题就会存在。实现自然资源的公平共享,是资源税法立法的初衷之一。《资源税法》的出台实现了资源税真正意义上的税收法定,对我国生态文明建设有着至关重要的影响,同时为绿色税制建设、专项领域税收征管工作统一提供了依据。

一、《资源税法》出台的重要意义

(一)《资源税法》的出台顺应新时代需要

新时代"五位一体"战略布局中的生态文明建设需要《资源税法》。《环境保护税法》的出台与实施、水资源税费的改革都在为《资源税法》的出台积蓄理论力量与实践经验。从社会发展趋势看,《资源税法》的出台既符合《立法法》的要求,也是出于社会主义法治建设的需要;从现实需要看,《资源税法》的出台既要解决因资源定价偏低而滋生浪费的现实问题,又要立足于长远角度平衡自然资源的稀缺与人类社会发展对自然资源需求量与日俱增的矛盾。

1.《资源税法》的出台满足我国绿色发展的需要。自然资源作为人类社会生活中的重要物质资料,大多是天然不可再生的。虽然我国自然资源种类丰富,但纳入资源税征税范围的却很有限,2016 年之后中央层面列举的资源税税目只有三十多种。[1]随着我国经济的发展,很多新开发出来的自然资源成为了社会生产的必需,但它们在被开采加工过程中却都受到了不同程度的破坏和浪费。新时代背景下,我国要走绿色发展的道路,就必须重视这些资源的合理开发和有效利用,以保障生态环境的可持续发展。《资源税法》出台后,将这些自然资源纳入征税范围,既实现了资源税法自身的丰富和发展,也为我国走绿色发展道路提供了保障。

2.《资源税法》的出台是对我国绿色税制的完善与发展。2016 年《环境保护税法》(该法于 2018 年 10 月 26 日进行了修订)的出台是我国绿色税制转型迈出的第一步,它侧重从环境问题的"末端"来防控污染,调节绿色经济发展,是绿色税制建成的"初级"版;而资源税则强调从环境污染的"源头"——资源利用来对经济发展与生态环境的关系进行调节,通过引导人们对资源的节约利用、高效利用来解决部分环境问题,同时实现经济社会的可持续发展,是绿色税制的"升级"版。资源税作为调节绿色经济发展的主要工具,是我国绿色税制不可或缺的重要组成部分。因此,《资源税法》的出台进一步丰富、完善了绿色税制,是实现我国税制整体上绿色转型的关键一步。

---

〔1〕 郑晓晔、杨贵生:《〈资源税法〉之新法解读》,载《中国有色金属报》2019 年 9 月 3 日,第 8 版。

(二)《资源税法》的出台实现了真正意义上的资源税税收法定

《立法法》第 8 条规定,对“税种的设立、税率的确定和税收征收管理等税收基本制度”只能“制定法律”。2019 年终于迎来《资源税法》,虽然过程漫长,但“开启了中国利用法定税收平衡自然资源利用与保护矛盾的法治新征程”,[1]实现了真正意义上的资源税税收法定。可见,《资源税法》的出台在我国立法进程上具有里程碑的意义。

1.《资源税法》实现了形式上的资源税税收法定。首先,《资源税法》的出台使国家对资源税的规制由行政法规上升为法律,法的位阶等级提升,其效力也会大幅度提高。过去,资源税的相关规定分布于不同层级的法律文件之中,错乱交叠,资源税调节级差目标一直难以实现。《资源税法》的出台从形式上统一了资源税制,对有关问题作出了原则性的规定,提高了资源税制的法律效力位阶。其次,《资源税法》对资源税的课税对象、税目、税率、计征方法、减征免征情形、征管方式、追责依据等税收要件以法律条文的形式作出了明确规定。各课税要素在《资源税法》中规定明确且详细,从而在内容结构上实现了资源税税收法定。

2.《资源税法》实现了实质意义上的资源税税收法定。《资源税法》体现了政府利益与公共利益以及公共内部(自然资源的开发者和使用者之间)利益的均衡。首先,从社会收入流向的角度看,税收的增加代表着政府财政收入的增加,因而在没有制约的前提下,政府往往希望征更多的税以扩充国库,但社会收入的总量是一定的,过度征税会给市场上其他主体带来经济损失,抑制市场活力,不利于市场调节功能的发挥。但是,征税不足也会带来问题。政府公共开支的主要内容就包括“修建重大公共福利设施”,[2]若征税不足,政府机构无法正常运转,政府的公共任务就难以完成。政府征收资源税的权力正是源于公众以实现较高质量生存环境为目的的权利让渡,因此,需要相关税法的出台以实现利益的均衡,避免出现过度征税或者征税不足的问题。其次,《资源税法》彰显出公共内部利益的均衡。公共内部主体可分为资源的开发者和资源的使用者。通过《资源税法》对储量稀缺、再生性能差的自然资源征税,能增加这部分自然资源的开发成本。以价内税作为课税方式,相关资源产品价格提高,无形中又增加了这部分资源的利用成本,从而促使资源开发者和使用者都倾向于节约资源,以此实现公共利益当代与代际共享的目的。可见,《资源税法》实现的资源税

[1] 张智全:《资源税“税收法定”增强生态保护功能》,载《中国商报》2019 年 8 月 28 日,第 1 版。

[2] [美]威廉·配第:《赋税论》,原磊译,华夏出版社 2017 年版,第 2 页。

税收法定是政府征收自然资源税权力法定与公众享有“绿水青山”生态环境的权利法定的结合。

二、《资源税法》对资源税制的新突破

（一）资源税调节范围扩大

首先，资源税纳税主体范围增加。《资源税法》第 1 条将资源税纳税主体扩展为在我国“领域”和我国“管辖的其他海域开发应税资源的单位和个人”。相较于 2011 年修订的《资源税暂行条例》所规定的我国“领域”及我国“管辖海域开采本条例规定的矿产品或者生产盐的单位和个人”，资源税的纳税主体范围扩大了。而纳税主体扩大是通过另外两个范围的变大来实现的：一是主体所在领域的变大，将更多主体囊括进来；二是“应税资源”的增加，将开采除矿产品和盐以外的其他主体纳入纳税主体范围。

其次，资源税法适用空间范围拓宽。在立法细节上由“领域及管辖海域”变为“领域和管辖的其他海域”。领域包括了领海，原条例中所述的管辖海域与领海存在重叠关系，也模糊了对领海以外所辖海域（毗连区、专属经济区和大陆架）的指向。[1]《资源税法》对我国所辖海域立法细节的变化体现出立法逻辑的严谨、概念的明晰，扩大了法适用的空间范围，也扩大了适用主体的范围。

最后，资源税应税对象范围增加。《资源税法》提出了“应税资源”的概念，并通过附表指定了“应税资源”的具体范围。在《资源税暂行条例》的基础上，资源税具体课税类目通过科学地归纳整合，重新划分为能源矿产、金属矿产、非金属矿产、水气矿产和盐，细化税目由 30 项扩展补充为 164 项，基本涵盖现阶段已发现的所有矿种和盐。对税目的统一规范和扩充，为我国生态资源保护工作的开展打下了坚实基础。

（二）下放具体税率确定权

《资源税暂行条例》第 3 条规定，在其所附《资源税税目税率幅度表》中一些具体税率要在税率幅度内“由财政部商国务院有关部门确定”。《财政部国家税务总局关于全面推进资源税改革的通知》（财税〔2016〕53 号）规定，对《资源税税目税率幅度

---

〔1〕《联合国海洋法公约》第 33 条、我国《领海及毗连区法》第 13 条规定了国家对毗连区的管制权。《联合国海洋法公约》第 56 条规定了沿海国对其专属经济区享有特定目的的主权权利和管辖权，在第 77 条规定了各国对大陆架资源的开发专属权。我国的《专属经济区和大陆架法》第 1 条规定了对专属经济区和大陆架的主权及管辖权，并在第 4 条明确对自然资源的开发权。

表》中所列的资源,“由省级人民政府在规定的税率幅度内提出具体适用税率建议,报财政部、国家税务总局确定核准”,具体税率的决定权仍在中央。《资源税法》在第 2 条将具体适用税率的决定权下放给省、自治区、直辖市的人民代表大会常务委员会,从第 3 条到第 7 条对税目税率作出了进一步的规定,为简化纳税申报提供了制度基础。

资源税在实践中属于地方税种,地方政府在对当地自然资源的管理与开发工作中承担了大部分责任,法律将幅度范围内的税率决定权下放给地方权力机关可以实现财权与事权相统一,是中央与地方税权改革法治化的表现。部分税率决定权不再由国务院统一制定,权力下放使部分资源的税率可依据不同地区资源拥有情况、开采难易程度以及对生态环境的影响来确定,给予地方更多自主权,充分体现了因地制宜的思想。

(三)中央与地方税收优惠对象范围调整

《资源税法》第 6 条规定“开采原油以及在油田范围内运输原油过程中用于加热的原油、天然气”为免征对象,比《资源税暂行条例》规定“开采过程中加热、修井的原油”的免税范围要大,也更合理。《资源税法》新增“煤炭开采企业因安全生产需要抽采的煤成(层)气”免征资源税,并增设四种减征情形。[1] 第 6 条最后一款还预留了其他因经济社会发展需要而减征免征资源税的空间,授权国务院对有利于“促进资源节约集约利用、保护环境”的情形进行减免。第 7 条第 2 款增加了地方权力机关对“开采共伴生矿、低品位矿、尾矿”税收优惠的决定权,以减少资源闲置以及尾矿遗留对地表的污染和其他安全隐患。

《资源税法》的减免税对象可以分为三类:第一类是伴随安全生产、合理开采而正常消耗的部分自然资源;第二类是较为劣质、不易开采的自然资源;第三类是存在污染等安全隐患的闲置自然资源。通过减免这三类自然资源税收,能激励市场主体加快从低丰度油气田、高含硫天然气、深水油气田、衰竭期的矿山等开采自然资源,刺激相关企业提高技术,减少出现市场主体扎堆开采优质资源、无人问津劣质资源的现象,避免出现资源闲置,也从侧面体现出经济效益与生态效益并重的原则。

(四)简化合并征收期限

《资源税法》第 12 条规定“资源税按月或者按季申报缴纳;不能按固定期限计算

[1] 从低丰度油气田开采的原油、天然气减征 20%;高含硫天然气、三次采油和从深水油气田开采的原油、天然气减征 30%;稠油、高凝油减征 40%;从衰竭期矿山开采的矿产品减征 30%。

缴纳的，可以按次申报缴纳”，简化、合并了原条例中对纳税期限的规定，避免再出现过去大多数税种申报期限不统一、不衔接的问题。此外，放宽申报期限、[1]统一纳税频次，在节约了纳税人时间的同时也节省了税务机关的运行成本。

（五）将水资源税改革法治化

《资源税法》第14条规定“征收水资源税的，停止征收水资源费”，并规定“水资源税根据当地水资源状况、取用水类型和经济发展等情况实行差别税率”，将水资源税改革推向法治化。《资源税法》规定由国务院统领试点水资源税的征收工作，制定水资源税试点实施办法。在授予国务院权力的同时也提出了对国务院的责任要求：在实施《资源税法》5年内，“就征收水资源税试点情况向全国人民代表大会常务委员会报告，并及时提出修改法律的建议”。这体现出将水资源税改革工作由政策、法规提升到法律的层面，用法律保障确保该项工作的顺利进行。

（六）其他变化

《资源税法》第4条明确规定“纳税人开采或者生产不同税目应税产品的，应当分别核算不同税目应税产品的销售额或者销售数量；未分别核算或者不能准确提供不同税目应税产品的销售额或者销售数量的，从高适用税率”，表现出计税方式的灵活性。第15条明确了不同时间节点中外合作开采陆上、海上石油资源的企业依法缴纳资源税的不同情形。第16条增加了减征对象的名词解释，以法律的方式去界定名词概念，避免日后执行时出现定义不清、概念混淆的情况，可以降低法律的执行成本。

三、《资源税法》实施面临的问题与对策

（一）征税对象范围有限，需为其保留扩展空间

《资源税法》在一定程度上扩大了对自然资源的课税范畴，但仍存在两点问题。第一，应税资源覆盖面不全。《资源税法》通过建立资源有偿制度督促人们节约资源，同时实现资源公平共享，但现有规定的应税资源范围没有涵盖所有被开采的自然资源。法国、瑞典、马来西亚、加拿大、菲律宾都已设置了有关森林资源（有些是针对林业产品或特定木材）的征税；俄罗斯则以森林税和租赁费的形式收取森林利用费；[2]越南则对森林资源、海洋动植物、天然燕窝征税。[3] 党的十八大以来，“山水林田湖

[1] 《资源税法》将申报期限由10日内改为15日内。

[2] 雷婕：《俄罗斯资源型财政可持续发展问题研究》，中央财经大学2018年博士学位论文，第72页。

[3] 越通社：《财政部发布152号通知明确规定资源税课税对象》。

草是生命共同体”的理念构筑了当代中国特色生态文明建设的理论基石，这些资源都应是资源税制改革前进的方向。2016 年发布的财税〔2016〕53 号文件提到将会“逐步将其他自然资源纳入征收范围”，但《资源税法》只新增了对水资源的相关规定，并未涉及其他资源。第二，没有体现出应税资源动态发展的过程。自然资源的价值体现为“自在之物”转变为“为我之物”的过程，[1] 这一过程是动态的日益丰富的过程，自然资源会随着世界经济的发展，人类对资源环境依赖程度的加深而逐渐被开发利用，因而自然资源作为生产资料具有历史性和时代性。人类社会不同历史时期对某些特定自然资源的开发程度和利用情况也有所不同。第一次工业革命加大了对煤等资源的使用量，而后越来越多的资源都被开发并加以利用。当下人们生活离不开电子产品，而用于制造触摸屏幕的铟等元素的矿产资源将在 1 个世纪内枯竭。[2] 从可持续发展的角度看，未来紧缺型资源的种类会随人类社会的发展而愈加增多，应税资源范围也会随之扩大。此外，还有一些自然资源也可能在人类社会某个时期发挥了举足轻重的作用，但随着新资源（能源）的开发而逐渐被替代。《资源税法》对应税资源的列举没有给未来应税资源的扩展预留空间，建议应加快立法补充财税〔2016〕53 号文件已涉及但现在仍未列入应税资源的自然资源以及其他稀缺资源，通过各种辅助性法律文件逐渐扩展资源税的课税范围。

（二）缺乏监督约束，应建立评估执法机构

资源税在实践中属于地方税种，法律规定了部分自然资源可以在法定的税率浮动范围内由地方权力机关决定具体的税率。税率决定权交给地方权力机关可以使财权事权相统一，同时尊重每个地区不同的实际发展条件。但是，地方权力机关在确定具体税率时，会出现三个问题：首先，每个地区所占有资源的总量和质量都不相同，地方权力机关很难在宏观的视角下设置税率，而资源税的社会价值取向是站在全局的角度去平衡不同地区的情况。这样一来，对统筹协调各地区资源配置的效果可能较差。其次，《资源税法》所附的税率表中一些资源的税率幅度差距很大。例如，矿泉水的税率可以在 1% ~20% 或每立方 1 ~30 元的范围内确定。水是人类生存的必需品，不同税率的决策会对当地的公众生活产生影响，很难预估地方权力机关会在幅度范围内选择何种税率，倘若水资源储量及分布情况类似的相邻地区分别选择了两端的

---

〔1〕 龚臣：《资源均衡假说》，江西美术出版社 2015 年版，第 3 页。

〔2〕 Royal Society of Chemistry, *Elements in danger*, Royal Society of Chemistry (Feb. 20, 2020), https://www.rsc.org/new-perspectives/sustainability/elements-in-danger/.

极值,则容易引发社会关于用水公平的矛盾。最后,法律将权力下放但没有提及监督约束机制,难以避免地方政府为提高地方政绩而纵容过度开采的问题。

因此,在部分自然资源的具体税率确定权下放的同时,建议做好对权力行使的监督和约束工作。地方权力机关如何决定税率,决定前是否进行充分论证,程序上是否合法、公正,将会影响资源税调节效果,因而要做到对相关工作的跟踪调研、总结评价,建立科学的后续数据跟踪、效用评估体系。对地方上报税率实施后的征收情况建立评估机制,以资源节约、生态保护的实际效果来评价判断税率是否合理。如实践效果不理想,则应查找原因,对地方决策的不足之处加以改正和完善,也可在日后修法甚至收回具体税率决定权;如实践效果达到预期,促进了生态资源的可持续发展,则可继续探索观察。

(三)各项细化措施尚未出台,亟待完善配套法律文件

《资源税法》中有一部分属于原则指导性的法律条文,在具体实践时不能直接适用,需要起草各种配套文件加以解释,辅助其实施,而目前大部分细化措施尚未出台。例如,国务院的水资源税试点实施办法,税务机关与自然资源部门的工作配合机制以及各省、自治区、直辖市对部分税率的确定备案、减免情况的认定办法等都尚在形成中。

首先,水资源税征收虽已入法,但对水资源税征收范围种类、如何征收、减免情形,法律并没有具体规定,只是授权国务院制定水资源税试点实施办法。目前,各省、市可供参考的相关文件都各具本土特色,对相同情形下水资源税的有关规定存在不统一和疏漏之处。例如,同是缺水地区的农业用水,河北省的水资源税征管办法中规定了限额,超额部分则要缴税;河南省、陕西省、天津市也规定对农业生产超过限额的水资源征税,但同时规定用于农业抗旱的应急必须则不缴税。同样是缺水地区,这就涉及对农业用水征税规则的重塑。再如,部分试点地区的水资源免征范围尚未涉及生态用水。此外,在具体试点工作中仍存在不少问题,例如,部分地区计量难以区分终端用水性质,核量存在问题;水资源税标准分类和取水许可用途分类不对应,从而影响到纳税人的认定工作,等等。建议应尽快出台配套的水资源税具体征收办法,在有区别的基础上做到对水资源各种分类标准等一般规定的和谐统一。生态用水、农业用水与人类的生产生活息息相关,应明确免征农业用水、生态用水等情形。同时,要加大对水资源税征管工作的财政支持力度,完善基层部门的工作内容和制度,以确保对水资源税改革工作的推进。

其次,《资源税法》第9条规定了职能部门之间的合作机制,“税务机关与自然资

源等相关部门应当建立工作配合机制，加强资源税征收管理”。但是，建立工作配合机制的前提是明确各部门在资源税征收过程中的具体职责与分工。岗位明确、职责清晰是部门合作机制发挥各方专业优势、实现互相配合、提高自然资源税征管工作效率、解决征税中所遇困难和问题的前提。职责应如何分配、责任应如何承担、具体工作程序要如何开展、一些职责难以明确划分究竟应属于税务部门还是自然资源部门、由何机关来决定适用两个部门的不同意见，等等，以上问题《资源税法》中缺少进一步的规定和说明，为现实中资源税征管工作留下了缺口。因此，建议税务部门与自然资源部门参考《环境保护税法》实施后，生态环境主管部门与税务部门具体工作配合机制的建立模式，并结合自然资源部门的工作特点，发挥各部门的专业优势，就建立工作配合机制尽早出台专门的工作制度，细化具体的协作义务，明确各方的责任，实现相关部门合作的规范化和法治化，减少部门之间职责分配中不必要的摩擦。

最后，目前各省（自治区、直辖市）关于实行法定幅度内的具体资源税率、具体计征方法，开采过程中出现非人为因素事件，开采共伴生矿、低品位矿、尾矿是否减免征税的相关制度都未出台。这些具体执行性制度作为对《资源税法》的重要补充，是资源税征管措施的细化和规范化，需要在《资源税法》正式实施前广泛征集意见，得到充分论证，再经过法定程序发布、报备，才能确保《资源税法》的顺利实施。建议各省（自治区、直辖市）根据实际情况，结合本地区的资源分布和使用情形，尽快出台具体实施方案和认定办法。

个人所得税法分配功能的二元结构*

何锦前**

摘要:面对收入分配失衡的格局,《个人所得税法》应有所作为,也能有所作为。以税法分配功能的二元结构即强制性分配功能与诱致性分配功能为分析框架,我们发现,2018年修订的《个人所得税法》在强制性分配功能方面改进明显,但也仍然存在很多不完善之处,其在诱致性分配功能方面改进则相对较少,尚需今后作更大程度的调整优化。为进一步强化分配功能,未来《个人所得税法》应在综合所得税制、基本费用扣除标准、专项附加扣除、税率结构、慈善捐赠税收优惠等方面加以调整变革。《个人所得税法》的分配功能发展空间仍然巨大,其对中国分配格局的矫正作用值得期待。

关键词:个人所得税法　强制性分配功能　诱致性分配功能　公平分配

2018年8月31日,第十三届全国人民代表大会常务委员会第五次会议在世人瞩目下完成了《个人所得税法》的第七次修正,这次修正的背景已不同于以往。当前,我国社会主要矛盾已是人民日益增长的美好生活需要和不平衡不充分的发展之间的矛盾,人们对《个人所得税法》在解决前述问题、特别是收入分配差距问题上有了更大的期待。对此,我们有必要深入考察个人所得税制度的分配功能问题。

---

* 本文原载于《华东政法大学学报》2019年第1期。

** 首都经济贸易大学法学院教授,法学博士,博士生导师,财税法研究中心主任。

一、公平分配视角下的个人所得税法

现代法治国家一般均属税收国家,在此语境下,人们发现,“租税是租税法律的创造物(creature of tax statute)。在不存在租税法律的地方,实际上也就不产生租税关系。”[1]换言之,“在现代民主国家实现税收法定原则的情况下,没有税法就没有税收,而没有税收,税法也就失去了存在的意义。因此,在许多场合,人们是把税收与税法混同来使用的。”[2]由此,有学者总结道,在现代法治国家,“税在根本上是法(law),而不是会计学、数学等。它与国家权力、个人或国民权利有关,也涉及它/他们之间的关系。”[3]基于法治所内涵的人权保护宗旨而言,税法的本质是“纳税人权利之法”。[4]

从人权保障理念和法治所秉持的正义理念来看,税法应致力于推进公平分配这一社会目标。事实上,自20世纪中叶以来,人们普遍认为,财政汲取(Revenue)、资源配置(Regulation)与收入分配(Redistribution)是税法的三大基本功能。[5] 其中,收入分配功能即税法调节收入分配、促进分配公平的功能,这一功能是税收制度不断变迁的结果,是经济社会发展与文明进化的结晶,更是在法治化、现代化和全球化背景下多元制度所型构的产物。

历史地看,税法收入分配功能在各个税种上都有不同程度的体现,即便是近年来各国先后开征的环境税也具有一定的公平分配效应。[6] 当然,总的来说,对矫正分配失衡而言,个人所得税发挥了最重要的作用。也正因为如此,个人所得税被普遍视为“良税”并被各国广泛接受。[7] 二战后,个人所得税的普遍引入是许多国家分配差距得以缩小的重要原因。

半个多世纪以来,关于个人所得税与收入分配关系的研究为数不少,围绕这个话题的争议一直不断,尽管如此,设计优良的个人所得税法有利于分配公平,显然是一个日益得到更多人承认的事实。瓦格斯塔夫等25位学者组成的研究团队深入考察

---

〔1〕 [日]北野弘久:《税法学原论》(第4版),陈刚、杨建广等译,中国检察出版社2001年版,第158页。

〔2〕 张守文:《财富分割利器:税法的困境与挑战》,广州出版社2000年版,第23页。

〔3〕 Adrian Shipwright & Elizabeth Keeling, *Textbook on Revenue Law*, Blackstone Press Limited, 1997, p. 1.

〔4〕 [日]北野弘久:《税法学原论》(第4版),陈刚、杨建广等译,中国检察出版社2001年版,第2~10页。

〔5〕 See Reuven S. Avi - Yonah, *The Three Goals of Taxation*, Tax Law Review, Vol. 60:1, p. 1 - 28(2006).

〔6〕 何锦前:《论环境税法的功能定位——基于对“零税收论”的反思》,载《现代法学》2016年第4期。

〔7〕 张守文:《财富分割利器:税法的困境与挑战》,广州出版社2000年版,第21~22页。

了12个经济合作与发展组织(*Organization for Ecomemic Co - operation and Develepment*,*OECD*)国家的个人所得税,其研究结果表明,个人所得税的再分配效应是显著的。他们发现,一般来说,税前收入不平等较为严重的国家,往往也是税后收入不平等程度较高的国家,这样的国家有爱尔兰、西班牙、英国和美国;税前收入不平等程度较低的国家,税后收入也呈现较高的平等性,这样的国家有德国、瑞典、芬兰。尽管如此,还是可以清晰地观察到,由于个人所得税制度的存在,这些国家税前税后的收入不平等程度发生了明显的变化,芬兰基尼系数的下降幅度最大,直降16.1%,即便是基尼系数下降幅度最小的法国,也降低了4.8%。[1]

众所周知,改革开放以来,我国收入分配差距不断拉大,近年来稍有改观,但从基尼系数来看仍处于较高的位置。在此背景下,个人所得税制度有没有发挥其应有的分配功能,成为备受各方关切的问题。

王亚芬等学者考察了我国城镇居民税前税后收入的基尼系数差异以及各收入阶层的平均税率,得出的结论是,自2002年以来,我国个人所得税逐渐发挥了缩小收入分配差距、促进分配公平的调节作用。[2] 王志刚的研究则指出,在2008年以前,个人所得税除了在1996年、1998年、2000年、2005年、2006年和2007年呈现为较强的累进性特征以外,其余年份基本上都是累退的,但近年来个人所得税制度总的发展趋势是累进性不断增强,[3]从而朝着有利于公平分配的方向发展。万莹则指出,我国个人所得税在一定程度上起到了缩小居民收入差距、降低基尼系数的作用;不过,大量应税收入难以监控,税基受到严重侵蚀,导致个人所得税平均税率过低,严重制约了个人所得税法的收入分配功能;因此,个人所得税法"对收入分配的总体影响是积极的、正面的",但"调节力度较为有限"。[4] 万莹的另一项研究关注了个人所得税制度对地区收入差距的影响,结论也不乐观——"未能发挥较好的调控作用"。[5] 石子

---

〔1〕 See Adam Wagstaff, et al., *Redistributive Effect*, *Progressivity and Differential Tax Treatment*: *Personal Income Taxes in Twelve OECD Countries*, Journal of Public Economics, 1999, p. 73 - 98.

〔2〕 王亚芬、肖晓飞、高铁梅:《我国收入分配差距及个人所得税调节作用的实证分析》,载《财贸经济》2007年第4期。

〔3〕 王志刚:《中国税制的累进性分析》,载《税务研究》2008年第9期。

〔4〕 万莹:《个人所得税对收入分配的影响:由税收累进性和平均税率观察》,载《改革》2011年第3期。

〔5〕 万莹:《个人所得税累进性与地区收入差别调节》,载《改革》2008年第11期。

印和张燕红认为,我国个人所得税法调节收入不平等的效应不明显。[1] 徐建炜、马光荣、李实利用微观住户调查数据考察了1997~2011年个人所得税的收入分配效应,他们发现:1997~2005年,在税制保持不变而居民收入增长时期,收入分配效应仍在增强;2006~2011年,三次税法变革在不同程度上恶化了收入分配效应。[2] 周心怡和龚锋运用微观模拟方法测度了2018年之前历次个人所得税的收入效应和再分配效应,结果显示,2011年个人所得税改革弱化了原本就比较微弱的再分配功能。[3]

仔细比较后可以发现,上述对我国个人所得税制度分配效应的研究所立基的视角主要有两个——外部视角与内部视角。外部视角往往强调我国税制结构的不合理,即直接税比重过低、间接税比重过高,且诸税种中个人所得税比重过低,严重限制了个人所得税的分配功能。内部视角一般从费用扣除标准、税率、税收优惠等课税要素方面来考察影响个人所得税分配功能的原因。限于主题和篇幅,外部视角我们暂且不论,而内部视角的讨论涉及诸多要素,如何以一个妥适的分析框架来展开相关讨论是颇费思量的前提性问题。考虑到我们的着眼点是功能——个人所得税制度的分配功能,从系统论的角度看,以"功能—结构"为分析框架是颇为契合的。

二、税法分配功能的二元结构

如果稍加观察,我们能发现,税法的分配功能具有典型的二元结构——强制性分配功能和诱致性分配功能。作为各国普遍运用的重要分配制度,个人所得税制度当然也具有这种二元结构的功能。

(一)强制性分配功能

税法和税收总是被视为强制性的。事实上,税法学通常会强调税收权利义务关系的非对等性,即税收"不是按照协商自愿、等价有偿的原则建立起来的",而是以国家权力和法律制度为根据而实行的强制性的征课。[4] 而税收,无论其特性在学者们那里被总结为三项、四项、五项甚至更多,强制性无一例外地总要占有其中一项名额。税收甚至被作为"一个更为一般的类别——强制捐献——的下位概念",所谓强制捐

〔1〕 石子印、张燕红:《个人所得税的累进性与再分配效应——以湖北省为例》,载《财经科学》2012年第3期。

〔2〕 徐建炜、马光荣、李实:《个人所得税改善中国收入分配了吗——基于对1997—2011年微观数据的动态评估》,载《中国社会科学》2013年第6期。

〔3〕 周心怡、龚锋:《开放视角下中国个人所得税收入再分配效应研究》,载《亚太经济》2018年第2期。

〔4〕 刘隆亨:《税法学》,法律出版社2006年版,第43页。

献则是“根据公法单方面强制征收、用以(至少部分地)筹集财政收入并向政府缴纳的金钱捐献”。[1]

但显然不仅如此。税法分配功能致力于将财富以合理的方式从高向低、从多向寡进行转移,这种转移至少从形式上看是不以纳税人自愿与否为标准的。如果要以纳税人意志为转移,那么,根本就不可能实现收入再分配。正因为税法分配功能要以超出一般程度的强制的方式来实现,难免被许多人称为“劫富济贫”。

税法是公法之债,是纳税人对国家所负之债,而非富人对穷人所负之债。因此,税法强制性分配功能当然不是把富人的钱直接转拨给穷人,而是说,在公共产品供给量不变的情况下,将公共产品供给的成本分摊给富人多一些,分摊给中等收入者少一些,分摊给穷人更少乃至不需要他们分担。从实质效果来说,这就相当于在不同群体之间实施了收入再分配。这意味着收入和财富越多的人缴纳越多的税收——布坎南的未必十分妥帖的说法是“赢得多的人买酒”。[2] 所有人公平享受国家提供的公共产品,但并不需要分担同样的税收。这种负担是强制性的,收入越高的人如果负担越多,对他们的强制程度也就越高。而要做到这一点,通常要依靠累进税制。累进税制又是通过诸多课税要素所共同形塑的。就实体要素而言,税基、税率是影响累进程度的主导因素,税收优惠等特别课税措施是辅助性因素;就程序要素而言,完备的征管程序能有效堵塞税收流失漏洞,因而也对累进程度具有一定的影响。我们接下来简要回顾一下这方面的研究。

从税收理论发展史来看,累进税制的研究大概从16世纪就开始了。而到马克思赞誉为“现代政治经济学创始人”的配第那里,[3]其量能课税的思想中已经隐含了累进税的因子,此后的经典作家也在量能课税和税收公平原则的基础上不断拓展相关研究。政治家们也往往基于公平的考虑而赞同累进课税。[4]

---

〔1〕 Ferdinand Kirchhof, Grundriss des Abgabenrechts 1 (1991). 转引自[美]维克多·瑟仁伊:《比较税法》,丁一译,北京大学出版社2006年版,第47~48页。

〔2〕 布坎南的原话是:“课征累进所得税有几分类似于摆桌子玩扑克牌时经常听到的喊声:‘赢得多的人买酒’。”参见[美]詹姆斯·M. 布坎南:《民主财政论:财政制度和个人选择》,穆怀朋译,商务印书馆1993年版,第253页。

〔3〕 马克思政治经济学受到配第经济学思想的影响是比较大的,马克思和恩格斯也在许多地方都称赞过配第和他的作品,例如,《马克思恩格斯选集》(第3卷),人民出版社1995年第2版,第577页。

〔4〕 [美]杰斐逊:《杰斐逊集》,梅利尔·D. 彼得森编,刘祚昌、邓红风译,生活·读书·新知三联书店1993年版,第931页。

到19世纪,越来越多的人主张实行累进税制——尽管收入再分配在当时还不是许多人提出累进税主张的主要出发点。[1] 在19世纪末20世纪初,作为一种实现收入再分配的制度,累进税制逐渐被少数国家采用的,并很快推广到许多国家,税收的部分累进性也逐步发展为整体的累进性。1894年"威尔逊—高尔曼关税法"(Wilson - Gorman Tariff Act)被视为这方面最早的立法。累进税制的正当性也日益获得更普遍的承认。[2] 艾珀斯坦是当代著名法学家中反对再分配的代表人物之一,他甚至认为,"如果再分配被认为是时代要求,那么,累进所得税,而且只有累进所得税才是正当的。"[3]

到20世纪下半叶,累进原则不仅成为许多国家个人所得税法的重要原则,甚至被写入许多国家的宪法中。例如,西班牙1978年宪法规定:"全体公民视经济能力并据以平等和累进原则制定的公正的税收制度为维持公共开支作出贡献。"[4] 菲律宾1987年宪法规定:"税则应统一和公平,国会应制定累进税则。"[5]

当然,如前所述,通过累进税制来实现税法的分配功能,关键还在于各个课税要素的具体安排。有的实证研究发现,就个人所得税法而言,税基相关要素可以极大地影响税收累进性和收入再分配。[6] 关于OECD国家个人所得税的研究也表明,费用扣除、税率结构、税收减免和税收抵免等因素往往决定累进程度,进而影响分配效果。[7] 诸如此类的研究对我们后面的讨论都具有一定的启发意义。

(二)诱致性分配功能

税法的诱致性分配功能主要是通过相关税制设计来鼓励人们实施自愿性再分配

---

[1] [英]弗里德利希·冯·哈耶克:《自由秩序原理》(下),邓正来译,生活·读书·新知三联书店1997年版,第76页。

[2] See Walter J. Blum and Harry Kalven, *The Uneasy Case for Progressive Taxation*, The University of Chicago Law Review, Vol. 19:3, p. 417(1952).

[3] [美]理查德·A. 艾珀斯坦:《征收——私人财产和征用权》,李昊、刘刚、翟小波译,中国人民大学出版社2011年版,第337页。

[4] 姜士林等主编:《世界宪法全书》,青岛出版社1997年版,第1199~1200页。

[5] 姜士林等主编:《世界宪法全书》,青岛出版社1997年版,第211、221页。

[6] See Wilhelm Pfähler, *Redistributive Effect of Income Taxation: Decomposing Tax Base and Tax Rates Effects*, Bulletin of Economic Research, Vol. 42:2, p. 121 - 129(1990).

[7] See Adam Wagstaff & Eddy Van Doorslaer, *What Makes the Personal Income Tax Progressive? A Comparative Analysis for Fifteen OECD Countries*, International Tax and Public Finance, Vol. 10:8, p. 299 - 315(2001).

行为的功能。和强制性分配功能不同，税法的诱致性分配功能重在诱导而非强制；同时，其分配效果也不是发生在财税领域，而是传导到第三次分配等其他领域，在这些领域，设计良好的税法可诱发大量的自愿性再分配行为，其对收入分配公平的作用也是非常显著的。吉登斯曾指出，“同其他领域一样，税收激励可以同其他形式的管制混合使用。例如，对慈善事业的积极鼓励可以起到同对财产的直接转让征税一样重要的作用。”[1]这里所说的对慈善事业的鼓励就体现了诱致性分配功能。事实上，通过税收减免等优惠措施促进慈善捐赠在公平分配上具有十分积极的意义。

为何要对慈善捐赠减免税？理由是多方面的。一是财产所有权人通过捐赠放弃了所有权，不再享有所放弃财产的经济利益，就原所有权人而言，该财产不具有可税性。二是慈善捐赠有利于社会公共利益，对其适用税收减免符合法律的激励导向。三是从经济实质角度看，慈善捐赠是社会主体提供公共产品的重要途径，对其适用税收减免在经济效果上类似于国家提供公共产品，或者类似于国家与个人各自牺牲一部分利益以共同提供公共产品。

理论上讲，“无论有无减免税，许多人都会进行捐赠，但税收制度让人们更愿意捐赠。进一步看，这个税收优惠实际上有助于帮助政府节约资金，它像杠杆一样，将私人的钱投入本应由政府付费的服务上。”[2]可见，税收减免看起来是减少了财政收入，但在公共产品生产上却使得更少的资金有了更大的产出效率。因此，我们可以认为，慈善税收减免具有重要的经济和政治意义。[3]

长期以来，发达国家为慈善捐赠提供了大量的税收减免。例如，“在 1992 年，美国记录的慈善扣减共达 541 亿美元”，[4]而到 2000 年，仅仅是联邦所得税扣除所造成的税收收入减少就高达 260 亿美元。[5] 税收减免的成效是显著的。在过去 40 年里，美国社会捐赠总额持续增长，减除通货膨胀率以后的年均增长率仍达到 2.6%。自从 1955 年开始统计慈善捐赠以来，个人捐赠长期保持高位，2011 年个人捐赠额为

---

〔1〕［英］安东尼·吉登斯：《第三条道路及其批评》，孙相东译，中共中央党校出版社 2002 年版，第 104 页。

〔2〕［美］B. 盖伊·彼得斯：《税收政治学》，郭为桂、黄宁莺译，江苏人民出版社 2008 年版，第 205 页。

〔3〕［美］理查德·A. 波斯纳：《法律的经济分析》，蒋兆康译，中国大百科全书出版社 1997 年版，第 644 页。

〔4〕［美］哈维·S. 罗森：《财政学》，平新乔、董勤发、杨月芳等译，中国人民大学出版社 2000 年版，第 337 页。

〔5〕［美］荷雷·H. 阿尔布里奇：《财政学——理论与实践》，马海涛、顾明、李贞译，经济科学出版社 2005 年版，第 194 页。

2180亿美元，已经占到捐赠总额的73%。[1] 社会捐赠总额的增长固然不全是税收减免的结果，但不能否认，税收激励是至关重要的，捐赠量总是与税收激励力度呈正相关性。[2]

相对于美国而言，法国一度被作为反面典型来讨论，曾经在相当长时间里，它对慈善捐赠的税收减免力度都是非常小的，不过，从20世纪80年代末，尤其是21世纪初开始，情况发生了变化。尽管其税收减免比例与其他一些发达国家相比仍然存在差距，但减免比例确实在不断提高。

法国自1954年以来就有了慈善捐赠方面的税收激励制度，但是，税法规定了极为严格的限制条件，事实上税收优惠的力度也很小。这样的制度安排制约了人们的慈善积极性，因而受到广泛的批评。为了促进社会慈善捐赠，20世纪80年代后期以来，法国开始尝试采取多种措施来促进私人慈善。在简化税制之后，法国逐步提高税收激励力度，实施了三次主要的改革：1996年，税额减免率从40%提高到50%；2003年，又一次提高10个百分点，达到60%；2005年，从60%提高到66%。需要指出的是，1989年，法国传统的扣除机制（deduction mechanism）被税额减免（tax reduction）所取代，这一调整被认为是非常关键的举措。在传统扣除机制下，纳税人可以将其应纳税所得中的慈善捐赠予以扣除，由于税率是累进的，纳税人的收入越高，就越能从更高的扣除率中获益，其捐赠的价格也就越低。而此后的税额减免机制就不同了，纳税人获得的减免是直接与应纳税额相关的，而不考虑应纳税所得的多少，税额减免率一般也是单一比率，缺乏累进税率那样的结构设计，因此，所有纳税人都适用同样的单一比率来计算减免额，换言之，所有纳税人的捐赠价格是完全相同的，不存在高收入者价格更低的情况。研究结果显示，2003年税制改革是适度的，与税额减免率相关的慈善捐赠的价格弹性调整到了更为合理的程度。当然，税额减免弹性对于不同的纳税人仍然是有差异的，这种差异与纳税人的所得和捐赠水平相关。小额捐赠似乎对税收刺激反应更明显。可见，与提高平均捐赠量相比，税收刺激对于扩大慈善捐赠的参与面更为有效。总之，与以往相比，目前的法国税收制度对慈善捐赠最为慷慨。2003年税制改革两年后，即2005年的捐赠总额为160亿欧元，接近全部应纳税所得

---

〔1〕 See also *2012 Giving USA: The Annual Report on Philanthropy for the Year 2011*, Giving USA Foundation, http://www.givingusa.org/.

〔2〕 Dierk Herzer & Peter Nunnenkamp, *Private Donations, Government Grants, Commercial Activities, and Fundraising: Cointegration and Causality for NGOs in International Development Cooperation*, Kiel Working Paper Vol. 4, p. 4 (1769).

总额的0.3%，比2003年大约提高0.05个百分点，而1999年到2002年的相应比例则处于0.2%至0.23%。[1] 国际慈善指数的统计结果也表明，法国的努力没有白费，效果是显著的。[2]

应当指出的是，税法的强制性和诱致性分配功能的划分不同于传统税法上对诸要素的划分。这就好比，某一株植物是由根、茎、叶、花、果实等组成的，但这株植物具有可食用的功能、可治病的功能和可美化环境的功能。因此，我们可关注两类范畴的联系，但不宜将两类范畴混同。例如，我们不能笼统地说税收优惠就一定对应着诱致性分配功能，更不能将税收优惠等同于诱致性分配功能。原因很简单：同样属于税收优惠，有的税收减免规则可能会降低中低收入群体的税负，从而有助于税法强制性分配功能的实现；而有的税收减免规则旨在激励高收入群体的自愿捐赠，从而有助于税法诱致性分配功能的实现。

三、强制性分配功能的改进与不足

以上述二元结构为分析框架，我们来分别考察我国个人所得税制度的分配功能。首先要考察的就是强制性分配功能。

前已述及，2018年修订法律之前，我国《个人所得税法》的分配功能不够强，甚至在某些方面还存在不断弱化的危险。2018年修订后的法律是否有所改进？对此，从强制性分配功能的角度看，需要考察一些重要的课税要素是否有所调整以及是否有利于提高税制累进性。

以往，我国个人所得税法增强税制累进性的主要手段是提高基本费用扣除标准，再就是调整税率，手段的单一导致效果并不理想。诸多问题层层累积，已到非系统解决不可的时候，2018年修法当然要作更为全面的考量，多元化的手段在本次修法得以同时呈现，诸如课税模式、基本费用扣除标准、专项附加扣除、税率结构、征管规则等方面均有改进。

首先，值得注意的是，2018年修法使我国个人所得税制迈出了从分类所得税制向综合所得税制发展的关键一步。此前，我国实行分类所得税制，所得的税目不同，适

---

〔1〕 See Gabrielle Fack & Camille Landais, *Are Fiscal Incentives towards Charitable Giving Efficient? Evidence from France*, DGTPE Working Papers Vol. 6(2009).

〔2〕 2010年，法国的慈善赠予指数排名为第97位，2012年就攀升到了第54位。See *Charities Aid Foundation*, The World Giving Index 2010(Sept. 20, 2010), http://www.cafonline.org/pdf/WorldGivingIndex28092010Print.

用的税率也有较大的差异，各类所得的税收累进性也各不相同，相对而言，个人所得税的累进性主要集中体现于工资薪金所得方面。有研究指出，“个人所得税的累进性主要表现在工资性收入的个人所得税层面，经营性收入及财产性收入的个人所得税累进性较差，甚至出现累退性。”〔1〕长期以来，工资薪金所得税率设计都存在级距过密、低收入者累进幅度过大的问题，过高的边际税率使工薪收入群体的税负相对较重，而相对于工薪所得中的高收入人群，低工资收入者的税负则过高，影响了税负分配的公平。〔2〕由于工资薪金所得税的权重和累进性都比较高，工资薪金所得税对个人所得税的累进性贡献率最高，高达85%以上，是个人所得税累进性的最主要来源。〔3〕可以发现，在原来的分类所得税制下，单纯依靠工薪所得税目来影响个人所得税的累进性既不利于改善初次分配的不公，甚至还会恶化分配状况。因此，早有学者指出，“仅在工薪所得方面做文章，则该法（个人所得税法）在调节收入分配方面的作用将大打折扣”。〔4〕就此而言，2018年《个人所得税法》所采用的分类与综合相结合的制度具有重要的积极意义。但是，这次修法仍然只是局部改革，目前的课税模式依然是“半综合”或“准综合”的，因此，分类所得税制下税负分配不公、不利于矫正分配失衡的弱点依然没有得到彻底克服。

课税模式的变化也伴随着税目的调整。一般来说，分类所得税制宜于采用正面清单（或附加兜底条款）的立法技术来表征；综合所得税制宜于采用“基本条款+负面清单”的立法技术来表征，基本条款将全部应税所得囊括在内，实现“入税”全覆盖，而不具可税性的所得则列举在负面清单中，以使其“出税”。此前我国《个人所得税法》采用的正是前一种立法技术，即在列举9种所得形式后，附加一项“经国务院财政部门确定征税的其他所得”。2018年修法删去了这一兜底条款。但问题是，9种所得形式势必无法对全部的所得进行全覆盖，从而使得一部分所得逸出税法的征管范围，有违税收公平，不利于矫治分配失衡。实际上，包括非法所得和一些合法所得在内的所得未受征管，也是多年来个人所得税税收流失的重要原因。2018年《个人所得税法实施条例》规定，“个人取得的所得，难以界定应纳税所得项目的，由国务院税

〔1〕 石子印、张燕红：《个人所得税的累进性与再分配效应——以湖北省为例》，载《财经科学》2012年第3期。

〔2〕 刘怡、胡祖铨、胡筱丹：《工薪所得个人所得税税率的累进设计：问题与改进》，载《税务研究》2010年第9期。

〔3〕 彭海艳：《我国个人所得税累进性分解的实证分析》，载《上海经济研究》2010年第10期。

〔4〕 张守文：《分配结构的财税法调整》，载《中国法学》2011年第5期。

务主管部门确定”,该规定跟以往相比,只作了个别语词修改,它能否在不违背税收法定原则的前提下弥补上位法缺陷,尚成疑问。

其次,值得关注的是基本费用扣除标准。基本费用扣除标准制度既可以将一部分低收入群体排除在个人所得税纳税人范围之外,还可以通过减少纳税人的应税所得来影响个人所得税的税基,它对个人所得税累进性的影响举足轻重。不过,基本费用扣除标准对个人所得税累进性的影响机制是复杂的。有研究指出,在其他条件不变的情况下,个人所得税累进性随着基本费用扣除标准的上升呈现“先上升、后下降”的规律;要实现个人所得税累进性的提高,要综合考虑多方面因素,决不能忽视经济发展和收入水平等客观因素而单纯提高基本费用扣除标准,仅仅提高基本费用扣除标准甚至可能会带来适得其反的效果。[1] 也有研究发现,在 1994 ~ 2005 年,基本费用扣除标准长期未能调整,使个人所得税从“精英税”变为“大众税”——1986 年只有不到 0.1% 的工资收入者需要纳税,而到 2001 年这一数字已高达 32.2%。2006 年工资薪金所得的基本费用扣除标准从 800 元提高至 1600 元后,个人所得税累进性显著提高。不过,单纯依靠基本费用扣除标准的提高来增强累进性是有限度的,事实上,2008 年基本费用扣除标准提高以后,基本费用扣除标准对个人所得税累进性的贡献率反而下降了。研究也表明,虽然累进税率可以起到较好的缩小收入分配差距的作用,但是,我国工资薪金所得税较高级次的税率并未发挥太大的实际作用,达到最高税率级次的工薪所得额者凤毛麟角,过高的边际税率设计似乎形同虚设。而且,过高的税率也往往容易引发税收逃避,得不偿失。[2] 可见,基本费用扣除标准和税率两个主要的累进性影响因素在发挥积极作用的同时,也存在固有的一些局限性或制度设计不合理导致的诸多问题。2018 年《个人所得税法》将基本费用扣除标准提高到了 5000 元,从该法实施首月的情况来看,6000 多万元税改前的纳税人不用再继续缴纳个人所得税,减税效果还是很显著的。当然,这种调整每次都很被动,或许真到了该反思一下调整技术的时候了。还需要指出的是,此前不少人关于更大程度上提高基本费用扣除标准的诉求并未实现。这一点需要综合权衡。基本费用扣除标准与税率结构特别是最低边际税率具有一定的联动性,在现行最低边际税率 3% 的情况下,基本费用扣除标准的有效调整空间并不大,更何况,实现分配公平不能只盯着一处,而要从多个角度入手。

---

[1] 岳树民、卢艺、岳希明:《免征额变动对个人所得税累进性的影响》,载《财贸经济》2011 年第 2 期。

[2] 彭海艳:《我国个人所得税累进性分解的实证分析》,载《上海经济研究》2010 年第 10 期。

同时,2018 年《个人所得税法》首次增加了子女教育支出、继续教育支出、大病医疗支出、住房贷款利息和住房租金等专项附加扣除。当然,以上很多方面在《个人所得税法》上只有较为原则的规定。2018 年《个人所得税法实施条例》多个条款作了进一步明确,其中第 13 条规定:“专项扣除、专项附加扣除和依法确定的其他扣除,以居民个人一个纳税年度的应纳税所得额为限额;一个纳税年度扣除不完的,不结转以后年度扣除。”《个人所得税专项附加扣除暂行办法》则对子女教育、继续教育、大病医疗、住房贷款利息或者住房租金、赡养老人 6 项专项附加扣除作了细致规定。必须肯定的是,专项附加扣除制度考虑了个人负担的结构化特征,能体现不同家庭的支出差异,进一步体现了综合所得税制的优点,从而使税负分配更均衡、合理和公平,有利于照顾生活压力较大的特定群体,也有利于弥补基本费用扣除标准调节的局限性。从矫正分配失衡的角度来看,专项附加扣除制度具有积极的公平价值。

再次,税率结构的优化也是一大亮点。此次修法优化了税率结构,拉大三档低税率级距、相应缩小 25% 税率级距,也在很大程度上减轻了中低收入纳税人的负担。这对于扩大中等收入群体、完善累进税制、强化分配功能都是甚有裨益的。当然,此前关于降低劳动所得最高边际税率的建议也未得到呼应。一方面,最高边际税率的调整与累进性的关系比较复杂;另一方面,劳动所得与其他各种所得的税率结构如何协调,涉及的因素也比较复杂,鉴于此,这方面恐怕还需开展更多的实证研究加以厘清。

最后,本次修法也强化了征管规则。个人所得税收入在国家财政中的比重不高,固然有税制结构的原因,但也与税收流失密切相关。对此,2018 年《个人所得税法》新增反避税条款,回应了此前各界对堵塞税收漏洞的呼吁。同时,该法还明确了相关部门的信息协力义务,从而更好地将税网织密扎牢,防止税收流失。税收流失问题往往集中于高收入群体和部分中等收入群体,因此,征管规则的完善有利于增强税法的强制性分配功能。

总之,还得指出,2018 年《个人所得税法》依然是一部“改革进行时”中的税法,仍然存在不少问题,即便前述学界指出过的问题,也有待今后进一步加以解决。以往曾经反复指出过的老问题中,基本费用扣除标准与经济社会发展水平如何有效匹配,更大程度的综合所得税制如何构建,劳动所得与资本所得的税负公平如何实现,劳动所得的税率结构如何优化,都属于亟待加以解决的难题。而《个人所得税法实施条例》《个人所得税专项附加扣除暂行办法》中,也存在一些需要进一步完善的问题,比较突出的有:核定征收规则中如何有效堵塞税收漏洞,专项附加扣除如何更好地体现精准调节收入分配。对此,后文将分别提出若干建议。

四、诱致性分配功能的改进与不足

强制性分配功能是本次《个人所得税法》修订所着重关注的领域，虽仍有明显不足，但改进也是显著的。从诱致性分配功能的角度看，《个人所得税法》所作的改进或许更为有限。

我们可以发现，1980 年《个人所得税法》并没有任何关于公益捐赠扣除的内容，1993 年《个人所得税法》第 6 条才开始规定："个人将其所得对教育事业和其他公益事业捐赠的部分，按照国务院有关规定从应纳税所得中扣除。"1994 年《个人所得税法实施条例》第 24 条进一步明确，《个人所得税法》第 6 条所说的个人将其所得对教育事业和其他公益事业的捐赠，是指个人将其所得通过中国境内的社会团体、国家机关向教育和其他社会公益事业以及遭受严重自然灾害地区、贫困地区的捐赠。捐赠额未超过纳税义务人申报的应纳税所得额 30% 的部分，可以从其应纳税所得额中扣除。虽然《个人所得税法》《个人所得税法实施条例》先后于 1999 年、2005 年和 2011 年修订，但是仍然保留了 1994 年的捐赠扣除规定。2018 年修订的《个人所得税法》第 6 条第 3 款规定："个人将其所得对教育、扶贫、济困等公益慈善事业进行捐赠，捐赠额未超过纳税人申报的应纳税所得额 30% 的部分，可以从其应纳税所得额中扣除；国务院规定对公益慈善事业捐赠实行全额税前扣除的，从其规定。"该条规定从税收法定原则的角度看有一定的进步，[1] 但从强化诱致性分配功能的角度看，全额扣除规则看似有较大改进，实则几乎未有大的改进，因为以往在低位阶规范中已经存在全额扣除规则，[2] 这次修法不过是提升了全额扣除规则的立法位阶而已。而此后公布的《个人所得税法实施条例（修订草案征求意见稿）》在解释"对教育、扶贫、济困等公益慈善事业进行捐赠"这一点上和以往相比没有实质变化，倒是新增加的一条捐赠视

---

〔1〕 此次修法在贯彻税收法定原则上有进步。例如，宪法和法律委员会曾建议，将个人所得税法修正案草案关于专项附加扣除的具体范围、标准和实施步骤"由国务院财政、税务主管部门商有关部门确定"的规定修改为"由国务院确定，并报全国人民代表大会常务委员会备案"。参见 2018 年 8 月 27 日《全国人民代表大会宪法和法律委员会关于〈中华人民共和国个人所得税法修正案（草案）〉审议结果的报告》。

〔2〕 例如，《财政部国家税务总局关于向中华健康快车基金会等 5 家单位的捐赠所得税税前扣除问题的通知》（财税〔2003〕204 号）、《财政部国家税务总局关于中国教育发展基金会捐赠所得税政策问题的通知》（财税〔2006〕68 号）等早已规定，个人捐赠的税前扣除由限额扣除（30%）改为全额扣除。

同转让财产的规定[1]被有些人解读为某种性质的赠与税。其实,这个规定并不是赠与税,也不符合个人所得税法的一般原理。而且,法律修订以前,某些情况下的受赠人须按"其他所得"规则纳税的,[2]如果这一规定出台,最终如何适用法律将成为一大难题。幸而,2018 年 12 月 18 日公布的《个人所得税法实施条例》删去了这一规定,没有为税法的诱致性分配功能增加新的困扰。

可以说,个人所得税制度仍然未能利用这次难得的修法机遇来有效强化诱致性分配功能。这一点突出地表现在两个方面。

一是税收扣除标准过低。个人所得税扣除限定在应纳税所得额 30% 以内,相对来看比例偏低。美国个人的一般扣除标准则是不超过毛所得的 50%,对于超过比例限制的慈善捐赠,还允许在此后五个纳税年度内结转。[3] 澳大利亚《所得税评估法》第 78 条允许纳税人向非营利组织进行捐赠后能获得相当宽松的优惠待遇。该法规定,捐赠额应在 2 澳元以上,并且是现金、财产或可交易股票的形式;同时,对政党的捐赠额应在 100 澳元以下,对文化遗产的捐赠额也应不超过相关部门规定的标准;除此以外,其他大部分捐赠都没有税收扣除的上限。[4] 条件可谓极为宽松,也难怪澳大利亚能稳居世界慈善捐赠榜榜首,笑傲群雄。德国《所得税法》规定,对慈善捐赠除适用全额税前扣除外,还可再享受相当于纳税人全部应纳税所得额 5% 以内的附加扣除;此外,个人捐赠额超过 25,565 欧元的,还可在 7 年内结转扣除。[5] 显然,与许多国家相比,我国的慈善捐赠扣除标准从单一纳税年度来看是比较低的,从多个纳税年度结转来看则显得更加偏低。

二是享受税收优惠的捐赠范围过窄。一方面,符合捐赠与受赠税收优惠条件的公益性慈善组织范围小、数量少。由于我国公益性慈善组织实行特许制,经过多个部

---

[1] 即该征求意见稿第 16 条:"个人发生非货币性资产交换,以及将财产用于捐赠、偿债、赞助、投资等用途的,应当视同转让财产并缴纳个人所得税,但国务院财政、税务主管部门另有规定的除外。"

[2] 例如,《财政部、国家税务总局关于个人无偿受赠房屋有关个人所得税问题的通知》(财税[2009]78 号)规定,房屋产权所有人将房屋产权无偿赠与他人,且受赠人与其无血缘、无赡养、无继承关系的,受赠人因无偿受赠房屋取得的受赠所得,按照"经国务院财政部门确定征税的其他所得"项目缴纳个人所得税,税率为 20%。

[3] 财政部税收制度国际比较课题组:《美国税制》,中国财政经济出版社 2000 年版,第 101~102 页;邵金荣:《非营利组织与免税》,社会科学文献出版社 2003 年版,第 164~65 页。

[4] See Thomas Silk, ed., *Philanthropy and Law in Asia: A Comparative Study of the Nonprofit Legal Systems in Ten Asia Pacific Societies*, Jossey-Bass Publishers, 1999, p. 78-79.

[5] 赵海益、史玉峰:《我国个人公益性捐赠所得税优惠政策研究》,载《税务研究》2017 年第 10 期。

门多重标准过滤后，能够符合税收优惠规定的公益性慈善组织非常少，基本上处于“国字头”或“准国字头”一统天下的局面。这既不符合法律应该遵循的分配正义和公平原则，限制了公益性慈善组织之间应有的正常竞争，也极大地制约了纳税人的慈善捐赠对象选择权，不利于提高捐赠积极性。另一方面，捐赠性质、捐赠款物种类和受赠款物用途限定过多。例如，实物捐赠往往在实践中就难以享受到税收减免，或者获得减免的手续繁多、成本过高，[1]至于时间性捐赠或者劳务性捐赠，则存在较大的争议。

此外，也一直有不少纳税人批评过税收行政效率问题。一些研究也曾指出，“对于公民个人的捐赠，太多的审批手续和程序是多余的，这不利于提高纳税人的捐赠积极性。”[2]

可以想见，个人所得税法的诱致性分配功能一直未能得到彰显，明显不利于我国的慈善事业，不利于分配公平的实现。事实上，根据《2017 年度中国慈善捐助报告》，2017 年中国人均捐赠额 107.90 元，而美国 2017 年度人均捐赠额按人民币计算为 5978 元，是中国的 55 倍多；中国个人捐赠额仅占 23.28%，美国则高达 70%。[3] 当然，这里有国民收入水平高低的问题，但考虑到中美人均收入差距远没有这么大的现实，我们可以得出一个基本的判断——我国个人所得税法的诱致性分配功能仍然大有潜力可挖。

五、个人所得税法分配功能的补强

在承认 2018 年《个人所得税法》所增强的分配功能的基础上，我们仍应看到，针对前述不足，未来仍然需要分别针对二元功能结构对症施治。

（一）强制性分配功能的补强

首先，要进一步推进个人所得税制向综合所得模式或混合模式转型。学界认为，

---

〔1〕 朱志钢、陈雪：《扶持慈善事业发展的税收政策研究》，载《财会月刊》2011 年第 12 期；鲁伟、刘细发：《我国慈善事业税收激励政策体系的完善》，载《江西社会科学》2012 年第 2 期。

〔2〕 陈成文、陈建平、肖飞：《论推进个人所得税制改革与发展慈善事业》，载《上海财经大学学报》2013 年第 1 期。

〔3〕《捐赠总量差 55 倍 2017 年中美慈善捐赠数据简要解读》，载简书 2010 年 11 月 12 日，https://www.jianshu.com/p/4cfe55610219? from = timeline&isappinstalled = 0。

纯粹综合模式在国际上很少被采用,不适合我国的具体情况,[1]如何结合我国实际进行制度创新,将个人、家庭、代际等影响分配公平的因素纳入制度设计之中,形成中国式综合课税模式,是今后个人所得税法必须面对的重大课题。今后,居民收入来源将日益多样化,高收入纳税人将有越来越大的动力通过所得类型的变更来实施税收规避,[2]对此,在征管能力提高、信息技术快速发展的情况下,可以进一步拓展综合所得的范围。在这方面,要注意通过分类与综合所得税制的发展,协调劳动所得与资本所得的税负关系。尽管囿于国际竞争的压力,受限于资本流动性高于劳动力流动性的特点,实现理想平衡不易,但是,还是有必要加大两类所得税负平衡的力度,已改善我国极为严重的分配失衡格局。

在此基础上,应当进一步扩大税基。在今后的个人所得税法完善过程中必须注意汲取以往历次法律修订的教训,以往“仅仅局限于工资薪金所得一项,忽视了对承包承租企事业单位经营所得、劳务所得、股息红利所得、财产转让所得等其他收入类型课税的改革”,今后应重视对工薪所得以外其他收入的征收管理。[3] 目前,对许多重要的收入类型的课税尚未得到充分重视,例如,“附加福利所得”是目前极为常见的形式,如果不能实现对这些收入类型的“全覆盖”,那么,就会造成严重的税款流失,当然也会影响分配公平。[4] 如前所述,在立法技术上,我们或许可以考虑采用“基本条款 + 负面清单”的方式来实现应税所得的全覆盖。

就基本费用扣除标准而言,每次均在纳税人意见较大、诉求持续时间较长后才予以调整,立法机关较为被动,制度成本也较高,建议采用指数化技术实现与经济社会发展水平的同步匹配。类似地,在完善个人所得税的所得扣除制度方面,也可以考虑对豁免和税收级次实施税收指数化处理。[5] 在此尚需强调的是,不能仅仅将眼光放在提高统一的基本费用扣除标准上面,否则,不仅于事无补,还可能恶化分配不公。

同时,应进一步提高经营性收入和财产性收入的累进性,提高个人所得税的累进

---

[1] 施正文:《分配正义与个人所得税法改革》,载《中国法学》2011 年第 5 期;李波:《公平分配视角下的个人所得税制模式选择》,载《税务研究》2009 年第 3 期。

[2] 目前该问题就已经非常严重,也是个人所得税制度受到诟病的问题之一。

[3] 刘剑文:《收入分配改革与财税法制创新》,载《中国法学》2011 年第 5 期。

[4] 张守文:《财富分割利器:税法的困境与挑战》,广州出版社 2000 年版,第 157 页;陈少英:《附加福利课税是个人所得税法改革的突破口》,载《法学》2014 年第 5 期。

[5] 彭海艳:《我国个人所得税累进性分解的实证分析》,载《上海经济研究》2010 年第 10 期。

程度。[1] 而有的学者认为，根据各国的经验，较高的费用扣除标准往往匹配较高的初始税率，较低的费用扣除标准相应地匹配较低的初始税率，[2] 据此，我国个人所得税的税率结构还有改进的余地。从公平的角度而言，一种方法是降低劳动所得的税率或适当减少级次，另一种方法是提高资本所得的税率，但基于前述资本流动性和国际竞争等原因，后一种方法可行性不强，因此，应在今后税制调整时适度降低劳动所得的税负。

此外，《个人所得税专项附加扣除暂行办法》第 11 条和第 12 条规定，在一个纳税年度内，纳税人发生的与基本医保相关的医药费用支出，扣除医保报销后个人负担累计超过 15,000 元的部分，由纳税人在办理年度汇算清缴时，在 80,000 元限额内据实扣除；纳税人发生的医药费用支出可以选择由本人或者其配偶扣除；未成年子女发生的医药费用支出可以选择由其父母一方扣除。鉴于目前医保制度的客观情况和不少家庭因病致贫、因病返贫的事实，建议大病医疗支出可全额扣除并允许向后结转，且可选择扣除的主体范围扩大至其他家庭成员。《个人所得税专项附加扣除暂行办法》第 22、23 条规定了赡养老人专项附加扣除，我们认为，非独生子女的纳税人分摊的扣除额最高不得超过每年 12,000 元这一规则也有失公平，那些非独生子女中一旦有无力赡养老人者，独立承担赡养义务的子女在经济实质上等同于独生子女，甚至要比独生子女负担更重——可能在赡养老人的同时还得接济兄弟姊妹，这些非独生子女却无法享受独生子女每年 24,000 元的定额扣除待遇。至于住房贷款利息专项附加扣除、住房租金专项附加扣除等方面的问题，近来许多学者已经提出了不少意见，在此不再赘述。

至于征管规则方面，反避税规则由于使用了较多的不确定性法律概念，其最终效果如何有待考验。或许，经过一段时期的执法和司法磨炼，立法者可以在今后进一步细化反避税规则。另外需要指出的是，《个人所得税法实施条例》第 15 条第 3 款规定，纳税人从事生产、经营活动，未提供完整、准确的纳税资料，不能正确计算应纳税所得额的，由主管税务机关核定应纳税所得额或者应纳税额。这固然有税收行政效率上的考虑，但也会损害个人所得税制度的强制性分配功能。因此，应依据不同地区和行业的具体情况，充分利用大数据等信息技术，合理确定征收率标准，细化并统一核定征收的程序规则。

---

[1] 石子印、张燕红：《个人所得税的累进性与再分配效应——以湖北省为例》，载《财经科学》2012 年第 3 期。

[2] 刘丽：《我国个人所得税累进税率结构设计探讨》，载《税务研究》2011 年第 3 期。

当然,话说回来,我们"必须对个人所得税的再分配功能有一个理性认识,不能寄希望个人所得税'包打天下'"。[1] 因此,在完善个人所得税制度的同时,税制结构也应作出重大调整。应当尽快改革间接税制度,完善个人所得税等直接税制度,把目前以间接税为主体的税制结构尽快调整为双主体税制结构,以增强个人所得税调控收入分配的能力。

(二)诱致性分配功能的补强

从文化传统和国民特性来看,我国慈善捐赠仍然大有潜力可挖,因此,应针对性地强化个人所得税法的诱致性分配功能。

一是提高税收扣除比例,并允许向后结转。在保留个人所得税全额扣除政策的基础上,[2] 为了鼓励更多的人捐赠更多的款物,完全可以将扣除比例再提高一些,将一般扣除标准定为50%可能是一个不错的选择,在条件具备的情况下,实行普遍的全额扣除规则也未尝不可以考虑。在提高个人所得税法定扣除比例的基础上,应当增加允许结转的规定。对于许多纳税人来说,捐赠未必就是年年都进行的活动,甚至不少纳税人在收入较多的年份捐赠得较多,而其他年份则较少捐赠或不捐赠,如果税法不允许结转,就会影响纳税人的捐赠安排,挫伤其捐赠积极性。因此,可以在《个人所得税法》规定,超过法定扣除比例的捐赠,允许向后结转。具体地,可以根据我国当前发展水平,允许在一定的期限内(如5个纳税年度)结转。

二是拓宽税收优惠范围。这意味着以更开放的心态公平对待所有慈善公益组织,给予草根慈善公益组织以国民待遇。所有慈善公益组织应享有平等的税收优惠权,[3] 这在当前具有重要的现实意义。尤其在"国字头"慈善公益遭遇了严重的信誉危机之后,强调税收优惠政策对各类慈善公益组织一碗水端平,就显得尤为必要。拓宽受惠范围,公平对待各类慈善组织,可以激活慈善事业的正常竞争与优胜劣汰,提高民众对慈善组织的信任度,进一步激励慈善捐赠。拓宽税收优惠的受惠范围,还意味着简化实物捐赠的手续、降低实物捐赠的成本,并在满足效率原则的情况下,公允地对待劳务性捐赠等其他形式的捐赠。

三是优化税收减免程序,降低慈善捐赠的制度成本。一方面,应完善税务部门与

---

〔1〕 张守文:《分配结构的财税法调整》,载《中国法学》2011年第5期。

〔2〕 当然,必须将原有的政策按"国务院规定对公益慈善事业捐赠实行全额税前扣除的,从其规定"的要求,提升为行政法规层级。

〔3〕 关于税收优惠权,参见张守文:《财富分割利器:税法的困境与挑战》,广州出版社2000年版,第19~218页。

慈善机构、民政部门等多部门的协调机制，健全快速便捷的捐赠信息网络共享系统；另一方面，应精简抵扣流程，甚至可以对小额捐赠设置简易程序，最大限度地降低纳税人的成本，激发慈善捐赠的积极性。[1]

当然，除了上述措施外，还有许多方面都可以广泛地借鉴国外经验，以更好地加大税收激励力度，促进慈善事业发展。例如，我们一般都强调要激励富人参与慈善事业的积极性，但是，法国的税制改革经验也表明，对于中产阶层的小额捐赠适用较高的税额减免率可能是合理的。[2]

六、结论

税法的重要特征是变易性。[3]《个人所得税法》历经几次修订，2018 年的这次修订在吸收了民众意见和专家建议后，在促进分配公平方面又取得了一定的进展，但显而易见，与当前社会分配的基本格局和广大民众的利益诉求还存在一定的差距。特别是在我国社会主要矛盾已发生转化之后，《个人所得税法》的分配功能问题已经引起更多的关注。

对此，强制性分配功能与诱致性分配功能的二元结构为我们考察《个人所得税法》的得失提供了适配的分析框架。依托这一分析框架，我们发现，《个人所得税法》在强制性分配功能方面改进明显，但也仍然存在很多不完善之处，其在诱致性分配功能方面改进则相对较少，尚需今后作更大程度的调整优化。为进一步强化《个人所得税法》的分配功能，在基本费用扣除标准、税率结构、综合所得税制以及反避税规则等方面仍需推进改革，并在《个人所得税法实施条例》和《个人所得税专项附加扣除暂行办法》等配套制度的完善过程中，及时听取各界意见，针对核定征收规则、专项附加扣除规则作较大幅度的修改，以利于精准调节分配结构。同时，在慈善捐赠税收减免方面，未来可考虑提高扣除比例、拓宽税收优惠范围、优化税收减免程序。

改革没有完成时。面对我国颇为棘手的收入分配失衡问题，《个人所得税法》和相关制度仍需不断调整变革。我们有理由相信，其分配功能仍有极大的发展空间。

---

〔1〕 刘磊、张永强：《中美慈善捐赠抵免个人所得税制度研究》，载《国际税收》2017 年第 12 期。

〔2〕 See Gabrielle Fack & Camille Landais, *Are Fiscal Incentives towards Charitable Giving Efficient? Evidence from France*, DGTPE Working Papers Vol. 6(2009).

〔3〕 张守文：《财税法疏议》，北京大学出版社 2005 年版，第 82 页。

《个人所得税法》修改的变迁评介与当代进路*

刘剑文** 胡 翔***

摘要:个税改革是达至我国分配法治的内涵要旨。新个人所得税法在计征方式、扣除标准、征收规则等方面作出了重大调整,取得了我国构建分配法治格局的阶段性成果。修法背景的拨梳将个税改革置入我国税制变迁的历史,明确了公平性导向在个人所得税改革过程中的理念形塑;修法亮点的阐述剖析了个人所得税改革的进阶之处,形式修改的本质是税收法定与量能课税的制度落实;修法难点的提炼列举了制度优化及后续变革中亟待解决的核心论题;修法趋势的观察则总结了我国个人所得税变革中需要把握的三对关系。个人所得税法修改的实践亦表明,分配法治中现代化与国际化的并轨是我国税制改革的当代进路。

关键词:个人所得税改革　分配法治　税收法定　量能课税　历史变迁　当代进路

2018年8月31日,关于修改《个人所得税法》的决定经十三届全国

---

* 本文原载于《法学》2018年第9期。

** 辽宁大学"长江学者"特聘教授,北京大学法学院教授。

*** 首都经济贸易大学讲师,法学博士。

人大常委会第五次会议表决通过。[1] 从新法的内容上看,本次个人所得税改革作出了诸多大胆尝试,是我国税收制度变革的又一次重大突破,由针对综合化计征的规定到费用减除标准的优化,再到增加反避税条款以及税收征管中纳税人主体身份的明确,均体现了我国此轮个税改革对时代发展的趋势捕捉以及对社会吁求的制度关照。由于制度总是处在演化之中,因而也在不断改变着对我们来说可能的选择。[2] 立法上的变动往往能反映一定时期内社会变革的总体方向,相比于个人所得税法案形式上的调整,此次修法背后所传递的变革思路值得进一步挖掘与探讨。

一、修法背景:制度变革的三重动因

意欲明晰此次个人所得税改革的特点,需对我国《个人所得税法》的变迁经历进行一些评介,有助于把握我国个人所得税改革的演进逻辑。需要指出的是,这里所论及的变迁经历并不局限于法律的文本内容,而是涉及《个人所得税法》在不同时期适用实施的社会现实、学术理论的研究状况和法律变化的制度条件。也正是这三个维度的变化和积累才使本轮税改成为现实。

早在1996年的"九五"规划纲要中,我国就明确提出要"建立覆盖全部个人收入的分类与综合相结合的个人所得税制"。其后,"十五""十一五""十二五"规划都有类似的改革要求。近二十年间,我国《个人所得税法》修改了五次,除了提升一般费用减除标准,这几次修改仅是"触及皮毛",并未有效缓解收入分配不公、贫富差距较大的现实问题。直至十八届三中全会指出要"逐步建立综合与分类相结合的个人所得税制",我国个人所得税改革的"综合化"之路才真正步入实践。需明确,这次个人所得税法的修订并非孤立的简单修法,而是继"税收法定原则"写入《立法法》,全面推行"营改增",开征环保税之后,我国财税体制改革的又一举措,同时也是"减税降费"

---

〔1〕 我国《个人所得税法》及其实施细则于1980年出台,标志着我国个税制度的基本确立。近40年间,个税制度经历了多轮改革:1994年,将个人所得税、个人收入调节税和城乡个体工商业户所得税合并为同一税种;1999年,授权国务院决定储蓄存款利息所得税的开征时间和征收办法(储蓄存款在1999年11月1日后孳生的利息所得纳入个税征收范围);2006年,将工资薪金项的一般费用减除标准提升至1600元,增加了全员全额扣缴申报的规定;2007年,授权国务院决定储蓄存款利息所得税的开征、减征和停征(2007年8月15日储蓄存款利息所得税税率由20%降至5%,2008年10月9日起暂免征收利息税);2008年,将工资薪金项的一般费用减除标准提升至2000元;2011年,将工资薪金项的一般费用减除标准提升至3500元,减少个税累进税率的级数和级距;2014年,企业年金和职业年金列入专项扣除。

〔2〕 [美]道格拉斯·C.诺思:《制度、制度变迁与经济绩效》,上海三联书店2014年版,第6页。

进程的组成部分,从全局视角思考个人所得税法的变革背景,有助于理解此次修法中的突出亮点与变革难点。

（一）社会现实:分配不均与公平吁求

我国《个人所得税法》自 2011 年的修改后,至今已逾七年。近七年间,我国国内生产总值增长了 69%,居民人均可支配收入增长了 80%,[1]但个人所得税税率(特别是工资薪金所得和劳务报酬的税率)、一般费用扣除标准、所得分类形式等内容均无变化。由经济发展导致的费用扣除标准“低阶化”客观上让个人所得税税基基本涵盖了所有收入群体。与此同时,相当一部分收入信息不透明的人为了避开税收监管,通过各种筹划手段改变所得的形式(利用分类税制的规则获取免征额)、隐匿或转移巨额收入(规避较高的边际税率),也因此个人所得税征收过程中的“税痛感”与收入信息透明度间呈现正相关,同时又与工资收入水平呈现负相关,[2]过分强调源泉扣缴使个人所得税法发生了逆向调节[3]的客观作用。矛盾的是这部分遭受个人所得税制度逆向调节的税收主体又恰是社会主义现代化建设的中坚力量。

个人所得税法的设计在公平性上的严重缺失还导致实务中存在大量的“同收不同税”“高收低税”“低收高税”的现象。[4] 稽征结果在纵横两向上的失衡一方面不断拉大着贫富差距,另一方面又使中低收入劳动者背负巨大的税负压力。这显然有违党的十九大报告提出的“扩大中等收入群体,增加低收入者收入,调节过高收入”的导向。不仅如此,目前中低收入者是参与按劳分配的主要群体,而高收入群体一般通过参与资本要素分配来攫取收入。由于对资本的控制相较于劳动要复杂许多,分类税制过分依靠控制劳动来汲取税收收入,这又破坏了以按劳分配为主体,多种分配方式并存的分配秩序。

---

〔1〕 2011 年我国国内生产总值为 48,9301 亿元,2017 年我国国内生产总值为 827,122 亿元,7 年间增长了 69%。2011 年我国居民人均可支配收入为 14,394 元,2017 年我国居民人均可支配收入为 25,974 元,7 年间增长了 80%。数据来源:《中国统计年鉴》(2011 年)(2017 年)。

〔2〕 基于量能课税原则,多收入者多缴税,少收入者少缴税。但过低的一般费用减除标准和一刀切的专项扣除标准导致收入越低税痛感越明显。

〔3〕 施正文:《分配正义与个人所得税法改革》,载《中国法学》2011 年第 5 期。

〔4〕 例如甲和乙两个纳税人,某月甲乙都是获得收入 4300 元,甲劳务报酬所得 800 元,工资所得 3500 元,而乙工资所得 4300 元,那么,甲本月无须交纳税款,而乙需交纳税款 24 元,此情况为“同收不同税”。又如,前例中甲在该月获得收入 3000 元且均为劳务报酬所得,乙该月收入 4000 元且均为工资所得,那么,甲本月需交纳税款 440 元,而乙只需交纳税款 15 元,此情况为“高收低税”“低收高税”。参见胡翔:《个税改革中分类税制综合化的几个基本问题》,载《现代法治研究》2017 年第 4 期。

在个人所得税公平问题由“隐性”不断转向“显性”的过程中，国家对个税改革中分配正义的关注日渐增强，[1]《个人所得税法》的修改似乎已成定局。但由于信息收集制度羸弱、征管能力不足、各方意见不一以及测算工作难度较大等因素，虽然“建立综合与分类相结合的个人所得税制”的呼声喊了很多年，实务部门主导的个人所得税法修改却迟迟未能向前推进。动因层面的制度供给不足与结果层面的收入分配不公共同形成了《个人所得税法》修改的第一重背景。

（二）理论铺垫：精细研究与法治调和

随着财税体制改革的逐步深化，特别是间接税制“营改增”释放了巨大的制度红利，与人民切身利益直接相关的个税体制改革成为“下一个要啃的骨头”，但显然个人所得税改革并不是“喊口号”，将个人所得税改革落到实处的关键点在于把握方向、厘清要点、科学设计、稳步推行，而这在相当程度上依赖理论对改革的指引。我国个人所得税理论的研究工作与个人所得税立法几乎同时起步，至今大体可分三个历史阶段：

第一阶段（1980年至1993年），1980年《个人所得税法》出台以后，解释和介绍性的研究兴起，此时学界对个人所得税的关注集中于向社会阐释个人所得税法“是什么”，包括介绍个人所得税的基本要素、[2]个人所得税的作用[3]以及域外税收制度[4]等；由于改革开放初期个人所得税法从无到有的主要目的是适应对外开放的基本国策，因此此时的理论研究主要是为了普及个人所得税的认知，另外，由于当时税法的研究刚刚起步，因此并没有深入性的理论研究成果；

第二阶段（1994年至2011年），1994年我国废止了旧的个人所得税制度，新的《个人所得税法》统一了内外税制，严格层面的本土个人所得税法也从此时开始发挥作用。目前，正在生效的《个人所得税法》在1994年版本的基础上已经历经了五次修

〔1〕 早在2010年，国家税务总局就下发了《关于进一步加强高收入者个人所得税征收管理的通知》（国税发〔2010〕54号），2011年又发布了《关于切实加强高收入者个人所得税征管的通知》（国税发〔2011〕50号），要求加强高收入者的税收管理。十二五规划中也指出要：“加强税收对收入分配的调节作用，有效调节过高收入”。

〔2〕 刘隆亨、张玲：《现代税收制度的特征》，载《国外法学》1983年第4期。

〔3〕 刘丁：《有利于中外合资经营企业发展的两个人所得税法》，载《法学杂志》1981年第1期；马小冈：《在税制改革中不要忽视所得税的作用》，载《财贸经济》1984年第3期；朱思泽：《奖金不封顶与征收奖金税问题》，载《经济问题探索》1984年第8期。

〔4〕 徐瑞娥：《法国的税收制度》，载《西欧研究》1985年第3期；陈凯颐：《美国的税制》，载《科技导报》1985年第6期；葛惟熹：《中日双边税收协定与国际税收》，载《外国经济与管理》1985年第1期。

改，而这些修改也恰好反映了社会各界对个人所得税法的关注，个人所得税规范在形式层面的调整同时也受益于快速发展的个人所得税理论研究。具体而言，这一阶段我国个人所得税理论的发展主要有三个方向：其一是讨论个人所得税作为调节分配和财政收入手段的功能发挥；其二是讨论个人所得税制度设计的本土化与合理化；其三是讨论个人所得税改革的法治化。

第三阶段（2012 年至今），2011 年个人所得税法修改以后，分类税制综合化成了后续改革的主要方向（也是主要难题），个人所得税改革正式步入深水区。由于宏观上的制度发展方向基本确立，从这一阶段起，我国个人所得税理论的研究受益于财税法基础理论的构造性形塑，开始走向精细化的个人所得税要素研究。该阶段的研究成果主要反映出四个面向：其一，愈加重视个人所得税制度的理论分析；其二，不断提升个人所得税制度的社会与人文关照；其三，个人所得税改革的宏观定位更加强化；其四，微观要素的研究逐步增多。

学术中的理论积淀与积极发声极大地推动了个人所得税法的修改进程。其间关于个人所得税制度的基本原则、功能定位、价值取向等方面的宏观探讨，有利推动了我国个人所得税法的法治化治理。例如，对个人所得税法分配功能与收入功能的深入探讨，强化了个人所得税法作为“财富分割利器”的制度认同。与此同时，个人所得税要素、结构设计、测算标准等方面的微观探讨，则直接促进了立法技术与立法质量的提升。例如，“课税禁区”理论的挖掘对专项费用扣除标准在教育、抚养等因素上的考量提供了视角。而“量能课税原则”的深入研究又将纳税人的能力定位得更为合理，纳税人年度汇总申报机制的确立即是其理论牵引的成果。理论研究促使个人所得税法获得了修法质量上升的可能，这是《个人所得税法》修改的第二重背景。

（三）实务可能：经验总结与基础建设

放眼国家税制变迁的历史，改革开放以后我国经历了三轮“税改”。[1] 近四十年的税改之路为国家进一步推进个人所得税体制改革积累了经验。而四十年中国家税制建设所取得的成果又在不断支撑着税收法治的现代化发展。其实，自“九五”规划提出个人所得税改革的综合化方向以来，制度设计的主要难题均是围绕实践层面的

〔1〕 分别对应“84 税改”（1984～1993 年）“94 税改”（1994～2003 年）和“04 税改”（2004～2014 年），“84 税改”形成了当代中国税法体系的基本架构，“94 税改”建立了适应市场经济体制需要的税制结构，“04 税改”重视重塑税法体系的共同价值并推进税制的法治化与合理化。参见张守文：《税制变迁与税收法治现代化》，载《中国社会科学》2015 年第 2 期。

“可能性”与“可行性”。个人所得税征收中主要需要应对三个方面的问题：其一，纳税人真实的财产信息；其二，如何确定合理的费用扣除标准与累进税率；其三；个人所得税征收目的如何定义。

随着“两个比重”下降问题的解决，市场主体税负过重成为经济增长的“瓶颈”。由此，2004年以来我国便步入了“结构性减税”的制度调整。各类减税举措的出台在明确税改“减负”方向的同时，愈加重视社会、市场对减税政策的反馈。而减税释放出来的发展空间，客观上也在促成“放水养鱼”的治理预期。从间接税制的“营改增”到直接税制的房产税改革试点，一方面唤醒了社会对财税制度的法治意识，另一方面也提升了法治因素在顶层设计中的地位。在减税的不断实践中，“深水区”中的财税体制改革获得了放开手脚的政治动力，个人所得税体制改革随之也敢于直面难题进行尝试。[1]

由于个人所得税改革牵动的利益调整事关国民间的格局定位。若改革动作过大，负面效果会有两种可能：一是过犹不及致使个人所得税分配功能进一步弱化，激起民怨；二是矫枉过正导致财政收入减少，丢失财源。因此，渐进式改革一直是国家提倡的主旋律。具言之，个人所得税渐进式改革的样态取决于前述三个问题的解决程度。换言之，之所以20多年来个人所得税改革发展缓慢，是由于这三个问题没有找到行之有效的解决方案。

首先是信息问题。从1994年开始建设的“金税工程”到2017年我国发布《非居民金融账户涉税信息尽职调查管理办法》（加入CRS）[2]，有关税务信息的收集一直是国家税收征管工作的重心，前任财政部部长肖捷还特别提出要“建立健全个人收入和财产信息系统”，[3]有关信息建设的覆盖情况暂且不得而知，但从个人所得税法修改的实践来看，至少满足了推开改革的基本条件。

其次是费用扣除标准和税率的设计问题。从2011年修法[4]时官方公布的标准估算和确立的依据来看，现行一般费用减除标准调整的主要依据是城镇居民基本生

[1] 特别是“营改增”以后，财政收入超出预期增长，为个人所得税改革提供了减税的财力基础。

[2] CRS（Common Reporting Standard），也即“共同申报准则”，又称“统一报告标准”，由OECD提出。概念来自美国的《海外账户税收遵从法》（FATCA），旨在推动国与国之间税务信息自动交换。

[3] 肖捷：《加快建立现代财政制度》，载《人民日报》2017年12月20日，第7版。

[4] 2011年6月30日，十一届全国人大常委会第21次会议第2次审议通过关于修改《个人所得税法》的决定，减除标准由最初拟定的3000元提高到3500元。

活消费支出以及就业者的人均负担数，并在此基础上参考增长比例来确定。[1] 该次修法的亮点在于将一般费用减除标准从以往的收入视角转向支出视角，体现了对“课税禁区”原则的维护，这种权利保障的趋势在本次修法中得到了延续。

最后是个人所得税征收目的明确化。从图 1 可以看出 2011 年以后我国个人所得税收入占税收收入的比重逐年增长且在 2017 年到达了历史新高，表明个人所得税作为第三大税种的收入功能正在凸显；另外，个人所得税制度作为分配制度的定位在政治决定和法律法规中日渐明晰，也意味着其调节收入分配的功能将加快理论到实践的转换。由此，财税体制改革中的经验总结与实务基础构成了《个人所得税法》修改的第三重背景。

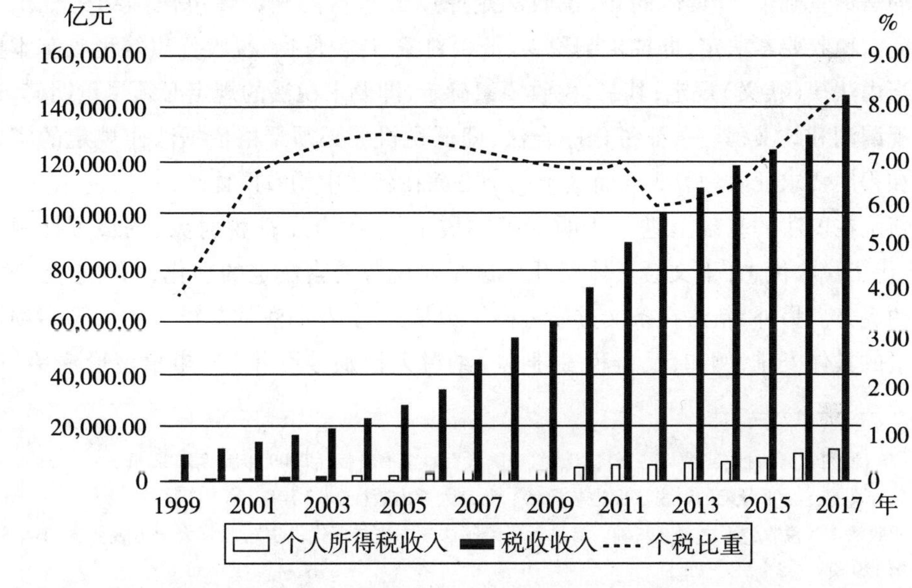

图 1　1999～2017 年全国个人所得税收入与税收收入情况

数据来源：国家统计局：《中国统计年鉴》(1999—2017 年)。

二、修法亮点：公平性导向的五维架构

具体到新法的实质性内容。本次修法几乎涉及《个人所得税法》的全部条文，与人民群众普遍关心的“个人所得税起征点”相比，更值得我们思考和展望的是本次修

[1] 第 1 次审议所提出的是 3000 元的免征标准，是按照 2010 年城镇居民人均消费性支出及就业者人均负担系数，再参考前几年的增长比例确定的，第二次审议中进一步提高到 3500 元，更具有前瞻性。参见丁冰：《个税免征额升至 3500 元提高更具前瞻性》，载《中国证券报》2011 年 7 月 1 日，第 3 版。

法在价值取向上的进步。法律科学“不是把某个受特定的实在法支配的社会，而是把人类社会本身当作自己的出发点”[1]法律发展的重心在于社会，不在于国家制定出来的法条。正是这种对社会的驱动作用才不断使立法者思考法律如何贴合社会的需求。基于我国的发展阶段、分配状况、社会结构等因素，我国财税法制度有必要从效率导向转到公平导向。[2] 由实体内容出发，本次修法的亮点也恰好反映在公平性导向的建构：

（一）法治基础：税收法定的具体呈现

本次修法是对税收法定原则的进一步落实。这也是新法将个人所得税改革推向公平的法治基础。[3] 具体而言，税收法定原则的基本内涵大体可以归结为三个方面：其一，税收要素法定，即要求纳税人、征税对象、计税依据、税收优惠等税收基本要素应当由法律（狭义）规定；其二，税收要素确定，即要求税法的规定必须尽量明确，避免出现漏洞和歧义；其三，征税程序合法，即征税机关必须严格依据法律规定的实体内容和程序要求征收税款，[4]而这个三个方面在新法中均有所体现。

新法在旧法的基础上进一步明晰了纳税主体、整合了征税对象、调整了计税依据、优化了税收优惠（下文会具体展开），这是对税收要素法定的强化，同时也是立法技术的提升。另外，新法在条文方面进行了数量扩充，在旧法的基础上增加了多项税收要素的具体安排，例如，反避税安排、[5]纳税人识别号设计、[6]申报情形清单[7]

---

〔1〕［奥］埃利希：《法社会学原理》，舒国滢译，中国大百科全书出版社2009年版，第528页。

〔2〕张守文等：《公平分配的财税法促进与保障》，北京大学出版社2017年版，第167页。

〔3〕税收法定为税收公平之制度基础。参见黄茂荣：《法学方法与现代税法》，北京大学出版社2011年版，第129页。

〔4〕刘剑文：《落实税收法定原则的现实路径》，载《政法论坛》2015年第3期。

〔5〕有下列情形之一的，税务机关有权按照合理方法进行纳税调整：“（一）个人与其关联方之间的业务往来，不符合独立交易原则且无正当理由；（二）居民个人控制的，或者居民个人和居民企业共同控制的设立在实际税负明显偏低的国家（地区）的企业，无合理经营需要，对应当归属于居民个人的利润不作分配或者减少分配；（三）个人实施其他不具有合理商业目的的安排而获取不当税收利益。税务机关依照前款规定作出纳税调整，需要补征税款的，应当补征税款，并依法加收利息。”

〔6〕纳税人有中国居民身份证号码的，以中国居民身份证号码为纳税人识别号；纳税人没有中国居民身份证号码的，由税务机关赋予其纳税人识别号。扣缴义务人扣缴税款时，纳税人应当向扣缴义务人提供纳税人识别号。

〔7〕有下列情形之一的，纳税人应当依法办理纳税申报：“（一）取得综合所得需要办理汇算清缴；（二）取得应税所得没有扣缴义务人；（三）扣缴义务人未扣缴税款；（四）取得境外所得；（五）因移居境外注销中国户籍；（六）非居民个人在中国境内从两处以上取得工资、薪金所得；（七）国务院规定的其他情形。”

等，这就反映出我国个人所得税法修改正在为纳税人提供较为确定的预期，属于税收要素确定的制度呈现，有利于个人所得税法成为“管用的良法”。[1] 此外，虽然征税程序合法方面更像是实务操作层面的制度要求，但从新法所设置的反避税条款来看，其旨在为税务机关的执法行为提供预期引导，这至少在源头上保证了法律对行政权力的限制，客观上维护了纳税人的合法权益，也属于程序法定的范畴。

(二)内外一致：主体确定的统筹安排

关于对纳税主体的确定。新法借鉴国际惯例在第一条明确了“居民个人”和“非居民个人”的主体身份，并且在原法的基础上进一步限缩了二者间的判定标准，由现行的是否满 1 年调整为是否满 183 天。[2] 由于居民承担无限纳税义务，必须就来源于中国境内和境外的全部所得纳税，而非居民承担有限纳税义务，仅就源于中国境内的所得纳税。主体的明确二分使我国的个人所得税制度更加科学并与国际接轨，居住时间标准的缩短则意味着有限纳税义务人的范围缩小，纳税义务的覆盖面较之前有较大幅度的提升。

应当指出，为了尽快凸显改革开放的制度成果，20 世纪 80 年代起，我国出台了大量政策吸引外商来华投资和国外高新技术人才来华就业，其中，我国个人所得税法在股息分配方式、费用扣除标准、补贴扣除优惠等方面为外籍人员提供了“超国民待遇”。“超国民待遇”违背了 WTO 贸易服务规则，[3] 不仅在一定程度上导致了我国的税收流

---

[1] 刘剑文：《落实税收法定原则的现实路径》，载《政法论坛》2015 年第 3 期。

[2] 从德国、英国、澳大利亚、巴西、阿根廷等国的税法规定来看，183 天(183 days in a tax year)和超过 6 个月(more than half of the tax year)的表述已是共识。由于住所标准很容易成为避税空间，如此一来，时间标准就显得尤为重要。例如，过去在中国无住所又居住不超过一年的人，被定义为非居民，则其境外所得不需要在中国缴纳个人所得税。而此次修法将居住时间的判断标准缩短为 183 天以后，在中国居住超过 183 天的纳税人境外所得也需要在中国交税。这不仅有利于我国个人所得税征管的国际化接轨，同时也反映出个人所得税制度不断向我国经济发展的实际情况靠拢。

[3] 从法理上讲，外国人在内国不享有超越内国人的权利。国民待遇实质上追求的是内外平等，本国人与外国人一视同仁。对于列入减让表的部门，在遵守其中所列任何条件和资格的前提下，每一成员在影响服务提供的所有措施方面给予任何其他成员的服务和服务提供者 的待遇，不得低于其给予本国同类服务和服务提供者的待遇。但对“超国民待遇”的合法性质疑依旧应当明确。参见丁伟：《“超国民待遇合理合法论”评析——外商投资领域国民待遇制度的理性思辨》，载《政法论坛》2004 年第 2 期。

失,[1] 也驱使大量人才流出境外。随着我国综合国力的提升,境外在资本、技术上虽然还存在一定优势,但显然我国已无须通过“超国民待遇”来获得发展机会。个人所得税法的主体划分一定程度上正扭转外籍人员的“超国民待遇”,“不再保留专门的附加减除费用(1300 元/月)”则加速了这一进程;另外,此次修法势必会带动个人所得税法实施条例的修改,此前税法采用居民标准而实施条例采用国籍标准的制度错位将有希望得到改变。[2] 后续的修法中,我国与其他国家之间的双边税收协定势必会采用同样的认定标准,这不仅能使国家更好地行使属人管辖权和属地管辖权,确保我国的税收主权,也有利于促进国内外纳税主体得到税法的公平对待。

(三)综合计征:制度模式的历史转变

关于所得分类标准由分类计征转变为分类与综合相结合的模式。新法对目前11类应税所得中的部分劳动性所得实行综合征税(具体是将工资薪金、劳务报酬、稿酬、特许权使用费四项所得定为综合所得),使用统一的超额累进税率,改变了我国实行了近 40 年的分类所得税制,作出了过去 20 年税改中一直未进行的制度尝试。分类标准对劳动所得的整合实际体现了对劳动者的尊重,不仅能够有效消解劳动类型化过多导致的税收负担,也能在一定程度上缓释因操控所得性质引发的个人所得税流失,长远来看,意义重大。

我国实行分类税制的初衷在于:一方面,它可以有效借助差别税率对不同性质的所得征收不同程度的税,有利于实现特定的调控目标。例如,可以利用分类课税对资本利得等非劳动所得课以较重的税,对工资、薪金等劳动所得课以较轻的税,在达至税收公平的同时维护按劳分配为主体的分配制度。[3] 另一方面,它可以实现源泉扣缴,便于控制税源,不仅能有针对性的处理逃税漏税的问题,而且操作简便,可以有效降低税收征管成本。但由于我国税务信息披露和收集机制一直未得以有效建立,实务中资本所得容易隐匿、所得性质容易转换等问题频出,由效率主导的个人所得税征管模式使源泉扣缴的对象集中在几无逃税空间的工资薪金成为必然。

进一步看,工资薪金所得和劳务报酬所得都是劳动者体力与智力劳动的回报,体

[1] 外籍人员的“超国民待遇”还引发了富人移民现象,加剧了税收流失。有学者测算了我国 2014 年因富豪移民导致的税收流失情况:富豪移民带来的个人所得税流失额约为 3652 亿元人民币,而 2014 年我国个人所得税收入仅为 7377 亿元人民币。参见樊丽明等:《富豪移民、资产转移与中国退籍税制度设计》,载《财政研究》2016 年第 12 期。

[2] 范玲:《后 BEPS 时代下我国非居民个人所得税体系的完善建议》,载《国际税收》2017 年第 5 期。

[3] 张天娇:《个人所得税制模式的比较分析》,载《财贸研究》2017 年第 4 期。

现了劳动力的价值。目前,针对劳务报酬所得采取的是比例税率征收,并对收入畸高者实行加成征收,而工资薪金所得采用的是累进税率征收。累进税率和比例税率二分,容易造成工资薪金所得与劳务报酬所得的税负不均,从而使二类劳动者在税后收入上存在较大差异。也因此分类税制预期的“具体问题具体分析”的税收征管模式难以实现实然层面的税收公平。[1] 分类税制综合化(特别是劳动所得综合化)有利于矫正资本与劳动所得税负的失衡以及劳动所得内部税负的失衡,从而使个人所得税制度满足横向公平。

(四)费用扣除:量能课税的差别设计

费用扣除的设计进一步凸显对量能课税原则的遵从。新法将综合所得的一般费用减除标准调整为每月 5000 元(每年 6 万元),直接降低中等以下收入群体的实际税负。除此以外,新法增加了子女教育、继续教育、大病医疗、住房贷款利息或者住房租金、赡养老人等方面的专项附加扣除。这表明继税收法定原则受到立法关注后,量能课税原则也开始作用于我国的税制改革。

根据“课税禁区”规则[2]的要求,国家课税不得损及税本,[3]且应当遵循量能课税的基本原则。个人所得当中仅有“多余”的部分才足以作为衡量税收负担能力的基础,而成本、费用以及损失等是个人为了生存和获得收入的必要开支,不具有税收负担能力,应当予以扣除。因此,对个体经济来源层面所进行的无差别扣除(一般费用减除标准)和生存支出层面的个性化扣除(专项费用减除标准)必须组合起来,才能真正衡量纳税人在“质”和“量”上的税负能力。[4] 放眼全球,为保障纳税人基本权利,并充分考量不同纳税人之间纳税能力的差异,世界主要国家普遍采用的是综合

[1] 由于分类所得税制是对同一纳税人不同类型的所得按不同的税率分别征税,这种差别待遇方式没有充分考虑到纳税人全面、真实的纳税能力,容易导致所得来源多、综合收入高的纳税人出现少纳税甚至不纳税的情况,这难免导致税收不公。而且随着社会经济的不断发展,收入种类越来越多,越来越复杂,不可能将其全部予以正向列举。

[2] “课税禁区”一词最早由美国学者阿瑟·拉弗在介绍拉弗曲线时提出。根据拉弗曲线的解释,在一定的范围内,提高税率可以增加国家的税收总额,但是一旦税率超出了它的临界点,则就进入了“课税禁区”,此时如果再提高税率,则税收总额不但不会增加反而开始下降。

[3] “民生福利国家亦保护无工作能力者,让其维持人之尊严与生存,故最低生活水平线,乃是课税之禁地。”参见葛克昌:《税法与民生福利国家》,载葛克昌:《国家学与国家法》,台北,月旦出版公司 1996 年版,第 202 页。

[4] [日]北野弘久:《税法学原论》,陈刚等译,中国检察出版社 2001 年版,第 96 ~ 112 页。

性、层次化的费用扣除制度。[1] 新法设置的费用扣除标准表明我国对个体纳税人纳税能力的认定方式吸纳了国际经验并与国际接轨,将明显提升我国个人所得税调节的差异化针对性与负担的合理化,有利于达至税制的纵向公平。

(五)税负缓降:税率结构的针对调整

关于税率结构的针对性调整。暂且先不论边际税率的问题(后文再议),新法将个人所得税征收方式调整为"全员全额申报、年度汇算清缴",并扩大3%、10%、20%三档低税率的级距,降低了适用3%、10%、20%税率纳税人和部分适用25%税率纳税人的税负(见表1)。由此,中等收入水平以下的社会成员税负下降将较为明显;此外,虽然30%、35%、45%这三档较高税率的级距保持不变,但由于前边有四个级距的适用税率的税负下降,最高边际税率达到后三个级距的纳税人,工薪收入方面的税负也会有所下降。同时,对经营所得的5级超额累进税率不变,但最高档税率级距下限,从10万元提高至50万元,明显降低了个体工商户和承包经营者的实际税负。

表1 个人所得税税率调整情况

调整前(按月)(减除标准:3500)		调整后(按年)(减除标准:60000)	
金额(元)	税率/%	金额(元)	税率/%
≤1500	3	≤36,000	3
1500~4500	10	36,000~144,000	10
4500~9000	20	144,000~300,000	20
9000~35,000	25	300,000~420,000	25

[1] 例如,日本个人所得税的起征点根据家庭成员的人数多少而不同。如果是一对夫妇加1个孩子的工资收入者,起征点为283.0万日元;如果是没孩子的丁克家庭工资收入者,起征点为220万日元。如果是独身的工资收入者,那么起征点为114.4万日元。美国个人所得税实行综合所得税制,个人所得税扣除项目包括进行毛所得调整做的扣除、调整后的毛所得扣除及个人宽免。无论纳税人实际支出多少,扣除的都是一个定额,但不同身份申报人的扣除额是不同的,同时每年会根据通货膨胀指数和国家经济发展形势做出调整,中低收入者选择标准扣除较有利。英国个人所得税采取综合征收模式,个人所得税扣除包括费用扣除和生计费扣除。费用扣除是指扣除与取得的收入有关的一些费用支出,这些费用必须是为了完成经营活动而支出的,如差旅费、广告费、教师购买书籍支出等。生计费扣除主要包括单身个人扣除、已婚夫妇扣除、妻子勤劳扣除、单身及夫妇老年人扣除、额外人口扣除、寡妇丧居扣除、赡养亲属扣除、管家扣除、儿女服侍扣除及盲人扣除。具体扣除额依每年的通货膨胀率而不断调整等。参见席晓娟:《个人所得税税前扣除的实践反思与法律重构》,载《第三届中国财税法治30人论坛论文集》第113页。

续表

调整前(按月)(减除标准:3500)		调整后(按年)(减除标准:60000)	
金额(元)	税率/%	金额(元)	税率/%
35,000~55,000	30	420,000~660,000	30
55,000~80,000	35	660,000~960,000	35
>80,000	45	>960,000	45

前述的劳动所得综合计征加上低档税率结构的调整,意味着量能课税原则贯穿税率的设计之中。其实无论税制如何变化,税率永远是税制的核心要素,也是最敏感的最令人关注的要素。合理调整税率是个人所得税法发挥收入调节功能的最佳选择。[1] 扩大低收入档次的级距,对较高收入档次采用较高税率,能确保我国个人所得税法既调节高收入阶层的收入,又降低中低收入层的税痛感,更好地发挥其调节作用,缓释纳税人逃税避税的制度风险从而降低征管成本。

总的来看,我国收入分配改革正在从过去的效率中心主义转向公平中心主义。此次修法的突出亮点均是围绕公平分配进行展开。无论是宏观层面的立法导向切换,或是中观层面的权利配置与利益分享,抑或是微观层面的要素设计,理论上可消减个人所得税法积郁多年的累退性。[2] 须知,个人所得税法作为人民群众最关注的公共财产法,归根结底是对私人财产权和国家财政权的调和,也是利益在国家与国民之间、国民内部之间的再分配法则,对纳税能力考察标准的公平性设计来自个人所得税改革不断摸索的经验总结,对我国整体税制结构的公平性变革亦有增益。

三、修法难点:进步与妥协的二元取舍

如前所述,渐进式改革一直是我国法治建设提倡的主旋律,而一旦论及"渐进式"就意味着改革过程中会出现制度设计的审慎。渐进式改革的代表以我国增值税、房地产税等税种所设立的"试点"为典型,但不同于这些税种背后的暂行条例,个人所得税制度是我国落实税收法定原则的先驱,《个人所得税法》已不具备试点先行的空间,因此个人所得税法修改的"渐进式"只能落脚于具体条文的设计。在修法进步与现实

〔1〕 丛中笑:《我国个人所得税法工薪累进税率的优化——扩大级距、减并级次和降低税率》,载《当代法学》2010年第2期。

〔2〕 收入越少,生存性开支占其收入的比重越大,税负就相对越重,导致事实上的税负不公。

妥协之间,反映的是我国社会群体利益调整的复杂性与国家对落实分配正义的紧迫性之间的矛盾。具体来看,还有以下几个问题亟待后续变革中予以厘清:

(一)立法明晰与授权规定:专项附加扣除标准的细化

关于“专项附加扣除”支出项目的具体化。新法设置的“专项附加扣除包括子女教育、继续教育、大病医疗、住房贷款利息或者住房租金、赡养老人等支出”,可以预期的是后续实施条例的修改将明确每一项支出的具体内容,但需指出的是:如果《个人所得税法》不就这些附加扣除项目的扣除标准作一些原则性规定,那么在法律授权的过程之中又将行政机关的自由裁量带入到了此次法律修改。长期以来,我国税制改革所带有的政策性一直在拖延落实税收法定原则的进程。2015 年“税收法定”载入《立法法》以后,我国步入税收立法的“快车道”,这本身是好的征兆,但是如果将税法中的操作性部分全部授权给行政部门进行规定,税收法定的贯彻将大打折扣,[1]根本上也是对纳税人权利的侵害。就专项附加扣除的规定而言,例如,“子女教育支出”包括哪些支出?一些高收入群体的孩童就读国际学校的高昂学费是否能列入教育支出扣除的范围?要明确教育支出的“边界”,从原则上让纳税人明白哪些教育支出可以扣除,哪些不能扣除,这既能减轻纳税人的税负,也能有效发挥税收的调节作用。

伴随前述问题进一步思考。这同时也是对纳税人生存权定位的主体确定:究竟是由全体国民来决定纳税人生存权的本土定义,还是由行政机关为了征管便利或合理考察来决定纳税人生存权的本土定义。本次改革提出的子女教育、继续教育、大病医疗、住房贷款利息或者住房租金、赡养老人等与人民群众生活密切相关的专项附加扣除,将直接影响到具体人员税收负担的差异性。虽然作为家庭成员的个人,基于其对家庭和社会所应尽的责任,其所得应当成为其家庭成员,尤其是配偶、父母、子女等具有扶助义务的家庭成员的生存保障。国家不仅应当在立法上肯认并强制其履行该扶助义务,更应当在制度上保证该主体获得足以履行该义务的财产。但每个人对待

[1] 税收法定原则的实质,就是通过民主控制和程序规范来限制课税权的行使空间与方式,进而保护纳税人权利,维护人的尊严和主体性。由于我国税法大多是抽象宽松的原则性规定,缺乏必要的定义性条款,且常常运用“有必要”“有理由”等不确定的法律概念,甚至是直接空白授权给国务院或财税主管部门规定,因此很难具体执行。同时,这也为税法行政解释提供了过大的空间。税法解释原本是为了正确适用税收法律所作的具体说明,但在实践中,这些“通告”“批复”或“决定”却取代了被解释对象,成了实际上直接发挥效力的依据,甚至有时还突破了税法规定的可能文义,相当于变相立法。由此观之,即便新个人所得税法表达了对居民生存权保障的原则要求,授权规定的存在依旧可能突破原则。参见刘剑文:《落实税收法定原则的现实路径》,载《政法论坛》2015 年第 3 期。

生存权的定义因地域、财富等因素存在差异，行政机关似乎更能掌握这种灵活性？合理定性“生存权保障”是修法进阶中关于差异化标准的进步与对效率性授权的妥协之间的制度取舍。

(二)“劫贫济富”与全面公平：最高边际税率的调节

有关边际税率的调整问题，国内大部分学者均主张降低最高边际税率，[1]其原因主要包括：增加高收入群体的投资能力；提高高收入群体的纳税遵从度；提高本国税制的国际竞争力，防止人才流失。这种观点符合供给学派对税制促进生产要素供给与利用的认同。边际税率过高会抑制投资动力和劳动供给，因此降低边际税率能弱化累进税率对经济的影响。从美国的实践上看，[2]降低边际税率的确能赋予社会新的活力，但我国的现实在于：过去的税法制度注重汲取财政收入忽略了对横向分配差异的调节，我国不同主体的分配能力已然处于失衡状态。高收入群体的纳税遵从度不能单纯建立在降低税率的基础之上，而是应当加强信息监管，高收入群体的投资能力和我国的税制竞争力并非个人所得税法的“一己之任”，更依赖于各类社会政策、市场政策的“组合拳”。

另外，很多研究都将其他国家的边际税率与我国进行比较，并提出我国的最高边际税率过高，应当适度下降。但就笔者搜集的资料显示，德国、日本等国的最高边际税率高于中国(见表2)，而韩国于2017年提高了个人所得税最高边际税率。[3] 韩国上调边际税率的具体原因尚不得而知，但仅此一例就足以证明税率的调整与社会经济形势的变迁应当紧密联系。即便减税是人类税法文明发展的总趋势，但最高边际

---

[1] 崔志坤：《个人所得税税率的国际比较及中国的选择》，载《现代经济探讨》2010年第4期；丛中笑：《我国个人所得税法工薪累进税率的优化——扩大级距、减并级次和降低税率》，载《当代法学》2010年第2期；施正文：《分配正义与个人所得税法改革》，载《中国法学》2011年第5期；陈业宏、黄媛媛：《个人所得税法劳动所得和非劳动所得税率的反思与重构——以按劳分配原则为视角》，载《法学评论》2013年第3期；贾康、梁季：《我国个人所得税改革问题研究——兼论“起征点”问题合理解决的思路》，载《财政研究》2010年第4期；刘丽：《我国个人所得税累进税率结构设计探讨》，载《税务研究》2010年第3期。

[2] 20世纪70年代，供给学派在美国盛行。其所主张的降低最高边际税率提高了高收入群体的分配能力，同时恢复了不同收入群体分配能力的均衡状态，进而增加了投资动力和劳动供给，促进了经济发展。

[3] 韩国议会通过2017年预算，其中将增加一档个人所得税最高边际税率，即对个人年应税所得超过5亿韩元(约42.85万美元)的部分，适用40%税率。参见国家税务总局2018年6月30日：http://www.chinatax.gov.cn/n810219/n810744/n1671176/n1671196/c2495675/content.html。

税率在贫富差距较为悬殊的社会中所发挥的调节作用依旧不容忽视。当然，最高边际税率的确定并没有一个合适的标准，它与个人所得税在本国的地位、本国的经济社会发展现状是紧密联系。因此如何确定最高边际税率是修法进阶中关于税率功能认知的进步和对贫富差距格局妥协的制度取舍。笔者认为，在我国开始施行分类与综合相结合的税制模式的情况下，可考虑将我国最高边际税率作出适当降低，与美国、加拿大的最高边际税率接近，低于日本、英国等国，一方面有利于我国继续保持对高级人才和境外资本的吸引力，另一方面也能在社会观感上传递出更为直接的减税信号，降低居民的“税痛感”。

表2　主要国家最高边际税率一览

国家	最高边际税率/%
美国	37
英国	45
德国	47.5
日本	55.95
澳大利亚	45
新加坡	22
韩国	40
印度	35.54
泰国	35

资料来源：See Trading Economics（June 30，2018），https://zh. tradingeconomics. com/country－list/personal－income－tax－rate。

（三）刚性设计与人文关怀：纳税单位的选择

虽然新法明确了以综合征收为主的改革方向并设置了多项附加费用扣除，但纳税人是继续实行个人申报制度，还是允许个人申报、夫妇联合申报和家庭联合申报等多种申报方式并存，新法并未予以厘清。理论界中有关我国个人所得税纳税单位的选择之争由来已久，但总体是围绕“家庭”这一核心概念进行展开。支持者主要认为以家庭作为纳税单位可以充分考虑纳税人家庭整体的负担情况，有利于达至税收公平;[1]反对者主要认为家庭课税不符合“婚姻中性”原则,[2]不适应当前税收征管的实际能力,在目前不具有可行性。

下举一例进行分析:假设两个家庭,夫妻双方均有收入来源。家庭一中夫妻双方的收入均为4600元/月,按照新的纳税标准都不具备纳税义务,但此时该家庭的月收入总额为9200元;家庭二中丈夫有收入来源,收入为5500元/月,具备纳税义务,而妻子没有收入来源,不具备纳税义务,此时该家庭月收入总额5500元。其一是赋税公平的视角:以家庭为纳税单位能够全面衡量和反映家庭其他成员的人数、年龄、健康状况、就业情况、需要赡养和抚养的人数、总体收入等情况,[3]将个人的纳税能力纳入家庭进行综合评价,能够客观的体现纳税人的纳税能力,贯彻量能课税原则,从而更好地实现税收公平。[4] 其二是婚姻和谐的视角:以家庭为纳税单位会导致税收的“婚姻非中性”,产生“婚姻惩罚”或“婚姻奖励”。[5] 而一旦税法干涉了婚姻这一私人领域,很可能出现一些购房政策施行过程中出现的“假离婚”现象。因此,个人申报、夫妇联合申报和家庭联合申报等多种申报方式并存是我国个人所得税综合化改革的大势所趋。“财税法与收入分配有着天然的内在机理,具有诸多具有公平分配的财税政策工具,虽然每一种工具都有其功能优势,因此也有其最佳适用范围,但不能仅仅基于这种范围而进行工具的选择及工具组合的设定,不能仅仅通过推导而得出结论,还应该对社会问题的具体情形以及所面临的制度环境进行深入研析。”[6]如何界定“家庭”的范围、设定家庭扣除标准以及如何处理可能出现的“隐形离婚”等共同形成了修法进阶中税收公平刚性设计的进步与对社会观念人性关怀的妥协之间的制度取舍。

上述修法难点是个人所得税法中最为困难的制度抉择。立法的形式内容虽然具有偶然性,但法治变革趋势却能让立法的实质进步成为必然。除了以上的修法难点

[1] 施正文:《分配正义与个人所得税法改革》,载《中国法学》2011年第5期。

[2] 郑春荣:《个人所得税纳税单位选择:基于婚姻中性的视角》,载《社会科学家》2008年第2期。

[3] 俞杰:《个人所得税课税单位的选择与评析》,载《税务研究》2016年第4期。

[4] 石坚、狄欣荣:《个人所得税制家庭课税制度研究》,载《财政科学》2016年第10期。

[5] 施正文:《论我国个人所得税法改革的功能定位与模式选择》,载《政法论丛》2012年第2期;“婚姻奖励”:在家庭纳税模式下,如果婚前夫妻双方的收入差距悬殊,由于合并纳税会平摊双方的收入,从而降低边际税率,那么婚后两人的税负水平比婚前将要有所下降;“婚姻惩罚”:如果婚前夫妻双方收入差距相当,基于夫妻二人共同生活具有规模经济效应的理念,各国夫妻合并征税的税前扣除额往往低个人扣除额的两倍,那么婚后两人的税负水平将比婚前有所升高。

[6] 叶金育:《收入分配改革中的财税政策工具及其立法配置》,载《中央财经大学学报》2013年第9期。

外，其实新法中新加入的反避税条款也值得进一步思考，如何让反避税行之有效而不是一纸空文，这不仅是个人所得税法修改的内容，更是《税收征管法》、财产税法共同作用的对象。

四、修法趋势：个人所得税改革的当代进路

将某一国家的所得税制贴上综合或者分类的标签，并不能适当反映其税制中综合与所得元素的结合程度。但是，意识到其税制所赖以构建的基本结构性原则，对于了解一国所得税制采用的基本路径却相当重要。[1] 财税法制度本身承载多种公共职能，同时也蕴含着多元的价值目标。过去40年的立法实践中，我国个人所得税制度强调效率价值主要是由于国家要求在经济建设中提升对市场和社会的管控能力。甚至可以说在财税法的法治价值凸显以前，税法如同社会调控的工具，虽然在促进经济增长中扮演了重要角色，但对社会贫富差距日益悬殊的现实却力有不逮。[2] 当前，解决收入分配差距较大的问题受到了中央高度关注，公平导向的制度构建是当代个人所得税改革的总体趋势。

社会公平需要的是适用于打破阻止人们获得自我完善机会的障碍的制度安排和市场结构。[3] 从个人所得税法修改的实践出发，公平性导向的未来建构取决于对制度目的、规则设计与分配环境的多面考察，具体而言需要把握三对关系：制度目的上需处理个人所得税收入功能与分配功能的关系；规则设计上需处理原则性与操作性之间的关系，也即税制规范与征管规则之间的关系；分配环境上则需明确我国税制构建的本土资源与域外经验。

（一）税负稳定与个人所得税增收并重

从个人所得税发展的历史来看，个人所得税的立法目的在各个阶段呈现不同倾向：其中第一阶段为筹集财政收入主导。第二阶段则为筹集收入、调节分配和稳定经济并重。第三阶段主要在于提高税制竞争能力。[4] 从严格意义上讲，不同的立法目的主导下的制度设计应有具体的针对性，同一时期不同税种的主导立法目的也有所

---

〔1〕［美］休·奥尔特等：《比较所得税法——结构性分析》，丁一、崔威译，北京大学出版社2013年版，第190页。

〔2〕具体来看，间接税制在促进经济增长方面更为明显。

〔3〕［美］斯蒂芬·贝利：《公共部门经济学：理论政策和实践》，白景明译，中国税务出版社2005年版，第259页。

〔4〕施正文：《分配正义与个人所得税法改革》，载《中国法学》2011年第5期。

不同。目前,增值税收入在我国税收中占比近40%,[1]依旧发挥最主要的收入功能,虽然个人所得税收入的比重逐年上涨,但短时间内还难以超过增值税,未来一段时间内,从国家汲取财政收入的层面进行考量,发挥主体收入功能的税种还是应当以增值税为主。

另外,从税收规模和税收效果的关系来看,税收规模越大,其相应的经济社会职能也会越明显;反之,税收的调控能力和税收的收入规模间呈现正相关。因此,如果期待个人所得税法有力发挥调节收入分配的功能,又必须提升个人所得税收入的规模,十八届三中全会提出要"提高直接税比重"便是基于尽可能发挥直接税调节收入分配的制度目标。也因此,个人所得税设计不能全盘"放水",否则不仅对于调节收入分配并无积极意义,甚至还会导致贫富悬殊进一步扩大。从新法对所得性质部分综合化和专项附加扣除扩容的处理来看,个人所得税收入在短期内可能会有所下降,居民税负也会有所下降,但总体趋向平稳,经历一段时期的税源涵养以后,会释放更多制度红利。

(二)实体规范与程序规则并重

实体规范与程序规则的并重以落实税收法定原则与量能课税原则为基础。由于《个人所得税法》存在大量的原则性规定,我国一贯的做法是辅以相应的《实施条例》,这就涉及法律对行政法规的授权问题,其中最核心的就是对条文的解释。中国的实践中,国务院特别是财政部、国家税务总局经常突破法律的可能文义而进行目的性扩张、目的性限缩甚至类推适用,从而变相进行税收立法。[2] 例如,现行《个人所得税法实施条例》第28条[3]设置的外籍人员附加扣除规定在《个人所得税法》中并无相关依据。

实体规范内部结构错位直接导致税收法定原则受到损害,未来修法中如果保持这种免责式授权,个人所得税法中所确立的综合计征模式和专项附加扣很可能又异化成收入手段,从而在结果上进一步损害了量能课税原则。应当指出,虽然行政立法的灵活性能保障制度"随机应变",但纳税人生存权保护的命题却难以提供容错率。

---

[1] 数据来源:国家统计局:《中国统计年鉴》(1999—2017年)。

[2] 刘剑文、熊伟:《税法基础理论》,北京大学出版社2004年版,第111页。

[3] 《个人所得税法实施条例》第28条规定:"税法第六条第三款所说的附加减除费用(1300元)适用的范围,是指:(一)在中国境内的外商投资企业和外国企业中工作的外籍人员;(二)应聘在中国境内的企业、事业单位、社会团体、国家机关中工作的外籍专家;(三)在中国境内有住所而在中国境外任职或者受雇取得工资、薪金所得的个人;(四)国务院财政、税务主管部门确定的其他人员。"

因此,后续修法中保持实体规范内部的逻辑联系将是效率立法转向质量立法的关键。

此外,由于我国人口众多,综合化改革以后虽然部分所得合并纳税,但征收管理的工作依旧十分繁重,特别是费用扣除的认定尚且需要实行一系列能保证其正常运行的征管制度。囿于我国程序规则的粗放性,一方面,征管信息呈现低时效性和低准确性的特征,与此同时,相关部门之间的信息共享机制尚在建立过程中,同一纳税人在不同地区,不同时间内取得的各项收入,在纳税人不主动申报的情况下,统计工作较为困难;另一方面,信息的真实性如何检验也需要费一番功夫。因此,实体规范与程序规则并重也是未来变革(特别是落实税收法定原则和量能课税原则)的重要趋势。

(三)本土考察与域外镜鉴并重

始于20世纪80年代的全球性税制改革激发了各国的减税实践。虽然不同税种呈现出不同的变化特点,但就个人所得税法而言,降低税率、拓宽税基、简化税制、税制指数化和强化税务管理是其基本特征。[1] 进入21世纪以后,各国也愈加重视推行减税政策。但是,各国的发展历史不同,经济形势也不同,因此合理比较域内域外的制度异同能明晰我国税制改革的现实。例如,美国20世纪80年代后期开始的税制改革旨在使税收扭曲最小化,取消或减少市场自由运作的税收障碍。[2] 而彼时中国税制结构的基本框架还未建立起来。更值得注意的是,目前我国个人所得税法的主要目标是解决收入分配不公,贫富差距过大的社会问题,实体经济层面主要依靠以增值税为主体的间接税制进行调整,而美国的财政收入一直以直接税为主。充分表明我国个人所得税改革在汲取域外实践经验时应考虑目标和方式上的差别。

塞里格曼认为:"一国税制的存在、改革和发展,必须顾及当时当地的社会经济发展水平和政治、道德、文化等外部因素。"[3]但不可否认,历史总会有相似之处,例如,英国在20世纪80年代进行了大规模的减税,导致其出现了财政危机,随后英国确立了以效率为中心的税收制度,虽然缓解了财政收入困难,却加剧了居民的贫富差

---

〔1〕 See Sabirianova Peter et al., *Global Reform of Personal Income Taxation, 1981 - 2005: Evidence from 189 Countries*, National Tax Journal, Vol. 63:3, p. 447 - 478(2010).

〔2〕 [英]锡德里克·桑福德:《成功税制改革的经验与问题》(第1卷),张文春、匡小平译,中国人民大学出版社2001年版,第23页。

〔3〕 杨斌:《治税的效率与公平》,经济科学出版社1999年版,第58~70页。

距。[1] 这就类似于我国现在的社会格局,而英国在应对收入分配不公时采取的调整税率结构就值得我们参考借鉴。当然,本土化税制建设中还存在地域习惯、社会秩序等方面的因素,囿于论点,这里不予赘述。总之,并不存在一种最优的和普适性的个人所得税制度模式,各国均需根据本国的宏观形势进行具体的政策抉择。我国距离分配正义的格局还有不短的距离,唯有本土考察与域外镜鉴并重,才能让我们找到中国个人所得税改革的真正立足点。

五、结语:分配法治的现代化与国际化

任何法律制度和司法实践的根本目的都不应当是为了确立一种权威化的思想,而是为了解决实际问题、调整社会关系,使人们比较协调,达到一种制度上的正义。[2] 我国个人所得税制度在不同发展阶段所呈现出的不同价值取向和形式安排,其原因来自政治、经济、社会的多个方面。因此,在修法之际论述修法背景有利于宏观把握制约我国个人所得税立法实践的多元因素,从真正意义上讲述"中国问题"。具体到个人所得税法修改的实质内容,新法在综合化计征的规定、费用减除标准等方面的优化是继税收法定原则之后,量能课税原则在税制改革中的践行,这是十分值得肯定的。

也应看到,个人所得税设计的平等在理想层面期望达至"劫富济贫",然而事实却是,在某一方面与人平等的人便认为在总的方面也该与人平等,在某一方面与人不平等的人就觉得自己在所有方面都与人不平等。[3] 身处于分配差距依旧悬殊的社会现实中,并不是只有低收入群体才关注制度的平等,高收入群体也不希望成为制度的歧视对象。公平性导向的制度建构还需真正解决纳税单位、边际税率的合理设计问题。把握包括收入功能与分配功能之间、税制规范与征管规则之间,本土资源与域外经验三组关系,将形成适于本土的法治化分配机制,这也是未来个人所得税改革的基本命题。

当然,对新《个人所得税法》进一步进行反思,也可看出法治化分配制度的构建不是一项"闭门造车"的任务,而是现代化与国际化并举的国家事业。一方面,分配法治的现代化要求未来的税收立法要解决好税收法定原则的落实问题,要让法治思维贯

---

〔1〕 See Giles et al., *Tax Reform in the UK and Changes in the Progressivity of the Tax System, 1985 - 1995*, Fiscal Studies Vol. 15:3, p. 64 - 86 (1995).

〔2〕 苏力:《法治及其本土资源》,北京大学出版社 2015 年版,第 30 页。

〔3〕 [古希腊]亚里士多德:《政治学》,颜一、秦典华译,中国人民大学出版社 2003 年版,第 160 页。

穿税收要素法定、要素确定、征管实践的始终,同时还要积极推进税收制度的公平性构建,让每一位纳税人都能得到税收制度的公正待遇,从而确保我国税收制度变为“良法”并走向“善治”。另外,从全球化的视野观察,税法的法治价值已是各国共识,合理的规范设计本质上是法治理念和减税理念在制度层面的契合,同时也是纳税人看得见的“分配法治”。分配法治的国际化则要求我国税制改革要重视自身的国家定位,不断发现域外的有益经验又能正视本土发展的制约因素,避免走入制度与社会脱轨的困境。

回归本文,萨伊认为,最好的租税,或更确切的说,是危害最少的租税。它们表现在:第一,最适度的税率;第二;在填充国库时最低限度地烦扰纳税人;第三,社会各阶层公民的负担平等;第四,给再生产造成的伤害最低;第五,有利于国民道德,也就是有利于普及对社会有用和有益的习惯。[1] 新法的形式进步已然将个人所得税变革从“稳中不变”转换为“稳中求变”,亮点是值得肯定的,但是难点仍需审思。应当注意,立法“快车道”上房地产税法、遗产税法等直接税法的相应设计同样是收入分配改革中绕不开的难题,个人所得税法的修改能给后续财税立法以多大程度的启迪,这是我国尽快达至分配法治的现代化与国际化的智识与关键。

〔1〕 [法]让·巴蒂斯特·萨伊:《政治经济学概论》,赵康英等译,华夏出版社2014年版,第444页。

碳交易与碳税兼容性分析*

——兼论中国减排路径选择

魏庆坡**

摘要:随着气候问题日益突出和减排形势的持续严峻,包括中国在内的一些国家开始尝试多策并举的方式来削减碳排放。但这两种"单一对峙"的减排制度能否兼容成为我国低碳路径选择必须解决的一个现实问题。文章通过分析绝对减排目标和相对减排目标与碳税的兼容性,提出相对减排目标下的碳交易能够和碳税兼容,共同实现减排目标;接着针对绝对减排目标下的碳交易与碳税的相悖问题进行分析,提出通过引入限价模式、调整对象适度重合和有限分离、跨期储存机制、项目抵消减排等扬长避短形成组合制度,以缓解碳交易对减排成本不确定和碳税对总量控制的制度缺陷。从我国承诺的碳强度减排目标和碳交易试点实践出发,文章分析我国要以社会经济发展为基本目标下分阶段进行:从中短期看,应采纳碳税和碳交易(相对减排目标)双策并举的模式进行减排;但从长期来看,我国应该尝试运用碳税和总量控制和交易的碳交易(绝对减排目标)模式推动减排。

关键词:碳交易　碳税　组合模式　中国减排　碳强度

随着气候问题的日益突出,国际社会对适应和应对这一变化的合作正在逐步加强。相对传统环境政策工具——"命令—控制"的僵化性,

---

* 本文原载于《中国人口·资源与环境》2015年第5期。

** 首都经济贸易大学讲师,法学博士。

拥有总量控制优势的碳排放权交易市场（以下简称碳交易）和依靠价格导向的碳税凭借市场化、激励机制、灵活性、以及潜在财政收入等赢得了诸多国家和地区的青睐。[1]当今利用碳交易进行减排的国家和地区有：欧盟、澳大利亚、新西兰、美国加州、加拿大魁北克、中国七个碳交易试点等；而北欧国家，如丹麦、挪威、芬兰等则采用碳税进行减排。中国面临着来自国际和国内的双重减排压力。为此，党的十八提出要利用市场机制引导节能减排，运用制度创新保护环境，这表明市场机制和制度建设将成为我国应对气候变化问题的主要政策导向。碳交易试点启动运营后，财政部和环保部开始酝酿环境税，[2]拟对排放二氧化碳的单位或集体征收碳税。这一方面体现了当下环境问题的复杂性，需要多策并举实现“两型社会”；另一方面也彰显了中国政府削减碳排放，践行国际减排承诺的决心 。[3]

一、问题提出

理论上，在充分竞争、信息全面的市场中，碳交易和碳税在减排效果上并无差异。[4]因此早期对于碳交易和碳税都是替代性方案的分析，而非相互补充的思路；实践中，基于庇古理论的碳税与源于科斯定理的碳交易受到了诸多现实因素影响，制约了理论减排效果的实现。具体而言，碳税税率的设定需要考虑边际个人成本和边际社会成本的差异，由于不同地区存在边际减排成本和边际社会成本的区别；碍于信息不对称和地区差异性，即使当今数据基础和统计技术不断提升，为预估减排总量设定碳税税率依然困难重重。相比碳税，基于科斯定理和产权理论的碳交易通过设定污染物总量创制出排放权的“稀缺性”，赋予其经济价值，进而在减排主体之间形成交易市场。减排主体结合自身边际减排成本和交易价格，以理性经济人的思维参与碳市场

---

[1] Zerbe R. O. ,*Theoretical Efficiency in Pollution Control*,Economic Inquiry,Vol. 8:4:p. 364 –376(1970). Magat W. A. ,*Pollution Control and Technological Advance:A Dynamic Model of the Firm*,Journal of Environmental Economics and Management,Vol. 5:1,p. 1 –25(1978). Magat W. A. ,*The Effects of Environmental Regulation on Innovation*,Law and Contemporary Problems,Vol. 43:1,p. 4 –25(1979). Downing P. B. ,*White L J. Innovation in Pollution Control*,Journal of Environmental Economics and Management,Vol. 13:1,p. 18 –29(1986).

[2] 郑爽、窦勇：《利用经济手段应对气候变化——碳税与碳交易对比分析》，载《中国能源》2013 年第 10 期。

[3] 在 2009 年哥本哈根气候会议之前，中国政府宣布单位国内生产总值二氧化碳排放在 2005 年的基础之上下降 40% ~50%。

[4] Weitzman M. L. ,*Prices vs. Quantities*,The Review of Economic Studies,Vol. 2:1,p. 477 –491(1974).

激励体系,削减温室气体排放,从而确保环境整体效果。但正如王毅刚所言,碳交易一直被认为"理论非常吸引人但实践中并不可行";尤其具体交易制度规则设定等难度较大,使其一度仅停留在概念中。[1]

如果减排成本预期较高,碳税条件下的一些减排主体将选择多缴税以换取排放额度,导致总体排放量不减反增;而碳交易由于设定了排放总量,利用配额价格的变动来传导减排成本的变化,导致减排成本具有不确定性。同时碳交易和碳税的减排效果不仅受到经济效率的影响,而且还要顾及部门行业竞争和收入分配问题,这些现实因素也会对减排运作机制形成制约,进而影响整体减排效果。从实际减排成本方面而言,两者在预期减排效果的效率方面并非完美。出于单一政策解决单一问题的思维,以及效率、经济、必要性等因素考虑,早期对于碳交易和碳税替代性方案的研究遭遇到了现实障碍。因此,以实践应用为导向,通过相互补充的思路调整优化两者契合度是探索制度创新一个新方向和新任务。

国外对环境政策叠合(Policy interaction 或 Policy mix)的研究最早来自政治学的贡献:Wildavsky(1979 年)提出重叠是众多政策发展的重要缘由,对内部问题的调整会带动对外部问题的应对。[2] Majone(1986 年)认为在政策众多情形下,新方案将导致新问题出现,如政策重叠、管辖混乱以及其他一些始料未及的后果。[3] 环境问题方面,Roberts 和 Spence[4](1976 年)提出应结合数量机制(Quantity - based approach)和价格机制(Price - based approach)两项政策来降低社会成本;Smith(1999 年)提出在"命令 - 控制"的基础上,附加税收和补贴机制;[5] Pizer(2002 年)发现混合路径略微优于价格机制,却明显胜过数量机制;[6] Sorrel 和 Sijm(2003 年)提出政

[1] 王毅刚等:《碳排放交易制度的中国道路——国际实践与中国应用》,经济管理出版社 2011 年版,第 42 页。

[2] Wildavsky, A., *Speaking Truth to Power: The Art and Craft of Policy Analysis*, 1st. Little, Brown and Co., 1979, p. 431.

[3] Majone G., *Evidence, Argument, and Persuasion in the Policy Process*, Yale University Press, 1989, p. 159.

[4] Roberts M. J. & Spence M., *Effluent Charges and Licenses under Uncertainty*, Journal of Public Economics, Vol. 5:3, p. 193 - 208(1976).

[5] Smith S., *The Compatibility of Tradable Permits with other Environmental Policy Instruments*, Implementing Domestic Tradable Permits for Environmental Protection, Vol. 9:7, p. 212(1999).

[6] Pizer W. A., *Combining Price and Quantity Controls to Mitigate Global Climate Change*, Journal of Public Economics, Vol. 85:3, p. 409 - 434(2002).

策组合应谨慎设计,并且目标透明;[1] Either 和 Pethig(2009 年)分析了欧盟 ETS 和不参加 ETS 而实行碳税部门的减排协调问题。[2] 除去大量关注替代性研究的同时,国外学者也对碳交易和碳税在低碳减排方面的补充性进行了一些研究,并对潜在问题进行了积极分析,为我国环境政策工具制定提供了理论指导。

在低碳减排背景下,国内学者也对此问题进行了分析。许光(2011 年)[3] 提出为了有效规制环境问题,应联合运用碳交易和碳税;在总结国际碳税和碳交易的经验后,朱苏荣(2012 年)[4] 建议应结合两者的各自优势,综合运用;通过对中国能源、经济和环境的动态 CGE 模型的分析,应借助碳税规制分散行业,实施碳交易调节排放集中行业[5](石敏俊等,2013 年),也有提出应先碳税后碳交易的"两步走"战略[6](杨晓妹,2010 年)。但王慧、曹明德[7](2011 年)则认为结合经济、环境和外交等方面分析,碳税更适合中国;而赵骏、吕成龙[8](2013 年)通过简析两者利弊,支持中国采纳纳碳交易。

相比国外,国内减排起步较晚,研究粗放且缺乏深度。国内学者从两者的理论起源、机制原理、政治可行性、市场接受度、国际竞争力、社会经济影响等方面简单分析,倡导组合运用。这种宽泛倡导有"病急乱投医"之嫌,且缺失了对两者契合度和可行性等核心问题进行分析,也缺少对碳交易和碳税的兼容性进行系统研究。根据经济模型,Aldy 和 Pizer(2009 年)指出气候政策微调将影响多个经济部门,且如果多个同时调节的政策内部存在较大离散,结果将很不理想。[9] Fischer 和 Preonas(2010 年)

---

[1] Sorrell S. , *Sijm J. Carbon Trading in the Policy Mix*, Oxford Review of Economic Policy, Vol. 12:2, p. 420 - 437(2003).

[2] Eichner T. , *Pethig R. Efficient CO2 Emissions Control with Emissions Taxes and International Emissions Trading*, European Economic Review, Vol. 53:6, p. 625 - 635(2009).

[3] 许光:《碳税与碳交易在中国环境规制中的比较及运用》,载《北方经济》2011 年第 3 期。

[4] 朱苏荣:《碳税与碳交易的国际经验和比较分析》,载《金融发展评论》2012 年第 12 期。

[5] 石敏俊等:《碳减排政策:碳税、碳交易还是二者兼之?》,载《管理科学学报》2013 年第 6 期。

[6] 杨晓妹:《应对气候变化:碳税与碳排放权交易的比较分析》,载《青海社会科学》2010 年第 6 期。

[7] 王慧、曹明德:《气候变化的应对:排污权交易抑或碳税》,载《法学论坛》2011 年第 1 期。

[8] 赵骏、吕成龙:《气候变化治理技术方案之中国路径》,载《现代法学》2013 年第 3 期。

[9] Aldy J. E. , *Pizer W A. Issues in Designing US Climate Change Policy*, The Energy Journal, Vol. 30:3, p. 179 - 210(2009).

提出多重政策调节之下，碳交易市场将无法准确反映出边际减排成本。[1] 此外，环境政策工具还会涉及税收、劳动力市场、商业往来、行政管理等大多数经济部门。

因此，面对实践中碳交易和碳税的不足，基于不同理论和运作机制的环境政策工具组合是低碳减排制度创新的新思路。但两者是彼此强化，烦杂但相互无碍，还是彼此排斥呢？尤其中国已经开始研究建设国家层面碳交易市场，能否两者同时并举？本文旨在结合我国启动碳交易试点并酝酿推行碳税的大背景，通过对两者之间兼容性进行分析，以及如何兼容并蓄进行研究，为中国选择有效环境减排工具，实现社会经济绿色低碳发展进行探索。

二、碳交易、碳税与不同减排目标的兼容性分析

诚如前述，为应对减排形势的复杂性和严峻性，包括中国在内的一些国家正在酝酿同时借助碳交易和碳税进行减排，但这两种政策能否在核心设计、机制运行和减排效果等方面兼容并蓄是一个亟待解决的问题。此外，减排目标分为绝对减排目标（Absolute Target）和相对减排目标（Relative Target），碳交易和碳税在两种目标之下的运行机制、社会成本等也存在诸多差异。单纯基于减排目标导向，通过环境政策工具的简单算术累加，却没有对其关联性和契合度进行制度设计是否有助于问题的解决还有待商榷。有鉴于此，笔者将首先对碳交易和碳税与不同减排目标的兼容性进行分析。

（一）绝对减排目标下碳交易与碳税

绝对减排目标，简言之，就是削减整体排放量，通过具体排放数据计算出温室气体排放总量，借助各个排放主体的减排来实现总体排放量削减的减排目标。从短期看，基于碳税的额外调节作用，一些减排主体将会提高技术水平或调整生产规模以减少温室气体排放量，进而增加了二级市场上的排放配额。但由于总体排放量保持不断，基于供求关系和溢出效应，配额供过于求将导致其价格下降。其他减排主体根据自身成本收益购买这些配额以弥补额外排放，获取收益。此时，碳税并未削减整体排放量。长期来看，通过碳税来减排并为未来设定更严格的总量控制是有意义的，但碳

[1] Fischer C. & Preonas L., *Combining Policies for Renewable Energy: Is the Whole Less Than the Sum of Its Parts*, International Review of Environmental and Resource Economics, Vol. 4:1, p. 51–92(2010).

税能否克服市场失灵并推动减排技术研发有待商榷。[1] 如若不能,其效果将适得其反。

（二）相对减排目标下碳交易与碳税

与绝对减排目标相比,相对减排目标则更加弹性化,通过借助其他因素,如产出值、税收等,将温室气体排放量与其建立比例互动关系,从而确保了减排不会对经济增长造成重大影响。由于气候问题源于温室气体排放总量不断累积,而相对减排目标并非削减总体排放量,因此其减排效果常常备受诟病。但不同于发达国家的经济发展水平和经济结构,发展中国家面临着经济增长和改善民生的双重挑战,选择相对减排目标更符合现实需要。

由于缺少固定且严格的排放总量限制,致使减排目标存在动态性,因而相对减排目标不会出现超出限定排放的情形。此外,科学技术更新也会推动新的减排。一些减排主体在碳税调节下转换出来的排放额度,并不能像绝对减排目标下一样被积极购买。除碳交易外,碳税的作用也能制约减排主体肆意排放,相对降低总体排放量。此时,碳税和碳交易的联系和互动相比绝对减排目标被削弱了很多,但在追求低碳减排目标方面能够做到兼容并蓄。

因此,不同减排目标下,碳交易与碳税的兼容度也存在不同。对于绝对减排目标,两者的整体减排效果较差,基本不具有兼容性;但在相对减排目标下,两者能够兼容并蓄,对于推动整体经济减排具有积极意义。

三、整合理论制度优势构建组合模式(Hybrid)

针对绝对减排目标下碳交易与碳税直接并行的兼容性问题,有人提出保留各自制度优势,将两者整合成一个组合模式。简言之,即在碳交易的基础之上嵌入碳税,把碳税界定为最低限价,为减排提供持续不断动力,同时提高配额供给弹性,避免由于需求与配额价格的生硬传导而导致其无序波动。[2] 此时,投资者的投资预期也可以获得稳定的投资预期:若配额价格过高,减排主体可以通过缴纳碳税来抵扣排放

---

〔1〕 将配额价格内生化到未来的总排放量的预测的成本上是理想模式,美国二氧化硫交易就做到了价格内生化;即便当下最为成功的欧盟碳交易市场也不能做到通过调高配额价格来推动技术进步以应对气候变化带来的威胁。此时,在碳交易的基础之上制度配套政策推动将来设定更严格的减排总量目标就显得极为必要。但需谨慎评估配套政策能否降低减排成本。

〔2〕 如2000年加州氮氧化物配额的价格从400美元每吨涨到了40,000美元每吨;从2006年4月19日到5月12日,欧盟碳交易市场的期货配额价格从32.25欧元猛跌到17.80欧元。

量，此时的碳税充当了配额的最高限价。[1] 简言之，组合模式就是将碳交易附加最低限定价或最高限定价，抑或两者兼有。

通过设定最低限价和最高限价，组合模式能够有效应对配额价格过度波动，实现创新减排和成本管理。若配额价格超过最高限价，管理者可以向市场提供预留的配额；若价格低于最低价格，管理者可从市场上收购配额予以留存，[2]减少流通量抑制价格上扬。在最低和最高限价之间的区域，组合模式可以确保一定减排量。但也存在一些弊端：即为了取得这些减排量，要么对污染者施加额外负担，要么为了坚守初始减排目标而放弃更廉价和高性价比的减排机会。为厘清组合模式的系统性和兼容性问题，笔者将从不确定性、配额价格、配额分配和组合优势等方面进行分析：

（一）应对不确定性因素

基于制度构建的初衷，环境减排工具首要目标是确保减排主体能够依照制度安排实现减排。而减排目标的实现取决于减排主体积极参与，因此，应尽量降低对减排行为形成冲击的不确定性因素，提升减排主体减排意愿。

1. 减排效果不确定性

环境政策选取依赖于减排目标的确定和评估，净利益最大化（Net Nenefit Maximization）和成本效益分析（Cost – effectiveness）两大指标对减排目标评判和政策选取具有重要指导意义。根据 Weitzman 的经典结论：如果边际减排成本的斜率大于边际环境损害时，碳税优于碳交易；即减排成本因额外污染控制而急剧上升的情形下，更倾向于适用价格控制机制——碳税，使减排主体避免不可预测的减排成本。如若边际减排成本的斜率小于边际环境损害时，碳交易优于碳税。即随着污染增加而使整体环境效益急剧恶化，则更适用数量控制机制——碳交易。此时的评判标准是净利益最大化，而如果适用成本效益分析指标，则碳交易具有显著优势，因为其预先设定了总量控制目标。

相对而论，污染超标排放相比配额价格波动对社会危害更大，碳交易的排放总量限制和政治上可行性使其赢得了众多支持。针对配额价格不确定性，碳税和碳交易的组合模式对配额予以“管控”。通过设置价格涨跌区间，控制价格波动幅度，消减对减排成本和经济活动的消极影响。但长时间的“价格管制”与实现减排目标相左，因为最高限价意味着配额的增加，而最低限价则暗指减少了流通中的配额数量，这样就

[1] 但若此时减排主体也拥有较多配额，其将不用缴纳碳税，碳税的作用就无法凸显。

[2] 此时，管理者可以用完所有预留配额，此规定就限制了环境的不确定性，增加了配额价格的不确定性。

使排放总量水平处于不确定状态。对此,Stavins(2008 年)认为只要政策制定者在执行最高限价的时候,允许其他抵消项目来弥补增加的排放量就可以消除或减少这种不确定状态。[1]

2. 在应对新信息方面

碳税税率僵化,且难以准确反映边际减排成本的变动;而借助跨期配额储存机制,碳交易和组合模式则可能在当下和未来的边际减排成本之间予以平衡,使企业可以凭借对未来减排政策的预期来调整当下的减排安排,从而保持配额价格相对平稳。[2]增设配额存储机制可以提高减排主体抵御价格风险能力,扩大配额收益并稳定市场预期。因此,组合模式下的碳交易在应对未来不确定性方面比碳税更具从容性。

概括而言,对不确定性的界定依据不同,导致政策选取也不尽相同。从成本效益最大化角度看,碳税和组合模式占据优势;但从应对新情况考虑,碳交易和组合模式则更可取。简言之,组合模式在应对不确定性方面具有更大优势。

(二)对配额价格的影响

碳税条件下不存在配额价格问题。根据两者的覆盖范围进行划分,主要分为完全覆盖和部分覆盖。碳税对碳交易配额价格的影响也主要分为这两个层次:碳税和碳交易调整范围完全重合与碳税仅覆盖碳交易的一部分。

1. 碳交易下完全重合

针对两者完全重合,即两者调整减排范围完全一致,Smith (2008 年)[3]认为如果碳税税率低于配额价格,[4]碳税将会慢慢蚕食配额的价格,这种情况会持续到碳税所调控的减排量。因为边际配额的价值决定配额的价格,若没有碳税,边际减排成本决定了此配额的价格;而碳税的存在则降低了配额价格的收益,原先拥有配额即享有该配额所对应的边际减排成本,而现在需对余下的排放量征收碳税。早先储备配

---

[1] Stavins R. N. ,*A Meaningful US Cap - and - Trade System to Address Climate Change*, Harvard Environmental Law Review, Vol. 32:2, p. 293 - 371(2008).

[2] Murray B. C. & Newell R. G. ,*Pizer W A. Balancing Cost and Emissions Certainty:An Allowance Reserve for Cap - and - Trade*, Review of Environmental Economics and Policy, Vol. 3:1, p. 84 - 103(2009).

[3] Smith S. ,*Environmentally Related Taxes and Tradable Permit Systems in Practice*, Environment Directorate Center for Tax Policy and Administration. Paris:Organization for Economic Cooperation and Development (OECD),2008.

[4] 此时是指在假设没有碳税的情形下碳交易市场中配额的价格。

额就可以带来的收益现在取决于总量控制下边际减排成本和碳税税率的差异。但如果碳税税率高于配额价格,[1]总体排放量将会低于设定总值,且配额价格会降至零。此时,排放量总值的设定将失去作用,且配额也丧失了价值。决定排放水平来源于减排主体对碳税的反馈,此时的碳交易政策就是冗余的,因此,两者调整范围应该适度重合或分离。

2. 碳交易下部分重合

在碳交易调节的情况下,一部分排放源也会受到碳税调节。以欧盟为例,成员国的碳税政策仅涵盖本国排放源,而无法辐射到欧盟碳交易市场的其他地方。此时,如果碳税税率较低且覆盖范围较小,可以忽略对配额价格的影响;若碳税较高或覆盖范围较大,碳税将开始削减部分配额价格,通过削减碳税覆盖的排放源的排放量,进而增加其他排放源的配额。随着碳税覆盖范围的不断扩大,将会出现上面第一种情形,即两者重合,配额价格将会以碳税的数量级予以削减。

为了处理污染物,英国采取了多种政策并举,包括垃圾填埋税(Landfill Tax)和垃圾配额交易体系(Landfill Allowance Trading Scheme,LATS)。在垃圾填埋税的基础上引入垃圾配额交易体系,并非为了增加减排激励,而是针对垃圾总量设定数量控制。但 Smith (2008 年)通过分析认为这种高度重合导致减排成本出乎意料地提高。

但如果适度制定碳税调节范围,或者适当划分碳税和碳交易的调节范围,减少两者覆盖面的重合机会,将会降低或忽略碳税对碳交易配额的负面影响,对于两者协同减排将会起到助推作用。

(三)对拍卖制度的补救

在理论上,碳交易通过拍卖配额提供减排激励的同时,也为政府提供了经济收益。这些收益可以用于补偿受减排影响的群体或代替其他税收。现实中,碍于减排主体的认可、获取政治支持、减轻企业负担等因素,欧盟、中国的碳交易试点等早期都主要采用了免费分配配额的原则,[2]即祖父条款(Grandfathering),而且这也是当下的一个惯常做法。免费分配使来自配额拍卖的收入消失了,且配额分配的经济租金(Economic Rent)也都整体转移到了减排主体手中,这与碳交易政策的设计初衷相左。

---

〔1〕 此时也是指没有碳税情形下,碳交易市场中的配额的价格。

〔2〕 欧盟在第一阶段(2005 ~ 2007 年)全部采用免费分配,第二阶段(2008 ~ 2012 年)开始采用拍卖的方式分配配额,并承诺以后逐步提高拍卖比例;中国已启动的 6 个碳排放交易试点中,明确采用拍卖的试点城市广州。

根据产权经济学原理,碳交易制度架构中的"拍卖"具有激励污染者为污染行为付出"代价"的减排驱动机制,但出于保全制度先行推行的需要而削弱,甚至放弃了拍卖激励。相比拍卖,免费分配条件下的减排主体就获得了具有市场价值的配额,即凭空获得了经济收益,这就与"污染者付费原则"发生了偏差。

从实用主义和弥补配额拍卖缺憾的角度来分析,引入碳税将使得碳交易下的减排主体支付一部分超边际排放(Inframarginal Emissions)的经济代价,尽管与边际排放作价不同,但能够提供减排技术革新的激励;[1] 对减排主体免费获得配额的价值予以部分回收,[2] 与"污染者付费原则"保持基本一致;同时也可以代替或抵消其他一些税收。这样不但可以促进企业积极减排;同时政府也可以利用获得的经济收益资助环境减排技术发展。

(四)两者组合应对多元化问题

综合欧盟、美国、中国碳交易试点等减排实践经验,碳税和碳交易存在明显的设计偏向型喜好。针对不同部门行业的企业,两者的适用优势存在较大差异。由于监管、交易、监测等运行成本较大,从效率角度分析,对大中型集中排放减排主体适用碳交易进行调节较为适宜。如北京碳交易试点强制纳入 2009 ~ 2012 年排放二氧化碳平均排放量在 1 万吨以上,而年综合能耗 2000 吨标准煤的可自愿参加。反观碳税较低行政和实施成本,更适用于一些分散、微小型不易监控的排放源。

此外,为扩大减排覆盖范围,当某个政策无法单独有效解决环境外部性问题时,寻求多重政策实施的积极模糊化效果就成为一个次优选择。环境污染是一个复杂多元化问题,即使一项完美的理论设计也无法顾及现实中的诸多因素和矛盾纠葛。因此,结合环境问题复杂性和现实矛盾多重性,运用碳税和碳交易联合解决减排问题也是一个次优选择。

四、中国低碳减排路径选择

作为一个发展中国家,中国并不承担强制减排义务。但作为世界上最大的温室气体排放国和第二大经济体,我国在应对气候变化问题上的态度越来越受到国际社会的关注。在后京都时代,中国提出了自己减排目标,即到 2020 年单位国内生产总值的二

---

〔1〕 结合配额价格相关论述,此时可能受到碳税对碳交易配额价格的影响而使得减排技术革新受到阻碍。

〔2〕 Johnstone N. , *Efficient and Effective Use of Tradable Permits in Combination with other Policy Instruments*, Greenhouse Gas Emissions Trading and Project - based Mechanisms, Vol. 12:2, p. 119 - 127(2003).

氧化碳的排放水平比2005年降低40%～45%。这一方面是由于长期“高污染、高能耗、资源性”粗放型经济发展模式难以为续，我国急需产业转型升级；另一方面是低碳已经成为一个新的经济增长点和发展机遇，中国应尽快建立并完善减排体系，积极利用制度引导技术和产业创新是中国在低碳时代获得发展机遇的重要举措；最后，顺应时代潮流，为以后国际气候谈判和低碳合作中赢取主动奠定基础和积累经验。

减排基调确定后，中国面临着借助什么环境政策工具进行减排的问题。诚如上述，我国正在探索碳交易和碳税并用的减排路径。借助上述思路，笔者将对中国减排路径进行梳理分析：

(一)对我国控排目标分析

不同于欧美发达国家经济发展水平，中国经济还处于快速发展期，保证我国社会经济持续发展是建设碳排放交易体系的最大前提。相比欧盟绝对减排目标，我国承诺是相对减排目标，即削减碳强度。针对绝对减排目标的制度优势，有些学者提出根据经济未来发展规模将我国的国际减排承诺折算为绝对减排量，实施绝对总量控制。这一提议为中国碳交易市场采用绝对减排目标以获得国际认可和参与国际合作提供了思路，但忽视了经济增长速度、资源消耗结构、人口总量变动、经济发展周期等重大参数的模拟和推演的难度及潜在的系统风险。对于世界上最大的发展中国家，中国当前的经济发展承载着基础性需求，不能将碳强度转换为绝对值而强制减排，这种预算和减排是不切合实际的，也不符合社会主义市场经济的本义。

当下，七个碳交易试点都以2010年为基础，2015年为截止期，提出各自的控排目标，即削减单位生产总值的二氧化碳含量(见表1)。国家发改委副主任解振华曾表示：借助碳交易试点在交易规则、交易经验和监测核算方面的经验，为以后全国统一碳交易市场的构建积累经验[1]。

表1　不同碳交易试点的控排目标

试点城市	北京	上海	天津	重庆	深圳	广东	湖北
控排目标/%	18	19	15	17	15	19.5	17

资料来源：各个碳交易试点的官方网站和相关文件。

因此，试点控排目标对我国未来国家层面碳交易市场控排目标设定具有重大借鉴意义。但王毅刚等认为碳强度减排就是基线减排和信用交易体系，可以辅助和补

[1]　钟志敏：《碳交易试点全面启动 配套设施待完善》，载《中国证券报》2013年12月16日，第A13版。

充总量控制与交易体系，其本身存在诸多缺点和不足，如交易成本较高，流动性较低，难以形成规模化、规范化、金融化的碳市场。同时关于碳强度的监测、排放、核算等烦琐参数的要求，对我国目前能源数据薄弱来说也是一大“软肋”。

此外，结合碳交易自身特点，现阶段中国可选的碳排放交易体系的路径不多，这主要由于我国仍应以社会经济发展为主、环保部门机构设置偏弱、减排技术和设备落后、以及重点减排行业市场化程度偏低。2013 年 10 月 23 日，京津冀晋蒙鲁六省市针对二氧化碳减排、核查、建立区域碳排放权交易合作等达成框架合作协议，专家认为这意味着我国已在构建区域碳交易市场方面迈出重大一步，也为建设全国碳交易市场提供了有益探索。[1] 在构建国家层面的碳交易体系之路仍漫漫的背景下，探索区域减排协调机制未尝不是一种新思路。因此，在非绝对总量控制减排目标下，碳税与碳交易不存在必然冲突，能够协同促进碳排放量削减。无论从短期来看还是长远来看，这不失是一种具有减排效果的路径选择。

（二）碳减排的不确定性

上文提到交易市场的不确定性主要体现在减排成本未定、配额价格波动、对新情况应对等。结合我国当下碳交易试点的相关规定和具体实际，此种情形出现的概率极低。

1. 制度构建初期

首先，由于刚刚开启碳交易试点，中国控排企业碳交易市场参与意识较弱，通过碳交易进行减排的意愿不强，[2] 自然持观望态度不在少数；其次，碳排放权额度的合理分配是整个碳交易机制运行的基础，过度分配减弱了对企业减排的激励和驱动作用。各试点采用“祖父条款”[3] 免费分发配额使得控排企业丧失了碳减排的制度约束和成本激励。再次，相比欧盟碳交易市场 100 欧元的罚款，国内碳交易试点的激励

---

[1] 刘金松、姜鑫：《同步治理空气 京津冀联手压煤》，载《经济观察报》2013 年 10 月 18 日，第 10 版。

[2] 根据《Environomist China Carbon Market Research Report 2014》对上海碳交易试点地区 168 家控排企业进行调研，发现企业层面对减排潜力和成本预估仅占 20%；已经设立专职碳交易的部门仅占 18%；有固定预算资金在碳排放权交易上的仅占 4%；有兴趣参与第一批交易的仅占 13%；而大部分企业希望通过自身减排完成减排目标（115 家）。

[3] 个别试点采用了免费为主、有偿为辅的配额分配原则，如广东 2013 ~ 2014 年控排企业、新建项目企业的免费配额和有偿配额分别 97% 和 3%。

约束和处罚机制存在不足或缺失的问题,[1]出现了中国环境法领域老生常谈的问题——守法成本高,违法成本低。最后,检验排放设施是否履约主要来自对其排放温室气体的监测、报告以及核查,除上海制定了较为详细的核算报告和指南外,其他试点都较为原则化和概括化,缺乏实施细节,甚至暂无规定。

2. 试点交易不甚活跃

国际学术期刊《自然—地球科学》(Nature Geoscience)指出,2013 年中国碳排放超过欧盟和美国的总和,达到 100 亿吨。相比庞大的排放量,国内各个试点的碳交易量不甚活跃,以北京环境交易所为例,从 2013 年 11 月 28 日底启动到 2014 年 8 月 6 日,总共交易 137 笔,总成交量为 94.5 万吨,成交额将近 5720 万元人民币。与欧盟碳市场 2013 年总交易量约为 102.6 亿吨和 528.49 亿美元总交易额相比,各个碳交易试点的交易量微乎其微。另外国内碳交易试点也对交易异常和配额价格波动等做出了一些制度防范,其中北京的价格预警机制,发改委可以实施拍卖或回购配额等方式;上海的涨跌幅限制制度、配额最大持有量限制等。由于减排成本对企业生产成本和经营惯性的影响,目前,国内企业并没有表现出较大减排积极性,我国碳交易市场试点尚未出现因为配额价格而导致市场异常的情形。

总之,现阶段各个碳交易试点的交易量很小,碳价虽有波动,但在极小的交易量面前和制度规制面前难以形成影响力,也就无法对减排成本形成较大不确定性。在碳交易试点和未来国家碳交易市场建设过程中,随着交易主体活跃和交易量增加,我国应借鉴碳税和碳交易的组合模式建立"价格安全阀"制度,包括最低限价和最高限价,并设立配额存储机制,积极引入项目配额抵消制度,提高控排主体应对减排不确定因素的能力。

(三)对碳交易价格的影响

各个碳交易试点都以碳强度为控排目标,而非总量控制与交易。此时,外部政策的影响作用因为缺乏绝对总量的控制就会降低。结合上述减排目标的分析和我国碳

[1] 根据公布规则:上海和深圳处罚规则较为详细,其中上海规定未履行报告义务:罚款 1 万到 3 万元;提供虚假不实文件资料或隐瞒重要信息未按规定接受核查:1 万元≤X≤3 万元;无理抗拒阻碍第三方机构开展核查工作 3 万元≤X≤5 万元未履约配额清缴义务配合不合规:5 万元≤X≤10 万元。深圳则规定未按时提交核查报告:逾期未改 1 万元≤X≤5 万元,情节严重 5 万元≤X≤10 万元;为按时提交足额配额或 CCER:强制扣除,不足部分从下一年度配额中直接扣除,按当月前连续六个月碳交易配额平均价格三倍罚款;未在迁出、解散或破产清算之前完成履约:强制扣除,不足部分按当月前连续六个月碳交易配额平均价格三倍罚款。而北京天津暂无此项规定。详见各碳交易试点的交易管理规则。

交易试点建设,中国碳交易市场建设不可能采用绝对总量与控制减排目标。因此,碳税对配额价格的负面影响就会大幅消减。此外,国家层面的碳交易市场设计还处于探索研究阶段,且可选之路极其有限。但我国当下改变"两高一资"模式,发展低碳经济的任务异常紧迫。

针对碳税对碳交易配额价格的影响,在两者调节范围完全或部分重合的情形下,碳税会以自身为数量级对配额价格予以削减,进而影响配额的激励和减排作用。这一点是直接影响碳交易和碳税组合使用的减排效果,也是在政策设计中必须慎重予以考虑的。但在碳交易基础上适用碳税有三种方式:第一种方式是适用于碳交易之外的行业或部门,避免两者调节范围重合,造成政策扭曲;第二种方式是调节碳交易项下一部分行业,减少政策重合覆盖;第三种方式是两者完全重合,共同调节。

结合我国碳交易试点的实践,第一种和第二种方式都可适用。力求稳妥,笔者建议我国将碳税与碳交易调解的范围有限重合和适度分离,避免政策中和,从而导致调节混乱或效果错位。极端情况下,参与碳交易的企业可不征碳税,而缴纳碳税的企业将不必参与碳交易。对于碳税和碳交易的选择权不在企业,而应结合我国低碳经济的发展实际。如火电厂是碳交易减排的重点目标,那么火电厂就应该加入碳交易市场,而不能通过缴纳碳税减排。通过两者调整客体分离,推动碳交易与碳税将协同发挥减排作用。

(四)财政税收贡献

随着经济高速发展而来的是日益严峻的中国环境问题,蔓延全国的雾霾更让国人感受到了生态环境之可贵。随着李克强总理在2014年"两会"的政府报告中提出"向污染宣战",我国开始了大规模的污染治理行动。选择合适的环境政策工具,尤其适合中国实际国情,对我国环境问题解决具有重要意义。

目前,国内碳交易试点基本上都采取无偿为主、有偿为辅的配额分配原则,由于配额本身具有市场经济价值,免费分配使得减排主体凭空获取了"巨额经济利益",这似乎与传统"污染者付费原则"相悖。但免费分配在国际上依然是主流,且此举是为了获得制度先行推行而牺牲了制度的公平性。因为免费分配转嫁了企业承担的制度参与成本,提升了企业的减排意愿,且从长远看由于机会成本的存在,免费分配在减排激励上与拍卖并无差别。此外,除了边际成本,污染企业在获得免费配额的同时,也省去了很多超边际的成本费用。而这些利益和费用原本应该用来资助环保科技发展,造福社会。

因此,通过征收碳税可以弥补碳交易配额免费分配导致的财政收入流失,激励企业积极减排。鉴于我国应采用碳税与碳交易调整对象适度重合或相分离的前提,碳税应主要针对不参与碳交易的企业。对于缴纳碳税的减排主体,政府应积极削减其他税收,如营业税、消费税等,或对敏感竞争行业给予碳税减免,以维护两类企业之间减排的公平性。

(五)应对多元化问题

碍于环境问题的复杂性和非环境原因的诸多现实问题,即使完美的理论或环境政策设计都会遭遇重重制约,难以实现预期效果。有鉴于此,很多国家运用多项环境政策来应对环境问题,如市政垃圾管理、非点源水污染、区域性空气污染等问题。碳交易和碳税也不例外,由于交易成本、配额价格、监测、核算等方面的现实制约性因素,自然难以发挥最佳减排效果。当下我国面临经济发展和环境保护的双重任务,碳交易试点处于起始阶段,国家层面的碳交易控排模式选择异常艰难。因此,组合运用两者应对当前复杂的中国环境问题不失为一种有益尝试和探索。

查阅各个碳交易试点章程和规则可以发现大部分控排主体都是大中型企业,即使以行业划分也限定了企业的规模(见表2)。这就给大企业化整为零、拆分逃避减排提供了可乘之机。结合碳交易和碳税各自效率优势和理论侧重点,两者组合运用可以有效地应对未知和潜在问题,防止出现政策疏漏。

表2　各个试点城市的控排范围

试点省市	北京	上海	天津	广东	深圳	湖北	重庆
控排范围	年二氧化碳直接排放量与间接排放量之和大于1万吨(含)的单位为重点排放单位,需履行年度控制二氧化碳排放责任,是参与碳排放权交易的主体	钢铁、石化、化工、有色、电力、建材、纺织、造纸、橡胶、化纤等年碳排放量两万吨及以上及航空、港口、机场、铁路、商业、宾馆、金融等非工业行业年碳排放量一万吨及以上	钢铁、化工、电力、热力、石化、油气开采等重点排放行业和民用建筑领年碳排放量2万吨以上	电力、水泥、钢铁、陶瓷、石化、纺织、有色、塑料、造纸年碳排放量2万吨以上	年碳排放总量5000吨二氧化碳当量以上的企事业单位、2万平方米以上的大型公共建筑物和1万平方米以上的国家机关办公建筑物、自愿加入并经核准的企事业单位或建筑物、主管部门制定的其他企事业单位或建筑物	年能源消费量6万吨标准煤及以上的重点工业企业	2015年前,将2008—2012年任一年度排放量达到2万吨二氧化碳当量的工业企业纳入配额管理

资料来源:各个碳交易试点交易规则和指南。

五、结语与展望

面对日益严重的气候问题及潜在威胁，越来越多的国家开始采取环境措施应对这一全球化问题。相比传统行政命令，碳交易和碳税凭借市场机制不断受到关注，但两者自身都受到了现实因素的制约，很难完全发挥理论减排效果。能否取长补短，将两者组合运用就成为减排制度研究一个新方向。由于两者理论基础、运行机制、减排激励等存在较大差异，通过对不同减排目标类型与碳税的关系分析得出：由于绝对减排目标下的碳交易控排总量固定，由碳税减排的额度将会传导至碳交易中致使配额价格降低，导致有需求的减排主体通过购买排放权抵消了碳税的减排努力，此时，两者兼容性较差；而相对减排目标下碳交易由于排放总量未定，碳税能够与之兼容，共同推动温室气体减排。针对绝对碳交易制度下的碳交易和碳税兼容性问题，通过理论架构和对实际问题分析，认为组合模式中的限价模式能够在总量控制的基础上实现减排效果，对于碳交易减排成本和碳税环境效益不确定性具有重大改良作用。同时对于不同行业部门适度重合或分开实施碳交易和碳税，有利于增加财政收入和有效应对多元化环境问题。

中国面临着经济发展和环境保护的双重任务，如何通过制度推动节能减排、实现社会经济低碳发展具有重要现实意义。碍于现实因素制约，价格机制的碳税和数量机制的碳交易能否中国“本土化”是当前碳交易市场建设中必须予以考虑的重要课题。结合上述分析，我国目前碳交易试点采用碳强度减排，未来国家层面的碳交易市场设计还需兼顾社会经济发展，不可能采取绝对减排目标减排，这就使我国在相对减排目标下的碳交易能够和碳税兼容并蓄。根据绝对碳减排目标与碳税存在的问题，我国未来可以引入限价模式，跨期储存机制、项目抵消减排等应对配额价格波动和减排成本不确定；同时适度控制碳税调节范围、分离调整对象来降低机制冲突，从而在确保环境整体性的基础上实现强化减排激励、稳定减排预期、增加财税收入、应对环境多元化问题等。因此，从中短期看，结合经济社会发展和实际减排实践，本文认为我国应采纳碳税和碳交易（相对减排目标）双策并举的模式进行减排；但从长期来看，我国应该尝试运用碳税与总量控制交易的碳交易（绝对减排目标）的组合模式进行减排。

税收程序法研究

设立税务法庭：税务司法专业化改革的必然选择*

李晓安**

摘要：我国社会发展与经济体制、财税体制的重大转型，使涉税行政案件有迅猛增长之势。同时，涉税行政案件有别于一般行政案件的特殊性逐步显现出来。多元化的纳税主体，对税收执法的统一性和规范性、税收权力约束、纳税人权利伸张等权利要求将随着公民意识、公民素养的增强转化为对税务司法公平的期待。无论是国内税收征管发展的需要还是我国参与国际税收的全球治理，平等保护征纳双方的合法权益，应对现实与未来税务司法专业化改革的需求，设立税务法庭都将是必然选择。

关键词：税务法庭　纳税人权利　涉税裁判　司法专业化

一、引言

改革开放40年来，我国社会各方面建设取得了全方位的、具有开创性的历史成就。经济的快速发展，不仅仅是量的增加，而是具有根本性、深刻性的质的变化。2010年，中国GDP已超世界第二大经济体的日本。

---

* 本文原载于《税务研究》2020年第1期。

** 首都经济贸易大学教授，法学博士。

根据世界银行对中国发展的预估，中国将在2030年超过美国。目前，中国宏观税负已经略高于发达国家平均水平，中国经济发展及税收规模正在逐渐接近美国。[1] 目前，我国正在进行新一轮财税体制改革。2014年6月，中共中央政治局通过的《深化财税体制改革总体方案》指出，财税体制改革是关系国家治理体系和治理能力现代化的深刻变革。2015年10月，由中央全面深化改革领导小组第十七次会议审议通过的《深化国税、地税征管体制改革方案》，正式提出建立税务合议庭的建议，以"法治规范""公开透明"的税务司法保障体系，确保财税体制改革顺利进行并以实现"社会公平"为最终目的。

近些年，随着我国经济的快速发展、税收体量的增大，税收征管纠纷日益增多，我国税收司法的进程不断向前。企业破产税务注销、股权转让税案、企业并购重组税务考量所产生的税务争议成为税务司法实践的热点。2018年，娱乐产业大规模的补收征缴税款所引发的对税收执法的部分争议案件会陆续进入税务司法程序；伴随我国《环境保护税法》的正式实施，企业对税务执法部门的执法手段、执法程序、行政处罚结果的不满也会越来越多地进入司法程序；我国个人所得税法的修订与《国务院关于印发个人所得税专项附加扣除暂行办法的通知》的出台，预示着我国税收征管对象由企业为主体向企业与自然人双主体转向。十几亿人构成的庞大纳税主体，对税收执法的统一性和规范性、税收权力约束、纳税人权利伸张等权利要求将随着公民意识、公民素养的增强转化为对税务司法公平的期待。而执行好《多边税收征管互助公约》和《金融账户涉税信息自动交换标准》，构建反避税国际协作体系、及时协调解决走出去企业有关涉税争端，是我国参与全球治理体系的重要体现。面对国内外形势发展的需求，以行政审判庭为主要审理形式的现行税务司法运行体制，已经不能满足纳税人对税务司法裁判专业性、高效性和公正性的权利要求。在这种形势下，设立税务法庭，不仅能回应我国纳税主体对税务司法公平的期待，更是继国际间税务合作、税务协定后，税收司法合作的具体途径，由此也必将进一步增强我国在国际税收领域的影响力与话语权。

---

〔1〕 2015年，中国宏观税负为34.30%，经济合作与发展组织国家平均宏观税负为34.27%。中国经济的快速发展，使中国宏观税负赶超美国。2009年之前，扣除社保税的美国税收收入占GDP比重一直高于中国宏观税负。2007年金融危机，美国经济下滑，扣除社保税的美国税收GDP占比从2007年20.27%下降到2010年的16.51%。引自任泽平：《中美税负对比研究报告》，载《起点财经》2017年12月6日，第3版。

二、现行税务司法裁判的妥适性分析

1979年第五届全国人民代表大会第二次会议通过、1980年开始实施的《人民法院组织法》(经过1986年、2006年两次修订),是我国目前税务司法体制运行的主要根据。[1]《人民法院组织法》第3条规定,人民法院的任务是审判刑事案件和民事案件,并且通过审判活动,惩办一切犯罪分子,解决民事纠纷;第18条第2款、第23条第2款均规定,基层人民法院、中级人民法院可以设刑事审判庭、民事审判庭和经济审判庭。在《人民法院组织法》中,虽然规定人民法院的主要任务是审判刑事案件、民事案件和经济案件,没有将行政案件的裁判作为主要任务,但却留有余地,即"根据需要可以设其他审判庭"。据此,1987年1月14日,最高人民法院发布《最高人民法院关于建立行政审判庭的通知》指出,建立行政审判庭要采取积极而慎重的态度,要先试点,总结典型经验再推开;对尚不试办行政审判庭的地方法院,仍按最高人民法院的通知,分别由民事审判庭和经济审判庭受理行政案件。1988年,最高人民法院设立行政审判庭;1990年,全国行政审判工作会议后,特别是我国《行政诉讼法》颁布后,全国各级法院都设有行政审判庭。根据行政审判庭职责划分,全部涉税案件都由行政审判庭审理,这种审理机制运行至今。

(一)现行税务司法裁判的负担观察与涉税案件特殊性考量

自我国设立行政审判庭开始,涉税案件的审理一直都属于行政审判庭职责范围。行政审判庭对进入诉讼程序的行政案件进行合法性审查,即主要针对行政机关对行政相对人执法的法律依据是否充分、执法程序是否准确、执法手段是否妥当进行形式审查。由于行政诉讼案件涉及国家公主体的权力约束和私主体的权利救济,其关乎国家利益与民众个人利益及诉讼双方当事人主体地位显而易见的强弱差距的特点,使行政诉讼案件的敏感性和在社会中引起的影响效果不可小觑。因此,我国行政诉讼案件的审理对法官素质、专业能力要求很高。

现行涉税案件都由行政审判庭审理。涉税行政案件征纳双方的税务纠纷,一方是税收征纳机关,另一方是纳税人。虽然双方诉讼地位是平等的,但是,征纳双方对我国税法及税收制度的理解与掌握程度存在很大差异。作为税收征收主体的一方当事人属于税务专家,对我国税收法律及征纳程序的理解具有极高的专业水准,并且,多年来我国实行的征税员制度使一大批资深税务员工作在征收第一线,从而保证了

---

[1] 2018年《人民法院组织法》修订,于2019年1月1日起施行。

国家税收征收过程中的高质量和少争议。有数据显示,2006 年,我国税收收入仅为37,637 亿元;2015 年,我国税收收入高达 110,604 亿元,10 年间,我国税收收入增长193.87%。2016 年,我国税收收入 115,878 亿元,比上一年度增长 4.8%;2017 年中国税收共 144,360 亿元,同比增长 10.7%。[1] 在经济飞速发展的背景下,纳税群体数量及所纳税款种类不断增多;随着社会经济、政治、文化的不断发展,纳税群体的权利意识逐渐增强。因此,税收征管的行政相对人与征税机关发生争议并诉诸于司法程序解决争议的可能性也会随之增长。与这种逻辑预估相反的是,虽然我国经济高速发展,税收体量几何式大增,但我国涉税行政案件增长率常年保持在 0.3% 左右。这与我国税收立法逐步健全、征管体制逐渐成熟、征管手段逐步完善、涉税执法依法依规完成度高、征税主体高素质有关。也因此,减轻了涉税行政案件司法裁判的压力。根据笔者调查,北京市中心区域某基层人民法院行政庭总人数 19 人,其中,硕士以上学历共有 9 人,员额法官 8 人。2018 年全庭新收案件 1134 件,2017 年旧存案件191 件,结案 1164 件。其中,涉税案件 2017 年旧存 4 件,2018 年新收 7 件,结案 9 件,未结 2 件。办理涉税案件的法官主要有 2 位。另据数据显示:2006 ~ 2016 年,全国一审行政机关平均败诉率为 4.47%,2015 年总体行政案件一审行政机关败诉率为6.62%,2016 年度涉税行政案件一审行政机关败诉率为 4.09%。[2]

由于涉税案件在行政审判庭所占比例少,大多数行政审判庭对涉税行政案件采取法官轮流审理制。涉税案件并没有显现出其独特之处,一般行政庭法官能够胜任裁判。然而,有几个数据值得我们注意。第一,根据北京大学法宝数据中心及中国裁判网数据显示,2006 ~ 2015 年,我国行政案件总体平均撤诉率以及涉税行政案件平均撤诉率分别为 37.51%、44.63%。2015 年全国行政案件共计收案 220,398,撤诉案件49,295 件,所占比例为 19.48%。在 2015 年收案的 636 个涉税行政案件当中,撤诉案件有 149 件,占到当年涉税行政案件的 23.42%。可见,涉税行政案件撤诉率比总体行政案件的比例都要高。[3] 第二,2015 年 5 月 1 日,我国新修改的《行政诉讼法》正式实施,其中最为引人关注的是行政诉讼立案审批制修改为行政诉讼立案登记制。

---

〔1〕 数据源于《国家统计年鉴》,http://www.stats.gov.cn/tjsj/ndsj/。2018 年 1 月 18 日,统计局发布 2017 年经济运行成绩单,数据显示:2017 年,我国 GDP 总量为 82.71 万亿元。1 ~ 12 月累计,全国一般公共预算收入 172,567 亿元,同比增长 7.4%。全国一般公共预算收入中的税收收入 144,360 亿元,同比增长 10.7%。

〔2〕 数据通过北大法宝查询,所采用数据更新于 2017 年 12 月,占比根据数量计算得出。

〔3〕 数据源于《国家统计年鉴》,http://www.stats.gov.cn/tjsj/ndsj/,撤诉占收案比例通过计算所得。

在此背景之下,2015 年我国行政案件总数为 220,398 件,与 2014 年相比较,2015 年新增案件数量为 78,598 件,增长率为 55.43%;2018 年,全国涉税司法案例 4615 个,比照 2015 年,增加 7.25%,增幅之大前所未有。与此相对应,行政案件当中涉税行政案件在 2015 收案 636 件,相较 2014 年增长了 238 件,增长率同样高达 59.80%。虽然涉税行政案件的增长受到《行政诉讼法》修改的影响,但是,涉税行政案件占行政案件总数的比例依然很低,在 0.3% 波动。[1] 第三,根据搜狐财经涉税案件大数据报告分析,2017 年,判决驳回原告诉讼请求的案件占比为 66%;二审判决驳回上诉、维持原判的案件占比为 72.2%。[2] 该数据反映出,涉税案件虽然迅速增长,但纳税主体通过行政诉讼改变税务行政机关作出的具体行政行为的难度较大。

同时,随着我国社会发展与经济体制、财税体制的重大转型,导致涉税行政案件迅猛增长,涉税行政案件有别于一般行政案件的特殊性也逐步显现出来。

首先,税务行政案件与国家经济利益与国家经济政策紧密相连。与行政审判庭受理的一般行政案件相比,涉税行政案件非常直观地反映出我国经济发展趋势、财税制度重大变化及国家政策的走向;我国财税体制的国税、地税的分离与合并,带来税收征纳管辖权的重大变化,直接影响法院受案管辖范围;我国对非公企业经济政策与司法政策的重大转变,直接影响涉税行政案件裁量尺度;我国宏观经济发展周期对我国税收政策及税收征纳的进程都将对涉税案件的裁量产生影响。

其次,涉税行政案件与国际贸易规则与国际经济关系紧密相连。与行政审判庭受理的一般行政案件相比,涉税行政案件中涉及关税、国际租税协定、租税规避的合理商业目的的判断以及跨国企业与所在国、投资国重复课税的争议纠纷等。因此,涉税审理不仅需要对相关法律熟知,还需要对相关企业的战略布局、经济活动及投资损失的认定以及对国际贸易各种法律规则和与之相关的国内法律之间的法律位阶进行衡量、判断。

再次,与一般行政案件的合法性形式审查不同的是,涉税行政案件需要对征纳双方权利是否遭受损害进行实质性审查。对一般行政案件的审理,在法律法规允许的范围内,主审法官具有一定的自由裁量权;而涉税案件的审理,对纳税人纳税数额发生的争议,主审法官必须依据我国税法的严格规定进行裁量,例如,对于交易成本的

---

[1] 数据通过北大法宝查询,所采用数据更新于 2017 年 12 月,所占比例通过文书数量计算所得。北大法宝司法案例查询系统 http://www.pkulaw.cn/Case/,访问日期:2017 年 12 月 23 日。

[2] 参考《2017 年涉税行政诉讼大数据报告 | iCourt》,载搜狐财经 2018 年 12 月 24 日,http://www.sohu.com/a/238585867_170807。

计算直接关系税收的抵扣，法官需要对税务征收机关对纳税人交易成本的计算依据进行合理性判断，对于成本价格、市场价格、劳务价格、资产净值、市场风险、账面价值、资产净值、股权转让、分割取得后税之征缴等进行裁量。涉税案件主审法官不仅没有自由裁量权，而且要对商事活动准确判断，这就需要有厂商理论、财务会计等知识的储备，这些方面现行行政庭法官难以胜任。

最后，与一般行政审判庭受理行政案件有所不同的是，纳税人基于税法上请求权的规定，有权行使税上责任请求权及民法上的税收返还之权利要求。随着我国《个人所得税》的修改及国务院《关于个人所得税专项附加扣除规定的通知》出台，子女教育、继续教育、大病医疗、住房贷款利息或住房租金、赡养老人6项专项附加扣除所产生的重要争议主要在于扣除与返还，所涉及的税务纠纷事实上关乎的纳税人在民法上的权利。对此，行政审判庭的法官仅仅运用行政审判思维是远远不够的。

综上所述，迅速发展的形势，使涉税案件审理所担负的经济功能、社会功能是现行一般行政法庭所不具备的。

（二）现行税务司法裁判能力与纳税人司法公正期待存有差异

目前，我国绝大多数涉税行政案件，一审由基层人民法院受理。由于涉税案件所涉事实专业性强、案由较为复杂，对诉讼双方（通常为纳税人和征税机关）而言，均属于比较敏感的诉讼案件。因此，审理涉税案件对法官的专业知识、专业能力要求很高。由于我国法官培养和选拔侧重于法律专业素养，一般行政庭的法官普遍缺乏必要的经济学、财税学、国际贸易、商事制度、民法等专业知识，基层人民法院法官在处理涉税案件时，往往使案件审理时间较为漫长，影响了司法效率。而我国现行《税收征管法》第88条两个前置程序的规定，[1]让一部分纳税人不得不放弃司法救济途径，导致上述文本分析当中提到的撤诉率较高的现象。根据上文数据揭示，涉税行政案件中撤诉率如此之高，甚至比行政案件平均撤诉率都高，这种现象是极不正常的。

与经济高速发展，税收体量迅速增长不同的是，近十年来，我国涉税行政案件行政机关败诉率常年维持在4%左右。对于这一现象，应该这样理解：我国涉税行政案件行政机关败诉率低是正常的。因为相对于纳税主体，我国征税机关的执法人员由专家组成，对税法的理解与认知、执法程序的把握总体上高于纳税人。但是，如果涉税行政案件中行政机关败诉率过低，那么，这种现象就是不正常的。其中一个重要事

〔1〕即先缴纳税款、罚款或者提供担保，是申请税收行政复议的前置条件；申请人对税务机关的征收行为不服，必须先向税务复议机关申请行政复议，复议为提起诉讼的前置程序。

实是,我国基层人民法院审理涉税案件,由于法官自身专业能力不够,经常会选择向税务机关进行咨询,这就使得税务机关在这类案件之中,既充当选手又充当“裁判”;由于地方的税收往往与地方财政收支密切相关,在涉税行政案件中,地方行政机关为了保证财政收入,也不可避免地通过行政权力对司法机关施加压力,甚至干预司法审判活动,从而影响了税务司法的公信力,而税务司法公信力不高也是涉税行政案件税务机关败诉率极低的一个不可忽视的原因。

此外,来自最高人民法院的统计数据显示,2016 年前 9 个月,全国法院新收案件1512.5 万件,结案 1238.9 万件。2017 年,最高人民法院受理案件 11,210 件,审结9882 件;地方各级人民法院受理案件 1565.1 万件,审结、执结 1379.7 万件。全国 474 家法院新收案件数同比上升超过 50%,43 家中级法院、264 家基层法院新收案件数超过 1 万件,21 家基层法院新收案件数超过 3 万件。上海市浦东新区人民法院新收案件达 10.1 万件,为全国最高。案多人少的局面困扰着许多基层人民法院,中高级人民法院的压力也逐渐增加。据法制日报报道,广东省深圳市宝安区人民法院 2016 年1 月至 9 月间,收案 5.8 万余件,结案 3.5 万余件,全院一线法官人均收案 466 件,人均结案 292 件。[1] 我国法官在高负荷审理案件的同时,其专业知识、能力及法律素养特别是税务专业知识、税务法律素养难以应对迅速发展的税务司法裁判的需求。我国法官的职业能力与专业素养多数情况下基于其在高等院校专业学习时的培养训练。根据教育部法学指导委员会的指导意见,我国高等院校法学专业设置了 16 门专业核心课程。[2] 在各大学法学本科培养计划中,税法仅仅作为经济法项下的选修课程。在我国法律职业资格考试即 2018 年前的司法考试的 600 分当中,税法每年考查的分数在 3~5 分,仅占 0.8%。[3] 这就导致我国现阶段税收专业性法律人才极度匮乏;而由行政审判庭审理涉税案件,法官轮流参与审判,必然使涉税案件的裁判质量难以令当事人满意。

三、设立税务法庭的现实需求分析

税收公平与纳税人权利保护是新时代税收立法、税收征管与税收执法的法治要

---

〔1〕《案多人少看法院如何顶住压力》,载《法制日报》2016 年 11 月 14 日,第 3 版。

〔2〕2007 年,教育部高校法学学科教学指导委员会在中国人民大学举行全体委员会议会上通过的法学学科核心课程由 14 门增至 16 门,新增环境与资源保护法、劳动与社会保障法。2018 年,教育部颁布本科教育国家标准,法学核心课程改成 A 类核心课和 B 类核心课,财税法进入核心课。

〔3〕数据来源:作者对近 10 年司法考真题进行整理,筛选出涉及税收相关知识的题目,计算出相关比重。

求。由于税收关系到民众基本的财产利益与经济自由，税收征管背后一直存在政府权力与国民税收利益、国家社会责任与私人财产权保护的博弈关系。因此，处理好国家税收利益与纳税人权益保护之间的关系事关社会稳定与经济可持续发展。而税务法庭的设立则是分割税收征管风险、化解征管矛盾、提高税务裁判水平的有效措施。

（一）法的安定性与个案正义平衡的司法选择

2004年，我国宪法作出重大修改，其中，人权保护入宪举世瞩目；2007年，我国《物权法》（现已失效）颁布，将人权保护中的财产权保护落到实处；2015年，我国《立法法》修订，税收法定作为主要修改内容予以确认；党的十九大报告将国家的生命线与人民的幸福线紧密相连；2018年，我国《个人所得税法实施条例》及国务院《关于印发个人所得税专项附加扣除暂行办法的通知》颁布，将子女教育、继续教育、大病医疗、住房贷款利息或住房租金、赡养老人6项专项附加扣除个人所得税，涉及纳税人所有生活领域。一系列法律制度措施将我国民众财产权益保护上升到民生的高度予以重视。一些国家和地区相应颁布了纳税者权利保护法，这是我们目前所欠缺的。[1]

我国2015年修正的《税收征收管理法》（以下简称《征管法》），其立法目的是加强税收征收管理、拘束行政行为。按照属性划分，《征管法》属于行政管理法，其主要目的是对税收管理者的执法行为予以规范、对纳税主体的纳税义务行为予以规范，其并没有将税收平等、纳税人权益保护作为立法、执法中心，仅在第8条规定了纳税人权利，即纳税人、扣缴义务人有权向税务机关了解国家税收法律、行政法规的规定以及与纳税程序有关的情况。[2] 此外，我国《企业所得税法》《个人所得税法》都是以设定纳税人主体义务为法律宗旨，并没有将纳税者权利作为重点予以保护。

与此相适应的是，我国税务部门涉及税收的几千部行政部门规章、通知、会议纪要等内部管理文件对外部产生法律效力，虽然有些文件得到全国人大及其常委会、国务院的授权，但是，这几千件的行政文件不仅相当部分存在正当性、合法性及程序性

---

〔1〕 目前，英国、美国、加拿大、澳大利亚、德国等发达国家均颁布有纳税人权利保护的专门法律，只不过名称有所不同。如澳大利亚《纳税人宪章》、加拿大《纳税人权利宣言》、英国《纳税人权利宪章》、美国《纳税人权利法案》、德国《纳税人权利国际公约》。

〔2〕《征管法》第8条规定：纳税人、扣缴义务人有权要求税务机关为纳税人、扣缴义务人的情况保密。税务机关应当依法为纳税人、扣缴义务人的情况保密。纳税人依法享有申请减税、免税、退税的权利。纳税人、扣缴义务人对税务机关所作出的决定，享有陈述权、申辩权；依法享有申请行政复议、提起行政诉讼、请求国家赔偿等权利。纳税人、扣缴义务人有权控告和检举税务机关、税务人员的违法违纪行为。

的问题,更重要的是政府内部文件效力外部化,有可能导致征纳双方主体地位、权益保护的不平等。[1]

目前,我国立法机关并没有将《纳税者权利保护法》列入立法规划。我国宪法规定的人权保护制度及民众所要求的课税公平和贯彻正当法律程序的权利要求,散见于《宪法》《民法典》《税收征管法》《企业所得税法》《个人所得税法》及《行政诉讼法》等法中,而目前制定《纳税者权利保护法》的条件似乎并不成熟。为了维护法的安定性、保护纳税人权益,在我国没有出台《纳税者权利保护法》的情况下,如果发生涉税司法案件,每一个个案的处理如何能弥补法律之欠缺就显得尤为重要。虽然法律自身是一个高度形式化的体系,司法的功能是适用法律,但是,法官并不仅是通过法律适用来解释法律,更重要的是通过司法裁量权实现法律的终极目的——社会福利。没有哪类案件能够比涉税案件对社会福利的影响更大。所以,涉税案件的个案公正与否,对社会经济、政治及社会稳定性都会产生巨大的影响。税务司法个案的公正处理能够弥补纳税人权利保护立法之不足,所以,税务司法承担着维护纳税人权利、促进税收执法依法依规的重要功能。而设立税务法庭,将税务纠纷案件的审理从一般行政庭中分离出来,将更能使纳税人感受到税务法庭的独立性,使征纳双方地位平等的诉讼原则得以在组织制度上予以确认。这种税务司法裁判组织结构及运行的独立,是纳税人对税务司法信赖的前提。

(二)专业与高效是评价税务司法公正的客观标准

在相当长的时期,我国财政收入主要来源于土地财政;而在国家的税收收入中,以国有企业为主体的企业所得税是我国第一大税源。因此,税收征纳主体明确、权益纠纷比较单一,进入税务司法程序的处理也相对简单。但随着经济快速发展,非公经济成为中国经济新增长点,由此引发的涉税纠纷在经济发达地区明显呈增多态势。2018年1月1日,我国《环境保护税法》开始实施,环境保护税的纳税人是在我国领域及管辖的海域内直接向环境排放应税污染物的企事业单位和生产经营者。我国以企业所得税为主体的税收,又增加了以企业事业单位为主体的污染税收。此外,企事业单位试行的企业年金制改革所产生的税收递延,都会带来以企事业为主体的税收征管纠纷。近年来,我国娱乐产业蓬勃发展,投入资金与产出价值越来越惊人,2018年爆出的影视明星阴阳合同偷税案引发的劳务税与资本税的界定以及企业破产税务

---

〔1〕 参见李晓安:《压力型税收征管体制与我国税法的价值理念冲突》,载《北京行政学院学报》2010年第4期。

注销、股权转让税案、企业并购重组税务考量等使得以企业为主体的涉税案件数量越来越多,案情越来越复杂。中国首届“年度影响力税务司法审判案例”十大案例中,“中国二十二冶集团诉唐山市税务局案”,〔1〕审判庭对企业所得税税前扣除项目的专业性认定,不但保护了纳税人的合法权益,更是纠正了税务机关在执法中只注重形式(发票)而不注重实质(扣除项目的真实性、合理性和相关性)的观念,具有示范性作用。又如十大案例中的“京铁物流公司与兆丰物流公司合同纠纷案”,经北京市高级人民法院再审认定了增值税发票的证明力问题。在“普洱天为商贸公司诉普洱市地税稽查局案”中,对房地产税的争议和法律问题的阐释,如何确定房产税纳税人进行了很好的专业判断。而其他案件对虚假合同的认定、司法拍卖案件中税负承担、企业注销后如何判断处理遗留税务问题的案件审理等,说明目前我国税务司法裁判进入极高的专业性需求时代。〔2〕

2018 年启动修订的《个人所得税法》,是我国以法人作为对象向自然人为对象的征管制度转折点,从而自然人征管制度体系的建立健全将是我国今后一个时期涉税法制建设的重点。虽然国务院出台的个人所得税专项附加扣除遵循公平合理、利于民生、简便易行的原则,根据教育、医疗、住房、养老等民生支出变化情况,适时调整专项附加扣除范围和标准,但个人所得税扣除项目涉及民生所有领域且需要近十个政府部门信息提供,庞大且复杂的工作必然使涉税纠纷案件呈几何式的增长。随着我国房产税推出日期的临近以及征收遗产税的中长期立法规划,可以确定的是,因房地产税、遗产税的征收涉及我国亿万家庭,由此产生的税务纠纷将是爆炸式的增长。我们有理由相信,在未来的几年我国涉税行政案件增长率会在一个较高的水平。

与前期以国有企业作为主要征税对象所产生的涉税案件不同,随着平等意识、财产权保护意识的增强,多元化纳税主体对税务司法公平的要求越来越强烈,对税务司法裁判的专业性和效率性要求越来越高。设立专门的税务法庭,将涉税案件裁判从行政庭独立出来,能使法官更专注于税务司法的专业领域,更熟练地与相关专业的社会专家进行沟通,更独立地办案,使涉税裁判更准确、更快捷、更简便,更好地应对纳税主体多元化对权益保护的需求,让每一个纳税人在每一个个案中感受税务司法的公正。因此,将税务裁判从一般行政庭中分离出来,在组织运行体制层面保证涉税裁

〔1〕 (2017)冀 0203 行初 366 号,(2018)京民再 49 号,(2018)云 08 行终 5 号。

〔2〕 2018 年 11 月 5 日至 12 月 19 日,中国法学会财税法学研究会、首都经济贸易大学法学院、首都经济贸易大学财税法研究中心和德恒律师事务所联合开展首届年度影响力税务司法审判案例评选。

判的独立性,是获得纳税人信赖的基本前提。

我国领导人在G20峰会上对国际税务领域合作的承诺及签署的《多边税收征管互助公约》和《金融账户涉税信息自动交换标准》,推动了我国税务司法与国际社会合作的合作进程。同时,欧盟于2019年1月1日正式实施的《防止跨国境避税包裹措施》(欧盟2016/1164号指令),更需要我国税务司法裁判的高度专业性和独立性。无疑,税务法庭的设立是国际税务司法对话的平台。

四、设立税务法庭的借鉴分析

随着社会发展,许多国家和地区的司法裁判越来越朝着专业化方向发展。在司法组织制度中设立知识产权法院(法庭)、税务法院(法庭)、家事法院(法庭)、金融法庭等,是许多国家和地区应对诉讼当事人对司法裁判专业性、公正性需求、司法专业化发展的具体举措。其中,税务法院(法庭)设立及运行机制为我国税务法庭的设立提供了借鉴经验。

(一)域外税务法院(庭)设立经验分析

目前,许多国家和地区,如美国、英国、法国、德国、日本、澳大利亚以及我国台湾地区的法院都设立税务法院(庭)。[1] 税务法院(庭)的设立使所在国(地区)的税务司法裁判专业、高效,税务司法公信力较高。

第一,以英美法系的美国、大陆法系的德国为考察对象,我们发现,虽然法系不同,但在税务法院的设立与运行机制方面有许多共同之处。第一,两个国家税务法院设立的时间较早。1924年美国设立税务上诉委员会、1969年正式设立独立的联邦税务法院;1950年德国设立联邦财税法院。第二,专任法官人数较多。美国不包括联邦区法院、联邦索赔法院、美国小额案件法院的税务法官(这些法院均可审理涉税案件),仅联邦税务法院就设有19个法官,由总统亲自任命,每届任期15年;在德国18个财税法院中,有近600位专门处理税务案件的职业法官,在德国联邦财税法院,设有11个审判庭,共60名法官。第三,审级制确保涉税案件裁判质量。在美国,各个州及华盛顿特区均设有专门的税务法院,受理所得税争议、遗产税争议、赠与税争议、一定的消费税争议及与此争议有关的罚款案件。当案件涉及的税款额不超过10,000美元时,纳税人可以选择向小额案件庭起诉。对地区审理不服的涉税案件,由美国联邦税务法院或联邦地区联邦申诉法院进行审理。联邦申诉法院既审理税务案件,也

〔1〕 参见马蔡琛、桂梓椋:《税务法庭建设的国际经验与启示》,载《税收经济研究》2018年第2期。

审理非税务案件。德国税务诉讼的最高审级为联邦财税法院,即联邦财税法院的裁判为终审裁判。在联邦财税法院审理的案件,不再进行事实认定,仅对法律的适用问题进行解释,以促进财税法律适用的统一,这对法官的专业素养有很高的要求。为了确保裁判的一致性,联邦财税法院还特别设立了"大审判庭",由联邦财税法院院长与按不同税种分工的各个审判庭中的一名法官组成。[1] 第四,纳税人对裁量效果满意度较高。美国个人所得税收入占联邦税源的70%还多,涉税纠纷多以自然人纳税主体为主。美国采取联邦区法院、联邦索赔法院、美国联邦税务法院或美国小额案件法院及联邦税务法院的审理制度,联邦法院的法官不一定是联邦税法的专家,但必须是联邦法律的全才。美国法官整体法律素养及专业能力,保证了涉税案件的裁判质量,司法公信力较高。[2] 根据德国1966年《财税法院法》的规定,德国财税法院的审级制度实行二审制的审判结构,既减轻了审判资源的负担,大大提高了诉讼效率,又保证了二审案件裁判的高水准,从而使纳税人对司法裁判的满意度较高。

第二,2016年12月28日我国台湾地区通过"纳税者权利保护法",并于2017年1月1日生效。该"法"的目的基于:第一,台湾地区现行租税法令,多以稽征目的出发,对纳税人应有权利保障规定甚少;第二,各项税捐立法及相关行政措施,往往偏重财政收入的目的达成和稽征效率的提升,使税捐稽征流于技术性而忽略了纳税者权利保障;第三,相对于稽征机关熟悉稽征技术、专业事项与税务法令知识,一般纳税人处于不平等的弱势地位,需要在"法律"层面强化纳税者的权利保护,以实现平等原则。为保障纳税者权利,该"法"第18条规定,"最高行政法院"及"高等行政法院"应设税务专业法庭,审理纳税者因税务案件提起之行政诉讼。税务专业法庭,应由取得"司法院"核发之税务案件专业法官证明书之法官组成之。办理税务案件之法官,每年应接受一定时数之税务专业训练或在职研习。税务专业法庭之组成、税务案件专业法官证明书之核发标准、办理税务案件法官每年所应受之训练及相关办法,由"司法院"确定。根据规定,"最高行政法院"将四个行政审判庭中的两庭化为税务专门法庭。2017年至2018年,"最高行政法院"税务法庭审理涉税裁判案件774件,纳税人获有利判决的比例由2012年的6.10%上升至2018年的11.42%。"最高行政院"

---

〔1〕 参见胡翔:《德国税务司法制度特点及借鉴》,载《国际税收》2016年第9期。

〔2〕 参见《美国联邦税务法院体系简介》,载徐州税务局2014年5月6日,http://xz.jsds.gov.cn/art/2014/5/6/art_28077_645825.html。

税务法庭审理涉税案件，不仅有"量的改变"，具体个案的裁判理由更有"质的提升"。[1] 从"纳税者权利保护法"实施两年来的情况看，税务专业法庭对纳税者权利保护有重要实践效果。

(二)我国专业法院(庭)经验借鉴

随着司法专门化进程的不断加快，我国知识产权法院、环保法庭的设立为我国设立税务法庭提供了有益经验与实践路径。

1993年6月，北京成立了我国首个知识产权法庭；2014年，北京、上海、广州知识产权法院成立。截至2017年12月，我国在南京、合肥、杭州、福州、青岛等地都陆续设立了知识产权法庭，以解决日益增多的知识产权诉讼案件。在知识产权法庭中，技术调查官是一个颇具亮点的人员设置。在普通案件中，若涉及专业性问题出现争议时，法官和当事人都有权委托独立的第三方进行技术鉴定，对此，极有可能针对同一事实出现两份不同的鉴定报告，并且第三方的中立性、廉洁性、专业性等方面都存在不同程度的疑问。知识产权法院的技术调查官，作为司法辅助人员，依据职权对案件涉及的专业性问题进行审查，既最大限度地避免了上述第三方机构可能产生的问题，也解决了司法裁判面对专业性问题时的困境，确保了司法裁判的权威性。根据2017年最高人民法院关于知识产权法院工作情况的报告，截至2017年6月，三个知识产权法院共受理案件46,071件，审结33,135件。知识产权法院(庭)在发挥审判职能、促进创新发展、保障当事人合法权益、规范知识产权行政执法行为、有效履行对授权确权行政行为的司法审查和监督职能等方面，初步探索出中国特色知识产权专门化审判道路，充分展示了我国知识产权司法保护的新形象，赢得人民群众和国际社会的积极评价。

从环境保护来看，我国经济的快速发展，在一定程度上加剧了环境污染。2005年至2015年，生态环境污染纠纷每年以30%速度递增，[2] 环境治理成为当前国家重点治理目标。2007年，我国贵州省贵阳市成立了全国首家环保法庭，2014年湖北在全省三级人民法院均设立环保合议庭。2014年7月3日，最高人民法院也正式成立环保资源审判庭。截至2017年4月，全国法院共设立环境资源审判庭、合议庭和巡回法庭956个，其中，专门审判庭296个，合议庭617个，巡回法庭43个，环境资源审判

[1] 黄士洲：《纳税者权利保护法对税务判决的实证影响》，载我国台湾地区"东吴大学法学院财税法研究中心"、"社团法人中华民国会计师公会全国联合会"举办：《第九届税务实务问题研讨会论文集》。

[2] 载凤凰网2017年11月12日，http://news.ifeng.com/gundong/detail_2013_08/17/28728168_0.shtml。

机构数量较去年同期增加 398 个,增幅达 71.3%。目前,有 18 个高级人民法院、149 个中级人民法院和 128 个基层人民法院设立了专门环境资源审判庭。[1] 根据最高人民法院发布环资审判白皮书和环境司法发展报告,2016 年 7 月至 2017 年 6 月,全国法院共受理环境资源刑事案件 16,373 件,审结 13,895 件,给予刑事处罚 27,384 人;受理各类环境资源民事案件 187,753 件,审结 151,152 件;受理各类环境资源行政案件 39,746 件,审结 29,232 件。通过设立环保法庭,法院环境资源类案件审理的专业化水平得以提升,有助于改善案件的审判效率,加快污染治理纠纷处理。更为重要的是,环保法庭的污染纠纷审判结果的法律强制性会压缩地方政府对污染企业的偏袒空间,促使环境监管部门根据审判结果对污染企业进行处罚,增强对环境污染行政处罚力度。同时,公正的审判结果和更高效的处理过程也会增强社会公众参与环境污染治理的积极性。

应当说,知识产权案件与环保纠纷案件的极强专业性的特点与涉税案件具有很高的相似性。因此,知识产权法院(庭)及环保法庭的设立为我国税务法庭的设立提供强有力的依据与经验借鉴。

可见,世界各国、各地区及我国司法进程的发展趋势是法院审理机制越来越专业化,越来越精细化。可以说,设立知识产权法院(庭)、税务法院(庭)、环保法院(庭)、家事法院、金融法庭等专业法院(庭)已成为许多国家、地区的通行做法。对于我国而言,随着我国民法典的出台,在我国设立家事法院也指日可待。因此,设立税务法庭,既是我国纳税人税务司法公平的需要,更是世界各国、各地区司法发展的趋势及我国司法改革专业化发展的必然选择。

五、设立税务法庭的可行性分析

(一)税务法庭设立依据

2018 年 10 月 26 日,第十三届全国人民代表大会常务委员会第六次会议修订通过《人民法院组织法》,并于 2019 年 1 月 1 日起施行。与此前《人民法院组织法》不同的是,该法第 2 条将行政案件的审判与刑事案件、民事案件审判并列为法院三大任务,从法院组织法的基本法高度将行政案件审判放到重要地位,从而将行政诉讼中行政相对人一方的诉讼权利保护上升到应有的地位。同时,该法第 27 条规定,人民法

[1] 数据来源:《最高人民法院发布环资审判白皮书和环境司法发展报告》,载中国法院网 2017 年 7 月 13 日,https://www.chinacourt.org/article/detail/2017/07/id/2921360.shtml。

院根据审判工作需要,可以设必要的专业审判庭。因此,在法院运行机制层面,法院组织法为设立税务法庭的可行性提供了法律依据;最高人民法院周强院长指出,各级人民法院要加强对税收领域问题的研究,切实加大税收司法保障力度,依法审理各类涉税案件,为推动税收工作发展、深化财税体制改革营造公平正义的法治环境。[1]而境内外专业法院(庭),特别是税务法院(庭)的经验,为我国设立税务法庭提供了技术支持和经验借鉴。考虑到我国涉税司法裁判存在的现实问题,目前,应首先考虑设立税务法庭,待时机成熟时再设立税务法院。

(二)税务法庭设立思路

随着我国财税体制改革的深入,税收征管国税、地税系统合并,税收征管管辖权发生改变。因此,应依据税收征管大辖区的划分,在相应的基层法院设立税务法庭。同时,依据我国区域经济发展不均衡的现状,在经济发达地区的中级人民法院设立相应的税务法庭。

设立税务法庭需要一定数量的专职法官。目前,面对"案多人少"法官压力巨大的情况,无论是基层人民法院还是中级人民法院,在现有人员体系中独立出专职税务法官存在困难。出于节约司法资源的考虑,税务法庭制度设计前期,可以在行政庭中设置临时税务法庭,该庭法官仍然由行政庭的法官担任,只是对这些试点的"兼任"税务法官,进行以财税知识为主的专业培训,待税务诉讼增多之后再建立独立的税务法庭,专断涉税诉讼案件。

更进一步,建立税务法官团队,团队人员相对固定,即定员、定岗、定责、定量、定时监督,团队法官会议对税务案件进行研讨,对裁判文书进行评议,提高税务案件的办案质量。同时,对于新进入法院的法官进行挑选,选出有意愿从事涉税诉讼的法官进行培训学习,并轮流在民事、行政审判庭工作,提高其审判经验。

一旦税务法庭的制度开始施行,有可能产生以下问题:第一,涉税诉讼的专业性使税务法官专职专断,这极易导致税务法官被利益集团俘获,作出不公正裁判;第二,由于税收与地方利益具有极高关联性,在面对地方政府巨大压力时,税务法官可能丧失其独立性、公正性裁判立场。

针对上述问题的解决方案是,在涉税案件审理中实行以人民陪审制为主导的专家陪审制度。在我国司法审判实践中,人民陪审员制度实行多年。2014 年 10 月《中

---

〔1〕《周强出席"税收法律研究中心"载成立大会》,载国家税务总局 2017 年 4 月 5 日,http://www.chinatax.gov.cn/n810219/n810724/c2546134/content.html。

共中央关于全面推进依法治国若干重大问题的决定》中强调完善人民陪审制度。由于普通民众缺乏财税专业知识，因此，税务法庭的人民陪审员应该由具有财税专业知识背景与财税法律实践能力的税务专家、法学家、律师担任，建立专家陪审监督机制。税务法庭专家陪审监督机制的核心在于设立科学民主的"专家随机遴选"制度，并赋予专家认定事实的权利。陪审专家以专业知识、独立立场发挥监督效力，保证涉税案件审理的公开、公正，提升涉税案件司法裁判的公信力。税务法庭设立之时，就专家的选任方式、独立性、监督范围、监督效力、监督义务、误工补偿等问题应予以明确规定。否则，实践中就会存在专家不愿监督、不敢监督、不会监督的现象，难以吸引专家加入。

法院内部的自我培养显然不足以胜任税务法官人员补充的重任。如何建立与税收司法改革相匹配的人才培养制度，让税务法庭能够有充足的办案人员，是保证税务法庭可持续运行的关键。我国正在进行的法律职业教育改革对于税务法官后备力量的培养具有重要的支撑作用。2018 年教育部颁布本科教学国家标准，将财税法作为法学本科教学的核心课程；法学教育职业化、专业化的人才培养定位，为税务法庭的设立，培养具备较强专业法律知识并通晓财税知识的双料人才提供保障。

六、结语

税收征管关乎国家利益与纳税人权益保护，关系社会稳定与经济可持续发展。我国税收体量的迅猛增长、纳税主体多元化的权利需求，国际税收合作、税收协定，都推动着我国税务司法专业化进程。税务法庭的设立，适应司法专业化改革要求，避免税务机关既是运动员又是"裁判员"的现象，从而提升我国税务司法裁判的公信力。

BEPS转让定价文档规则何以正当*

——兼议纳税人协力义务

廖益新**　褚睿刚***

摘要：建立国际统一的转让定价文档规则，构筑政府间涉税信息共享机制，以此打击大型跨国企业集团的避税行为是BEPS[1]第13项行动计划的核心目标。转让定价文档规则要求纳税人积极履行陈述及提示（文件）义务，全方位披露跨国企业之间的关联交易信息，本质上是纳税人协力义务理论在国际税法中的实践运用。此种协力义务虽符合宪法与现代税法之根本精神，但终归是建立在纳税人让渡部分隐私权之上，在协助税务机关应对转让定价带来的BEPS问题的同时，无疑也增加了企业的合规成本和商业信息泄露的风险。因此，转让定价文档规则须以比例原则为考量基准，设定必要且合理的限度，制限公权力恣意扩张。唯有如此，方能在转让定价文档规则中国化的径途中，寻得国家财政增益与纳税人权益减损之间博弈的平衡，避免国家税基侵蚀与利润转移的同时，有效约束税务机关自由裁量权，兼顾纳税人权利保护。

---

* 本文原载于《现代法学》2018年第2期。

** 厦门大学法学院教授，法学博士。

*** 首都经济贸易大学法学院讲师，法学博士。

[1] BEPS，全称是"Base Erosion and Profit Shifting"，即税基侵蚀与利润转移。通常指跨国经营的企业利用国际税收规则的不足或不完整，以及不同国家和地区的税收差异和征管漏洞，人为地将利润由高税率地区向低（无）税率地区转移，从而避税。——编者注

关键词:BEPS　转让定价文档规则　纳税人协力义务　比例原则　纳税人权利保护

一、问题意向

经济全球化带来了企业税基的高流动性,跨国公司可以使用转让定价的策略把利润从高税负国家转移到低税负国家。现如今,通过转让定价来避税的现象越来越多,许多税收专家已经将其视为国际税收领域中的最大问题。[1] 为方便税务部门开展转让定价调查,确认关联交易是否符合独立交易原则,经济合作与发展组织(Organization For Econoimc Co - Operation and Development,OECD)要求相关企业提供文档对相关交易细节进行说明和披露。[2] 2013 年 9 月,OECD 和 G20 成员国携手推出的 BEPS 行动计划中的第 13 项"转让定价文档和国别报告"(以下简称转让定价文档规则)又系统性地提高了前述文档披露信息的内容和细节,在有效打击跨国公司避税行为的同时也进一步侵犯了纳税人的隐私权。[3] "宪法是人民基本权利之保障书,而税法是具体化的宪法",[4] 在民主权利日渐彰显的现代国家,财税法已成为纳税人权利保护之法。[5] 隐私权源于税务机关与纳税人之间的日常征管程序之中,是纳税人理应享有并得到保护的权利。[6] 立足于国家立场,转让定价文档可以提高税务机关信息透明度,有效打击跨国企业利用转让定价的避税行为,以应对 BEPS 给各国财政收入和国际税收公平秩序带来的挑战。转换视角,转让定价文档要求跨国集团"根

〔1〕 参见[美]克里斯·爱德华兹、丹尼尔·米切尔:《全球税收革命——税收竞争的兴起及其反对者》,黄凯平、李德源译,中国发展出版社 2015 年版,第 132 页,第 146 页。

〔2〕 参见经济合作与发展组织:《跨国企业与税务机关转让定价指南》(2010 年),国家税务总局国际税务司译,中国税务出版社 2015 年版,第 122 页。

〔3〕 时至今日,该项计划已经有了实质性进展。2016 年 5 月 13 日,第十届经济合作与发展组织(OECD)税收征管论坛(FTA)在北京举办,适逢中国担任 G20 峰会轮值主席国。FTA 与 G20 峰会将提高税收合作与透明度、推进各国自动信息交换机制(AEOI)作为重要议题,从而更好的遏制跨国企业通过转让定价避税,提高税收管理效能,促进国内税收遵从。这也意味着纳税人所要承担的遵从负担随之攀升。因此,关注转让定价文档规则的正当性,给予税务机关公权力必要的限制,维护纳税人权利,迫在眉睫。

〔4〕 黄俊杰:《税捐正义》,北京大学出版社 2004 年版,第 4 页。

〔5〕 参见刘剑文等:《财税法总论》,北京大学出版社 2016 年版,第 159 页。

〔6〕 参见丁一:《纳税人权利研究》,中国社会科学出版社 2013 年版,第 220 页。

据统一的模板向相关政府提供其在全球范围内的收入、经济活动以及纳税的分配情况”。[1] 换言之,13 项行动计划的顺利推行以纳税人让渡部分隐私权为前提,渐渐成为不少跨国企业必须履行的一项重要的税收义务。不仅如此,提交转让定价文档也是对纳税人遵从成本的不小提升,特别是在全球经济不景气的当下要尤为警醒。[2] 因此,有国际税务评论员质疑,OECD 制订该计划时多站在国家财政主义立场,致使各国政府过度关注税收管理,缺乏对转让定价文档本身正当性的检视与思考,对纳税人权利保护关注不足。[3]

诚然,税法是税务部门行使征税权的依据,即“征税之法”,更为重要的是,从现代税法体现的人权意识出发,它更是保障纳税人基本权利、旨在防止征税权滥用的“权利之法”。[4] 正因如此,政府在减损纳税人某一项权利或强加于纳税人某一项义务之前,其行为本身的正当性都应经过细致的考究和严密的论证。转让定价文档规则亦应如是。文章并不急于讨论 BEPS 第 13 项行动计划的具体内容,而是关注转让定价文档规则何以正当这一根本性问题:首先,回归转让定价文档规则的税法学理基础,以纳税人协力义务视角考察其形式的合法性;再者,基于协力义务的有限性探究转让定价文档规则的合理边界,即实质合理性。此种看待问题的思维视角,在舶来域外税制时,能够摒弃先入为主的只关注具体税制的建构,而对制度自身正当性这一本源性问题缺乏思考的跳跃式研究惯性,启迪“跳出问题看问题”的学科研究范式。本文不仅立足学科前沿,以台湾地区的税法理论与制度为核心参照,能够填补大陆税法学界对纳税人协力义务的研究空白,[5] 具有相当的理论价值;又能回应时代重大关切,为我国更好的应对 BEPS 第 13 项行动计划提供一定参考,兼具实践价值。

---

〔1〕 经济合作与发展组织:《BEPS 第 13 项行动计划:转让定价文档与国别报告》,国家税务总局译,中国税务出版社 2015 年版,第 3 页。

〔2〕 Anton Joseph, *Country - by - Country Reporting: Law in the Making*, International Transfer Pricing Journal, Vol. 12:6, p. 235(2016).

〔3〕 FlorentinoCarreno, Miriam Sanchez - Brinas, *Proposal for Country - by - Country Reporting*, International Transfer Pricing Journal, Vol. 12:5, p. 207(2015).

〔4〕 参见[日]北野弘久:《税法学原论》,陈刚、杨建广等译,中国检察出版社 2001 年版,第 18 页。

〔5〕 截至 2016 年 12 月 11 日,笔者在知网中以“协力义务”(以及类似表述)和“税”为检索关键词,检索到的文章数量为零,可见税收协力义务为我国税法学界的处女地。即便以“协力义务”(以及类似表述)作为检索关键词,有价值的文献也是寥若晨星。

二、转让定价文档规则的合法性检思——以台湾地区理论实践为核心镜鉴[1]

转让定价文档规则要求纳税人(跨国公司)将其掌握的课税事实(与转让定价相关的关联交易信息)提交给税务机关以协助税款的征缴,本质上"盖以法律赋纳税人以协力义务,要求其揭露私领域信息,系对信息自主权之干预"。[2] 换言之,BEPS 第13 项行动计划在形式上是否具有合法性也就需要述明两个层次的议题:首先,论证并探究转让定价文档规则属于及属于何种纳税人协力义务;其次,两者既为包容关系,该问题即演化为论证纳税人协力义务存在的合法性问题。

(一)转让定价文档规则在协力义务中的定位

着眼国际税收领域,纳税人是否积极履行协力义务是应对国际避税问题的"题眼"。"伴随经济全球化和国际经贸一体化的步伐,跨国公司操纵其人员、资本、货物和服务的跨国流动,利用各国间税制差异、漏洞以及传统税收规则缺陷进行避税设计愈加频繁。"[3]"大企业避税问题"已成为各国税务主管当局及国际税务合作的焦点议题,各经济体领导人积极要求修订税收制度规则应对由此带来的 BEPS。[4] 无论是传统的一般反避税措施,还是受控外国公司、资本弱化、转让定价等特别反避税方法,抑或建立高效的情报交换机制、签订多边主管税务机关协议,一切有效的避税措施都必须建立在对纳税人纳税信息全面掌握的基础之上。相比于国内企业,跨国企业集团便于利用关联交易实现避税目的,且各企业实体散落于全球各地,仅仅依赖税务机关的一己之力难以充分掌握相关交易信息。为敦促跨国集团企业履行协力义务,提高纳税信息透明度从而遏制跨国企业的避税行为,BEPS 第 13 项行动计划要求相关纳税义务人提交转让定价文档。

转让定价文档同样能够帮助跨国企业厘清应向税务机关披露何种经营信息,从而明确划定纳税人协力义务范围。跨国企业编制转让定价文档应秉持三项操作原则

---

[1] 税收协力义务理论并非我国台湾地区独有,最初是源于德国的《租税通则》,但相比于德国,台湾的税收协力义务理论资料相对丰实,税法架构、立法模式、法律文化等也与大陆相近。目前,大陆为数不多有关协力义务的研究多受台湾地区理论与立法实践的影响。因此,本章的探讨主要借鉴台湾的学术文献、学者观点和法律法规。

[2] 参见葛克昌:《税捐行政法——纳税人基本权视野下之税捐稽征法》,厦门大学出版社 2016 年版,第330 页。

[3] 王宗涛:《一般反避税条款研究》,法律出版社 2016 年版,第 14 页。

[4] Yariv Brauner, *What the BEPS*, Florida Tax Review, Vol. 6:2, p. 55(2014).

(Operative principles):其一,尽到合理努力,即跨国企业应根据不同国家税法规定,尽到合理努力建立符合独立交易原则的转让定价政策;其二,制作同期记录文档,此类文件是跨国企业用以说明已尽到合理努力的证明文件,且有助于纳税义务人与税务机关协调沟通,或配合审查过程中减少不必要的争议问题,或尽协力义务时所必须提交的文件;③其三,依限提交同期记录文档,当税务机关检查跨国企业所采用的转让定价是否符合独立交易原则,要求于规定期限内提示同期记录文档时,应予以配合。[1] 其中,尽到合理努力多为纳税人主观意图,难以为税务机关所能掌控,因此,13 项行动计划重点强调了跨国企业制作和依限提交同期记录文档的操作原则。

就文档的制作内容而言,转让定价文档根据所需信息的层级设置了三层结构,即主体文档、本地文档和国别报告。主体文档提供的是相对高级别的信息,勾勒出跨国集团业务的"蓝图",[2] 提供跨国企业集团业务的整体概述,以便税务机关能够综合考虑跨国集团的经济、法律、财务以及税收背景,从而更全面地考察其转让定价安排。[3] 相较于宏观的主体文档,本地文档提供的信息则更为具体,是内部公司交易记录的相关细节信息和主体文档的有效补充,[4] 有助于确保影响纳税人在特定税务管辖地的主要转让定价安排政策符合独立交易原则。因此,本地文档侧重于针对本地企业与其他国家关联企业之间发生的、对当地税收管辖而言较为重大的关联交易进行转让定价分析,包括具体交易的相关财务信息、可比性分析以及最合适的转让定价方法的选择与应用。国别报告能够洞察跨国企业的全球业务,要求提供的信息包括跨国企业集团运营所在的所有税收管辖地范围内,与全球收入分配、纳税情况以及相关税收管辖地经济活动指标等相关的信息。国别报告有助于对转让定价风险进行初步的评估,协助税务机关评估其他与 BEPS 相关的风险,适当情况下还可以用于经济分析与数据统计分析。13 项行动计划同时限定了文档的提交期限。

依据干预程度不同,纳税人协力义务可作积极协力义务和消极协力义务两种区

---

〔1〕 参见吴德豊等:《跨国转让定价策略及风险管理》,商周编辑顾问股份有限公司 2009 年版,第 44 ~ 46 页。

〔2〕 Hickman Andrew, AbdelghaniSamia, Hondius Paul, Action 13: TP Documentation and Country - by - Country Reporting, International Tax Review. 1/4/2016, p. 19 - 19. 1p. 1 Chart.

〔3〕 主体文档内容无须过于详细,主要包括跨国企业集团的全球组织架构、全球业务描述、无形资产情况、跨国企业内部融资活动及财务税务情况。

〔4〕 J. ScottWilkie & Master File, *Local File and Country - by - Country Rporting: A Canadian Perspective*, International Transfer Pricing Journal, Vol. 12: 3, p. 118 (2016).

分。积极协力义务，简言之，即为法律所规定由纳税义务人应主动履行的义务，包括税务登记义务，如《税收征管法》第15条、第16条；申报及报告义务，如台湾地区的“所得税法”第71条规定的结算申报、第75条的决算或清算的申报；制作账簿及会计记录义务，如《税收征管法》第19条、第24条；陈述及提示（文件）义务。消极协力义务又可称为容忍义务，是税务机关在进行必要干预时，纳税人不得对行使公权有任何反抗的义务，[1]包括说明义务，《税收征管法》第56条规定纳税人必须接受税务机关依法进行的税务检查，如实反映情况，提供有关资料；忍受（调查）义务，如台湾地区“税捐稽征法”第31条对搜查的容忍义务。

跨国企业制作和依限提交转让定价文档的义务应属于纳税人协力义务中的陈述及提示（文件）义务。转让定价文档规则基本秉持了三项操作原则，要求跨国企业提交三层文档，用以说明集团整体的业务架构、具体关联交易的详细情况和披露集团全球业务信息，一方面，纳税人在文档准备过程中自我审查，关注关联交易的合规性风险，另一方面，税务机关可以利用文档中披露的信息进行转让定价风险评估，确定如何分配税务调查资源，并在需要时开展有针对性的税务调查。

（二）纳税人协力义务的合法性论证

现代行政程序法越来越重视相对人的参与，特别是伴随现代行政的日益复杂，单靠行政机关的“一家之言”很难实现行政的公平与效率。这就需要借助立场相异的行政相对人的辅助与监督，亦即行政相对人的协力义务。相对人协力义务在各类行政法律关系中的作用各有不同，其中，在行政管理法律关系中表现的尤为重要。因为在行政管理法律关系中，相对人处于被管理地位，是受到行政主体指挥、命令和约束的对象，为了实现行政目的，相对人常常需要履行协力的义务，该义务也多为强制性要求。[2]简言之，相对人协力义务是行政相对人对行政主体及其工作人员依据职权执行公务的行为，有主动配合、协助的义务，例如，接受调查的义务、如实提供真实信息的义务、拒绝配合调查将承担不利后果等。[3]履行协力义务不仅是相对人应承担之义务，帮助行政机关迅速、准确、低成本的获取所需信息，从而提高行政效率，[4]在某种程度上亦是程序上得以主张之权利。当发生行政争议时，提供真实资料可最大限

〔1〕 参见杨小强：《税法总论》，湖南人民出版社2002年版，第240页。

〔2〕 参见黄学贤主编：《中国行政程序法的理论与实践》，中国政法大学出版社2007年版，第38页。

〔3〕 参见宋雅芳：《论行政调查中相对人协助义务的限度》，载《河南社会科学》2006年第5期。

〔4〕 翁岳生：《行政法》，中国法制出版社2002年版，第118页。

度提升相对人的话语权,以相对人的立场积极促进争议的解决。正因为协力义务可为行政机关与相对人带来“双重红利”,亦多为诸国和各地区的法律青睐。例如,台湾地区“行政程序法”(2001 年)第 40 条规定,当事人或第三人根据行政机关调查实施及证据的必要要求,应提供必要的文书、资料或物品;日本《行政程序法》(1993 年)第 37 条规定的申报义务,即法令直接规定当事人有义务向行政厅通知一定事项,包括当事人为发生自己期待的一定法律效果而应通知的行为;德国《行政程序法》(1977 年)第 26 条规定的当事人协助事实调查的义务。

在税款征纳过程中,税务机关与纳税人存在明显的权利义务的不对等性,且始终以税务机关这一主体为主导,积极行使税收征收管理职权。[1] 由此可见,税收征纳法律关系是一种典型的行政管理法律关系,纳税人需要承担相应的协力义务。同时,税务机关与纳税人掌握信息的严重不均衡,导致税法上的协力义务较之于行政法上当事人协力义务重要性更甚,范围更广。[2] 概括来说,税法中的纳税义务分为两种:一是金钱给付义务(主义务),即我国《宪法》第 56 条明确规定的公民依法纳税的义务;二是税收协力义务(附随义务),以协助课税事实之调查或阐明税收关系为其主要目的,德国《租税通则》第 90 条[3]为协力义务的基础规定。[4] 税收,通俗的讲,是将私人财产无偿转化为政府财政的国家暴力。因此,金钱给付义务受到税收法定与量能课税两项基本原则的严格约束,即纳税人依照法律规定的纳税主体、税目、税率、纳税时间等基本事项纳税,纳税人承担的税收负担要按照其真实的经济负担能力分配。然,税收是依据纳税人经济活动的成果进行课征,经济活动事实繁杂且多由纳税人掌握,税务机关掌握多有困难,因此,税务机关依法征税、纳税人量能纳税仰赖于纳税义

[1] 参见刘兵:《税收程序法概论》,兰州大学出版社 2011 年版,第 16~17 页。

[2] 参见郭介恒:《行政调查与信息隐私权》,载“台湾行政法学会”编:《行政调查之建制与人权保障》,台北,元照出版有限公司 2009 年版,第 1 页。

[3] 德国《租税通则》第 90 条规定:“当事人之协力义务:(1)当事人对事件之调查有协力义务。当事人为履行协力义务,尤其应对有关课征之重要事实,为完全及真实之公开,并指明所知悉之证据方法。此等义务之范围依个别案件之情形定之。(2)应加以调查并作成税法上判断之事件,涉及本法适用区域外之事项者,当事人应就该事件为说明,并提出必要之证据方法。当事人就此应尽其一切法律及事实上之可能性为之。当事人依案件之状况,在各种关系之形成上,对事件之说明或证据方法之提出,应有可能性者,不得主张为不能。”

[4] 参见黄源浩:《营业税法上协力义务及违反义务之法律效果》,载葛克昌主编,《纳税人协力义务与行政法院判决》,台北,翰芦图书出版公司 2011 年版,第 85~86 页。

务人承当相应的协力义务。[1] 纳税人协力义务虽然是一种附随义务,却是主义务精确履行的重要前提,乃是整个人所得税收征纳关系建立与运行的基石。

"现代租税国家,借由基本权保障尽量不干预人民非国家之社会领域,使市场经济发挥其机能,尤其是基于隐私权保障,对纳税人私领域财务不论询问、观察、确认与执行,国家均保持相当距离。"[2]即便纳税人协力义务可在行政法与税法之中找到合法性依据,但已构成宪法赋予公民隐私权之侵犯,仍应经受更高层级的合宪性检视。"'纳税'宪法制度之形成,系应肯定税捐基本权,并有效实践纳税者之权利保护。至于国家课税权之行使,则应依民主程序由立法机关以多数决定为之,并符合税捐法定主义、税捐公平原则与过度禁止原则等之宪法意旨,以有效落实纳税者之权利保护。"[3]综观财税史,英国的《大宪章》的修改历程可谓英国人为纳税人全力奋斗的历史;法国的《人权宣言》第13条规定"为了维持军警力量和行政费用,公共捐税是不可少的,此项捐税应当在全体公民中按照他们的能力平等地分摊"第14条规定"公民有权亲自或通过代表调查公共捐税的必要性,自由地对此表示同意,监视其用途,并且决定税额、征税基数,征税及期间";美国《独立宣言》指责英国"未经我国同意便向我们强行征税","无代议士不纳税"成为美国摆脱英国殖民统治的正当理由。"纳税人追求自身权利的历史,也是约束和制约君主、政府的财政权、税收权的历史。"[4]概言之,现代税法合宪性的最终依归在于实现纳税人权利保护。

不可否认,涉税信息一部分由税务机关掌握,但绝大部分多在纳税义务人支配范围之内。税款顺利征缴的前提有二,一方面要求税务机关积极履行征税权,另一方面则需要纳税人积极履行提供涉税信息的义务。换言之,纳税人协力义务,虽然构成对纳税人信息权的干预,但确为税款征缴所必须。此种干预不单是会增加纳税人收集税务信息的义务,更是给予了纳税人在征纳程序中的参与权利。参与权利是个人介入国家权利行使过程中,通过参与行政、表达意见诉求利益,进而影响国家权力行使的一种程序性权利,是宪制理论较早承认的基本权利之一。[5] 纳税人行使协力义务无疑是践行了宪法赋予的基本权利——参与权,获得与税务机关积极对话的良好契

〔1〕 参见黄士洲:《税捐协力义务与推计课税》,载葛克昌主编,《纳税人协力义务与行政法院判决》,台北,翰芦图书出版公司2011年版,第52页。

〔2〕 葛克昌:《税捐行政法——纳税人基本权视野下之税捐稽征法》,厦门大学出版社2016年版,第327页。

〔3〕 黄俊杰:《纳税人权利之保护》,北京大学出版社2004年版,第11页。

〔4〕 梁发祥、梁发芾:《纳税人权力纵论》,甘肃民族出版社2010年版,第129页。

〔5〕 章剑生:《论行政处罚中当事人之协助》,载《华东政法学院学报》2006年第4期。

机，保障其程序主体地位。与此同时，税收法定与量能课税乃是宪法原则在税法中的客观映像，为实现税收形式正义与实质正义之原则。[1] 如前所述，协力义务并非仅为调查需要，更是税收法定与量能课税实现的重要前提，符合宪法精神。由此论断，恰当的纳税人协力义务符合宪法与现代税法之根本精神，与纳税人权利保护高度契合。

三、转让定价文档规则之合理限度：基于协力义务有限性的思考

从公权视角，BEPS 第 13 项行动计划以有效打击跨国企业通过转让定价的避税行为为目的，客观上能够有效防止 BEPS，促进国际市场的公平竞争，具备相当的法理与税理。然而，转让定价文档规则要求跨国企业提交的涉税信息多涉及商业秘密。"提高税收和信息共享带来的主要风险是敏感数据信息的泄露"，[2] 稍有不慎将会导致重要信息暴露于公共视野之下。因此，转让定价文档规则在符合合法性的同时应兼顾合理性。从纳税人协力义务有限性的视角出发，探讨转让定价文档规则的合理限度十分必要，不仅是 13 项行动计划能否顺利推行的关键，更是现代税法国家纳税人权利保护的应有之义。

（一）纳税人协力义务有限性溯因——以调查职权主义为中心

行政行为应受成文法的约束是法治国家的根本，若无法律明文规定，行政行为也应受法治国家一般法理的约束，遵循依法行政原则。[3] 税收程序法同样奉行依法征税为首要原则，也即税务机关必须遵守现行有效的法律规范。其内涵包括税务机关的任何决定不得与法律法规相抵触，同时税务机关有义务积极执行和实施现行法律法规中规定的税收行政义务。如果税务机关不积极履行法定作为义务，将构成不作为。[4] 通常认为，"税收是国家为实现其公共职能而凭借其政治权力，依法强制、无偿地取得财政收入的一种活动或手段。"[5] 在税收征纳关系中，税务机关享有更大的主动性，代表国家行使税款的征收、管理的权力和职责。因此，各国家和地区在税务调查程序中多采取职权调查主义，即税务机关是依法调查课税事实的主要责任主体，并承担最终阐明义务。例如，台湾地区"行政程序法"第 36 条规定："行政机关应依职权调查证据，不受当事人主张之约束，对当事人有利及不利事项一律注意。"德国《租

---

[1] 参见陈清秀：《税法总论》，台北，元照出版有限公司 2012 年版，第 27 页。

[2] *The dark side of transparency*, 25 International Tax Review, p. 12 (2014 - 2015).

[3] 参见罗传贤：《行政程序法论》，台北，五南图书出版社 2004 年版，第 86 页。

[4] 参见刘兵：《税收程序法概论》，兰州大学出版社 2011 年版，第 34 ~ 35 页。

[5] 张守文：《税法原理》，北京大学出版社 1999 年版，第 10 页。

税通则》第88条为调查原则条款，其第1款规定："稽征机关依职权调查事件。稽征机关决定调查之方法及范围；稽征机关不受当事人陈述及申请调查证据之拘束。此等义务之范围依个别案件之情形定之。"我国《税收征管法》第5条也规定，各税务部门应依法按各自的税收征收管理范围进行征收管理。

当然，职权调查主义并非意味着税收事实的阐明责任主体仅限于税务机关而与纳税人无关。由于税收法律关系的特殊性，税务机关无法直接参与纳税人的经营活动，相关课税资料多由纳税义务人掌握，税务机关独立完成税务调查、取得税务资料存有相当的操作难度。基于税收法定的考量，贯彻稽征经济与公平课税的目的，税法上多附加于纳税义务人在税收征管程序中主动提供课税资料的协力义务。简言之，纳税人协力义务系指纳税义务人对于所支配管理范围内之事项负担共同责任，对于税务机关调查事实关系应予以协力的义务。[1] 虽税法将其上升为一种法定义务，但是该法定义务是以纳税义务人牺牲一部分自由之利益为前提，目的是配合税务机关更好地实现征管职能。由此可见，税务调查坚持以税务机关为主导的职权调查主义，纳税人位居次级地位，仅承担辅助调查义务。协力义务既是作为税务机关职权调查之补充，纳税人协力义务范围就不能无限扩大，应有其适当边界。

法治和宪制的精神在于国家权力与公民权利的平衡，不但调查权是有限的，协力义务同样存有限度。只有保证协力义务的设定不过于苛刻，行政调查权与相对人的协助义务之间才能达到适度的平衡，由此促进行政机关与相对人的合作信任关系，消除二者间的对立与隔阂，促进公共任务的有效实现。[2] 税务机关与纳税人之间的征纳协同关系，一方面可以减少单一职权调查的巨大成本，同时提高税收征管效率；另一方面纳税人积极履行有限的协力义务也可构成对税务机关的有效监督和制约，防止其因职权调查而过分侵入纳税人私人领域，对其私权造成不必要侵害。因此，纳税人积极履行协力义务是纳税人依法纳税和国家征税权得以实现的重要前提，但应有必要的协力限度，以防国家征税权过分"越界"侵害纳税人私权，损害协力义务人的合法权利。

（二）比例原则：协力义务限度的考量基准

确定纳税人协力义务限度的意义在于，在国家公权力（税务机关行使征税权）与公民私权利（纳税人隐私权与财产权）之间找寻一个平衡点，保证税收及时汇入国家

〔1〕 参见陈清秀：《税法总论》，台北，元照出版有限公司2012年版，第485页。

〔2〕 参见宋雅芳：《论行政调查中相对人协助义务的限度》，载《河南社会科学》2006年第5期。

财政之泉的同时，不过分增加纳税人协助的负担。划定纳税人协力义务限度应确立一个考量基准，在税法明文规定协力义务时以此考察法律规定的正当性，在无相关法律规定时限制税务机关的自由裁量权。

税收乃无对待给付的公法上的法定之债，其课征首要满足法定之形式要件，同时满足量能课税之实质要件，而课税手段是否超越必要限度则要以比例原则加以衡量。"在税法中，比例原则是税收实体法和税收程序法共同的一项原则，通过考察目的和手段之间的关系，尤其是要考察征税目标价值的实现不能过分损害纳税人的基本人身财产权利这一方面，来防止过度地破坏二者之间利益与价值的均衡。并且其也是征税裁量权行使杜绝恣意与专横的理性的保障。"〔1〕也正因如此，"协力义务基于协同合作理念，协力义务之审查界限主要在比例原则"，〔2〕税务机关行使程序上裁量权时，要求纳税人协力之事项，必须受到比例原则约束。

比例原则是公法中一项普适性原则，以追求个案公正与实质正义为价值取向，意图制约自由裁量权的滥用保护私人财产权。比例原则是一个复合型原则，它派生出适当性原则、必要性原则与侠义比例原则此三阶具体的原则或衡量标准。〔3〕适当性原则，又可称之为有效性原则，当公权力行为能够促进其所追求目标的实现即符合该原则。必要性原则，又称为最小损害原则，它要求公权力行使者所运用的手段是必要的，手段所造成的损害应压缩到最小。狭义比例原则又称为法益相称性，是对行政行为结果或者法律条文的审视，亦即行政行为或法律行为带来的公共利益应大于给当事人带来的负担或损失。

"我们所处的时代是一个权利的时代，也是一个不断丰富和发展权利的时代。"〔4〕伴随纳税人权利内容的日益丰实，比例原则作为协力义务限度的考量基准变得更为严苛。有学者在比例原则的三阶标准之上附加了两项"可能性"要求，进一步限缩纳税人协力义务的范围：一是履行可能性，即协力要求在具体案件中必须在客观上与主观上具有履行可行性；二是期待可能性，要求纳税人履行协力义务时具有一定的期待可能性，而非异乎寻常的困难。例如，要求纳税人事无巨细地列举出数年前发生相关支出的明细、用途等，而按当事人主观与客观能力已无法达成，即超出了期待

---

〔1〕 姜昕：《比例原则研究——一个宪政的视角》，法律出版社 2008 年版，第 18 页。

〔2〕 参见葛克昌：《协力义务与纳税人基本权》，载葛克昌主编：《纳税人协力义务与行政法院判决》，台北，翰芦图书出版公司 2011 年版，第 15 页。

〔3〕 参见刘权：《目的正当性与比例原则的重构》，载《中国法学》2014 年第 4 期。

〔4〕 丁一：《纳税人权利研究》，中国社会科学出版社 2013 年版，第 1 页。

可能性。[1]

（三）转让定价文档规则的合理限度

在税法中,比例原则要求对某一课税对象所利用的租税手段,与达成特殊目的之间应维持合理且相当的关系。[2] 亦即 BEPS 第 13 项行动计划要求跨国集团承担协力义务的手段与所要实现的目的应受到比例原则的严格考察,以确认其合理限度。

纳税人协力义务的设定目的在于阐明课税事实,超出此项目的的协力义务即是对适当性原则的背离。OECD 期待各国在制定适用于本国的转让定价文档时,应逐一考量下述三个目标:其一,确保纳税人在制定关联交易价格和其他交易条款时,以及在纳税申报中披露上述交易所得时,能够合理考虑转让定价的要求,即督促纳税人对是否遵循独立交易原则的自行评估;其二,为税务机关进行有效的转让定价风险评估提供必要信息,即助力转让定价的风险评估;其三,当税务机关对其管辖范围内企业的转让定价行为进行合理调查时,为税务机关提供有用的信息,尽管随着调查的进行,企业可能需要额外的信息作为转让定价文档的补充,即为转让定价调查提供信息。概言之,该计划期待通过文档所提供的信息阐明与转让定价相关的课税事实,督促跨国企业的自我评估和帮助税务机关进行税务评估和调查。因此,转让定价文档规则应谨守下述要求以符合适当性原则:其一,转让定价文档的内容仅限于课税事实的阐明,而非证据提出义务,举证责任依然由税务机关承担;[3] 其二,文档应仅用于税务机关对转让定价的风险评估和调查,而不应用于其他无关目的。此种担忧并非空穴来风,因为从 G20 国家的表现来看,这些信息很可能被用于与财政筹集无关的其他目的,如政治目的、商业目的。[4]

此外,必要性原则要求税务机关在征管过程中面临诸多可选择的手段时选择最温和、对协力义务人侵害最小的手段。例如,税务机关可单独完成工作且完成成本不过高时,则不能要求纳税人履行协力义务;协力义务人承担较少的协力义务即可完成相关工作,则税务机关不可出于自己的工作便利要求义务人承担更多的协力义务;在提供少量课税资料即可帮助税务机关完成税收征管工作的情况下,税务机关不得要求协力义务人提供更多的资料。因此,转让定价文档所涵盖的具体内容应是与跨国

〔1〕 参见陈清秀:《税法总论》,台北,元照出版有限公司 2012 年版,第 486 ~ 487 页。

〔2〕 参见葛克昌:《租税国的危机》,厦门大学出版社 2016 年版,参见第 93 页。

〔3〕 参见黄士洲:《税捐协力义务与推计课税》,载葛克昌主编:《纳税人协力义务与行政法院判决》,台北,翰芦图书出版公司 2011 年版,第 64 页。

〔4〕 *The dark side of transparency*, 25 International Tax Review, Vol. 12:2, p. 12(2014 – 2015).

企业的转让定价行为紧密相关联,为督促跨国企业的自我评估和帮助税务机关进行税务评估与调查所必须。举例而言,鉴于关联企业常利用无形资产与企业内部融资实现避税目的,主体文档中要求跨国企业列明无形资产情况和企业内部融资情况可认为符合必要性原则,而若要求列明与转让定价无关的有形资产等情况时,即构成对该原则的背离;当引用其他文档完全可以满足主体文档要求时,相关文件的配合使用可被认为符合主体文档的要求,税务机关不宜要求纳税人重复提交。

狭义比例原则是判断行政行为造成的结果是否正义的重要标准,[1]它要求纳税人只有在保护公共利益或他人利益所必需,并且前者的法律保护价值要明显小于后者。换言之,从稽征经济的角度考虑,纳税人提供协力义务的成本不可过大,否则此种协力义务不合比例。因此,抑制纳税人履行协力义务所承担的协力成本是为关键。转让定价文档规则可能增加纳税人合规性成本主要有:其一,跨国企业需要提交给为细致、复杂的信息与数据,企业财务人员工作会空前加大,甚至会更多依赖于第三方会计机构,增加企业运营成本;其二,各国采用的文档模版之间存在差异,如 OECD 建议申报的时间为年初,美国则建议在年尾,这种差异性可能会导致纳税人遵从成本的提高;[2]其三,转让定价文档可能包括机密信息(商业秘密、科学机密等)和其他商业敏感信息,此类信息的泄露可能会对跨国企业带来沉重甚至是毁灭性的打击。各国应最大限度地减低纳税人所承担的不必要的合规性成本,特别是应尽量统一转让定价文档的模板和重视信息的保密性。

四、BEPS 转让定价文档规则的中国应对与困局

OECD 建议各国通过国内立法或者行政程序实施转让定价文档新标准中的主体文档规范和本地文档规范;各税收管辖地尽最大努力制定相应法规,要求作为其居民纳税人的跨国企业集团最终控股企业准备并申报国别报告。为响应该计划,2016 年 7 月 13 日,国家税务总局正式对外发布了《关于完善关联申报和同期资料管理有关事项的公告》(国税发〔2016〕42 号,以下简称 42 号文)以替代《特别纳税调整实施办法(试行)》(国税发〔2009〕2 号,以下简称 2 号文)及《中华人民共和国企业年度关联业务往来报告表》(国税发〔2008〕114 号)中的部分内容。

---

〔1〕 参见付大学:《比例原则视角下税务诉讼"双重前置"之审视》,载《政治与法律》2016 年第 1 期。

〔2〕 Moises Dorey, *US Country - by - Country Reporting Requirement*, International Transfer Pricing Journal, Vol. 12:3, p. 272 - 275 (2016).

42 号文基本遵循了 OECD 提供的文档模板，将同期资料内容明确归类为主体文档、本地文档和特殊事项文档，同时引入国别报告。其中，主体文档包含的五部分内容与模板所规定的高度一致。相比之下，本地文档是 42 号文的关注重点，其规定要比模板详细的多，包括企业概况、关联关系、关联交易、可比性分析和转让定价方法的选择和使用。特殊事项文档为我国特有的文档内容，包括成本分摊协议特殊事项文档和资本弱化特殊事项文档。相比于 2 号文，新的同期资料内容得以更新且更加详尽，例如，新增关联交易类型以披露更多的关联交易，同时，对每个关联交易的内容有了更为详尽的说明和列举；[1]本地文档中引入全新的价值链分析法、新增对外活动披露、重视关联劳务的披露等。

42 号文进一步完善关联申报和同期资料管理，表现出积极应对 BEPS 第 13 项计划的中国态度，顺应通过转让定价文档和国别报告打击跨国企业避税的国际趋势。应当注意，该计划是诸多国家注意到跨国企业在转让定价上所遭遇的困扰，尝试通过协商建立多方共识，建立跨国企业具体一致的转让定价框架，但这项计划并不能取代或推翻各国原有的法律规定。不同国家因特殊的社会背景与政治经济环境，由国内法规定各自文档的深度与广度。[2] 换言之，完备的国内法是转让定价文档规则顺畅运转的先决条件。由于国内税法对纳税人协力义务关注不足和国内税法规定的不完备，42 号文暴露出诸多问题，归结起来主要体现在两个方面：一是区别对待不同的协力义务人，有违公平原则；二是突破了协力义务限度。

OECD 设置了需要提交国别报告的跨国企业集团的门槛值，即如果跨国企业集团在上一财务年度的集团合并收入少于 7.5 亿欧元（或与 7.5 亿欧元等值的本地货币额度），则本财务年度可免予申报国别报告。除该情形之外，不应当对其他任何情形免除国别报告的申报义务，特别是不应针对特定行业、投资基金以及非公司实体或

---

〔1〕 2 号文中的交易类型为有形资产的购销、转让和使用，无形资产的转让和使用，融通资金，提供劳务四类。42 号文则增加到五类，分别为有形资产使用权或者所有权的转让、金融资产的转让、无形资产使用权或者所有权的转让、资金融通和劳务交易。新增的是金融资产的转让，包括应收账款、应收票据、其他应收款项、股权投资、债权投资和衍生金融工具形成的资产等。金融资产的转让作为新兴交易模式，相比于其他传统交易模式较为“隐形”，存在通过关联交易避税的风险。随着近 10 年来中国金融市场的跨越式发展并与国际资本市场接轨，我国金融交易市场规模急剧扩大，金融商品交易类型大幅增加。为了规范国内“红火”但又“杂乱”的金融资本市场，有必要将其纳入关联交易的类型之中予以披露。

〔2〕 参见吴德豊：《国际税法上协力义务》，载葛克昌主编：《纳税人协力义务与行政法院判决》，台北，翰芦图书出版公司 2011 年版，第 43 ~ 44 页。

非上市公司实体免除申报义务。但我国42号文不仅豁免了国有企业的国别报告义务，也豁免了部分其他转让定价文档的报告义务；[1]无独有偶，42号文第6条规定，最终控股企业为中国居民企业的跨国企业集团，其信息涉及国家安全的，可以按照国家有关规定，豁免填报部分或者全部国别报告。前者潜在的问题是，国内法中并未明确规定国有企业如何界定，如中国银行已实现上市成为股份制企业，除了国有控股之外还有其他股东，中国银行还能不能被称为国有企业？国有企业的确定标准是什么？再者，本条堪称为国有企业报告义务的豁免条款，而其他企业并无此类优待需要承担相应的纳税人协力义务，有违公平原则。后者同样存在缺乏确定的判断标准的问题，如"涉及国家安全"的信息如何界定、豁免范围的确定标准为何等。

转让定价文档规则主要涉及纳税人协力义务中的陈述及提示（文件）义务，应以客观阐明关联交易的相关细节内容为限。文档不应附加给纳税人证据提交义务，即举证责任由税务机关承担。我国同期资料中的特殊事项文档为我国特有，其中的资本弱化特殊事项文档突破了协力义务之限度。具体而言，42号文第15条第3款规定："企业关联债资比例超过标准比例需要说明符合独立交易原则的，应当准备资本弱化特殊事项文档。"易言之，资本弱化特殊事项文档是为了说明企业的关联占资比超过了标准比例，已构成资本弱化，而文档内容则又要求企业提供信息证明自己的资本弱化行为符合独立交易原则。由此可见，资本弱化特殊事项文档已超出纳税人协力义务之范畴，而是要求纳税人证明自己的交易行为符合独立交易原则的举证责任。纳税人的举证责任不该属于转让定价文档所应包含之内容。

由此引发一系列问题，如果企业按该文档要求提供了信息证明自己的资本弱化行为符合独立交易原则，若税务机关已经接受了该文档后一段时期内并未提出异议是否意味着企业已经尽到了举证责任，后续的举证责任转而移转到税务机关？企业提供了一系列详细信息并严密论证了该资本弱化行为存在合理性，若税务机关若干年后仍怀疑该交易存在资本弱化问题，再次要求企业提供其他证明，显然有违比例原则中的期待可能性。因为企业已经将所有信息提交并进行过论证，时过境迁，再要求其拿出新的证据并重新证明的可能性不大。此一系列问题有待在我国税法中更新配套规定，以防扩大税务机关的自由裁量权，维护纳税人权利。

---

〔1〕《关于完善关联申报和同期资料管理有关事项的公告》（国税〔2016〕42号）第3条："仅因国家持股或者由国有资产管理部门委派董事、高级管理人员而存在本公告第二条第（一）至（五）项关系的，不构成本公告所称关联关系。"

五、结语

仰赖于征管技术的提升和纳税人的协力配合,税务机关行政效率得到极大提升。然而也同时也暴露出负面作用,最突出的是纳税人的信息秘密权面临严峻挑战。“保护纳税人的秘密权,尤其是经营者的涉税信息和商业秘密,成为纳税人对个人权利最敏感和最强烈的主张。”[1]转让定价文档中包含跨国集团全球运营信息、特定税务管辖地具体关联交易的详细信息,以及跨国企业集团所在的所有税收管辖地范围内与全球收入分配、纳税情况和相关税收管辖地经济活动指标相关的信息,几乎囊括了纳税人全方位信息。即便 BEPS 第 13 项行动计划中一再重申会考虑企业的合规性成本,然而转让定价文档始终像一把“达摩克里斯之剑”悬于纳税人之上,存在妨害纳税人权益的风险。在引入或修改转让定价文档规则,或在国内实施相关指导的国家中,不少成员如澳大利亚、爱尔兰、荷兰、西班牙、英国等已经走在了准备工作的前列。[2]我国同样作为积极践行该计划的先驱者值得称赞。但在国内税收体制大变革时代,我们更应当站在纳税人立场慎重考虑,转让定价文档规则作为一种纳税人协力义务其正当性为何并确立合理限度,以此践行税收正义和纳税人权利保护的税法至高宗旨。

---

〔1〕 丁一:《纳税人权利研究》,中国社会科学出版社 2013 年版,第 128 页。

〔2〕 Hickman Andrew & AbdelghaniSamia, *Hondius Paul*, *Action*13: *Transfer pricing documentation and country - by - country reporting*, International Tax Review, Vol. 4:1, p. 19(2016).

税务行政复议与行政诉讼衔接问题研究*

孙昊哲　张恺琦**

摘要: 税务行政复议和税务行政诉讼是处理税务行政争议的主要方式,也是行政复议和行政诉讼在税务领域的实践,税务本身的特殊性使这种争议调处方式具有一定的特别之处,尤其是在二者调处具体税务争议过程中构建了较为复杂的衔接模式,这种衔接模式的有效运行,直接关系到争议妥善调处、相对人权益保障、国家税收稳定进而事关经济社会发展。随着时代发展,实践证明,现有衔接模式不断暴露出各种问题,需要进一步完善和调整。本文针对比较突出的几个问题,如复议前置的制度设计存在缺陷、清税前置的做法存在弊端、案件受理衔接不明确、审理依据衔接不合理,在深入分析背景、原因的基础上,提出了重构、优化、专门机构设立等解决路径和措施的建议方案。

关键词: 税务行政争议　税务行政复议　税务行政诉讼　复议前置　税务法院　衔接模式

一、问题的提出

税收是指国家为了向社会提供公共产品、满足社会共同需要,按照法律的规定,参与社会产品的分配,强制、无偿取得财政收入的一种规范

* 本文原载于《法律适用》2021年第2期。

** 孙昊哲,首都经济贸易大学副校长,法学硕士,经济学博士;张恺琦,首都经济贸易大学法学院硕士生。

形式。[1] 随着社会经济的发展,税务行政相对人的维权意识逐渐增强,税务行政复议、行政诉讼案件数量呈明显上升趋势,涉税争议也日益复杂。目前,国家倡导"依法治税",要求必须落实好税务行政救济工作,并且注重保障税务行政相对人的合法权益。当前,人们在面对税务争议的时候越来越多地倾向于运用法律手段解决问题,对税务行政争议问题进行研究具有迫切的现实意义。同时,税务行政的特殊性要求在相关问题的处理上更加细致。实践中,就二者的衔接问题而言,与行政复议和行政诉讼的一般规则有一些相通之处,但也有其独特之处,《税收征收管理法》和《税务行政复议规则》对相关问题进行了更为细致的规定,而且税务领域有数量颇多的规范性文件,在实际工作中影响着税务争议的处理,让本就纷繁复杂的税务行政争议变得更加难以解决。

就税务行政复议与税务行政诉讼而言,我国按照税务行政行为的不同进行了类别划分,分别适用不同的衔接模式。对于征税行为,适用复议前置模式。征税行为一般包括减税、退税、免税、抵扣税款等具体行政行为。[2] 根据《税收征收管理法》第88条第1款以及《税务行政复议规则》第33条的规定,针对税务机关的征税行为,我国在复议和诉讼的衔接上采用的是不仅是复议前置,并且属于双重前置的范畴,既包括复议前置又包括清税前置。在这种情形下,纳税人、扣缴义务人、纳税担保人,必须先缴纳税款、滞纳金或提供担保,才可以依法申请行政复议;如对复议决定不服,才能再向人民法院提起诉讼。而对于征税行为以外的税务行政行为,则适用自由选择模式。征税行为以外的税务行政行为主要包括:税务机关责令纳税人提供担保的行为,税收保全措施的行为,税收强制执行措施的行为,税务行政处罚行为等。依据《税收征收管理法》第88条第2款的规定,当事人不服税务机关的处罚决定、强制执行措施或者税收保全措施时,可以依法申请行政复议,也可以依法向人民法院起诉。在这种情况下,税务行政相对人可以依照自己的意愿,选择申请税务行政复议,或者直接向人民法院提起行政诉讼。

目前看来,税务行政复议和税务行政诉讼是现行税务行政争议救济的主要途径,但是,二者在立法设计和实践运行中存在诸多不协调之处,其中不仅包括复议前置的问题,具体衔接机制在实践中也暴露出一些问题,这些都严重制约了制度功能的发

---

〔1〕 [美]N. 格里高利·曼昆:经济学原理(微观经济学分册),梁小民、梁砾译,北京大学出版社2012年版,第73页。

〔2〕 倪国锋:《税法》,机械工业出版社2017年版,第280页。

挥,影响税务行政争议的解决,亟须理论上的深入研究和立法上的重新构建。同时,随着知识产权法院、互联网法院、破产法庭的相继建立,税务行政领域也应当积极探索构建更加专业化的争议解决平台和方式。

因此,必须对现有的税务行政复议与行政诉讼的衔接状况作出精准的分析和判断,结合时代发展的大背景和过往实践经验,找出其中有待完善的地方,提出更完备的争议解决方式,以更好地将法律的公正性在税法领域体现出来。

二、我国税务行政复议与行政诉讼衔接的现状及问题

截至目前,我国还没有现代意义上的“税法典”,有关税务行政复议与行政诉讼衔接的内容散见于《行政复议法》《行政诉讼法》《税务行政复议规则》以及被称为“小税收程序法”的《税务征收管理法》,其中确立了诸如税务行政复议前置等一系列规定,共同构成了我国现行的税收制度。通过理论分析,再结合我国当前实际,可以发现,目前税务行政复议与行政诉讼衔接中确实存在一些问题。

(一)复议前置制度设计存在缺陷

就税务行政复议前置而言,通过追溯法律的演进历程,可以发现这一规定实际上源自国务院1986年制定的《税收征收管理暂行条例》第40条,后来得到《税务征收管理法》的承继,一直延续至今。不可否认,我国目前实行的两种救济模式并存的方式存在一些好处,不仅可以发挥出税务机关的专业性和系统性,有利于税务行政争议快速有效的解决,还维护了税务行政相对人和税务机关之间的平等关系,在一定程度上有利于促进社会的良性运行。然而,其中暴露出来的问题也必须予以重视。

一方面,概括性立法缺乏明确性和可行性。随着社会的发展进步和法律法规的不断修正完善,行政复议和行政诉讼的相关制度已经接近趋同,在税务领域也是如此,2014年《行政诉讼法》修正后,二者在受案范围、裁判种类等方面内容差异缩小、逐渐趋同,对二者间的衔接进行了完善和促进。但是涉及具体问题处理时,当前立法则以概括性立法为主,这就意味着当遇到疑难复杂案件时,仍需要对其进行合理解释。目前,我国税收领域的法律以行政法规和部门规章居多,税务规范性文件甚至成为有些税务机关行政执法的主要依据,在税收立法技术尚不成熟的当下,这符合我国的基本国情。截至2019年年底,与“税”相关的部门规章数量已高达15,000余件,这也就意味着,在税务领域,部门规章所起的作用是非常大的,严重影响着税务领域的

实践现状,不少复议前置事项的设置缺乏说服力和合理性[1],会给税务领域的实践带来一些问题。

另一方面,税务复议前置制度与税收法定主义原则相背离,不具有正当性。按照税收法定主义原则的要求,国家制定税收相关制度应当充分保护税务行政相对人的合法权益,以真正实现税收"取之于民,用之于民"的基本要义。保护税务行政相对人合法权益的最重要体现就是构建政府以及代表政府行使征税权的征税机关与税务行政相对人之间的平等关系,但实践中,受"官本位"等一系列传统思想的影响,代表国家行使权力的税务机关被赋予了一系列特权,还有税务复议前置制度提供的保障,导致税务行政相对人依旧处于弱势地位,二者间的关系存在失衡。因此,税务行政相对人权利的保护成为一种必要且迫切的要求,而目前的税务复议前置的规定尤其是"双重前置"的规定,会造成不利后果,即如果税务行政相对人无法或不及时缴纳税款、提供担保,那么其不仅会丧失复议的资格,还会丧失诉讼的权利,这样的规定实际上会对税务行政相对人的权利造成实质损害,违背了税收法律主义的基本原则,也就使得这一制度的正当性在一定程度上被削弱。

(二)清税前置的弊端凸显

由于"两法衔接"的法律规范比较笼统,可操作性不强,而实践中的问题又远比制度复杂多样,这就在一定程度上导致了基于认识差异产生的执法口径不一,执法"灵活"的情况。[2] 立法现状如何只是问题处理的前提,在解决实际问题的过程中,更要注重实践中的案件特点。税务行政争议案件向来种类丰富、较为复杂,在处理过程中更应注重案件的个别性,以争议解决为中心,以保护税务行政相对人权利为前提,对详细情况进行细致斟酌。

德恒律师事务所通过对 1066 份 2018 年度的税务行政诉讼裁判文书进行梳理,形成了《2018 年中国税务行政诉讼大数据报告》,初步得出以下结论:(1)税务行政诉讼中大量以裁定书结案;(2)诉讼事由中对偷税行为的处罚引发的稽查局被诉案件占比最大;(3)接近七成的税务争议在进入诉讼之前经历了行政复议;(4)税务行政诉讼案件一审结案率较高,二审维持率和再审维持率也比较高,并且税务行政诉讼有很

〔1〕 杨伟东:《复议前置抑或自由选择——我国行政复议与行政诉讼关系的处理》,载《行政法学研究》2012 年第 2 期。

〔2〕 沈华:《税务行政复议、诉讼案例评析》,法律出版社 2016 年版,第 24 页。

高的撤诉率。[1] 相关数据和结论具有一定的参考价值。

在这份报告中,有一个章节专门探讨了案件争议经历行政复议的情况,并指出接近七成的税务争议在进入诉讼之前经历了行政复议,在未经复议直接提起的税务行政诉讼案件中,征税行为占比 11.45%,以《税务处理决定书》为载体的税款追缴行为占比 7.38%,两项相加为 18.83%。这两类案件都属于纳税争议,都属于税务复议前置的范畴。但税务行政相对人及律师由于不了解税法和行政法的相关规定,未经复议就直接起诉,最终案件只能被裁定驳回起诉。而在经过复议程序后当事人又提起了行政诉讼的案件中,有近 10% 的案件是由于税务机关未受理税务行政相对人的复议申请,税务行政相对人就《不予受理行政复议通知书》提起的行政诉讼。实践中,面对纳税争议,如果税务行政相对人不能在通知的期限内缴清税款和滞纳金,或者提供担保,其将丧失通过行政复议和行政诉讼寻求救济的机会。这样的权益救济机会对于面临大额税款追缴的税务行政相对人来说,是非常重要和宝贵的,而由于大部分税务行政相对人对相关规定并不了解,也未向专业人士求助,很容易错失权益救济机会。这样的情况容易引发税务行政相对人对制度设定的质疑,进而怀疑税务机关执法的公信力。

(三)案件受理衔接不明确

税务行政复议与税务行政诉讼既相互独立又相互衔接,二者的衔接维持着整个人所得税务行政救济制度的和谐统一,首先便是要实现受案范围的衔接。目前,我国《行政复议法》第 16 条及第 19 条对二者受案范围的衔接有相应的描述,但较为笼统,实践中的问题千变万化,无法直接依据现有法律法规作出直接、准确的判断,相关问题还需要学界和理论界做进一步的阐释。

例如,实践中存在税务行政相对人撤回税务行政复议申请之后,又向人民法院提起税务行政诉讼的情况。此时,依据理论和实践,需要分情况进行讨论。如果税务行政相对人是对征税行为不服的,由于此时适用的是税务复议前置的模式,税务行政相对人撤回复议申请后,不得再提起税务行政诉讼;但是,如果税务行政相对人是对征税行为以外的行为不服时,此时,适用税务行政复议选择的模式,税务行政相对人具有自主选择权,应当尊重其自主选择权,在其撤回复议申请后,只要没有超过法定的起诉期限,就可以提起税务行政诉讼。

---

[1] 《2018 年中国税务行政诉讼大数据报告》,载德恒律师事务所网站 2019 年 4 月 26 日,http://www.dhl.com.cn/CN/tansuocontent/0008/015036/7.aspx? MID=0902.

再如,在税务行政复议选择模式下,税务行政相对人对税务行政行为提起了行政诉讼,然而,在人民法院对案件作出裁判前,在法院的批准下又撤回了起诉,与此同时其又向税务行政机关提出了复议申请,这种情况下,税务行政复议机关能否对此案件进行受理?截至目前,学界的大多数观点认为,在这种情况下,税务行政复议机关应当拒绝受理案件。因为税务行政相对人撤回起诉,代表着案件已经审理终结。若是允许此类情况发生,则会导致人民法院无休止地受理此类案件。

上述问题的说明是目前学界探讨后形成的观点,但其反映出当前的立法中有关案件受理衔接的部分存在不明确的地方,需要学者依据理论和实践的知识进行说明和阐释,然而,对于未受过法学教育的税务行政相对人而言,要求其对这些问题进行了解不太现实,而在实践中这种指向不明可能会对他们造成困扰,阻碍他们运用法律手段维护自身权益。

(四)审理依据衔接不合理

针对一个具体的税务行政行为,在税务行政复议和税务行政诉讼两个不同程序下的审理结果能否一致,最关键的因素是二者的审理依据是否协调统一。

根据《行政诉讼法》第63条的规定,人民法院在行政案件中的审理依据包括法律、行政法规、地方性法规,以及民族自治地方的自治条例和单行条例,同时可以参照规章。就现行有效的《行政复议法》《行政复议法实施条例》而言,目前并没有明确的法律条文对行政复议的审理依据进行明确的规定,但是,根据行政管理的一般原理以及我国的行政复议实践,复议机关审理复议案件仍应以法律、行政法规、地方性法规、自治条例、单行条例、规章,以及上级行政机关依法制定和发布的具有普遍约束力的决定、命令为依据。[1] 由此可见,二者的审理依据之间存在明显的不一致,这无疑会给实践中的适用带来一些问题。

税务行政复议和税务行政诉讼在审理依据上的差异在于,税务行政复议中,税务行政复议机关可以将规章和规范性文件作为依据。如果行政复议机关依据规章和规范性文件确认了某税务具体行政行为合法,在进入诉讼阶段后,法院则无法“参照”规章和规范性文件来对其再次进行审查,此时如果两种程序下审理的结果不一致不仅是一个司法难题还会损害法律的权威。在这种情况下,可能会产生多种情况,如同一法律关系在争议解决的不同阶段,可能适用不同的衡量标准,从而造成不同的审理结果。实践中,由于行政相对人法律知识的欠缺,极有可能混淆“法院用来裁判的依据”

---

〔1〕 方世荣:《行政复议法学》,中国法制出版社2000年版,第206页。

和"行政行为作出的依据"进而引发争议,而两种程序下审理依据的不同,也可能会导致审理结果的巨大差异,进而可能对税务行政相对人的权益造成侵害。

三、我国税务行政复议与行政诉讼衔接的完善

良好的税务行政争议解决机制可以提供一个有效化解纠纷的对话平台和协商渠道,既有利于降低税务行政相对人维权成本,又有利于疏导税务行政相对人情绪和提高税收遵从度。[1] 因此,我国税务行政复议与行政诉讼衔接的完善应当坚持保护税务行政相对人权益这一基本立场。

(一)取消复议前置,实行自由选择模式

1. 税务行政复议运行效果考察

税务行政复议前置程序设立的初衷是为了充分发挥税务机关自我监督与纠错的功能,使税务行政争议能够由税务行政机关在内部进行及时有效的解决,依法保护征纳主体的合法权益,构建和谐的征纳关系。[2] 同时,"前置"也就意味着即使税务行政机关不履行职责,税务行政相对人仍可以寻求司法机关的救济来维护自身的合法权益。

不可否认,税务行政复议前置的规定在设立之初及运行过程中,确实具有重要的意义,其有利于及时高效地解决纳税争议、有利于发挥税务行政复议机关的专业性优势、有利于减轻法院负担,但是,应当认识到,随着时代的发展和理论研究的不断深入,《税收征管法》设立该制度所考虑的对象和内容在当下可能已经发生了变化,现有的制度与立法初衷已经渐行渐远。目前,该法中的很多制度安排、立法技术已经不能适应经济发展和征管实践的需要,征管理念也未能体现保障税务行政相对人权利的现代税法精神。[3]

根据国务院新闻办公开的信息,2018 年发生的行政诉讼案件中,有 68.4% 的案件当事人直接寻求司法救济;在办结的行政复议案件中,有 34% 又进入了行政诉讼程序。[4] 这些数据反映出,当前的行政复议工作仍需继续加强和改进,行政复议的公信力还有待提高。就税务领域而言,虽然官方未提供具体相关数据,但这一信息仍具

---

〔1〕 刘运毛:《浅议税务行政争议解决机制》,载《税务研究》2017 年第 4 期。

〔2〕 张守文:《税务原理》,北京大学出版社 2009 年版,第 349 页。

〔3〕 刘剑文:《建议取消税收征管法中的复议前置条款》,载《中国税务报》2013 年 7 月 3 日,第 B01 版。

〔4〕 《新闻办就 2018 年全国行政复议、行政应诉总体情况举行发布会》,载中国政府网,http://www.gov.cn/xinwen/2019-03/26/content_5376998.htm。

有参考价值。

在税务行政复议制度的实际运行中,复议机关的功能未能得到有效的发挥。一方面,复议机关未能真正化解纠纷;另一方面,公民对复议机关信任程度不够。[1] 究其原因,主要有以下几点:其一,税务行政机关之间具有行政隶属关系,这就导致税务行政复议机关在对税务行政争议作出裁决时难以做到十分公正;其二,税务行政复议机关不愿意以及担心成为被告的心态,在作出复议决定时无法确保公正客观;其三,从事税务行政复议工作的人员专业水平有限、对问题的掌握程度也影响着税务行政复议决定的公正性;其四,税务行政相对人考虑到自身利益或商业利益,不敢与行政机关为敌,也造成了不敢告、不愿告的情况,同时,税务行政相对人不主动、不积极行使复议权利将使大量税务行政争议无法进入复议程序,使法律救济的作用无法真正显现。

2. 取消税务行政复议前置模式

当前,我国在税务行政争议解决中,采用的复议前置的制度设计存在较大缺陷,对税务行政相对人救济途径的选择造成了限制,导致税务行政相对人与行政机关间的失衡和不对等,[2] 具体表现为以下几个方面:

首先,复议前置制度本身缺乏公正性和正当性。在我国当前的税务行政复议实践中,通常由内设的法制工作机构审查相关复议事项,但是,这些行政机构通常没有独立的行政职权,而是属于税务行政机关的内设机构,具有法律上的监督和制约关系,因此,税务行政复议的效率较高,但是,复议结果的满意度偏低,当事人会继续进行行政诉讼寻求救济,使复议前置的作用并不能得到有效发挥,并且可能给当事人带来不便以及造成行政和司法资源的浪费,最重要的是,会使目前行政机关已经缺乏的公信力更加难以弥补。

其次,赋予税务行政相对人自由选择权,更有利于税务行政复议机关更好地发挥其专业优势。目前,我国诉讼程序相对比较复杂、诉讼周期相对较长,并且,普通法院的法官往往缺乏税务争议案件处理的理论知识和实践经验。因此,只要税务行政复议机关发挥出其专业优势,充分考虑当事人的需求,将案件的细节落实到位,确保税务行政复议的公正、独立,就足以重新树立起公信力,税务行政相对人将会更乐意积极主动地寻求复议救济。

---

[1] 刘召:《我国税务行政复议存在的问题及对策研究》,载《税务研究》2007 年第 11 期。

[2] 刘剑文:《建议取消税收征管法中的复议前置条款》,载《中国税务报》2013 年 7 月 3 日,第 B01 版。

再次，无论是税务行政复议前置模式还是自由选择模式，其根本目的都是更好地保护税务行政相对人的权利，同时，为了与所适用的模式相配合，需要建立起完善的配套实行机制来保障制度的有效运行。就我国当前模式的施行现状而言，应当勇于突破，在制度设计上只有打破相应的壁垒，才能倒逼有关部门进行有力的重组和完善。

最后，复议诉讼期间不停止执行的原则免去了后顾之忧。依据我国行政法上确立的“复议诉讼期间不停止执行”原则，税务行政相对人进入复议程序之后，税务行政机关仍然可以对其采取强制执行的措施，可以有效地保障税收征收和税款入库等相关工作。通过这样的保障措施，足以使国家的征税权利得以实现，同时确保税款的安全。

综上所述，本文认为应当取消税务复议前置的相关规定，对目前《税收征收管理法》第88条作出修改。

3. 实行税务行政复议选择模式

鉴于我国当前的经济形势已经与20年前有了巨大的变化，当初立法所依据的社会环境、体制机制等也发生了一些转变，改变税务行政复议前置的做法，贯彻税务行政复议选择模式是大势所趋。

值得注意的是，将复议前置的规定修改为复议选择在我国已有先例。2000年《海关法》修改时，取消了纳税义务人同海关发生纳税争议时的税务复议前置，规定纳税义务人可以自由选择复议或诉讼；2006年废止的《治安管理处罚条例》中也曾规定了复议前置，但新的《治安管理处罚法》取消了这一规定。可见，贯彻税务行政复议选择模式在我国具有理论和实践的双重经验。

2018年，在党中央、国务院的决策部署下，我国开始平稳有序地推进国税地税征管体制改革，逐步推动税收现代化，发挥税收在国家治理中的基础性、支柱性、保障性作用。国税地税征管体制改革之后，税务部门职能更加体系化、专业化，并明确了“以纳税人和缴费人为中心，切实维护纳税人和缴费人合法权益”的原则，基于这一原则，应当赋予纳税人和缴费人自主选择救济方式的权利。

因此，在未来，应当将现有的税务行政复议前置相关法律规定修改为税务行政复议选择，并用立法的形式予以确立。

（二）重构“清税前置”制度

“复议前置”是我国税务行政复议与行政诉讼衔接的基本模式，“清税前置”则近似于一种附加条件，给二者的衔接设置了阻碍。近年来，呼吁废除“清税前置”的声音也很强烈，在对衔接问题进行重构的过程中，笔者认为也应针对这一问题作出回应，使其与所选模式相融合。

1.“清税前置”的实施效果考察

在20多年的实施过程中，“清税前置”制度随着法律的修订进行了部分修改，由最初所有税务争议都需先行纳税，到现行的仅适用于征税行为相关的具体行政行为产生的争议；由最初需完全缴纳争议标的涉及的全部税款，到现行的可由税务行政相对人自行选择全额缴纳税款或提供相应担保来履行义务，清税前置制度随着经济的不断发展和法治进程的不断深入逐渐完善，实施清税前置的有利效果也可归纳为以下两点。

其一，税务争议率稳定。通过查询原国务院法制办公室官方网站，将其公布的全国行政复议、行政应诉案件统计数据进行分析，[1]可以发现，当前，税务总局受理的案件占国务院部门受理行政复议案件总数的比例，以及税务总局行政应诉占国务院部门行政应诉案件总数的比例近年来基本没有什么波动。由于清税前置于复议，也就是说，税务总局的复议案件对于清税前置制度的实施有着较为直观的反映，可以看出，税务行政争议在进入行政复议救济阶段的情况是很稳定的。

其二，税款安全并可以及时入库。依据清税前置的要求，税务行政相对人在针对纳税争议提起行政复议之前，需要缴清税款或提供担保。因此，税务行政相对人在提起税务行政复议时，需要自行缴纳税款或提供一定的纳税担保，通过这样的方式，可以防止税务行政相对人滥用救济权，可以避免税款的拖延缴纳以及抽逃资金等情况，进而可以确保税款的安全并保证其及时入库。

综上所述，“清税前置”的做法有其可取之处，直接废除虽然有益于保障税务行政相对人的权利，但是可能无法有效保障税收的稳定。

2. 重新界定“清税前置”的内涵

在我国当前的社会环境之下，实行税务行政复议选择模式并不是要赋予税务行政相对人绝对的自由。就税务领域而言，保护税务行政相对人的合法权利是税务行政立法和司法的应有之义，但同时，基于对公共利益的考量，在实行税务行政复议选择模式的前提下，也应当对税务行政相对人权利的行使进行一定的限制，可以规定，如果税务行政相对人直接选择诉讼程序的，应当向法院缴纳或解缴税款及滞纳金或者提供相应的担保。

---

[1] 参见司法部网2020年3月1日，http://fyys.chinalaw.gov.cn/。

作出这样的规定，有以下几点原因：首先，行政诉讼的期限长于行政复议的期限，税务案件通常较为专业和复杂，要求当事人提供担保，可以避免税务行政相对人恶意诉讼，利用诉讼的过长期限，导致国家税款的流失；其次，我国税务系统实行垂直领导的管理体制，税务争议行政复议的由上一级税务机关进行处理，税务行政相对人很难相信税务机关上下级之间没有隐瞒和包庇的行为，赋予税务行政相对人可以同时寻求诉讼的救济途径，使税务行政相对人可以按照其认为最为稳妥的方式寻求救济；最后，此前规定的“清税前置”要求提供担保或者缴纳或解缴税款及滞纳金才能寻求行政复议，对税务行政相对人而言这样的规定过于严苛，而将清税的义务放置在诉讼前也不至于给税务行政相对人造成过重的负担影响其寻求正当的救济途径。

（三）完善税务行政诉讼的受案范围

税务行政相对人对税务行政机关的行政行为不服时，可以提起行政诉讼，但是，只有该争议属于法定的受案范围，法院才会予以受理。目前，我国《行政诉讼法》第11条和第12条列举了行政相对人可以提起诉讼和不可提起诉讼的内容，对受案范围进行了明确。《税收征收管理法》在这基础上，对税务行政诉讼的受案范围进行了进一步的明确。

《税收征收管理法》通过列举式的方式对税务行政诉讼案件的受案范围进行了明确规定，规定的内容也比较详细，但是这种列举式的方式有很大的局限性，无法穷尽所有的税务行政行为，实际上缩小了税务诉讼案件的受案范围。此外，依据《行政诉讼法》第6条的规定，人民法院审理行政案件时，负责审查行政行为的合法性，无权审查行政行为的合理性。并且，税务抽象行政行为（显失公平的行政处罚除外）也不属于税务行政诉讼的受案范围。按照这样的规定，当税务行政相对人的合法权益受到税收法规、规章侵害时，人民法院不能直接对该法规、规章的合法性进行审查。根据2014年修改后的《行政诉讼法》，行政诉讼的受案范围较之前得到了扩大，但是抽象行政行为也依旧只能被附带性审查。

虽然《行政诉讼法》可能短期内不会再“大修”，但是《税收征收管理法》多次征求意见，修订已经是指日可待，为了更好地维护税务行政相对人的权益，应当在修正过程中对税务行政诉讼的受案范围进行完善。首先，可以对不可诉的部分采用列举的方式进行规定，针对可以提起诉讼的范围，按照“法不禁止即自由”的原则，税务行政相对人对法律没有进行限制的部分都可以起诉。其次，应当认识到，实践中违法的或不当的税收抽象行政行为，不仅影响范围更加广泛，而且还具有反复适用性，这种抽象行政行为对税务行政相对人权益的侵害可能比具体行政行为更加严重。因此，应当扩大税务行政诉讼的受案范围,规定规章以下的抽象行政行为可以列入直接起诉的范围,通过这种方式可以更好地保障税务行政相对人的合法权利。

(四)适时考虑设立税务法院

1.设立税务法院的必要性

在当前的社会条件和背景下,税务法院的设立是经济发展和征管实践的客观要求。

第一,设立专业独立的税务法院,符合税务案件专业性的客观要求,也有利于维护税务行政相对人的合法权益。税务行政争议案件的专业性和技术性较强,通过设立税务法院,可以集中具有专业税法知识的法官,有利于法官保持独立性,从而确保税务案件审理结果的公正和权威,有利于提高税务案件审理的效率,从而避免因缺少专业性强的法官导致税务案件积压。

第二,设立税务法院可以从根本上解决税务行政复议与行政诉讼衔接的问题。当前,税务行政复议前置的一个重要理由就是,税务纠纷专业性较强,由复议机关解决具有更强的专业性,效果更好,通过设立税务法院,可以从根本上解决这一问题。通过税务法院的专业性,可以弥补当前税务行政诉讼专业性的不足,同时可以继承税务行政复议前置的初衷,为税务行政复议与税务行政诉讼的自由选择奠定扎实的基础。

第三,设立税务法院有助于搭建专职于税务案件审判的平台。税务行政争议案件不仅专业性较强,而且更新速度快,对于普通的法官而言,一般对这一领域并不熟悉,在面对具体的案件时才重新学习,难免费时、费力。在税务法院设立之后,基于税务行政争议案件审理的专业化需要,会吸引更多有志于税务审判工作的人员,从而形成一支专业能力强的队伍,并形成良性发展,可以对这支队伍开展针对性的培训,使他们对税务行政争议的复杂性与专业性有充分的认知,有利于税务行政案件的事实判定与法律适用,有利于税务案件审判的专业化和公正性。

第四,设立税务法院有助于促进税务行政争议案件审理的独立性。当前,税务行政争议案件解决过程中常被质疑存在地方政府干预的情况,税务机关败诉率低也被认为是干预的结果,严重影响了税务案件审理结果的公正性和权威性。设立税务法院,跨行政区划审理案件,可以使其不受地方行政的干扰,其独立性将会大幅度地提高,进而提升税务案件审理的公正性和权威性,真正保障税务行政相对人的权益。

第五,在国际上,一些税务争议解决机制比较成熟的国家早就设立了税务法院或税务法庭,独立的审理机构、专业的审理人员,对于维护税务案件审理的专业化和效率起到了重要的保障作用。而我国随着知识产权法院、互联网法院、破产法庭的建设,专门法院发展为法院现代化的一个趋势,为税务法院的建立积攒了足够的经验,有利于税务法院的建立与推行。

2. 设立税务法院的可行性

事实上,关于税务法院的设立,学界讨论已久,一直处于争论状态。早在2007年,就有学者指出,设立专门的税务法院有利于税收司法案件的处理,有利于税务行政相对人权利的保护,有利于保障税收司法的独立性。[1] 刘剑文教授也认为我国设立跨行政区划税务法院十分必要和紧迫,并指出可以通过"三步走"的战略来逐步落实。[2] 但是,也有反对者认为,认为我国还不具备设立税务法院的社会背景和条件,如果设立税务法院会影响国家司法权的独立性。也有观点认为,设立税务法院在实践中有许多问题无法解决。

实际上,在1993年,江苏就成立了全国第一家税务法庭,此后,我国先后在北京、海南等地设立了税务法庭。虽然,税务法庭的运作难免存在问题,但其争议解决高效且专业,有利于保障税务行政相对人的合法权益。税务法庭的顺利运转不仅证明了我国具有税务司法专业化的需求,也为我国设立税务法院积攒了经验,在时机更为成熟的当下,我国完全有条件设立税务法院。

从长远的角度看,未来在我国设立税务法院是大势所趋,这是解决税务司法专业技术性突出以及税务案例过于复杂等问题的最好方法,而且设立税务法院可以解决因地方政府干预和缺乏税务法官导致的法院在审理税务行政案件中缺乏公正性等问题。[3] 针对有关制度,可以进行初步的构思:第一,确保税务法院的行政独立性,可以采用跨区设立的方式,使税务法院的级别与中级法院相当,并且规定税务法院直接隶属于最高人民法院,从而使得税务法院管辖区与行政区脱离;第二,确保税务法院的经济独立性,规定税务法院单独列明财政经费预算,由中央财政统一分配,使税务法院的行政经费不受地方财政控制,同时,加大财政补贴,规定税务行政相对人在赢得税务行政诉讼时免收诉讼费用;第三,确保税务法院的人才独立性,在领导层面规定税务法院的院长由最高人民法院直接任命,相关人事不受地方控制,同时,联合财经类院校培养专业的税务法律人才,在课程设计上兼顾税务和法律知识,鼓励学生在

---

〔1〕 朱大旗、何遐祥:《论我国税务法院的设立》,载《当代法学》2007年第5期。

〔2〕 滕娟:《刘剑文:税务法院的设立可分三步走》,载《财会信报》2015年6月22日,第A06版。

〔3〕 廖仕梅:《设立税务法院的必要性和可行性》,载《地方财政研究》2017年第4期。

毕业后通过考核和选拔进入税务法院,专职于税务案件审判。可以预见,在税务法院设立之后,税务争议解决会愈加专业和独立,目前存在的很多关于税务行政复议与税务行政诉讼衔接的问题也将迎刃而解。

四、结论

通过分析,本文认为应当对现有的衔接制度设计进行完善,取消税务行政复议前置的做法,打破两种模式并存的局面,贯彻税务行政复议选择模式,同时,在诉讼前设置相应的门槛,将清税前置放在诉讼之前,既可以保护税务行政相对人的利益不受侵犯,也可以有效地避免恶意诉讼的行为。此外,针对案件受理衔接不明确的问题,可以完善税务行政诉讼的受案范围;对于审理依据衔接不合理的问题,应当在坚持依法治税的立场下确保有明确的法律依据。为促进税务行政争议解决的良性发展,长远来看,应当设立税务法院,以确保税务争议解决的独立性和专业性,这也为税务领域明确了未来努力的方向。衔接制度的完善不是一蹴而就的,只有清楚地认识到现有制度存在的问题,对我国现有制度进行完善,不断探索出符合我国实际的衔接之路,才是切实可行的出路。

论我国破产重整企业纳税信用修复制度之构建*

张世君**　高雅丽***

摘要：信用是维护市场经济体系的重要保障，失信企业在市场中寸步难行，信用修复对债务企业走向复兴起着重要作用。破产重整以避免清算、拯救企业为目的，虽然重整后的企业资格将继续存在，但企业的实质已经发生变化，应当将重整企业视为新生企业并予以纳税信用评级。现有纳税信用管理的立法应当予以改进，同时人民法院可通过创新工作机制，与税务机关协同合作，帮助重整企业修复纳税信用。

关键词：破产重整　纳税信用　信用修复

一、引论

市场经济是注重信用的经济体系。我国政府亦高度重视信用建设，近年来正积极推进全国信用信息共享平台以及信用联合奖惩机制的建设，包括企业在内各类社会主体的信用状态将更加透明。企业一旦因失信而被记录在册，其生产经营活动将受到一定限制，如果不能及时修复受损的信用记录，恐将寸步难行。而破产重整制度作为破产法的最新发展，以预防破产和避免清算为目标，具有独特的经济、政治、社会价值，已经在实践中得到广泛适用。但出乎意料的是，虽然债务企业于法律程序

* 本文原载于《税务研究》2020 年第 9 期。

** 首都经济贸易大学法学院院长、教授，法学博士。

*** 首都经济贸易大学法学院 2019 级博士研究生。

上成功地完成了重整，但在现实生活中却无法顺利恢复经营活动的现象却比比皆是。其中，因纳税信用减损导致重整企业遭受广泛制约是一个重要原因。

这是因为，重整企业在进入破产程序之前，多因陷入经营困境而被税务机关降低纳税信用等级或直接评定为最差级别，导致其在众多领域，如银行贷款、取得土地、外贸优惠、注册登记、工程投标、政府采购、安全许可、资质审核等方面受到限制或禁止，从而无法正常开展新的生产经营活动，甚至面临再次陷入破产的困境。因此，纳税信用修复对企业恢复经营起着至关重要的作用，破产重整企业欲顺利走向重生，就必须修复其受损的纳税信用记录。但破产重整以及所派生的纳税信用修复尚属新生现象，社会各界对其理论认识尚不深入，相关制度设计也不完善。由此，本文拟做粗浅探讨，以能对问题的解决有所助益。

二、信用的价值与我国的企业纳税信用评价

（一）信用的价值

伴随我国社会主义市场经济体制改革不断向纵深发展，经济已由高速增长阶段转向高质量发展阶段，建设现代化经济体系成为我国发展的战略目标。市场经济与以往的自然经济、计划经济有所不同，是建立在陌生人交易基础上的经济体制。而陌生人之间彼此并不熟悉，他们无法像自然经济时代完全依赖彼此的熟悉对交易进行判断，也无法像在计划经济体制那样依靠组织的权威来保障交易。但是人们却面临生存与发展的客观需求，又必须达成各类交易。由此，只有基于交易各方的诚实守信，彼此之间才能逐步建立起信任；每一个交易链条都凭借信任而连接，继而就形成全社会的信用体系，最终使人人都能够对不确定的市场和未来充满信心。[1] 简言之，市场离开了信用的基础和对信用的接受就无法运行。综观世界发达市场经济国家和地区，对于信用的重视和维护，概莫能外。

现代经济体系作为市场经济体系发展的高级阶段，其很重要的一个特点是伴随社会分工的发展，特别是专业领域的细分，知识越发被割裂成不同的学科体系。在现代经济体系中，个人所知越来越局限，但交易范围却不断扩大，交易形式也日益活跃，不断增加个人进行交易选择的难度和成本，因此，就需要一种更加系统的信用制度帮助我们消除焦虑、解决困惑。这种系统化的信用制度能够具备并发挥积极的作用，如惩戒违约行为，塑造诚信的交易环境，降低交易成本；为交易各方提供稳定的交易预

〔1〕 季奎明：《组织法视角下的商事信托法律问题研究》，法律出版社2014年版，第70页。

期,维护交易秩序,提升交易效率。从此点意义上看,现代市场经济的本质特征就信用经济,信用同时也是维护现代经济体系的重要保障。[1]

信用的建立和形成,可以有多种手段和措施。例如,可以通过思想政治教育,将信用的意义、价值、功能加以宣传,使得人们从思想上理解和接受信用的好处,从而能够在实践中进行贯彻落实。又如,还可以通过对诚实守信的行为加以赞扬和奖励,凭借对守信行为的正向激励机制来推动人们在珍惜信用、重视信用的道路上前行,塑造良好的信用示范效应。但是,最直接、最有效的手段莫过于建立失信惩戒机制,让失信者有切肤之痛,让无信者难以立足,从而倒逼各类市场主体建立起诚实守信的人生体验并终生践行。

(二)我国企业纳税信用评价制度的现状

目前,我国的失信惩戒机制日臻完善,涉及政府各职能机关、人民法院、社会中介机构等各类主体。以信用信息的归集与使用为例,在这一过程中就可能涉及法院、检察院、财政、税务、公安、贸易、人社、工商、教育、金融监管机构等各部门。而其中对企业影响较为深远的信用激励与失信惩戒,可能就是来自税收征收管理机关所给出的纳税信用等级评定。

根据我国《税收征收管理法》以及其实施细则的规定,税务机关是纳税人纳税信用评定的负责机关。为便于税务机关的纳税信用评定科学合理,2014 年国家税务总局制定了《纳税信用管理办法(试行)》,此后还颁布了《国家税务总局关于纳税信用评价有关事项的公告》,对纳税信用评级的指标体系、评价规范、评价效果进行了全面系统的规定。按照这个制度体系,我国企业纳税信用等级目前分为 A,B,M,C,D 五个层次,D 级的信用等级评价最低。

税务机关根据评级结果采取对应的服务和监管措施。一方面,对于守信纳税人,税务总局提供了涵盖多个领域的各类激励措施。例如,在得到纳税人的授权后,将守信企业的纳税信用记录及时推送给银行金融机构,银行据此给企业贷款,有效解决了企业融资难的问题。另一方面,对于失信者,税务总局又与 33 个部门签署了失信联合惩戒合作备忘录。截至 2019 年 6 月底,税务机关公布并推送给有关部门实行联合惩戒的案件累计达 2.39 万件,为实施联合惩戒提供了强大的数据支持。其中,公安部门阻止出境 5773 人次,市场监管部门限制 1.98 万人担任企业法定代表人、董事等

[1] 朱广新:《信赖保护原则及其在民法中的构造》,中国人民大学出版社 2013 年版,第 50 页。

职务,金融机构限制融资授信2.03万户。[1]

由此可见,企业纳税信用评级制度已经成为了信用监管的有效措施。特别是失信惩戒机制的建立,对于督促纳税人诚实守信、守法自律、依法纳税产生了积极效果。数据表明,目前我国纳税信用整体水平呈逐年提升趋势。2019年,全国共有2569.31万户企业取得了纳税信用级别。其中,A级纳税人125.58万户,占比4.88%;B级纳税人1036.92万户,占比40.36%;M级1109.59万户,占比43.19%;C级117.04万户,占比4.56%;D级180.17万户,占比7.01%。[2]

根据《纳税信用管理办法(试行)》第20条之规定,企业纳税信用评级采用年度评价指标得分形式,90分以上得A级,不满40分得D级。但是对于某些严重失信的纳税人,在评价年度可被直接评定为D级。例如,未构成犯罪但偷税金额10万元以上并且占各税种应纳税总额10%以上;在规定期限内未按税务机关处理结论缴纳或者足额缴纳税款、滞纳金和罚款的;由D级纳税人的直接责任人员注册登记或者负责经营的,等等,共计10种情形。

对于重整企业而言,进入破产程序前,因经营长期陷入困境,不乏存在纳税信用评级较低甚至为D级的情况。根据《纳税信用管理办法(试行)》第31条、第32条之规定,如果重整企业纳税信用评价等级降低至C级,就将受到较为严格的监管;如果被评为最差的D级,那么税务机关可以适用法定的八类限制性措施,导致企业在市场经济实践中几无立足之地。若企业重整后不能及时修复纳税信用记录,原先企业的不良纳税信用信息就成了重整企业的污点记录和历史包袱,导致重整制度有名无实,预防破产和拯救企业的价值将无法充分体现。但遗憾的是,由于社会各界对重整制度的观念认识仍有偏差,成了重整企业纳税信用修复的巨大障碍,亟待克服。

三、破产重整企业纳税信用修复制度的观念障碍与理论厘清

(一)破产重整企业纳税信用修复制度的观念障碍

所谓破产重整,是指对已具破产原因或有破产原因之虞而又有再生希望的债务人实施的旨在挽救其生存的积极程序。[3] 破产重整制度的目标在于避免债务企业

---

〔1〕《新型信用监管来了!税务总局解读纳税信用管理措施》,载国家税务总局宣传中心2019年7月19日,https://baijiahao.baidu.com/s? id=1639477726462628828&wfr=spider&for=pc。

〔2〕《新型信用监管来了!税务总局解读纳税信用管理措施》,载国家税务总局宣传中心2019年7月19日,https://baijiahao.baidu.com/s? id=1639477726462628828&wfr=spider&for=pc。

〔3〕李永军:《破产法——理论与规范研究》,中国政法大学出版社2013年版,第47页。

清算解体,不仅出资人有希望继续收益,债权人也有希望获得比破产清算程序中更多的资产分配,在各方利益相关者都有希望获益的情况下促使企业维持经营和再建。破产重整制度所蕴涵的预防破产与拯救企业的理念使其弥补了破产清算与破产和解制度的不足,具有极大的法律价值,世界主要市场经济国家都在本国的破产法或公司法中建立了自己的重整制度。

重整制度的一个突出特点就是可以运用多元化的拯救手段,达到恢复企业经营能力、清偿债务、避免破产的目的。各国破产重整立法设计了众多独特的企业维持制度,常见者如限制担保权人的优先受偿权、债务人可依法继续控制公司、延期或减免偿还债务、核减或增加注册资本、发行新股或债券、资产转让与租赁等。必要时可以停止亏损严重、效益低下的项目,增加见效快、效益好的项目。债务企业还可与其他企业进行合并,也可将原有公司优良资产剥离出去,或者让债权人和股东将新注入的资金设立新公司。另外,为能够顺利实施重整,亦可对原有的债权与股权进行全部或者部分调整,如削减全部或部分债权人的债权数额、免除利息、将债权作价入股、减少股东股份,等等。[1]

因此,排除重整企业因合并分立而注销登记的情况,绝大部分破产重整为存续型破产重整,即形式上表现为维持企业资格存续。因我国原先并无法律上的重整制度,2006年修订《企业破产法》时第一次对该制度予以明文规定。由此,破产重整制度在我国的历史并不长,导致不乏有人根据重整的前述目标和主要手段来认识重整制度。例如,实务界普遍认为,破产重整要维持企业营业,并不注销原企业的工商登记,因此重整前后的企业资格(主要是指公司法人资格)并未变化,自然地,重整前企业的不良信用记录将直接由重整后的企业承继,不能为重整企业办理新的纳税信用等级。这种观点将重整企业视为一个实质上没有任何变化的企业,为破产重整企业纳税信用修复制造了巨大的观念障碍。

(二)破产重整企业纳税信用修复制度的理论厘清

其实,前述观点只是看到了破产重整的表象而未认识其本质,重整制度的本质是保留原债务企业外壳下所实施的各类经济资源的重组。换言之,除了企业资格保持一致以外,重整企业的本质已经发生了变化,其内部构成要素已经如同新设企业一样了。对此,新制度经济学的企业理论,为我们提供了有力的认识论基础。由科斯、阿

---

〔1〕 王书江、殷剑平:《日本商法典》,中国法制出版社2000年版,第70页。金邦贵:《法国商法典》,中国法制出版社2000年版,第80页。丁昌业:《英国破产法》,法律出版社2003年版,第50页。

尔钦、德姆塞茨、威廉姆森等经济学家所创立并拓展的新制度经济学理论让人们耳目一新,对深化企业性质的解释提供了独到的视角。如科斯认为,企业和市场是两种可以相互替代的资源配置方式,相比于市场的价格机制,企业通过组织内部的协调来配置资源。与企业相关的个人出于自愿而参加企业的事务。因此,企业的实质就是一系列合约的联结。[1]

基于新制度经济学的解释视角,企业作为市场经济最基本的经营者,是用来结合各种生产要素以生产和销售不同的产品和服务。从这个角度看,企业的法律资格——现代市场体系中主要是指公司法人资格——只是为了交易开展的便利而给投资者的一个"面纱"(公司法中的法人人格否认制度在西方也常被称为"刺破公司面纱")。投资者带上这个面纱,就可以放心地依据自己的意愿将各类经济资源加以组合并投入运营,至于不同投资形式所牵涉的投资者应承担何种法律责任的问题——有限责任抑或无限责任——纯粹是立法政策的选择。诚如有学者所指出的那样,法人制度的实质就是赋予组织或团体独立活动的名义而已,[2]至于这个"面纱"下企业内部经济资源组合的变化,与"面纱"本身也即企业的法人资格并无更多关联。因此,可以说,重整后的企业只是披着原先企业的"面纱"而已,作为财产、交易关系、利益集合体的企业,实际上已经发生了本质的悄然改变。因此,重整作为法院主持完成的具有法律效力的破产程序,是债务企业的"涅槃重生"而绝非常态企业的简单变更。如果能够理解这一点,就克服了企业纳税信用修复的观念障碍,重整企业就应当被视为新生企业而非原先企业,税收机关就应当使用新设企业的纳税信用评级规定,帮助重整企业恢复经营管理,焕发生机活力。[3]

四、破产重整企业纳税信用修复制度的构建与探索

在我国目前的制度环境下,为经济社会发展的需要,利用重整制度拯救企业,不仅需要我们勇于改进现有法律规范,同时还要积极协调相关机构提供更多支持。探索构建破产重整企业纳税信用修复制度,立法的修改不可一蹴而就,应当稳步推进;但部分行为则可通过工作机制创新、加强沟通协作的方式予以实现。详述如下:

---

[1] 罗培新:《公司法的合同解释》,北京大学出版社2004年版,第70页。

[2] 史际春:《国有企业法论》,中国法制出版社1997年版,第150页。

[3] 徐战成:《企业破产中税收法律问题研究——以课税特区理论为指导》,法律出版社2018年版,第68页。

（一）稳步推进相关立法完善

在依法治国的背景下，税务机关主要依据《纳税信用管理办法（试行）》对企业纳税信用进行管理。但该法律文件属于我国《立法法》中所规定的部委规章，其颁布于2014年，在快速发展的当今中国，这部试行的规章已出现了一定的滞后性。不仅相关规定有待于进一步细化，缺乏纳税信用修复制度成为该规章的明显缺憾，与优化营商环境的时代背景格格不入。众所周知，世界银行定期发布各国营商环境指标综合排名，其提出的营商环境指标体系涵盖登记、税收、破产等各个方面。我国政府亦非常关注营商环境的优化，近年来，国务院成立了推进政府职能转变和"放管服"改革协调小组，出台了一系列文件，对优化营商环境作出部署，产生良好效果。2005年，中国营商环境指标综合排名为全球第91名，但根据2019年10月23日世界银行最新发布的报告，中国营商环境排名已经升至全球第31位，营商环境达到全球最佳水平。

由于在营商环境指标体系中，"开办企业便利度""破产审判"等都是非常重要的观测点，故此可以预见，基于我国的现实国情，以避免企业破产为己任的破产重整制度，其适用必将呈现出常态化趋势。及时帮助破产重整企业修复受损的纳税信用，实为优化纳税营商环境的客观要求，有助于鼓励大众创业、万众创新。虽然为了弥补这一缺陷，2019年国家税务总局发布《关于纳税信用修复有关事项的公告》，开始尝试对失信纳税人进行信用修复。但是，该公告针对因未按时缴纳直接判为D级的情形，要求必须在期限期满后60日内足额补缴，税务机关才可依纳税人申请重新评价纳税信用级别。[1] 而这对刚刚通过破产重整的企业而言是比较困难的，导致实践中破产重整企业一旦被评级为D级，就陷入难以自拔的不良记录评级循环。因此，根据《中华人民共和国税收征收管理法》和《国务院关于印发社会信用体系建设规划纲要（2014—2020年）的通知》，建议对《纳税信用管理办法（试行）》进行适当修改，增加规定纳税信用修复制度的相关规定。尤其是要对破产重整企业规定除外适用规则，摈弃不合时宜的要求，将重整完成的企业直接视为新生企业，重新予以纳税信用评级。[2]

（二）积极推动法院创新工作机制

破产重整企业信用修复需要社会各界的协同合作，但由于重整是法院依据《企业

---

〔1〕《关于纳税信用修复有关事项的公告（纳税信用修复范围及标准）》（国家税务总局公告〔2019〕37号）。

〔2〕徐战成：《企业破产中税收法律问题研究——以课税特区理论为指导》，法律出版社2018年版，第90页。

破产法》主持完成的法律程序，因此，法院对于破产重整程序起着重要的作用。对此，2018 年最高人民法院发布的《全国法院破产审判工作会议纪要》明确提出，企业重整后，投资主体、股权结构、公司治理模式、经营方式等与原企业相比，往往发生了根本变化，人民法院要通过加强与政府的沟通协调，帮助重整企业修复信用记录，依法获取税收优惠，以利于重整企业恢复正常生产经营。因此，在立法未能及时得到修改完善之前，我国还应当发挥司法机关的作用，积极推动法院创新工作机制，帮助重整企业修复纳税信用。

例如，人民法院除自己应当及时将重整企业从执行黑名单中删除外，还应当对完成重整的企业及时发出相关法院公函或者法律文书。人民法院出具的公函和司法文书可以成为破产重整企业信用修复的重要法律依据。我国众多破产重整企业无法及时办理信用修复手续的原因之一，就是缺乏有力的合法证据证明其已具备重新展开营业的能力。对此，人民法院对其受理的破产重整案件在审理结束后，通过及时发布相关公函或文书作为证明，值得尝试。例如，原企业法定代表人因犯罪而被税务机关列入黑名单的，重整企业引入新的战略投资者后法定代表人发生了变化，原先需要办理税务登记证变更手续，但实践中税务机关往往以税收未能清缴为由拒绝办理。此时，法院可以出具相关函件证明企业重整的完成，为办理税务变更登记提供司法支持。当然，这需要法院创新工作机制，积极与当地政府以及税务机关进行沟通，耐心解释重整的意义，避免工作简单粗暴。